EPHRAIM KISHON · DAS GROSSE KISHONBUCH

DAS GROSSE KISHON BUCH

Satiren

Langen Müller

Ins Deutsche übertragen von Friedrich Torberg

© Alle Rechte für die deutsche Sprache bei
Albert Langen · Georg Müller Verlags GmbH, München · Wien
Gesamtherstellung: Druck- und Buchbinderei-Werkstätten
May & Co, Nachf., Darmstadt
Umschlaggestaltung: Rudolf Angerer
Printed in Germany 1974
ISBN 3-7844-1552-0

Es ist eine altbekannte Tatsache, daß in einem Volk von Pionieren manche Berufszweige nur mangelhaft besetzt sind. Die ersten Siedler auf dem nordamerikanischen Kontinent waren, wie aus den einschlägigen Geschichtsbüchern hervorgeht, Farmer, Spekulanten, Goldgräber oder Abenteurer; von Installateuren liest man kein Wort. Ähnlich verhält es sich bei uns: wir sind glatt imstande, einen Krieg gegen die vereinigten Armeen sieben arabischer Staaten zu gewinnen – aber wie repariert man einen Wasserrohrbruch?

GIPFELTREFFEN MIT HINDERNISSEN

Kaum hatte die Winterkälte eingesetzt, als in der Wand meines Arbeitszimmers ein Wasserleitungsrohr platzte und ein dunkelbrauner Fleck auf der Tapete erschien. Ich ließ dem Rohr zwei Tage Zeit, sich von selbst in Ordnung zu bringen. Das geschah jedoch nicht. So blieb mir nichts übrig, als mich an unseren Installateur zu wenden.
Der legendäre Platschek lebt in Holon und ist nur sehr schwer zu erreichen. Ein glücklicher Zufall ließ mich im Fußballstadion seiner ansichtig werden, und da seine Mannschaft gewonnen hatte, erklärte er sich bereit, am nächsten Tag zu kommen, vorausgesetzt, daß ich ihn mit meinem Wagen abholen würde, und zwar um halb sechs Uhr früh, bevor er zur Arbeit ginge. Auf meine Frage, warum es denn so früh am Morgen sein müsse und ob denn das, was er bei mir zu tun hätte, keine Arbeit sei, antwortete Platschek: nein.
Pünktlich zur vereinbarten Stunde holte ich ihn ab. Er

betrat mein Zimmer, warf einen flüchtigen Blick auf die feuchte Mauer und sagte:
»Wie soll ich an das Rohr herankommen? Holen Sie zuerst einen Maurer und lassen Sie die Wand aufstemmen!«
Damit verließ er mich, nicht ohne indigniert darauf hinzuweisen, daß er meinetwegen einen ganzen Arbeitstag verloren hätte. Ich blieb zurück, allein mit einem braunen Fleck auf der Wand und der brennenden Sehnsucht nach einem Maurer. Ich kenne keinen Maurer. Ich weiß auch nicht, wo man einen Maurer findet. Wie sich zeigte, wußte das auch keiner meiner Freunde, Nachbarn, Bekannten und Kollegen. Schließlich empfahl mir jemand, dessen Bruder in einem Maklerbüro tätig war, einen Allround-Handwerker namens Gideon, der irgendwo in der Nähe von Bat Jam wohnte.
Auf Grund dieser präzisen Angaben hatte ich Gideon noch vor Einbruch der Dämmerung aufgespürt und erfuhr, daß er erst nach der Arbeit, frühestens um neun Uhr abends, zu mir kommen könnte. Ich holte Gideon um neun Uhr abends ab. Gideon begutachtete die Mauer und sagte:
»Soll ich vielleicht die Mauer aufstemmen, damit mir sofort das ganze Wasser ins Gesicht schwappt? Holen Sie zuerst einen Installateur, der den Haupthahn sperrt!«
Ich erbleichte. So etwas hatte ich die ganze Zeit gefürchtet und hatte es nicht wahrhaben wollen: daß ich auf die gleichzeitige Anwesenheit beider Experten angewiesen war, daß Platschek ohne Gideon nicht an das Rohr herankommt und Gideon ohne Platschek naß wird. Die Zwillinge mußten bei mir zusammentreffen.

Wie leicht sich das hinschreibt: »Sie mußten zusammentreffen.« Papier ist geduldig. In Wirklichkeit überstieg schon die bloße Planung des Treffens alle mir zur Verfügung stehende Vorstellungskraft. Das Weltraum-Rendezvous von Gemini 6 und 7 war ein Kinderspiel dagegen. Gemini 6 und 7 operierten nach einem genau berechneten, bis auf den Bruchteil einer Sekunde koordinierten Plan. Platschek jedoch hatte nur am Morgen Zeit und Gideon nur am Abend.
Zweimal durchwanderte ich die fruchtbare Ebene von Holon und dreimal die Dünen von Bat Jam, um Platschek und Gideon aufeinander abzustimmen. Vergebens. Der von mir vorgeschlagene Kompromiß zwischen den extremen Zeitpunkten »5.30« und »21.00« strebte ein Treffen um 13.15 an, wurde aber von beiden Seiten entrüstet zurückgewiesen.
Zögernd stellte ich den Ausweg einer kleineren Sabbath-Entweihung zur Debatte. Platschek war einverstanden, aber Gideon geht am Samstag mit seinen Kindern spazieren, er hat viel zu tun und sieht sie die ganze Woche nicht. Schluß, aus.
Der braune Fleck auf meiner Wand wurde größer und größer. Ich mußte die Verhandlungen mit der Achse Holon — Bat Jam wiederaufnehmen. Als ich dann eines Abends mit blaugefrorener Nase und tränenden Augen bei Gideon eintrat, übermannte ihn das Mitleid. Er zog sein Vormerkbüchlein heraus, blätterte lange hin und her und wiegte den Kopf:
»Hier wäre eine Möglichkeit«, sagte er. »Am 26. April ist der Unabhängigkeitstag. Der fällt heuer auf einen Montag. Ich werde von Samstag bis Montag ein verlängertes Wochenende einschalten und am Sonntag nicht

zur Arbeit gehen. Wenn Ihnen also der 25. April recht ist...«
Ich bejahte jauchzend und sauste nach Holon hinüber. Dort war es mit dem Jauchzen vorbei. Platschek erklärte dezidiert, daß er am 25. April wie üblich zur Arbeit gehen würde. Warum sollte er am 25. April nicht wie üblich zur Arbeit gehen?
»Weil«, brachte ich mühsam hervor, »weil ich dann nicht mehr weiß, was ich machen soll, Platschek.«
»Es wird sich schon etwas finden«, sagte Platschek mit unerschütterlichem Optimismus.
Und wirklich, es fand sich schon etwas. Die Vorsehung meinte es gut mit mir. Wie von ungefähr äußerte der legendäre Platschek, daß er am Dienstag kommender Woche bei seinem Schwager in der Levontinstraße zum Abendessen eingeladen sei, und das ließe sich vielleicht mit einem Blitzbesuch bei mir verbinden, vielleicht um halb acht. Ich umarmte ihn, legte in Rekordzeit den Weg nach Bat Jam zurück, drang bei Gideon ein und rief ihm von der Tür entgegen:
»Platschek kommt Dienstag abend.«
»Dienstag abend«, erwiderte Gideon gelassen, »gehe ich zu ›My Fair Lady‹.«
Ich knickte zusammen.
»Vielleicht«, stotterte ich, »vielleicht wäre es möglich, daß Sie an einem andern Tag zu ›My Fair Lady‹ gehen? Ich meine nur. Wenn es vielleicht möglich wäre.«
»Soll sein. Aber ich denke nicht daran, mir wegen der Karten die Füße abzurennen. Das müssen *Sie* machen.«
Nun, soviel verstand sich doch wohl von selbst: daß es meine Sache war, die Karten umzutauschen. Es war ja auch meine Mauer, wo der braune Fleck schon bis zur

Decke reichte. Daß es für »My Fair Lady« nur sehr schwer Karten gab, besonders Umtauschkarten, entmutigte mich nicht. Nach dreitägigen pausenlosen Bemühungen gelang es mir denn auch, Gideons Karten auf den 21. Dezember umzulegen. Ich eilte sofort mit der Freudenbotschaft zu ihm.
Sie wurde von Gideons Frau mit Kopfschütteln aufgenommen. Am 21. Dezember endete das Chanukkah-Fest, und da würde Großmama die Kinder zurückbringen, denn die Kinder verbrachten das Chanukkah-Fest bei Großmama.
»Könnten vielleicht«, wagte ich vorzuschlagen, »könnten die Kinder vielleicht einen Tag früher zurückkommen?«
»Warum nicht?« meinte Frau Gideon gutherzig. »Wenn's die Großmama erlaubt...«
Großmama lebt unweit von Tel Aviv. Sie ist eine freundliche, weißhaarige Dame, liebenswürdig und hilfsbereit, aber am Sabbath benützt sie keine Fahrzeuge. Und der 21. Dezember fiel auf einen Sabbath.
»Ich selbst würde es ja nicht so genau nehmen«, sagte Großmama. »Aber mein seliger Mann war sehr religiös.«
Und weil ihr seliger Mann sehr religiös war, sollte jetzt mein Haus zerbröckeln und versumpfen? Ich versuchte sie zu überzeugen, daß ihre Sünde nicht gar so groß wäre, und wenn ihr seliger Mann noch lebte, wäre er ganz gewiß damit einverstanden, die lärmende Brut am Sabbath loszuwerden, zumal da ein Auto eigens herauskäme, um sie abzuholen. Gratis.
»Nein, nein, nein«, beharrte die starrköpfige alte Hexe.

»Am Sabbath fahre ich nicht. Das müßte mir unser Rabbi ausdrücklich bewilligen.«
Unser Rabbi weilte in einem Erholungsheim im südlichen Galiläa. Ich fand ihn im Garten, lustwandelnd.
»Ehrwürdiger Rabbi«, begann ich. »Wenn Großmutter die Kinderchen am Sabbath nach Hause bringt, kann Gideon am 21. Dezember ins Theater gehen. Damit wird er frei für das Zwillings-Gipfeltreffen mit dem legendären Platschek am nächsten Dienstag um halb acht Uhr abends. Und das ist mindestens so wichtig wie die Rettung eines Menschenlebens, für die auch der Strenggläubige die Sabbathruhe brechen darf, nein, muß...«
Der Rabbi gehörte zum aufgeklärten Flügel des israelischen Klerus. Nachdem ich eine größere Summe zur Errichtung einer neuen Talmud-Thora-Schule gestiftet hatte, wurde die Sabbathdispens für Großmutter ordnungsgemäß ausgestellt, und Großmutter gab nach.
Siegestrunken fuhr ich zu Platschek, siegestrunken rief ich ihm entgegen:
»Der Maurer kommt am Dienstag.«
»Zu dumm«, sagte Platschek. »Mein Schwager hat die Einladung auf Mittwoch verschoben.«
Am Dienstag nämlich mußte der Schwager, wie sich plötzlich erwiesen hatte, einer Versammlung des Elternrats in der von seinen Kindern frequentierten Schule beiwohnen. Und inzwischen hatten sich die braunen Wasserflecken schon über die ganze Decke ausgebreitet.
»Meinetwegen, Herr Kishon«, brummte der Schwager. »Wenn Sie es einrichten können, daß die Sitzung verschoben wird – warum nicht?«
Nein, wirklich, ich kann mich nicht beklagen. Jeder-

mann war bereit, mir zu helfen, jedermann tat sein Bestes. Hoffnungsvoll eilte ich zum Schuldirektor. Er bedauerte lebhaft: Die Einladungen für Dienstag waren schon ausgeschickt.
Ich ging von Haus zu Haus. Achtzehn Eltern erklärten sich sofort mit Donnerstag einverstanden, nur vier machten Schwierigkeiten. Am hartnäckigsten zeigte sich Frau Olga Winternitz, die für Donnerstag mehrere Familien zu Gast geladen hatte. Drei der Geladenen waren ohne weiteres bereit, am Freitag zu kommen, einer erklärte sich dazu mangels Beförderungsmittels außerstande, zwei Mütter hatten keine Babysitter, und ein Junggeselle hatte eine wichtige Verhandlung in Sachen seines Konkurses. Alle diese Schwierigkeiten wurden von mir Schritt für Schritt aus der Welt geschafft. Das Beförderungsproblem löste ich, indem ich einen Autobus mietete. Meine Schwester ging als Babysitter zu der einen Dame, die andere Dame ermordete ich und vergrub den Leichnam im Garten. Die Konkursverhandlung wurde abgesagt, da ich die Schulden des Geschäftsmannes übernahm. Auf diese Weise konnte der Elternrat am Donnerstag zusammentreten, und dem Gipfeltreffen der Zwillinge am Dienstagabend stand nichts mehr im Wege. Pünktlich um halb acht begann ich zu warten. Ich wartete zwei Stunden. Niemand kam. Kurz vor Mitternacht erschien Platschek, der unsere Verabredung irgendwie mißverstanden und bei seinem Schwager das Abendessen eingenommen hatte, ehe er zu mir kam, statt umgekehrt. Gideon kam ohne nähere Angaben von Gründen überhaupt nicht. Wahrscheinlich hatte er vergessen.
Zum Glück war der Wasserfleck nicht mehr von der

Wand zu unterscheiden, denn die Wand war mittlerweile verschwunden und hatte nur den Fleck zurückgelassen.
Ich verkaufte die Wohnung, erwarb eine neue und wunderte mich, daß mir diese einfache Lösung nicht früher eingefallen war.

Die Gastfreundschaft gehört im Vorderen Orient zu den heiligsten Geboten. Ein Beduinenscheich, bei dem du eingekehrt bist, wird dich – auch wenn du monatelang bleibst – nie zum Aufbruch mahnen. Leider ist die Zahl der Beduinenscheichs unter den Oberkellnern von Tel Aviv sehr gering.

Sperrstunde

Das Theater hatte um acht Uhr abends begonnen. Kurz vor elf war es zu Ende. Wir hatten noch keine Lust, schlafen zu gehen. Unschlüssig schlenderten wir die hell erleuchtete Dizengoffstraße hinunter.
»Laß uns noch eine Tasse Tee trinken«, sagte die beste Ehefrau von allen. »Irgendwo.«
Wir betraten das nächste Café-Restaurant, ein kleines, intimes Lokal mit diskreter Neonbeleuchtung, einer blitzblanken Espressomaschine und zwei Kellnern, die sich gerade umkleideten. Außer uns war nur noch ein glatzköpfiger Mann vorhanden, der mit einem schmutzigen Fetzen die Theke abwischte. Bei unserem Eintritt sah er auf seine Uhr und brummelte etwas Unverständliches zu einem der beiden Kellner hinüber, der daraufhin seinen Rock wieder auszog und in ein Jackett von unbestimmter Farbe schlüpfte; irgendwann einmal muß es weiß gewesen sein.
Die Luft war mit Sozialproblemen geladen. Aber wir taten, als wäre es eine ganz normale Luft und ließen uns an einem der Tische nieder.
»Tee«, bestellte ich unbefangen. »Zwei Tassen Tee.«
Der Kellner zögerte, dann öffnete er die Türe zur Kü-

che und fragte mit demonstrativ angewiderter Stimme: »Ist das Wasser noch heiß?«

Unterdessen schob draußen auf der Terrasse der andere Kellner die Tische zusammen, mit harten, präzisen Rucken, deren Stakkato den unerbittlichen Ablauf der Zeit zu skandieren schien.

Der Tee schwappte ein wenig über, als der erste Kellner die beiden Tassen vor uns hinknallte. Aber was verschlug's. Wir versuchten, die farblose Flüssigkeit durch emsiges Umrühren ein wenig zu wärmen.

»'tschuldigen!«

Es war der Glatzkopf. Er hob das Tablett mit unseren beiden Tassen und nahm das fleckige Tischtuch an sich. Nun, auch der Tisch als solcher war nicht ohne.

Der erste Kellner hatte den unterbrochenen Kostümwechsel wiederaufgenommen und stand jetzt in einem blauen Regenmantel zwischen der Türe. Er machte den Eindruck, als wartete er auf etwas. Der zweite Kellner war mit dem Zusammenfalten der Flecktücher fertig geworden und drehte die Neonlichter ab.

»Vielleicht«, flüsterte ich meiner Ehefrau zu, »vielleicht möchten sie, daß wir gehen? Wäre das möglich?«

»Es wäre möglich«, flüsterte sie zurück. »Aber wir müssen es ja nicht bemerken.«

Wir fuhren fort, an unserem im Halbdunkel liegenden Tisch miteinander zu flüstern und nichts zu bemerken. Auch das Tablett mit der Rechnung, das mir der Regenmantelkellner kurz darauf unter die Nase hielt, nahm ich nur insoweit zur Kenntnis, als ich es beiseite schob. Der Glatzkopf nahm das schicke Hütchen meiner Ehefrau vom Haken und legte es mitten auf den Tisch. Sie lohnte es ihm mit einem freundlichen Lächeln:

»Vielen Dank. Haben Sie Kuchen?«
Der Glatzkopf erstarrte mit offenem Mund und wandte sich zum zweiten Kellner um, der vor dem großen Wandspiegel seine Haare kämmte. Es herrschte Stille. Dann verlor sich der erste Kellner, der mit dem blauen Regenmantel, im dunklen Hintergrund, tauchte wieder auf und warf uns einen käsigen Klumpen vor, der beim Aufprall sofort zerbröckelte. Eine Gabel folgte klirrend. Meine Gattin konnte das Zittern ihrer Hände nicht unter Kontrolle bekommen und ließ die Gabel fallen. Da sie nicht mehr den Mut hatte, eine neue zu verlangen, tat ich es an ihrer Stelle. Wenn Blicke töten könnten, wäre jede ärztliche Hilfe zu spät gekommen.
Die Neonlichter wurden einige Male in rascher Folge an- und abgeschaltet. Das gab einen hübschen Flackereffekt, der uns aber nicht weiter beeindruckte. Auch die Tatsache, daß der Glatzkopf sich gerade jetzt vergewissern mußte, ob der Rollbalken vor der Eingangstüre richtig funktionierte, ließ uns kalt.
Aus der Küche kam eine alte, bucklige Hexe mit Kübel und Besen hervorgeschlurft und begann den Boden zu waschen. Warum sie damit bei unserem Tisch begann, weiß ich nicht. Jedenfalls hoben wir, um ihr keine Schwierigkeiten zu machen, die Füße und hielten sie so lange in der Luft, bis die Hexe weiterschlurfte.
Der gekämmte Kellner hatte um diese Zeit fast alle Stühle auf die dazugehörigen Tische gestellt. Eigentlich fehlten nur noch die unseren.
»Warum sagen sie uns nicht, daß wir gehen sollen?« fragte ich meine Frau, die in solchen Fällen meistens die richtige Antwort weiß.

»Weil sie uns nicht in Verlegenheit bringen wollen. Es sind höfliche Leute.«

Im Orient wird das Gastrecht heiliggehalten, auch heute noch. Mit uralten Traditionen bricht man nicht so leicht.

Der erste Kellner stand bereits draußen auf der Straße, von wo er uns aufmunternde Blicke zuwarf. Der zweite half dem Glatzkopf soeben in den Mantel. Der Glatzkopf öffnete einen kleinen schwarzen Kasten an der Wand und tauchte mit zwei knappen Handgriffen das Lokal in völliges Dunkel. Im nächsten Augenblick spürte ich die Sitzfläche eines Stuhls auf meinem Rücken.

»Könnte ich ein paar Zeitschriften haben?« hörte ich meine Frau sagen. Ich tastete durch die Dunkelheit nach ihrer Hand und drückte sie anerkennend.

Ein Zündholz flammte auf. In seinem schwachen Schein kam der Glatzkopf auf uns zu:

»Sperrstunde. Wir schließen um Mitternacht.«

»Ja aber – warum haben Sie das nicht gleich gesagt?« fragte ich. »Woher sollen wir das wissen?«

Wir ließen die Stühle von unseren Rücken gleiten, standen auf und rutschten über den nassen Fußboden hinaus. Nachdem wir ein wenig ins helle Straßenlicht geblinzelt hatten, sahen wir nach der Uhr. Es war genau 20 Minuten vor 12.

Das Klima in unserem Land ist streng geregelt und beinahe ein Fall von Modellplanung: neun Monate totaler Sommer mit ungetrübter Sonne und wolkenlosem Himmel, zwei Übergangsmonate, und nur ein einziger Monat mit Regen, der aber nicht ganz ernst zu nehmen ist. Infolgedessen ist die Institution des Regenschirms noch nicht in das Bewußtsein unserer Nation gedrungen. Selbst ehemalige Europäer, die dann und wann mit einem Regenschirm ausgehen, kommen immer ohne Regenschirm zurück.

WETTERVORHERSAGE:
NEIGUNG ZU REGENSCHIRMVERLUSTEN

Das ist heuer wirklich ein unmöglicher Winter. Man weiß nicht: Hat er endlich begonnen, oder ist er schon vorüber? Manchmal ballen sich dunkle Wolken am Himmel zusammen, ein sibirischer Wind heult durch die Gegend – zehn Minuten später scheint die Sonne, als wäre nichts geschehen – und wird nach weiteren fünf Minuten durch einen kleinen Platzregen oder durch ein Lokalgewitter abgelöst. In solchen Zeiten empfiehlt es sich nicht, das Haus ohne Regenschirm zu verlassen. Zumindest war das der Standpunkt meiner Gattin, als ich mich anschickte, unseren Wagen aus »Mike's Garage« abzuholen, wo er sich in Reparatur befand.
»Nimm meinen Regenschirm, Liebling«, sagte sie. »Aber bitte, verlier ihn nicht!«
Jedesmal, wenn ich mit einem Regenschirm das Haus

verlasse, wiederholt sie diese völlig überflüssige Mahnung. Wie ein Papagei. Wofür hält sie mich? Für ein unmündiges Kind?«

»Teuerste«, sagte ich mit einem unüberhörbar sarkastischen Unterton, »wann habe ich jemals meinen Regenschirm verloren?«

»Vorgestern«, lautete die prompte Antwort. »Eben deshalb möchte ich nicht, daß du jetzt auch noch meinen verlierst.«

Dieser Triumph in ihrer Stimme! Mit welchem Genuß sie mir unter die Nase reibt, daß ich meinen Regenschirm zufällig irgendwo stehenließ und daß ich jetzt den ihren nehmen muß! Obendrein beleidigt sie damit meine männliche Würde, weil ihr Regenschirm geradezu aufreizend feminin wirkt: klein, gebrechlich, blaßblau und statt eines anständigen Griffs ein Hundekopf aus Marmor oder Elfenbein oder was weiß ich. Angewidert nahm ich das Wechselbalgerzeugnis an mich und begab mich in den strömenden Regen.

Es muß nicht erst gesagt werden, daß das Wetter, als ich dem Autobus entstieg, sich wieder in ein völlig sommerliches verwandelt hatte. Der Himmel war klar, die Bäume blühten, die Vöglein zwitscherten, die Sonne schien, und ich ging mit einem Damenregenschirm unterm Arm durch die Straßen.

Der Wagen war noch nicht fertig. Mike hatte noch etwas im Getriebe entdeckt. Aber es würde nicht mehr lange dauern.

Den Heimweg benützte ich, um auf der Bank etwas Geld abzuheben.

Anschließend nahm ich kurzen Aufenthalt im Café California, plauderte mit Freunden über die Krise der

zeitgenössischen Theaterkritik und traf pünktlich um 13 Uhr 45 zu Hause ein.
Die Frage, mit der meine Frau mich empfing, lautete:
»Wo ist der Regenschirm?«
Tatsächlich: Wo war er? Ich hatte ihn vollständig vergessen. Aber wo? Ruhige Überlegung tat not. Und schon kam die Erleuchtung:
»Er ist im ›California‹! Ich erinnere mich ganz deutlich, daß ich ihn zwischen meinen Knien versteckt hielt, damit ihn niemand sieht. Natürlich. Ich hole ihn sofort, Liebling. In zwei Minuten bin ich zurück.«
Durch den Regen, der inzwischen aufs neue eingesetzt hatte, sauste ich zum Bus. Während der Fahrt hatte ich Zeit, über die Engländer nachzudenken, die ohne Regenschirm keinen Schritt machen und ihn auch dann nicht verlieren, wenn der Regen aufhört. Auf diese Weise haben sie ein Empire aufgebaut, und auf diese Weise haben sie es wieder verloren. Man müßte der Wechselbeziehung zwischen Regenschirm und Weltgeschichte einmal genauer nachgehen ... Unter derlei globalen Gedanken kam ich an meinem Bestimmungsort an. Ich erwachte erst im letzten Augenblick, sprang auf, ergriff den Regenschirm und drängte zum Ausgang.
»He! Das ist mein Schirm!«
Der Ausruf kam von einer sehr dicken Dame, die während der ganzen Zeit neben mir gesessen war. In meiner Zerstreutheit hatte ich ihren Regenschirm genommen. Na und? So etwas kann vorkommen. Aber die sehr dikke Dame machte einen fürchterlichen Wirbel, bezeichnete mich als Taschendieb und drohte mir sogar mit der Polizei. Vergebens suchte ich ihr zu erklären, daß ich auf ihren schäbigen Schirm nicht anstünde und mehrere ei-

gene besäße, die strategisch über die ganze Stadt verteilt wären. Die sehr dicke Dame schimpfte ungerührt weiter, bis ich mich ihren Attacken durch die Flucht entzog.
Im »California« fand ich sofort den Regenschirm meiner Frau, oder genauer: dessen Überbleibsel. Man hatte ihn achtlos in eine Ecke geworfen und war barbarisch über ihn hinweggetrampelt, so daß er vor lauter Schmutz kaum wiederzuerkennen war. Was würde meine Frau sagen? Wirklich, das Leben in unserem Land wird in letzter Zeit immer schwieriger ...
»Siehst du«, rief ich mit forcierter Fröhlichkeit, als ich meiner Frau gegenüberstand. »Ich habe ihn gefunden.«
»*Was* hast du gefunden?«
»Deinen Regenschirm!«
»Das soll mein Regenschirm sein?«
Wie sich herausstellte, war der blaue Regenschirm inzwischen von der Bank zurückgeschickt worden. Jetzt fiel mir auch ein, daß ich ihn dort vergessen hatte. Natürlich, auf der Bank. Aber wem gehörte dann dieses schwarze, schmierige Zeug?
Das Telefon läutete.
»Hier ist der Oberkellner vom ›California‹«, sagte der Oberkellner vom »California«. »Sie haben meinen Regenschirm mitgenommen. Das ist nicht schön von Ihnen. Ich mache um drei Uhr nachmittag Schluß, und draußen regnet es.«
»Entschuldigen Sie. Ich bringe ihn sofort zurück.«
Die beste Ehefrau von allen legte abermals Symptome von Nervosität an den Tag.
»Nimm meinen Regenschirm«, sagte sie. »Aber bitte, verlier ihn nicht wieder.«

»Wozu brauche ich deinen Regenschirm? Ich hab' ja den vom Kellner!«
»Und für den Rückweg, du Dummkopf?«
Haben Sie, verehrter Leser, jemals in einer heißen, sonnenüberglänzten Mittelmeerlandschaft zwei Regenschirme unterm Arm getragen, von denen der eine wie ein schadhafter schwarzer Fallschirm aussah und der andere in einen marmornen Hundekopf auslief? Die Wartenden an der Bushaltestelle konnten sich an mir nicht satt sehen. Es war so peinlich, daß ich einen Schwindelanfall erlitt. Ich suchte eine nahe gelegene Apotheke auf, wo ich zwei Beruhigungstabletten einnahm und so lange warten wollte, bis es wieder zu regnen begänne. Mein Vorsatz scheiterte an dem mörderischen Hunger, der mich plötzlich überkam und mich in ein Buffet an der nächsten Ecke trieb. Dort konnte ich in aller Eile ein paar Brötchen ergattern, die ich dann im Bus verschlang. Vor dem Café California wartete der Kellner und sah mich fragend an:
»Wo ist mein Regenschirm?«
Tatsächlich. *Er* fragte *mich*, wo sein Regenschirm ist. Wie soll ich das wissen? Was kümmert mich sein Regenschirm? Ich möchte wissen, wo der Regenschirm meiner Frau ist. Ich möchte wissen, warum alle Regenschirme der Welt sich in meiner Hand Rendezvous geben und dann spurlos verschwinden.
»Nur ein wenig Geduld«, beruhigte ich den Kellner.
»Sie werden Ihren Regenschirm sofort haben.«
Ungeachtet des niederprasselnden Wolkenbruchs rannte ich zur Haltestelle zurück. Schön, den Regenschirm meiner Frau habe ich also verloren, das bleibt in der Familie. Aber wie kommt der arme Kellner dazu?

Atemlos riß ich die Türe zur Apotheke auf:
»Ich ... hier ... vor ein paar Minuten ...«
»Weiß schon«, unterbrach mich der Apotheker. »Ist er das?«
Ich nahm den Schirm an mich und rannte weiter. Natürlich hätte ich nicht schwören können, daß es der Schirm meiner Frau war. Er sah ihm ähnlich, gewiß, aber er flößte mir trotzdem Zweifel ein. Schon deshalb, weil er grün war und als Griff keinen Elfenbeinmops hatte, sondern einen flachen Schnabel mit den eingravierten Worten: »Meiner Schwester Dr. Lea Pickler«. Es schien doch nicht ganz der Schirm meiner Frau zu sein. Aber irgend etwas mußte ich dem Kellner schließlich zurückbringen. Der Kampf ums Dasein ist hart. Nur die Tüchtigsten überleben. Heute du, morgen ich, es hilft nichts. Wenn du dich nicht wehrst, stehst du plötzlich ohne Regenschirm da. Angeblich werden im Depot der Städtischen Autobuslinien täglich frische Regenschirme verteilt. Jetzt geh hin und sag ihnen: »Ich habe meinen Regenschirm in einem Bus der Linie 94 stehenlassen!« 94 ist eine sehr stark befahrene Linie. »Ist das Ihr Schirm?« fragt ein Beamter der Fundabteilung. »Dieser Fetzen?« fragst du zurück. »Zeigen Sie mir etwas Besseres!« Und wenn du Glück hast –
»Hallo, Sie!«
Der Buffetinhaber winkte mich in seinen Laden. Und da, in eine Ecke gelehnt, wie Bruder und Schwester, standen die beiden streunenden Schirme, der des Verbrechers vom Café California und der meiner Witwe. Den Blick fest zu Boden gerichtet, reihte ich mich an der Bushaltestelle in die Schlange der Wartenden ein. Von meinem Arm baumelten drei Regenschirme, ein

schwarzer, ein blauer und ein grüner. Wenn es wenigstens geregnet hätte! Aber woher denn, es herrschte schon wieder strahlendes Sommerwetter mit leicht auffrischendem Südwestwind. Ich rollte die drei Schirme in ein Bündel zusammen, als wäre ich ein Schirmvertreter, der mit seinen neuesten Mustern unterwegs ist. Aber das Volk der Juden hat in seiner langen Geschichte gelernt, sich nicht so leicht täuschen zu lassen. Mißtrauische Blicke trafen mich, und ein paar Halbwüchsige deuteten mit Fingern nach mir, wobei sie unverschämt kicherten. Eine feine Jugend, die uns da heranwächst!
Im Bus verdrücke ich mich ganz nach hinten, in der Hoffnung, daß man von meinen Schirmdrillingen keine Notiz nehmen würde. Die Umsitzenden enthielten sich auch wirklich aller Kommentare. Offenbar hatten sie sich bereits an mich gewöhnt.
Nach einigen Stationen wagte ich aufzublicken. Und da – da – mir gegenüber – direkt mir gegenüber... um Himmels willen!
Die sehr dicke Dame. Dieselbe sehr dicke Dame, mit der ich schon einmal zusammengestoßen war. Sie fixierte mich. Sie fixierte meine drei Regenschirme. Und sie sagte:
»Guten Tag gehabt heute, eh?!«
Dann wandte sie sich an die Umsitzenden und erklärte ihnen den Sachverhalt: »Der Kerl schnappt Regenschirme, wo er sie sieht, und macht sich aus dem Staub. Ein gesunder junger Mensch, gut gekleidet, und stiehlt Regenschirme, statt einen anständigen Beruf auszuüben. Eine Schande. Vor zwanzig Jahren hat es in unserem Land keine solchen Typen gegeben.«
Es folgte allgemeine Zustimmung mit anschließendem

Tatendrang. »Polizei«, sagte jemand. »Man muß ihn der Polizei übergeben.«
Die Haltung der Menge wurde immer drohender. Mir blieb keine Rettung, als zum Ausgang zu flüchten und in höchster Eile den Bus zu verlassen. Mit einer gewaltigen Kraftanstrengung machte ich mir den Weg frei und warf mich hinaus in den Regen. Schützend hob ich die Hände über meinen Kopf...
Die Hände? Beide Hände?
In einem Wagen der Autobuslinie 5 sind drei Regenschirme auf dem Weg in die Ewigkeit.
Ich stehe mit geschlossenen Augen im Regen, ein später Nachfahre König Lears am Ende seines Lebens. Ich stehe und rühre mich nicht. Das Wasser rinnt in meinen Kragen, durch meine Unterwäsche, in meine Schuhe. Ich stehe und werde hier stehenbleiben, bis die Sintflut kommt oder der Frühling.

> Oft werde ich gefragt: was ist es für ein Gefühl, unter lauter Brüdern zu leben? In einem Land, wo der Verteidigungsminister Jude ist, der Oberste Richter Jude ist und der Verkehrspolizist Jude ist? Nun, was diesen letztgenannten betrifft, so freut man sich natürlich, daß man sein Strafmandat nicht von einem volksfremden Widersacher bekommt, sondern vom eigenen Fleisch und Blut, vom Bruder Verkehrspolizisten. Manchmal ereignen sich allerdings leichte Fälle von Brudermord.

Strafmandat bleibt Strafmandat

Der Wüstenwind wehte feinen Sandstaub über die Boulevards und auf die Kaffeehausterrasse, wo ich mit meinem Freund Jossele saß. Die Luft war stickig, der Kaffee war ungenießbar. Mißmutig beobachteten wir das Leben und Treiben ringsum. Mit besonderem Mißmut erfüllte uns der Verkehrspolizist an der Kreuzung, unter dessen Schikanen die hartgeprüften Autofahrer hilflos leiden mußten.
»Genug«, sagte Jossele und stand auf. »Jetzt will ich's wissen. Die Polizei, dein Freund und Helfer. Laß uns sehen, wie weit es damit her ist.«
Er zog mich auf die Straße und schlug den Weg zur nächsten Polizeistube ein.
»Wo kann ich eine Übertretung der Verkehrsvorschriften melden?« fragte er den diensthabenden Polizeibeamten.
»Hier«, antwortete der Beamte. »Was ist geschehen?«

»Ich fuhr mit meinem Wagen die Schlomo-Hamelech-Straße hinunter«, begann Jossele, »und parkte ihn an der Ecke der King-George-Straße.«
»Gut«, sagte der Beamte. »Und was ist geschehen?«
»Dann fuhr ich weiter.«
»Sie fuhren weiter?«
»Ja. Ich fuhr weiter und hätte die ganze Sache beinahe vergessen.«
»Welche Sache?«
»Eben. Als ich später wieder am Tatort vorbeikam, fiel es mir plötzlich ein. Um Himmels willen, dachte ich. Die Haltestelle!«
»Welche Haltestelle?«
»Die Autobushaltestelle. Wissen Sie nicht, daß sich an der Ecke Schlomo-Hamelech-Straße und King-George-Straße eine Autobushaltestelle befindet? Herr Inspektor! Ich bin ganz sicher, daß ich nicht in der vorgeschriebenen Entfernung von der Haltestelle geparkt habe. Es waren ganz sicher keine zwölf Meter.«
Der Beamte glotzte:
»Und deshalb sind Sie hergekommen, Herr?«
Jossele nickte traurig und ließ deutliche Anzeichen eines beginnenden Zusammenbruchs erkennen:
»Ja, deshalb. Ursprünglich wollte ich nicht. Du hast ja schließlich nur eine halbe Stunde geparkt, sagte ich mir, und niemand hat dich gesehen. Also wozu? Aber dann begann sich mein Gewissen zu regen. Ich ging zur Schlomo-Hamelech-Straße zurück, um die Parkdistanz in Schritten nachzumessen. Es waren höchstens neun Meter. Volle drei Meter zu wenig. Nie, so sagte ich mir, nie würde ich meine innere Ruhe wiederfinden, wenn ich jetzt nicht zur Polizei gehe und die Selbstanzeige erstat-

te. Hier bin ich. Und das« – Jossele deutete auch mich – »ist mein Anwalt.«
»Guten Tag«, brummte der Beamte und schob seinen Stuhl instinktiv ein wenig zurück, ehe er sich wieder an Jossele wandte: »Da die Polizei Sie nicht gesehen hat, können wir die Sache auf sich beruhen lassen. Sie brauchen kein Strafmandat zu bezahlen.«
Aber da kam er bei Jossele schön an:
»Was heißt das: die Polizei hat mich nicht gesehen? Wenn mich morgen jemand umbringt und die Polizei sieht es nicht, so darf mein Mörder frei herumlaufen? Eine merkwürdige Auffassung für einen Hüter des Gesetzes, das muß ich schon sagen.«
Die Blicke des Polizeibeamten irrten ein paar Sekunden lang zwischen Jossele und mir hin und her. Dann holte er tief Atem:
»Wollen Sie, bitte, das Amtslokal verlassen und mich nicht länger aufhalten, meine Herren!«
»Davon kann keine Rede sein!« Jossele schlug mit der Faust auf das Pult. »Wir zahlen Steuer, damit die Polizei für öffentliche Ordnung und Sicherheit sorgt!« Und mit beißender Ironie fügte er hinzu: »Oder sollte mein Vergehen nach einem halben Tag bereits verjährt sein?«
Das Gesicht des Beamten lief rot an:
»Ganz wie Sie wünschen, Herr!« Damit öffnete er sein Eintragungsbuch. »Geben Sie mir eine genaue Schilderung des Vorfalls!«
»Bitte sehr. Wenn es unbedingt sein muß. Also, wie ich schon sagte, ich fuhr die Schlomo-Hamelech-Straße hinunter, zumindest glaube ich, daß es die Schlomo-Hamelech-Straße war, ich weiß es nicht mehr genau. Jedenfalls –«

»Sie parkten in der Nähe einer Bushaltestelle?«
»Kann sein. Es ist gut möglich, daß ich dort geparkt habe. Aber wenn, dann wirklich nur für ein paar Sekunden.«
»Sie sagten doch, daß Sie ausgestiegen sind!«
»Ich bin ausgestiegen? Warum sollte ich ausgestiegen sein? Und warum sollte ich sagen, daß ich ausgestiegen bin, wenn ich – halt, jetzt fällt es mir ein: ich bin ausgestiegen, weil der Winker geklemmt hat. Deshalb habe ich den Wagen angehalten und bin ausgestiegen, um den Winker wieder in Ordnung zu bringen. Wollen Sie mir daraus vielleicht einen Strick drehen? Soll ich das Leben meiner Mitmenschen gefährden, weil mein Winker klemmt? Das können Sie unmöglich von mir verlangen. Das können Sie nicht, Herr Inspektor. Das können Sie nicht!«
Jossele war in seiner Verzweiflung immer näher an den Beamten herangerückt, der immer weiter zurückwich: »Herr!« stöhnte er dabei. »Herr!« Und das war alles.
»Hören Sie, Herr Inspektor.« Gerade daß Jossele nicht schluchzend auf die Knie fiel. »Könnten Sie mich nicht dieses eine Mal laufenlassen? Ich verspreche Ihnen, daß so etwas nicht wieder vorkommen wird. Ich werde in Zukunft genau achtgeben. Nur dieses eine Mal noch, ich bitte Sie . . .«
»Hinaus!« röchelte der Beamte. »Marsch hinaus!«
»Ich danke Ihnen! Sie sind die Güte selbst! Ich danke Ihnen von ganzem Herzen.«
Jossele zog mich eilig hinter sich her. Ich konnte noch sehen, wie der Beamte hinter seinem Pult zusammensank.
Ab und zu muß man eben auch etwas für die Polizei tun.

> Nichts auf der Welt ist so schwer zu ertragen wie eine moralische Schuld, außer einer finanziellen Schuld. Eine Kombination dieser beiden ist absolut mörderisch.

Harte Währung

In der Regel habe ich immer einen Vorrat von Zehnpiastermünzen bei mir. An jenem Morgen hatte ich keine. Ratlos stand ich vor dem grausamsten Instrument unseres technischen Zeitalters: dem Parkometer. Sollte ein städtisches Amtsorgan des Weges kommen, dann könnte mich der Mangel eines Zehnpiasterstücks fünf Pfund kosten. Ich versuchte ein Fünfundzwanzigpiasterstück in den Schlitz zu zwängen, aber das Parkometer weigerte sich.
»Zehn Piaster?« fragte eine Stimme in meinem Rükken. »Werden wir gleich haben.«
Ich fuhr herum und erkannte Ingenieur Glick, der eifrig in seinen Hosentaschen stöberte.
»Hier!« Und damit warf er selbst die erlösende Münze in den gefräßigen Schlitz.
Ich wußte nicht, wie ich ihm danken sollte. Die von mir sofort angebotene Fünfundzwanzigermünze wies er von sich:
»Lassen Sie. Es ist nicht der Rede wert.«
»Wenn Sie einen Augenblick warten, gehe ich wechseln«, beharrte ich.
»Machen Sie sich nicht lächerlich. Sie werden schon einen Weg finden, sich zu revanchieren.«
Damit wandte er sich zum Gehen und ließ mich in

schweren, bedrückenden Gedanken zurück. Schulden sind mir zuwider. Ich mag das nicht. »Sie werden schon einen Weg finden« – was heißt das? Was für einen Weg? Wieso?
Um sicherzugehen, suchte ich auf dem Heimweg einen Blumenladen auf und schickte Frau Glick zehn rote Nelken. So benimmt sich ein Kavalier, wenn ich richtig informiert bin.
Warum es leugnen: ich hätte zumindest einen Telefonanruf vom Hause Glick erwartet. Nicht als ob mein Blumenarrangement besondere Dankesbezeigungen erfordert hätte, aber trotzdem ...
Als bis zum Einbruch der Dämmerung noch nichts geschehen war, erkundigte ich mich telefonisch im Blumenladen nach dem Schicksal meiner Nelken. Ja, alles in Ordnung, die Nelken wurden um 16 Uhr 30 durch Boten befördert.
Ich wartete noch eine Stunde. Als meine Nerven zu zerreißen drohten, rief ich bei Glicks an.
Glick selbst war am Telefon. Wir unterhielten uns über die neuen Hafenanlagen in Ashdod und über die neue Einkommensteuer und noch über allerlei Neues. Eine Viertelstunde lang. Schließlich konnte ich nicht länger an mich halten.
»Da fällt mir ein«, sagte ich. »Hat Ihre Gattin die Blumen bekommen?«
»Ja. Meiner Meinung nach sollte Eschkol dem Druck der Religiösen nicht nachgeben. Er hat genügend Rückhalt, um ...«
Und so weiter, und so weiter. Was war da los? Kein Zweifel, mit meinen Blumen stimmte etwas nicht.
Nachdem die läppische Konversation zu Ende war, be-

richtete ich den Vorfall meiner Ehefrau. Sie wunderte sich überhaupt nicht.
»Natürlich«, sagte sie. »Auch ich hätte mich beleidigt gefühlt. Wer schickt heute noch Nelken? Die billigsten Blumen, die es überhaupt gibt.«
»Aber ich habe zehn Stück geschickt!«
»Na wenn schon. Es muß einen fürchterlichen Eindruck auf die Glicks gemacht haben. Jetzt werden sie uns für Geizhälse halten.«
Ich preßte die Lippen zusammen. Alles darf man mich nennen, nur keinen Geizhals. Am folgenden Morgen ging ich in die nächste Buchhandlung, erstand Winston Churchills vierbändige »Geschichte des Zweiten Weltkriegs« und ließ sie an Ingenieur Glick schicken.
Der Abend kam. Ein Anruf kam nicht. Zweimal wählte ich Glicks Nummer, zweimal legte ich im letzten Augenblick den Hörer wieder auf.
Vielleicht hatte Glick übersehen, daß es sich um ein Geschenk von mir handelte?
»Unmöglich«, versicherte mir der Buchhändler. »Ich habe auf einer Begleitkarte ganz deutlich Ihren Namen angegeben.«
Zwei Tage verstrichen, zwei fürchterliche, zermürbende Tage. Am dritten Tag wurden mir die vier Bände Churchill zurückgestellt, in einem mangelhaft verschnürten Paket, dem folgender Brief beilag:
»Mein lieber Freund, begreifen Sie doch, daß ich für die Hilfe, die ich Ihnen am 15. November um 9 Uhr geleistet habe, weder Dank noch Belohnung verlange. Was ich tat, tat ich aus gutem Willen und aus dem Bedürfnis, einem Mitmenschen, der in eine schwierige Situation geraten war, meine brüderliche Hand hinzustrecken. Das

ist alles. Ich bin sicher, Sie an meiner Stelle hätten ebenso gehandelt. Mein schönster Lohn liegt in dem Bewußtsein, daß ich unter schwierigsten Bedingungen, in einem Dschungel von Eigensucht und Grausamkeit, ein menschliches Wesen bleibe. Herzlichst Ihr Glick. PS: Den Churchill habe ich schon.«
Abermals wunderte sich meine Gattin nicht im geringsten, als ich ihr den Brief vorlas:
»Ganz klar. Es gibt eben Dinge, die sich mit schnödem Mammon nicht abgelten lassen. Manchmal ist eine kleine Aufmerksamkeit mehr wert als das teuerste Geschenk. Aber ich fürchte, das wirst du nie verstehen, du Büffel.«
Was werde ich nie verstehen, was? Noch am selben Tag bekam Ingenieur Glick ein Geschenkabonnement für die Vorzugsserie der Philharmonikerkonzerte.
Am Abend des ersten Konzerts lag ich an der Ecke der Hubermanstraße im Hinterhalt. Würde er kommen?
Er kam. Beide kamen. Ingenieur Glick und Gattin wohnten dem von mir gestifteten Vorzugskonzert bei. Aufatmend ging ich nach Hause. Zum erstenmal seit vielen Tagen fühlte ich mich von schwerem Druck befreit, zum erstenmal war ich wieder ich selbst. Pünktlich um zehn Uhr abends läutete das Telefon.
»Wir sind in der Pause weggegangen«, sagte Glick, und seine Stimme klang sauer. »Ein miserables Konzert. Ein miserables Programm. Ein miserabler Dirigent.«
»Ich ... ich bin verzweifelt«, stotterte ich. »Können Sie mir je verzeihen? Ich hab's gut gemeint, wirklich. Ich wollte mich ja nur für Ihre Hilfe von damals erkenntlich zeigen ...«

»Hoho, alter Junge«, unterbrach mich Glick. »Das ist es ja. Geben ist eine Kunst. Mancher lernt's nie. Man darf nicht nachdenken und nicht nachrechnen, man gibt aus vollem Herzen oder gar nicht. Wenn ich mich selbst als Beispiel anführen darf – Sie erinnern sich. Als ich Sie damals in hoffnungsloser Verzweiflung vor dem Parkometer stehen sah, hätte ich mir ebensogut sagen können: ›Was kümmert's dich, du bist kein Autobesitzer und brauchst dich mit einem Autobesitzer nicht solidarisch zu fühlen. Tu, als hättest du ihn nicht gesehen. Er wird es nie erfahren.‹ Aber so zu handeln, wäre eben nicht meine Art. ›Hier ist ein Mensch in Not‹, sagte ich mir. ›Er braucht dich.‹ Und schon – Sie erinnern sich – schon war das Zehnpiasterstück im Schlitz Ihres Parkometers. Eine kleine Geste, weiter nichts. Und doch ...«
Ich glaubte buchstäblich in die Erde zu versinken vor so viel Humanismus. Eine kleine Geste. Warum, lieber Gott, ermangle ich so völlig der Fähigkeit zu kleinen Gesten. Nicht nachdenken, nicht nachrechnen, nur geben, aus vollem Herzen geben ...
»Glick hat vollkommen recht«, konstatierte die beste Ehefrau von allen. »Und jetzt ist der Karren natürlich völlig verfahren. Jetzt kann uns nur noch eine spektakuläre Aktion retten.«
Die ganze Nacht überlegten wir, was wir tun sollten. Den Glicks eine Eigentumswohnung kaufen? Mündelsichere Wertpapiere? Sie zu unseren Universalerben einsetzen? Wir zermarterten uns die Köpfe ...
Schließlich brachte uns eine beiläufige Bemerkung des Ingenieurs auf den rettenden Einfall. Wie hatte er doch in seinem ausführlichen Monolog gesagt? Ich habe keinen Wagen, hatte er gesagt.

»Das ist die Lösung«, stellte die beste Ehefrau von allen befriedigt fest. »Du weißt, was du zu tun hast.«
»Aber ich kann auf meinen Wagen schon aus Berufsgründen nicht verzichten«, wimmerte ich. »Ich brauche ihn.«
»Das ist wieder einmal typisch für dich. Du bist und bleibst eine levantinische Krämerseele.«
Der Wagen wurde mit einer ganz kurzen Begleitnote zu den Glicks befördert: »Gute Fahrt«, schrieb ich, und: »Nochmals Dank.«
Diesmal reagierte Glick positiv. Gleich am nächsten Morgen rief er mich an:
»Entschuldigen Sie, daß ich Sie schon zu so früher Stunde aufwecke. Aber ich kann den Wagenheber nirgends finden.«
Das Blut schoß mir zu Kopf. Vor mehr als einem Jahr war der Wagenheber gestohlen worden, und ich hatte noch immer keinen neuen gekauft. Jetzt wird Glick womöglich auf einer einsamen Landstraße einen Pneudefekt haben und mich bis an sein Lebensende verfluchen.
»Ich komme!« rief ich ins Telefon, kleidete mich in sausender Eile an, nahm ein Taxi und kaufte einen Wagenheber, den ich sofort bei Glick abliefern wollte.
Am Rothschild-Boulevard, auf den vom Magistrat zugelassenen Parkplätzen, deren Zulassung durch Parkometer kenntlich ist, sah ich einen Wagen stehen, der mir bekannt vorkam.
Er war es. Mein Wagen stand vor einem Parkometer, vor dem Parkometer stand Ingenieur Glick und kramte verzweifelt in seinen Taschen.
Ich ließ das Taxi anhalten und stürzte mit einem heiseren Aufschrei auf Glick zu:

»Zehn Piaster? Werden wir gleich haben!«
Glick wandte sich um und erbleichte:
»Danke! Ich brauche keine. Ich habe sie selbst! Ich habe sie selbst!«
Er setzte die fieberhafte Suche fort. Ich nahm die meine auf. Wir keuchten beide vor Anstrengung. Denn uns beiden war klar, was auf dem Spiel stand. Glick stülpte eine Tasche nach der anderen um, ohne ein Zehnpiasterstück zu finden.
Nie werde ich das schreckensbleiche Gesicht vergessen, mit dem er zusah, wie ich mein Zehnpiasterstück langsam und genießerisch in den Schlitz des Parkometers versenkte:
»Hier, bitte!«
Vor meinen Augen begann Glick um mehrere Jahre zu altern. Er schrumpfte sichtbar zusammen, während er in die Hosentasche griff und mir die Schlüssel zu meinem Wagen aushändigte. Aus seiner Brusttasche zog er das Abonnement für die Philharmonie und übergab es mir unter leisem Schluchzen. Gegen Abend kamen Blumen für meine Frau. Man muß es ihm lassen: Er ist ein guter Verlierer.

Zu den begehrtesten Statussymbolen in Israel gehört ein Abonnement für die Konzerte des Philharmonischen Orchesters. Sein Besitz gilt als Ehrensache für jeden, der in der Lage ist, seiner Frau ein Kleid zu kaufen oder der selbst Kleider verkauft oder sich in der Export-Import-Branche betätigt oder irgendeine andere Legitimation vorweisen kann, zum Beispiel eine Erkältung.

Philharmonisches Hustenkonzert

Es war für uns ein Kinderspiel, dieses Abonnement zu bekommen. Herr Sch., der ursprüngliche Besitzer, wurde bekanntlich wegen Veruntreuung eines ihm anvertrauten Fonds für mehrere Jahre seiner Bewegungsfreiheit beraubt, und die schweren Zeiten, die daraufhin für Frau Sch. anbrachen, nötigten sie, das verwaiste Abonnement öffentlich zu versteigern. Es ging an den Exporteur L., einen der ältesten Kunstmäzene unseres Landes, der jeden Ruf überbot, weil er den Auktionator nicht verstand. Herr L. ist stocktaub und ließ sich nach Ablauf der ersten Saison von seiner Frau scheiden. Die Kinder wurden dem Vater zugesprochen, das Abonnement der Mutter. Kurz darauf nahmen die Dinge eine Wendung ins Kriminelle: Die geschiedene Frau L. starb unter schweren Vergiftungserscheinungen, und am nächsten Tag wurde ihr Untermieter im größten Konzertsaal Tel Avivs, dem Mann-Auditorium, auf dem Abonnementsitz der Verblichenen aufgegriffen. Der Oberste Gerichtshof verfügte die Beschlagnahme des Abonne-

ments und brachte es unter seinen Mitgliedern zur Verlosung.
Dieses Abonnement bekamen wir also nicht. Aber unsere Nachbarn, die Seligs, gingen auf eine Weltreise und traten uns ihr Abonnement ab.
Der dritte Abend des Konzertzyklus begann wie üblich. Die Mitglieder des Orchesters stimmten ihre Instrumente (ich frage mich immer wieder, warum sie das nicht zu Hause machen), und der Dirigent wurde mit warmem Beifall empfangen. Er konnte ihn brauchen, denn draußen war es kalt. Unvermittelt hatte der Winterfrost eingesetzt und einen jähen Temperatursturz bewirkt. Tschaikowskis »Pathétique« klang denn auch am Beginn ein wenig starr und steif.
Erst als die Streicher gegen Ende des ersten Satzes das Hauptmotiv wiederholten, kam Schwung in die Sache: Ein in der Mitte der dritten Reihe sitzender Textilindustrieller hustete. Es war ein scharfes Sforzato-Husten, gemildert durch ein gefühlvolles Tremolo, mit dem der Vortragende nicht nur seine perfekte Kehlkopftechnik bewies, sondern auch seine flexible Musikalität.
Von jetzt an steuerte der Abend immer neuen Höhepunkten zu. Die katarrhalischen Parkettreihen in der Mitte und ein Schnupfensextett auf dem Balkon, spürbar von der aufwühlenden Hustenkadenz inspiriert, fielen mit einer jubelnden Presto-Passage ein, deren Fülle – eine Ensemblewirkung von natürlichem, wenn auch etwas nasalem Timbre – nichts zu wünschen übrigließ. In dieser Episode machte besonders die auf einem Eckplatz sitzende Inhaberin eines führenden Frisiersalons auf sich aufmerksam, die ihr trompetenähnliches Instrument virtuos zu behandeln wußte und mit Hilfe

ihres Taschentuchs reizvolle »Con-sordino«-Wirkungen erzielte. Obwohl sie manchmal etwas blechern intonierte, verdiente die Präzision, mit der sie das Thema aufnahm, höchste Bewunderung. Ihr Gatte steuerte durch diskretes Räuspern ein kontrapunktisches Element bei, das sich dem Klangbild aufs glücklichste einfügte.
Ein gemischtes Duo, das neben uns saß, beeindruckte uns durch werkkundiges Mitgehen. Beide hielten sich mit beispielhaft konsequentem Husten an die auf ihren Knien liegende Partitur: »tam-tam« – moderato sostenuto; »tim-tim« – allegro ma non troppo.
Meine Frau und ich waren von den Darbietungen hingerissen und ließen uns auch durch das Orchester nicht stören, dessen disparate Bemühungen in unvorteilhaftem Kontrast zur Harmonie des Tutti-Niesens standen. Das nächste Programmstück, ein bläßlicher Sibelius, wurde durch den polyphonen Einsatz der Zuhörerschaft nachhaltig übertönt. Ich meinerseits wartete, bis das Tongedicht an einer Fermate zum Stillstand kam und die Bläser für die kommenden Strapazen tief Atem holten, erhob mich ein wenig von meinem Sitz und ließ ein sonores, ausdrucksvolles Husten hören, das meine musikalische Individualität voll zur Geltung brachte. Die Folgen waren elektrisierend. Der Dirigent, respektvolles Erstaunen im Blick, wandte sich um und gab dem Orchester ein Zeichen, meine Darbietung nicht zu unterbrechen. Er zog auch einen in der ersten Reihe sitzenden Solisten heran, einen erfolgreichen Grundstücksmakler, der das von mir angeschlagene Motiv in hämmerndem Stakkato weiterführte. Befeuert von den immer schnelleren Tempi, die der Maestro ihm andeutete, steigerte er

sich zu einem trillernden Arpeggio, dessen lyrischer Wohlklang gelegentlich von einer kleinen Unreinheit gestört wurde, im ganzen aber eine höchst männliche, ja martialische Färbung aufwies.

Es ist lange her, seit das Mann-Auditorium von einer ähnlich überwältigenden Hustensymphonie erfüllt war. Auch das Orchester konnte nicht umhin, vor der unwiderstehlichen Wucht dieser Leistung zurückzuweichen und das Feld denen zu überlassen, die in der schwierigen Kunst des konzertanten Hustens solche Meisterschaft an den Tag legten. Das sorgfältig ausgewogene Programm gipfelte in einem Crescendo von unvergleichlicher Authentizität und einem machtvollen Unisono, das – frei von falschem Romantizismus und billigen Phrasierungen – alle instrumentalen Feinheiten herausarbeitete und mit höchster Bravour sämtliche Taschentücher, Zellophansäckchen, vor den Mund gehaltene Schals und Inhalationsapparate einsetzte.

Ein unvergeßlicher Abend, der so recht den Unterschied zwischen einem gewöhnlichen Konzert und einem künstlerischen Ereignis erkennen ließ.

> Eine der ausgeprägtesten jüdischen Eigenschaften ist das sogenannte »Familiengefühl«. Wenn ein jüdischer Vater die »Bar-Mizwah« seines Sohnes feiert – den Tag, an dem der hoffnungsvolle Sproß das 13. Lebensjahr erreicht und zum Manne wird – oder wenn er, der Vater, gar seine Lieblingstochter verheiratet, dann kennt der familiäre Aufwand keine Grenzen. Dutzende, Hunderte, Tausende von Gästen, die den Gastgeber oft erst bei dieser Gelegenheit kennenlernen, werden eingeladen und überreichlich bewirtet. Hernach ist der Gastgeber ruiniert, und die Gäste haben einen Abend verbracht, den sie nie vergessen werden, auch wenn sie noch so gerne möchten.

Es zuckt

Die Sache begann buchstäblich unter dem Hochzeitsbaldachin des jungen Pomerantz. Sein Vater, Doktor Pomerantz, hatte mich schon seit Wochen brieflich, mündlich und telefonisch beschworen, der Hochzeitsfeier durch meine Gegenwart Glanz zu verleihen; wenn man ihm glauben wollte, machte sein Sohn die Hochzeit überhaupt davon abhängig, daß ich ihr beiwohnte, und dementsprechend ließ es auch die Braut an Bitten und Beschwörung nicht fehlen. Das Ganze war mir außerordentlich lästig, um so mehr, als ich Doktor Pomerantz nur von einer einzigen flüchtigen Begegnung her kannte. Bei irgendeinem Gesandtschaftsempfang war er auf mich zugetreten, hatte mich mit »verehrter Meister«

angesprochen und mir einige Artigkeiten über mein letztes Violinkonzert gesagt. Das war alles. Und deshalb sollte ich jetzt seinen Sohn in den Hafen der Ehe geleiten?
»Hochzeitseinladungen sind etwas Fürchterliches«, klagte ich meiner Frau. »Weiß der Teufel, warum ich zugesagt habe. Ich kenne die Leute kaum. Was soll ich machen?« Die beste Ehefrau von allen dachte eine Weile nach. Dann kam sie, wie nicht anders zu erwarten, mit der einzig richtigen Lösung:
»Wenn du eingeladen bist, mußt du hingehen«, sagte sie.
Ich ging hin. Und es war noch schlimmer, als ich's mir vorgestellt hatte. Doktor Pomerantz hatte sichtlich keine Ahnung, wer ich war, sein Sohn drückte mir geistesabwesend die Hand, die Braut tat nicht einmal das. Ich fühlte mich richtig erlöst, als das Buffet zum Sturm freigegeben wurde.
In diesem Augenblick trat der Mann mit dem nervösen Tick in mein Leben. Er stand neben mir, und sein Gesicht zuckte. Es zuckte unaufhörlich und mit schöner Regelmäßigkeit. Im übrigen sprachen wir kein Wort, abgesehen von seiner Bitte, ihm den Senf zu reichen; wenn ich nicht irre, bin ich dieser Bitte nachgekommen.
Der trostlos langweilige Abend erfuhr eine gewisse Belebung, als der Bräutigam das strahlend weiße Kleid der Braut versehentlich mit Rotwein anschüttete. Den entstandenen Tumult nützte ich aus, um mich zu entfernen. Bald darauf vergaß ich die Familie Pomerantz, die Hochzeit und alles, was damit zusammenhing.
Ein halbes Jahr mochte vergangen sein. Ich machte Einkäufe in einer Papierwarenhandlung. Neben mir

stand ein Herr, den ich nicht kannte. Er sah mich an: »Na?« fragte er. »Wie geht es den jungen Leuten?«
»Welche jungen Leute meinen Sie?«
Ich wußte es wirklich nicht – aber ein plötzliches Zukken in seinem Gesicht frischte mein Gedächtnis auf. Er meinte das junge Ehepaar Pomerantz.
»Ich habe nie wieder von ihnen gehört«, gab ich wahrheitsgemäß an.
»Ich auch nicht. Aber ich erinnere mich, daß der junge Pomerantz ein Glas Rotwein über seine Braut geschüttet hat...«
»Ganz richtig, ganz richtig. Wollen hoffen, daß es ihnen gutgeht.«
Und ich wandte mich hastig ab, denn ich rede sehr ungern mit Leuten, mit denen ich nichts zu reden habe. Wir waren auf einer Hochzeit zufällig nebeneinander am Buffet gestanden, er hatte gezuckt, ich hatte ihm den Senf gereicht, hier bitte, danke schön, aus, vorbei. Wozu soll man eine so läppische Erinnerung mit sich herumtragen? Ich löschte sie aufs neue aus meinem Gedächtnis, und es glückte mir aufs neue.
Bis ich eines Tages ein »Scherut«-Taxi bestieg und mich einem Mitfahrer gegenüber fand, der mir sogleich bekannt vorkam. Als mir klar wurde, daß es der Mann mit dem nervösen Tick war, erfaßte mich wilder Schrekken. Ich sandte ein Stoßgebet zum Himmel, des Inhalts, daß einer von uns beiden ans Ziel gelangen und aussteigen möge, bevor wir ins Gespräch kämen... vergebens. In einer Kurve wurde mein Gegenüber gegen meine Kniescheibe geschleudert, sah mich entschuldigend an, zuckte – und veranlaßte mich dadurch zu einem verhängnisvollen Fehler:

»Hallo«, sagte ich. »Wie geht's den beiden jungen Leuten?«
In der nächsten Sekunde verfluchte ich meine Voreiligkeit: der Gesichtsausdruck des Tickbesitzers ließ keinen Zweifel daran, daß er mich gar nicht erkannt hatte. Erst mein Leichtsinn brachte ihn auf die richtige Fährte.
»Ach ja«, murmelte er. »Natürlich. Pomerantz oder wie die geheißen haben. Ich habe sie seit damals nicht mehr gesehen.«
»Ich auch nicht«, sagte ich rasch und in der verwegenen Hoffnung, daß es damit sein Bewenden hätte.
Mein Gegenüber nahm sein Zucken in vollem Umfang wieder auf: »Jetzt erinnere ich mich. Ein Glas Wein —« »— wurde ausgeschüttet«, ergänzte ich.
»Über das Kleid der Braut.«
»Rotwein, glaube ich.«
»Stimmt. Rotwein. Es geht ihnen also gut, sagen Sie?«
»Ich habe nichts Gegenteiliges gehört.«
»Nun, hoffen wir's.«
Damit war die anregende Diskussion zu Ende. Ein anderes Thema hatten wir nicht. Den Rest der Strecke legten wir schweigend zurück.
Fast sah es danach aus, als sollte dieser garstige Zwischenfall der letzte seiner Art bleiben. Zwei oder drei Jahre waren störungsfrei ins Land gegangen, als ich den Zug nach Jerusalem bestieg. Und hier geschah es, daß das Schicksal zuschlug.
Ich fand ein leeres Abteil und lehnte mich behaglich auf meinem Fensterplatz zurück. Vielleicht war ich ein wenig eingenickt – jedenfalls blickte ich erst wieder auf, als der Zug sich in Bewegung setzte. Und da sah ich,

mir gegenüber, in dem bis dahin leeren Abteil, auf dem Weg nach Jerusalem, allein mit mir ...
»Hehehe!« In seinem Gesicht zuckte es fröhlich. »Was wohl die beiden jungen Leute treiben?«
Offenkundig konnte er sich nicht einmal an ihren Namen erinnern, sowenig wie ich.
»Ich weiß nicht«, sagte ich. »Ich habe sie längst aus den Augen verloren.«
»Ich auch. Längst. Keine Ahnung, wie es ihnen geht.«
Stille. Beklemmende Stille. Sie verdickte sich allmählich zu undurchdringlichen Schwaden und ließ den Rhythmus der Räder nur wie aus weiter Ferne an mein Ohr dringen. Auf geheimnisvolle Weise schien er den Rhythmus der Gesichtszuckungen mir gegenüber zu kontrapunktieren. Kalter Schweiß trat mir auf die Stirn. Ich merkte, daß auch ich zu zucken begann. Und plötzlich kam die Stimme meines Gegenübers unabwendbar auf mich zu:
»Der Wein ... erinnern Sie sich an den Wein ...?«
»Ja ... die Braut ...«
»Rot ...«
»Ausgeschüttet ...«
»Übers Kleid ...«
»Der Hund!« sagte ich in einer plötzlichen Eingebung und sprang auf. »Entschuldigen Sie, ich muß nachsehen!«
Damit stürzte ich auf den Gang hinaus und zwängte mich zum nächsten Waggon durch und durch den übernächsten und bis in den letzten hinein, bis zur hintersten Plattform des letzten Waggons, wo es nicht mehr weiterging. Dort bot ich meine fieberheiße Stirn dem Winde dar. »Warum, warum?« stöhnte ich. »Warum ver-

folgt mich dieses zuckende Gesicht? Soll ein unglückseliger Zwischenfall bei einer unglückseligen Hochzeit mich endlos quälen?«
Von da an wurde ich vorsichtig und mied alle öffentlichen Verkehrsmittel. Ich kaufte ein Auto. Ich saß im Kaffeehaus nur noch hinter Säulen. Ich fuhr nicht mehr nach Jerusalem. Als ich das zuckende Gesicht einmal von weitem auf der Straße sah, flüchtete ich in ein Haustor, sauste alle sechs Stockwerke hinauf und versteckte mich auf dem Dachboden. Denn ich wußte: wenn dieser Kerl mich noch einmal nach den »beiden jungen Leuten« fragt, springe ich ihm an die Kehle, wahrscheinlich mit letalem Ausgang.
Gestern führte ich meinen Sohn Raphael zur Nachmittagsvorstellung der Eisrevue. Es war rührend, wie der Kleine sich freute, und ich freute mich mit ihm. Selig saß ich da, meinen kleinen Rafi auf den Knien. Er wußte sich kaum zu halten, er wollte die ganze Welt an seinem Glück teilhaben lassen, auch den kleinen Jungen, der in der Nebenloge auf seines Vaters Knien saß. Recht so! Man kann nicht früh genug anfangen, menschliche Kontakte zu suchen! Ich nickte dem Knaben in der Nachbarloge freundlich zu. Er nickte freundlich zurück. Und in seinem Gesicht... Gott helfe mir... in seinem Gesicht zuckte es, rhythmisch und unaufhörlich...
Von der Eisrevue sah ich nichts mehr. Ich hatte mich mit dem Rücken zur Nachbarloge gekehrt. Aber dann kam die Pause, und in der Pause kam aus der Nachbarloge der Vater des zuckenden Knaben, zuckte seinerseits und sagte: »Haben Sie«, sagte er, »haben sie zufällig... Sie wissen ja... die beiden jungen Leute... wie geht es ihnen?«

»Meine Schlüssel! Um Himmels willen, wo sind meine Schlüssel?«
Mit einem Panthersatz verschwand ich in der brodelnden Menge. Raphael war ganz verweint, als er mich endlich wiederfand. Glücklicherweise beruhigte er sich bald.
»Papi«, plauderte er drauflos, »mein neuer Freund sagt, daß sein Papi dich kennt... Ihr wart zusammen auf einer Hochzeit... Ist es wahr, daß der Bräutigam die Braut mit Rotwein angeschüttet hat?«
Es ist alles vergebens. Ich werde das zuckende Gesicht, zu dem die Ehe Pomerantz mich verflucht hat, niemals loswerden. Es wird wider mich zucken bis ans Ende meiner Tage, bis ins dritte und vierte Geschlecht, es wird sich vererben vom Vater auf den Sohn und vom Sohn auf den Enkel, es wird zucken in alle Ewigkeit.

Jedes Land hat bestimmte Produktionsmethoden, die bestimmte Charakteristika aufweisen. Zweckmäßige Verpackung kennzeichnet die amerikanischen Produkte, Präzisionsarbeit ist typisch für die Schweiz, am niedrigen Preis erkennt man die japanische Herkunft einer Ware. Und wie steht es um Israel?

Das Rätsel der dritten Schraube

In Israel gibt es eine Produktionshemmung, die sich – rein technologisch – wie folgt formulieren ließe:
»Der israelische Handwerker ist physisch und geistig außerstande, auf dem lokalen Produktionssektor, etwa im Baugewerbe, jene Anzahl von Schrauben anzubringen, die mit der Anzahl der Löcher übereinstimmt, welche zur Anbringung von Schrauben vorgesehen sind.«
Mit anderen, weniger anspruchsvollen Worten:
Seit Bestehen des Staates Israel hat noch kein israelischer Handwerker jemals die jeweils vorgeschriebene Anzahl von Schrauben eingeschraubt. Sondern statt dreier Schrauben nimmt er zwei oder vielleicht nur eine. Warum?
Internationale Fachleute erblicken die Ursache dieses Verhaltens in einem übersteigerten Selbstbewußtsein des organisierten israelischen Arbeiters, der davon durchdrungen ist, daß zwei jüdische Schrauben so gut sind wie drei nichtjüdische. Die Tiefseelenforscher, besonders die Anhänger Jungs und seiner Archetypen-Theorie, führen das Zwei-Schrauben-Mysterium auf den »Ewigen Juden« zurück, das heißt auf die tiefe

Skepsis unserer stets verfolgten, immer wieder zur Wanderschaft gezwungenen Vorväter, die nicht an die Dauerhaftigkeit materieller Güter glauben konnten.
Sei dem wie immer – die fehlende Schraube ist meistens die mittlere. Das Muster sieht ungefähr so aus:

● ○ ●

Es tritt am häufigsten bei hebräischen Türangeln auf, und zwar sowohl bei Zimmer- wie bei Schranktüren. Man kann ihm eine gewisse Symmetrie und dekorative Balance nicht absprechen. Demgegenüber zeugt seine rechte Abweichung entschieden von seelischer Unausgeglichenheit:

● ● ○

Dieses Arrangement erfreut sich unter Radioapparaten, Plattenspielern und an der Wand zu befestigenden Küchengerätschaften größter Verbreitung.
Eine dritte Form wird geradezu kultisch von der jungen israelischen Kraftwagenindustrie gepflegt, und zwar an den mit freiem Auge nicht sichtbaren Bestandteilen des Motors, wo ihre Anwendung nur dem geübten Ohr durch das rhythmische Klappern freigewordener Metallplatten erkennbar wird, meistens auf einsamen Landstraßen. Man bezeichnet diese Form als »Mono-Schraubismus«:

○ ○ ●

Gründliche, mit staatlicher Unterstützung durchgeführte Nachforschungen haben keinen einzigen Fall von drei Schraubenlöchern ergeben, die mit allen drei dazugehörigen Schrauben ausgestattet gewesen wären. Vor kurzem wurde in einer Waffenfabrik im oberen Galiläa ein feindlicher Spion entdeckt, der sich dadurch verraten hatte, daß er alle Schraubenlöcher mit Schrauben versah.

Ich für meine Person habe in einer Tischlerei in Jaffa ein aufschlußreiches Experiment durchgeführt. Ich beobachtete den Besitzer, einen gewissen Kadmon, bei der Herstellung eines von mir bestellten Hängeregals und bei der Anbringung zweier Schrauben an Stelle der vorgesehenen drei.

»Warum nehmen Sie keine dritte Schraube?« fragte ich.

»Weil das überflüssig ist«, antwortete Kadmon.

»Zwei tun's auch.«

»Wozu sind dann drei Schraubenlöcher da?«

»Wollen Sie ein Regal haben, oder wollen Sie mit mir plaudern?« fragte Kadmon zurück.

Unter der Einwirkung meiner Überredungskünste erklärte er sich schließlich doch bereit, eine dritte Schraube zu nehmen, und machte sich fluchend an die Arbeit. Irgendwie mußte sich die Kunde davon verbreitet haben, denn aus der Nachbarschaft strömten alsbald viele Leute (darunter auch einige Tischler) herbei, um dem einmaligen Schauspiel beizuwohnen.

Sie alle gaben der Meinung Ausdruck, daß bei mir eine Schraube locker sei.

Ein skandinavischer Kronprinz hat einmal die schicksalsschwere Frage »Sein oder Nichtsein?« gestellt. Ebenso schicksalsschwer ist die Frage: »Abendessen oder Nichtabendessen?« Besonders wenn man bei der Familie Spiegel eingeladen ist.

Der kluge Mann baut vor

»Bist du ganz sicher, Ephraim? Ist es eine Einladung zum Essen?«
»Ja, soviel ich weiß...«
Hundertmal hatte ich es meiner Frau schon erklärt – und sie hörte nicht auf zu fragen. Ich selbst war am Telefon gewesen, als Frau Spiegel anrief, um uns für Mittwoch halb neun Uhr abends einzuladen. Ich hatte die Einladung mit Dank angenommen und den Hörer wieder aufgelegt. Das war alles. Nicht der Rede wert, sollte man meinen. Weit gefehlt! Wir haben seither kaum über etwas anderes gesprochen. Immer wieder begannen wir jenes kurze Telefongespräch zu analysieren. Frau Spiegel hatte nicht gesagt, daß es eine Einladung zum Abendessen war. Sie hatte aber auch nicht gesagt, daß es *keine* Einladung zum Abendessen war.
»Man lädt nicht für Punkt halb neun Gäste ein, wenn man ihnen nichts zu essen geben will«, lautete die Interpretation, die meine Frau sich schließlich zu eigen machte. »Es ist eine Dinnereinladung.«
Auch ich war dieser Meinung. Wenn man nicht die Absicht hat, seinen Gästen ein Abendessen zu servieren, dann sagt man beispielsweise: »Kommen Sie aber nicht

vor acht«, oder: »Irgendwann zwischen acht und neun«, aber man sagt auf keinen Fall: »Pünktlich um halb neun!« Ich erinnere mich nicht genau, ob Frau Spiegel »pünktlich« gesagt hat, aber »um« hat sie gesagt. Sie hat es sogar deutlich betont, und in ihrer Stimme lag etwas unverkennbar Nahrhaftes.

»Ich bin ziemlich sicher, daß es eine Einladung zum Essen ist«, war in den meisten Fällen das Ende meiner Überlegungen. Um alle Zweifel zu beseitigen, wollte ich sogar bei Frau Spiegel anrufen und ihr von irgendwelchen Diätvorschriften erzählen, die ich derzeit zu beobachten hätte, und sie möchte mir nicht böse sein, wenn ich sie bäte, bei der Zusammenstellung des Menüs darauf Rücksicht zu nehmen. Dann hätte sie Farbe bekennen müssen. Dann hätte sich sehr rasch gezeigt, ob sie überhaupt beabsichtigte, ein Menü zusammenzustellen. Aber so raffiniert dieser Plan ausgedacht war – meine Frau widersetzte sich seiner Durchführung. Es macht, behauptete sie, keinen guten Eindruck, eine Hausfrau vor das Fait accompli zu stellen, daß man von ihr verköstigt werden will. Außerdem sei das ganz überflüssig.

»Ich kenne die Spiegels«, sagte sie. »Bei denen biegt sich der Tisch, wenn sie Gäste haben ...«

Am Mittwoch ergab es sich obendrein, daß wir um die Mittagsstunde sehr beschäftigt waren und uns mit einem raschen, nur aus ein paar Brötchen bestehenden Imbiß begnügen mußten. Als wir uns am Abend auf den Weg zu Spiegels machten, waren wir richtig ausgehungert. Und vor unserem geistigen Auge erschien ein Buffet mit vielem kaltem Geflügel, mit Huhn und Truthahn, Gans und Ente, mit Saucen und Gemüsen und Salaten ...

Hoffentlich machen sie währenddessen keine Konversation, die Spiegels. Hoffentlich warten sie damit bis nach dem Essen...

Gleich beim Eintritt in die Spiegelsche Wohnung begannen sich unsere alten Zweifel aufs neue zu regen: wir waren die ersten Gäste, und die Spiegels waren noch mit dem Ankleiden beschäftigt. Unsere besorgten Blicke schweiften über den Salon, entdeckten aber keinerlei solide Anhaltspunkte. Es bot sich ihnen der in solchen Fällen übliche Anblick: eine Klubgarnitur, Fauteuils und Stühle um einen niedrigen Glastisch, auf dem sich eine große flache Schüssel mit Mandeln, Erdnüssen und getrockneten Rosinen befand, in einer bedeutend kleineren Schüssel einige Oliven, auf einer etwas größeren gewürfelte Käsestücken mit Zahnstocher aus Plastik und schließlich ein edel geschwungenes Glasgefäß voll dünner Salzstäbchen.

Plötzlich durchzuckte mich der Gedanke, daß Frau Spiegel am Telefon vielleicht doch 8 Uhr 45 gesagt hatte und nicht 8 Uhr 30, ja vielleicht war überhaupt kein genauer Zeitpunkt genannt worden, und wir hatten nur über Fellinis »8½« gesprochen.

»Was darf's zum Trinken sein?«

Der Hausherr, noch mit dem Knoten seines Schlipses beschäftigt, mixte uns einen John Collins, ein außerordentlich erfrischendes Getränk, bestehend aus einem Drittel Brandy, einem Drittel Soda und einem Drittel Collins. Wir trinken es sonst sehr gerne. Diesmal jedoch waren unsere Magennerven mehr auf Truthahn eingestellt und jedenfalls auf etwas Kompaktes. Nur mühsam konnten wir ihnen Ruhe gebieten, während wir unsere Gläser hoben.

Der Hausherr stieß mit uns an und wollte wissen, was wir von Sartre hielten. Ich nahm eine Handvoll Erdnüsse und versuchte eine Analyse des Existentialismus, soweit er uns betraf, mußte aber bald entdecken, daß mir das Material ausging. Was bedeutet denn auch eine Schüssel mit Erdnüssen und Mandeln für einen erwachsenen Menschen? Ganz ähnlich stand es um meine Frau. Sie hatte den schwarzen Oliven auf einen Sitz den Garaus gemacht und schwere Verwüstungen unter den Käsewürfeln angerichtet. Als wir auf Vietnam zu sprechen kamen, befanden sich auf dem Glastisch nur noch ein paar verlassene Gurkenscheiben.

»Augenblick«, sagte Frau Spiegel, wobei sie es fertigbrachte, gleichzeitig zu lächeln und die Augenbrauen hochzuziehen. »Ich hole noch etwas.« Und sie verließ das Zimmer, die leeren Schüsseln im Arm. Durch die offengebliebene Tür spähten wir in die Küche, ob sich dort irgendwelche Anzeichen von Opulenz entdecken ließen. Das Ergebnis war niederschmetternd. Die Küche glich eher einem Spitalszimmer, so sterilisiert und weiß und ruhig lag sie da...

Inzwischen – es ging auf neun – waren noch einige Gäste erschienen. Mein Magen begrüßte jeden einzelnen mit lautem Knurren.

Die Konversation wandte sich der erfolgreichen Amerikareise Golda Meïrs zu: »Man kann sagen, was man will«, sagte jemand, der etwas sagen wollte. »Die Alte läßt sich nicht unterkriegen!«

Nicht? Ich hätte ihn gern gesehen, wenn er in Amerika zum Dinner nichts als Erdnüsse bekommen hätte. Ich, zum Beispiel, hatte schon nach der zweiten Schüssel Magenbeschwerden. Nicht daß ich gegen Erdnüsse etwas

einzuwenden habe. Die Erdnuß ist ein schmackhaftes, vitaminreiches Nahrungsmittel. Aber sie ist kein Ersatz für Truthahn oder Fischsalat mit Mayonnaise.
Ich sah um mich. Meine Frau saß mit kalkweißem Gesicht mir gegenüber und griff sich in diesem Augenblick gerade an die Kehle, offenbar um den John Collins zurückzudrängen, der in ihrem Innern gegen die Gurken und die Rosinen aufbegehrte. Ich nickte ihr zu, warf mich auf eine eben eintreffende Ladung frischer Käsewürfel und verschluckte in der Eile einen Plastikzahnstocher. Frau Spiegel tauschte befremdete Blicke mit ihrem Gatten, flüsterte ihm eine zweifellos auf uns gemünzte Bemerkung ins Ohr und erhob sich, um neue Vorräte herbeizuschaffen.
Jemand äußerte gesprächsweise, daß die Zahl der Arbeitslosen im Steigen begriffen sei.
»Kein Wunder«, bemerkte ich. »Das ganze Volk hungert.«
Das Sprechen fiel mir nicht leicht, denn ich hatte den Mund voller Salzstäbchen. Aber es erbitterte mich über die Maßen, dummes Geschwätz über eine angeblich steigende Arbeitslosigkeit zu hören, während inmitten eines gut eingerichteten Zimmers Leute saßen, die keinen sehnlicheren Wunsch hatten als ein Stück Brot.
Meine Frau war mit dem dritten Schub Rosinen fertig geworden, und auf den Gesichtern unserer Gastgeber machten sich deutliche Anzeichen von Panik bemerkbar. Herr Spiegel füllte die auf den Schüsseln entstandenen Lücken mit Karamellen aus, aber die Lücken waren bald wiederhergestellt. Man muß bedenken, daß wir seit dem frühen Morgen praktisch keine Nahrung zu uns genommen hatten.

Die Salzstäbchen knirschten und krachten in meinem Mund, so daß ich kaum noch etwas vom Gespräch hörte. Während sie sich zu einer breiigen Masse verdickten, sicherte ich mir einen neuen Vorrat von Mandeln. Mit den Erdnüssen war es vorbei, Oliven gab es noch. Ich aß und aß. Die letzten Reste meiner sonst so vorbildlichen Selbstbeherrschung schwanden dahin. Ächzend und stöhnend stopfte ich mir in den Mund, was immer in meiner Reichweite lag. Meine Frau troff von Karamellen und sah mich aus verklebten Augen waidwund an. Sämtliche Schüsseln auf dem niedrigen Glastischchen waren kahlgefegt. Auch ich war am Ende. Ich konnte nicht mehr weiter. Als Herr Spiegel aus der Nachbarwohnung zurückkehrte und einen Teller mit Salzmandeln vor mich hinstellte, mußte ich mich abwenden. Ich glaubte zu platzen. Der bloße Gedanke an Nahrungsaufnahme verursachte mir Übelkeit. Nur kein Essen mehr sehen. Nur um Himmels willen kein Essen mehr . . .
»Hereinspaziert, meine Herrschaften!«
Frau Spiegel hatte die Tür zum anschließenden Zimmer geöffnet. Ein weißgedeckter Tisch wurde sichtbar und ein Buffet mit vielem kaltem Geflügel, mit Huhn und Truthahn, Gans und Ente, mit Saucen und Gemüsen und Salaten.

> Unsere Kinder, unsere Jugend, unsere Augäpfel, unsere Zukunft, unser ganzer Stolz! Sie messen 1,85 m im Schatten und nehmen ihren Eltern gegenüber eine liebevolle, väterliche Haltung ein. In unseren Schulen wurde schon längst die körperliche Züchtigung eingeführt. Wie sollte man sonst den Lehrern beikommen?

TAGEBUCH EINES JUGENDBILDNERS

13. September. Heute begann ich meine pädagogische Karriere an einer Elementarschule, wo ich einen flüchtig gewordenen Lehrer ersetze. Es ist ein wunderbares Gefühl für einen Jugenderzieher, wenn eine Schar von jungen, süßen Sabres an seinen Lippen hängt.
Die erste Stunde begann schön und verheißungsvoll. Etwas später jedoch – es mochten zwei oder drei Minuten vergangen sein – drehte ein in der ersten Reihe sitzender Schüler namens Taussig seinen Transistor an. Nachdem ich ihn mehrmals vergebens darauf aufmerksam gemacht hatte, daß ich in meiner Klasse keine Schlagermelodien dulden könnte, ging mein Temperament mit mir durch, und ich verwies ihn des Raumes. »Marsch, hinaus!« sagte ich. Taussig schaltete auf Kurzwelle um, die bekanntlich von Beatmusik beherrscht wird, und sagte: »Marsch, selber hinaus!«
Ich nahm seine Anregung auf, ging zum Anstaltsleiter und berichtete ihm den Vorfall. Der Anstaltsleiter gab mir zu verstehen, daß ich unter gar keinen Umständen das Klassenzimmer hätte verlassen dürfen. »Wenn jemand hinauszugehen hatte, dann ganz entschieden

Taussig«, erklärte er wörtlich. »Sie dürfen niemals Anzeichen von Schwäche zeigen!« Ich kehrte zur Klasse zurück und begann demonstrativ einen Vortrag über das Siegeslied Deborahs. Aber ich glaube nicht, daß Taussig mir verziehen hat.

27. September. Ein unangenehmer Zwischenfall. Es steht noch nicht ganz fest, wer daran schuld ist. Soviel ich weiß, begann die Auseinandersetzung damit, daß ich in Taussigs Schularbeit einen orthographischen Fehler entdeckte. In dem Satz: »Am liebsten von allen Büchern lesen wir die Bibel« hatte er »wir« mit ie geschrieben, »wier«. Ich stand hinter ihm, während er schrieb, und zeigte ihm den kleinen Irrtum an. Taussig ergriff sein Lineal und schlug es mir auf die Finger. Es tat weh. Da ich kein Anhänger blinder Disziplin bin, lehne ich die körperliche Züchtigung als pädagogisches Mittel ab. Ich ersuchte den irregeleiteten Knaben, seine Eltern zu mir zu schicken, und beschwere mich beim Anstaltsleiter.

»Nach ottomanischem Gesetz – das auf manchen Gebieten unseres öffentlichen Lebens noch in Geltung ist, wie Sie wissen – darf der Schüler seinen Lehrer schlagen, aber der Lehrer darf nicht zurückschlagen«, erklärte mir der gewiegte Fachmann. »Kommen Sie den Kindern nicht zu nahe.«

29. September. Heute hatte ich den Besuch von Taussigs Eltern: eine Mutter, zwei Väter und mehrere Onkel. »Also mein Junge ist ein Idiot?« brüllte der eine Vater, und: »Mein Sohn kann nicht schreiben, he?« brüllte der andere. Nach einem kurzen, heftigen Schlagwechsel

versuchte man, mich gegen die Wand zu drücken, aber ich war von diesem primitiven Vorgehen nicht weiter beeindruckt, schlüpfte durch eine Lücke, die im Kreis der mich Umzingelnden entstanden war, und flüchtete ins Zimmer des Anstaltsleiters, das ich rasch versperrte. Die vielen Eltern hämmerten gegen die Tür. »Sie werden sie noch einschlagen«, flüsterte der verschreckte Schulmeister. »Ergeben Sie sich!« Ich versuchte, ihm begreiflich zu machen, daß dies meiner Vaterimago in den Augen der Schüler abträglich wäre. Die Schüler hatten unterdessen allerlei Bücher und Aktenstöße vor den Fenstern aufgeschichtet, um bessere Sicht zu haben, und feuerten die Taussigs mit erstaunlich rhythmischen Zurufen an.
Einem Beamten des Unterrichtsministeriums, der zufällig auf der Szene erschien, gelang es schließlich, einen Waffenstillstand herbeizuführen. Die durch seine Vermittlung zustande gekommene Abmachung sah vor, daß Taussigs Eltern das Gebäude evakuieren sollten; wir hingegen würden in Hinkunft gegen die individuellen Schreibarten der Schüler keine kleinlichen Einwände mehr erheben.

9. Oktober. Die heutigen Demonstrationen nahmen ungewöhnliche Ausmaße an. Etwa ein Dutzend Angehörige des VII. Jahrgangs rotteten sich vor dem Drahtverhau zusammen, der unser Schulgebäude umgibt, und verbrannten mich in effigie. Es ließ sich nicht leugnen, daß die Ereignisse meiner Kontrolle entglitten. Ich beriet mich mit dem Anstaltsleiter.
»Tja«, meinte der abgeklärte Veteran des Erziehungswesens. »Das ist eben unsere vitale, kampflustige Pio-

nierjugend. Wetterharte Wüstensöhne, in einem freien Land geboren. Keine Spur von Minderwertigkeitsgefühlen. Da helfen keine konventionellen Methoden wie Vorwürfe oder gar Strafen. Denen imponiert höchstens ein Bulle wie Blumenfeld...«

Blumenfeld gehört zu unseren jüngeren Lehrkräften. Er ist ein netter, umgänglicher Mann von massivem Äußeren und beachtlichem Gewicht. Seltsamerweise herrscht in seinen Unterrichtsstunden immer Ruhe und Ordnung. Auch von elterlicher Seite sind noch keine Beschwerden gegen ihn eingelaufen. Ich fragte den Anstaltsleiter nach Blumenfelds Geheimnis.

»Ganz einfach: er ist ein Pädagoge«, lautete die Antwort. »Er hebt nie eine Hand gegen seine Schüler. Er tritt sie mit Füßen.«

Ich habe mich in einen Judokurs einschreiben lassen. Alle zwölf Teilnehmer sind Lehrer. Außerdem habe ich mir vorgenommen, von jetzt an zurückzuschlagen, ottomanisches Gesetz hin oder her. Der Anstaltsleiter weiß noch nichts davon.

21. Oktober. Von unserer Gewerkschaft kam die Nachricht, daß das Finanzministerium nicht bereit ist, dem Gesetzentwurf, betreffend eine »körperliche Gefahrenzulage für Lehrer«, zuzustimmen, da an der Erziehungsfront noch keine offenen Kampfhandlungen stattgefunden hätten. Schade. Ich bin allen möglichen Leuten Geld schuldig: dem Lebensmittelhändler, dem Versicherungsagenten und dem Notar, der mein Testament aufgesetzt hat. Ich habe mich nämlich entschlossen, Taussig bei den morgen beginnenden Abschlußprüfungen in Grammatik durchfallen zu lassen. Mein halbes Vermögen, 25 Pfund in bar, habe ich dem Erholungsheim für schwerbeschädigte Lehrer vermacht, die andere Hälfte den Witwen jener, die in Erfüllung ihrer Pflicht einen vorzeitigen Tod fanden.

Gestern informierte ich den Anstaltsleiter, daß vom Dach des Schulgebäudes mehrere Schüsse auf mich abgegeben wurden. Er legte mir nahe, das Gebäude durch einen andern Ausgang zu verlassen.

22. Oktober. Taussig ist durchgefallen. Aber ich hatte vergessen, daß sein Bruder Sergeant in einem Artillerieregiment ist. Das Bombardement begann am Morgen, während wir das Thema »Herzls Vision vom Judenstaat« behandelten. Zum Glück hatten wir schon vor einigen Jahren einen Bunker angelegt, als der Sohn eines Luftwaffenmajors beim Abitur durchgefallen war. In diesen Bunker flüchteten wir. Die Granaten schlugen in bedrohlicher Nähe ein.

Gegen Mittag verließ der Anstaltsleiter mit einer weißen Flagge das Schulgebäude. Nach einer bangen Wartezeit brachte er die Bedingungen der Rebellen: »Befriedigend« für Taussig und eine Entschuldigung an die ganze Klasse. Ich erklärte mich einverstanden, aber die Rebellen wiesen meine eilig dargebrachte Entschuldigung als »nicht aufrichtig gemeint« zurück und nahmen den Anstaltsleiter als Geisel gefangen.

Erst einige Stunden später – denn mittlerweile war der rechte Flügel des Schulgebäudes, wo sich die Telefonzentrale befand, durch Granateinschläge beschädigt worden – konnte ich die Verbindung mit dem Unterrichtsminister herstellen und protestierte gegen die Erniedrigungen, die der Lehrkörper zu erdulden hatte.

Wie sollen wir den Schülern als Muster dienen, wenn wir die Anstalt immer nur paarweise verlassen können, um gegen Anschläge aus dem Hinterhalt gesichert zu sein? Es ist – so gab ich dem Minister zu bedenken – eine Frage der beruflichen Würde. Ein Lehrer, der von seinen Schülern jeden Tag geohrfeigt wird, verliert allmählich das Gesicht. Der Minister versprach, meine Beschwerde zu prüfen, warnte mich aber vor weiteren Erpressungsversuchen. Damit war die Angelegenheit bis auf weiteres erledigt.

15. November. Was ich die ganze Zeit befürchtet hatte, ist eingetreten. Taussig hat sich erkältet. Eine Polizeistreife erschien in der Schule und verhaftete mich, da Taussig mich als den Schuldigen bezeichnet hatte. Die Anklage lautete auf »sträfliche Vernachlässigung der pflichtgemäßen Obsorge«. Meine Beteuerungen, daß nicht ich es gewesen sei, der das Fenster offengelassen hatte, waren vergebens. Alle Eltern Taussigs sagten übereinstimmend gegen mich aus. Ein Vertreter des Roten Kreuzes fragte mich, ob ich vor Beginn der Verhandlung noch einen Wunsch hätte.

18. November. Ein Wunder! Die Probleme des israelischen Erziehungswesens sind gelöst! Wie den heutigen Zeitungen – als Untersuchungshäftling habe ich Anspruch auf Zeitungslektüre – zu entnehmen ist, wird in Israel das Fernsehen eingeführt. Und als einer der ersten Punkte steht der sogenannte »dritte Bildungsweg« auf dem Programm, der Fernunterricht vom Bildschirm.
Ich bin gerettet.

Unser junger Staat darf sich bereits eines Weltrekords rühmen: wir zahlen die höchsten Steuern der Welt. Wir sind von einigen nicht ganz friedfertigen Araberstaaten umgeben und müssen das nötige Geld für die Landesverteidigung aufbringen, und deshalb sind unsere Steuern so hoch, und deshalb zahlen wir sie. Natürlich gibt es auch bei uns, wie in allen anderen Ländern, Steuerschwindler oder solche, die es werden wollen. Das ist, wir sagten es schon, nur natürlich. Unnatürlich verhält es sich hingegen mit jenen Patrioten, die eine korrekte Steuererklärung abgeben und trotzdem von der Steuerbehörde als Schwindler behandelt werden.

Ehrlich, aber nicht offen

Jossele saß, wie üblich, im Kaffeehaus. Ihm gegenüber kauerte unser alter Freund Stockler, Besitzer eines gutgehenden Parfümerieladens und eines weithin sichtbaren Nervenzusammenbruchs.
»Jedes Jahr dasselbe«, stöhnte er. »Im Juli werde ich zum Wrack.«
Jossele nickte verständnisvoll:
»Ich weiß. Die Einkommensteuererklärung. Schwindeln Sie, Herr Stockler?«
»Leider nicht. Ich muß gestehen, daß ich ein erbärmlicher Feigling bin. Und was mich am meisten deprimiert: es hilft mir nichts. Meine Bücher sind korrekt geführt, jeder einzelne Posten ist nachprüfbar richtig – und jedes Jahr werden meine Aufstellungen zurückge-

wiesen, weil sie angeblich falsch, unvollständig und frisiert sind. Was soll ich machen?«
Jossele schüttelte ungläubig den Kopf, und seine Stimme klang vorwurfsvoll:
»Sagen Sie, Herr Stockler: sind Sie ein kleines Kind? Oder sind Sie vom Mond heruntergefallen? Sie nehmen Ihre Bücher, legen sie dem Steuerprüfer vor — und erwarten allen Ernstes, daß er Ihnen glaubt? Sie tun mir wirklich leid.«
Stockler schluchzte leise vor sich hin. Seine Tränen rührten nach einer Weile Josseles Herz:
»Haben Sie Bettücher zu Hause, Herr Stockler? Gut. Und jetzt hören Sie zu ...«
Nicht lange danach, an einem regnerischen Vormittag, begab sich Stockler auf sein zuständiges Finanzamt, betrat das Zimmer seines zuständigen Steuerreferenten, nahm auf dessen Aufforderung ihm gegenüber Platz und senkte den Kopf.
»Herr Referent«, sagte er, »ich muß Ihnen ein Geständnis machen. Ich habe im abgelaufenen Steuerjahr keine Bücher geführt.«
»Stehlen Sie mir nicht meine Zeit mit dummen Witzen«, erwiderte der Beamte säuerlich. »Was wünschen Sie?«
»Es sind keine Witze. Es ist die Wahrheit. Ich habe keine Bücher geführt.«
»Einen Augenblick. Sie wollen doch nicht sagen, daß Sie keine Bücher geführt haben?«
»Doch. Genau das will ich sagen. Das heißt: ich habe sie geführt, aber ich habe sie nicht.«
Jetzt war es mit der Selbstbeherrschung des Beamten zu Ende. Sein bisher ruhiger Baß überschlug sich zu jähem Falsett:

»Was heißt das: ich habe sie – ich habe sie nicht?« Wieso haben Sie sie nicht?!«
»Ich habe sie verloren.«
»Verloren?! Wieso? Wie? Wann? Wo?«
»Ja, wenn ich das wüßte. Eines Tages konnte ich sie nicht mehr finden. Sie waren weg. Vielleicht verbrannt, ohne daß ich es bemerkt hatte. Oder gestohlen. Jedenfalls sind sie verschwunden. Es tut mir leid, aber so ist es. Vielleicht könnte ich mein Einkommen ausnahmsweise aus dem Gedächtnis angeben, das wäre am einfachsten. Es war ohnehin ein sehr schwaches Jahr. Ich habe praktisch so gut wie nichts verdient... Warten Sie...«
Der Steuerbeamte klappte ein paarmal den Mund auf und zu. Ein unartikuliertes Krächzen entrang sich seiner Kehle und ging erst nach mehreren Versuchen in verständliche Worte über:
»Entfernen Sie sich, Herr Stockler. Sie hören noch von uns...«
Die Leute von der Steuerfahndung erschienen am frühen Morgen, wiesen einen Hausdurchsuchungsbefehl vor, verteilten sich auf die einzelnen Zimmer und begannen ihr Werk. Nach ungefähr einer Stunde drang aus dem Schlafzimmer ein heiserer Jubelschrei:
»Da sind sie!«
Einer der Fahnder, ein Dünner mit randloser Brille, stand vor dem Wäscheschrank und hielt triumphierend drei umfangreiche Faszikel hoch...

Die Verhandlung näherte sich dem Ende. Mit ungewöhnlich scharfen Worten resümierte der Anwalt der Steuerbehörde:

»Hier, hohes Gericht, liegen die versteckten Bilanzen des Parfümeurs Stockler. Herr Stockler hatte sich Hoffnungen gemacht, daß wir eine ›aus dem Gedächtnis‹ abgegebene Steuererklärung akzeptieren und keine Nachschau nach seinen Büchern halten würden. Er war im Irrtum. Hohes Gericht, die Steuerbehörde verlangt, daß das Einkommen des Beklagten auf Grund der von uns aufgefundenen Bücher bewertet wird. Aus ihnen, und nur aus ihnen, geht sein wahres Einkommen hervor...«
Auf der Anklagebank saß ein bleicher, glücklicher Stockler und murmelte ein übers andere Mal vor sich hin: »Sie glauben mir... endlich glauben sie mir...«
Dankbar umarmte er Jossele auf der Kaffeehausterrasse:
»Und nächstes Jahr fatiere ich nur noch mein halbes Einkommen. Ich habe auch schon ein herrliches Versteck. Unter der Matratze...«

> Als Gott der Herr den Himmel und die Erde schuf, achtete er darauf, daß ein jegliches Geschöpf wider die Unbill der grausamen Natur geschützt sei. Dem Löwen gab er Stärke, dem Reh die schnellen Beine, der Schildkröte den Panzer. Nur ein einziges seiner Geschöpfe hat er vergessen: mich.

Die Macht der Feder

Meine obige Klage bezieht sich unverkennbar auf die Regierung und die von ihr Beamteten. Das Gefühl der unrettbaren Hilflosigkeit, das mich vor amtlichen Pulten, Schaltern, Schiebefenstern und dergleichen überkommt, ist nicht zu schildern, nicht einmal von mir. Wann immer ich einem Verkörperer staatlicher Autorität gegenüberstehe, werde ich von wilden Zweifeln an meiner Existenz gepackt und reduziere mich auf den Status eines geistig zurückgebliebenen Kindes, das nicht nur kurzsichtig ist, sondern auch stottert.
Eines Tages jedoch ...
Eines Tages betrat ich das Postamt, um ein Paket abzuholen. Der Beamte saß hinter den Gitterstäben seines Schalters und spitzte Bleistifte. Es gibt, wie man weiß, viele Arten, Bleistifte zu spitzen: mit einem der eigens dafür hergestellten Bleistiftspitzer oder mit einer dieser durch Handkurbel betriebenen Spitzmaschinen, die man an der Wand befestigen kann, oder mit einer Rasierklinge. Der Beamte, vor dem ich stand, verwendete ein Renaissancetaschenmesser, dessen eigentliche Bestimmung irgendwann einmal das edle Schnitzhandwerk ge-

wesen sein muß. Er leistete harte Arbeit. Jedesmal, wenn er einen festen Ansatzpunkt für die Klinge gefunden hatte, rutschte sie ab. Wenn sie ausnahmsweise einmal nicht abrutschte, riß sie große Keile Holz aus dem Bleistift. Manchmal nahm sie auch etwas Mine mit. Lange Zeit sah ich ihm still und aufmerksam zu. Ich ließ meine stürmische Jugend vor meinem geistigen Auge Revue passieren, erwog und entschied einige brennende politische Probleme, dachte auch über Fragen des Haushalts nach und erinnerte mich bei dieser Gelegenheit, daß der undichte Wasserhahn in unserem Badezimmer noch immer nicht repariert war. Da ich ein pedantischer Mensch bin, zog ich Notizbuch und Bleistift hervor und notierte das Stichwort »Installateur«, mit einem Rufzeichen dahinter.
Und dann geschah es.
Der bleistiftspitzende Beamte hörte mit dem Bleistiftspitzen auf und fragte:
»Darf ich fragen, was Sie da aufgeschrieben haben?«
Er fragte das keineswegs hämisch, sondern höflich.
»Ich habe mir eine Notiz gemacht«, antwortete ich tapfer. »Darf man das nicht?«
Der gesamte Bleistiftvorrat des Beamten verschwand mit einem Hui in seiner Lade. Er selbst, der Beamte, setzte ein Lächeln auf, das mir nicht ganz frei von einer leisen Nervosität schien:
»Entschuldigen Sie bitte, daß ich nicht sofort zu Ihrer Verfügung war. Was kann ich für Sie tun?«
Er wurde immer höflicher, erledigte mein Anliegen auf die liebenswürdigste Weise, entschuldigte sich nochmals, daß er mich hatte warten lassen, und bat mich, meiner Gemahlin seine besten Empfehlungen zu überbringen.

Und das alles, weil ich – offenbar im richtigen Augenblick und mit dem richtigen Gesichtsausdruck – etwas in mein Notizbuch geschrieben hatte.

Kein Zweifel: ich war einer der umwälzendsten Entdeckungen des Jahrhunderts auf die Spur gekommen. Ein zweckmäßig verwendetes Notizbuch wirkt Wunder. Die Menschen im allgemeinen, und die vom Staat beamteten erst recht, stehen allem Geschriebenen, dessen Inhalt sie nicht kennen, mit Mißbehagen und Angstgefühlen gegenüber. »Verba volant, scripta manent«, das wußten schon die alten Römer. Gesprochenes verfliegt, Geschriebenes bleibt.

Seit damals mache ich Notizen, wann immer ich die Gelegenheit für gekommen erachte. Vor einigen Tagen ging ich in ein Schuhgeschäft und wurde bis Einbruch der Dämmerung nicht bedient. Ich zückte das Notizbuch, zückte meinen Bleistift, zählte bis zehn und trug eine Sentenz in das Büchlein ein, die sich mir aus Toussaint-Langenscheidts Übungsbuch der französischen Sprache unvergeßlich eingeprägt hat: »Das Loch in der Tasche meines Bruders ist größer als der Garten meines Oheims.«

Es wirkte. Der Ladeninhaber hatte mich gesehen und näherte sich ebenso bleich wie devot, um mich zu bedienen. Nicht einmal Polizisten vermögen den geheimen Kräften meines Zauberbuchs zu widerstehen. Alltäglich, wenn die Stunde der Strafzettelverteilung an parkenden Autos kommt, lauere ich im Hintergrund, trete im geeigneten Augenblick hervor und trage mit meiner Füllfeder (niemals einen Kugelschreiber benützen!) aufs Geratewohl ein paar Worte in mein Büchlein ein. Schon schmilzt das Auge des Gesetzes, schon entkrampft sich

seine offizielle Haltung, er schimpft nicht, er schreit nicht, er flötet: »Also gut, noch dieses eine Mal...«
Denn auch er fürchtet die Macht der Feder. Auch er beugt sich vor dem, was da geschrieben steht.
Schließlich sind wir das Volk des Buches, nicht wahr?

Die hebräische Sprache hat ein Wort, für das es in keiner andern Sprache ein Gegenstück gibt: Protektion. Es bedeutet Förderung (meistens unverdiente Förderung) durch Briefe, persönliche Interventionen, Telefonanrufe, Querverbindungen und dergleichen typisch jüdische Dinge mehr. Der Übelstand ist heute schon so weit gediehen, daß man in manchen Restaurants die Gäste untereinander fragen hört: »Meine Herren, wer hat Beziehungen zum Kellner?« Als ob man ohne Beziehungen kein Steak serviert bekäme! Das ist natürlich übertrieben. Man bekommt es. Vielleicht mit einiger Verspätung, vielleicht zäh wie eine Schuhsole, aber man bekommt es.

Paraphrase über ein volkstümliches Thema

Die wahre Geschichte, die ich im folgenden erzähle, beweist nachhaltig, daß Ehrlichkeit und Fairneß in unserer verlotterten Welt noch eine Chance haben. Der Held der Geschichte ist ein Neueinwanderer aus dem europäischen Osten mit Namen Wotitzky. Sein Ehrgeiz war, von Kindesbeinen an, eine irgendwie amtliche Tätigkeit, und gleich nach seiner Ankunft bewarb er sich um den Posten eines Portiers im Rathaus von Tel Aviv.
Wotitzky ist ein geborener Schlemihl mit zwei linken Füßen und großen, runden Augen, die verschreckt in eine unbegreifliche Welt blicken. Er spricht kein Wort Hebräisch. Aber so viel wußte er, daß über die Vergebung des Postens, für den noch Hunderte von Bewer-

bungen außer der seinen vorlagen, in letzter Instanz ein gewisser Schultheiß zu entscheiden hatte.
Wotitzky ging zu seinem Onkel, einem alteingesessenen Israeli, und bat ihn um Hilfe. Sein Onkel hatte einmal erwähnt, daß er gelegentlich mit Schultheiß im Kaffeehaus Schach spielte.
Der Onkel krümmte sich vor Verlegenheit, denn seine Bekanntschaft mit Schultheiß war eine oberflächliche, gab aber schließlich dem Drängen seines hilfsbedürftigen Neffen nach und versprach ihm, bei nächster Gelegenheit mit Schultheiß zu sprechen.
Die nächste Gelegenheit kam erst Monate später, nach einem der vielen persönlichen Besuche, die der Neffe seinem Onkel zum Zwecke des Drängens abstattete.
»Ja, ich habe mit ihm gesprochen«, sagte der Onkel. »Und ich habe ihn dazu bewegen können, deinen Namen in sein Geheimnotizbuch einzutragen. Aber zur Sicherheit solltest du dich noch um andere Interventionen umsehen.«
Dankbar küßte Wotitzky die Hand seines Wohltäters, eilte zu der für ihn zuständigen Einwandererhilfsorganisation und warf sich dem geschäftsführenden Sekretär zu Füßen. Der Sekretär ließ sich erweichen und ging persönlich ins nahe gelegene Rathaus, um bei Schultheiß zu intervenieren. Wotitzky wartete.
»Es war nicht leicht«, berichtete hernach der Sekretär. »Ich mußte zuerst eine halbe Stunde antichambrieren und dann eine Stunde lang in ihn hineinreden. Aber ich hatte Erfolg. Er zog sein Geheimnotizbuch hervor und unterstrich den Namen Wotitzky mit roter Tinte.«
Wotitzky wußte vor Seligkeit und Dankbarkeit nicht

aus noch ein. Fortan verrichtete er im Haus des Sekretärs niedrige Dienste, schrubbte die Stiegen und führte den Hund spazieren. Zwischendurch bemühte er sich bei anderen wichtigen Persönlichkeiten um die Unterstützung seines Anliegens. Ein Mitglied des Stadtrats, zu dem er sich Zutritt verschafft hatte, diktierte in seiner Gegenwart einen Empfehlungsbrief, den er sofort am nächsten Tag abzuschicken versprach. Wotitzky schwamm auf Wogen von Glück. Wenige Tage später begegnete er einem Landsmann aus der alten Heimat, der es zu einer einflußreichen Stellung im kulturellen Leben der Stadt gebracht hatte und sich bei Schultheiß persönlich für seinen alten Freund verwenden wollte; auch er wußte alsbald Ermutigendes von Schultheiß' Reaktion zu erzählen. Und es kamen noch andere hinzu, die alle bei Schultheiß vorsprachen und alle mit froher Botschaft für Wotitzky zurückkehrten.
Und siehe, nach einem halben Jahr bestellte ihn Schultheiß selbst zu sich ins Rathaus:
»Ich gratuliere Ihnen«, sagte er. »Sie haben den Posten bekommen. Und wissen Sie, warum gerade Sie? Unter Hunderten von Bewerbern? Weil Sie der einzige waren, für den niemand interveniert hat!«

Auf Grund praktischer Erfahrung und zahlreicher Statistiken steht fest, daß der durchschnittliche israelische Bürger eine heftige Vorliebe für Gerichtsverhandlungen hat, gleichgültig, ob er an ihnen als Kläger, als Beklagter oder als Verteidiger teilnimmt. Die einzige Funktion, in der er an einer Gerichtsverhandlung nicht und niemals teilzunehmen wünscht, ist die des Zeugen. Als Angeklagter kann man freigesprochen werden. Als Zeuge auf keinen Fall.

Der Prozess (nicht von Kafka) (oder doch?)

In der letzten Zeit mußte mein Freundeskreis wiederholt feststellen, daß ich fehlte. Ich fehlte nicht ohne Grund. Ich war in eine gerichtliche Angelegenheit verwickelt, die einen Verkehrsunfall mit tödlichem Ausgang zum Gegenstand hatte und die mich zweifeln läßt, ob ich in Hinkunft jemals wieder erhobenen Hauptes und offenen Blicks vor das Angesicht meiner ehrlichen, gesetzestreuen Mitbürger treten darf.
Der Verkehrsunfall, dessen Zeuge ich geworden war, hatte sich auf der Autostraße nach Tel Giborim zugetragen, und zwar um die Mittagszeit, und zwar stieß eine Regierungslimousine mit einem Radfahrer zusammen, der den Unfall nicht überlebte. Die Limousine hatte ein rotes Haltsignal überfahren, benützte eine Einbahnstraße in falscher Richtung und wurde von einem unzweifelhaft Volltrunkenen gesteuert. Als ein-

ziger am Tatort vorhandener Zeuge ließ ich mir von der Polizei das Versprechen abnehmen, bei der Gerichtsverhandlung zu erscheinen und auszusagen, die Wahrheit, die volle Wahrheit, und nichts als die Wahrheit.
Der Gerichtssaal war dicht gefüllt. Es hatte sich herumgesprochen, daß der Fahrer der Limousine eine bekannte Persönlichkeit war, die im Scheinwerferlicht der Öffentlichkeit stand, wenn auch in keinem vorteilhaften. Da die Persönlichkeit über beträchtliche Barmittel verfügte, stand ihr als Verteidiger einer der führenden Anwälte des Landes zur Seite, der sich sorgfältig auf die Verhandlung vorbereitet hatte. Wie sorgfältig, sollte ich bald zu merken bekommen.
Entsprechend meinem Rang als einziger Augenzeuge wurde ich gleich zu Beginn der Verhandlung einvernommen und nach Beantwortung der üblichen Fragen dem Verteidiger der beklagten Partei ausgeliefert. Dieser erhob sich und informierte den Gerichtshof in kurzen, präzisen Worten von seiner Absicht, mich als einen unverantwortlichen Lügner und kriminellen Charakter zu entlarven, dessen Aussagen keinerlei Anspruch auf Glaubwürdigkeit besäßen. Dann wandte er sich zu mir und begann mit dem Kreuzverhör, das ungefähr folgenden Verlauf nahm:
Verteidiger: »Herr Kishon, ist es wahr, daß Sie im Jahre 1951 wegen eines bewaffneten Raubüberfalls von der Interpol gesucht wurden?«
Ich: »Das ist nicht wahr.«
Verteidiger: »Wollen Sie damit sagen, daß es kein bewaffneter Raubüberfall war, weswegen Sie von der Interpol gesucht wurden?«
Ich: »Ich will damit sagen, daß ich überhaupt nicht ge-

sucht wurde. Warum hätte ich plötzlich von der Interpol gesucht werden sollen?«
Verteidiger: »Wenn es also nicht die Interpol war – von welcher Polizei wurden Sie dann gesucht?«
Ich: »Ich wurde überhaupt nicht gesucht.«
Verteidiger: »Warum nicht?«
Ich: »Wie soll ich das wissen?«
Das war ein Fehler, ich merkte es sofort. Meine Antwort hätte lauten müssen: »Ich wurde von keiner wie immer gearteten Polizei der Welt jemals gesucht, weil ich mich nie im Leben gegen ein Gesetz vergangen habe.« Offenbar hatten mir die Nerven versagt. Nicht nur die große, angespannt lauschende Zuschauermenge machte mich nervös, sondern mehr noch die zahlreichen Pressefotografen und Reporter, die schon während meiner Aussage zu den Telefonen stürzten, um ihre Zeitungen über jedes von mir gesprochene Wort zu unterrichten.
Der Verteidiger wechselte ein paar leise Worte mit seinem Mandanten und setzte das Kreuzverhör fort.
Verteidiger: »Trifft es zu, Herr Kishon, daß Sie wegen Verführung einer Minderjährigen zu einer Gefängnisstrafe von zwei Jahren und acht Monaten verurteilt wurden?«
Ich: »Nein, das trifft nicht zu.«
Verteidiger: »Nicht? Zu welcher Strafe wurden Sie wegen Verführung einer Minderjährigen verurteilt?«
Ich: »Ich wurde wegen Verführung einer Minderjährigen weder verurteilt noch angeklagt.«
Verteidiger: »Sondern? Was für eine Anklage war es, die zu Ihrer Verurteilung geführt hat?«
Ich: »Es gab keine Anklage.«

Verteidiger: »Wollen Sie behaupten, Herr Kishon, daß man in unserem Land zu Gefängnisstrafen verurteilt werden kann, ohne daß es eine Anklage gibt?«
Ich: »Ich war nie im Gefängnis.«
Verteidiger: »Ich habe nicht gesagt, daß Sie im Gefängnis waren. Ich habe nur gesagt, daß Sie zu einer Gefängnisstrafe verurteilt wurden. Verdrehen Sie mir nicht das Wort im Mund, Herr Kishon. Antworten Sie mit Ja oder Nein.«
Ich: »Ich wurde nie zu einer Gefängnisstrafe verurteilt und habe nie im Gefängnis gesessen.«
Verteidiger: »Dann sagen Sie mir doch bitte, welches Urteil gegen Sie wegen Verführung einer Minderjährigen gefällt wurde!«
Ich: »Es wurde überhaupt kein Urteil gefällt.«
Verteidiger: »Warum nicht?«
Ich: »Was heißt das: warum nicht? Weil es keinen solchen Prozeß gegen mich gegeben hat!«
Verteidiger: »Was für einen Prozeß hat es denn sonst gegeben?«
Ich: »Wie soll ich das wissen?«
Abermals hatte er mich erwischt. Kein Wunder. Ich war gekommen, um über einen Verkehrsunfall auszusagen, und statt dessen überrumpelte man mich mit unmöglichen autobiographischen Fragen. Zudem irritierte mich die feindselige Haltung der Zuschauer immer mehr. Ununterbrochen flüsterten sie miteinander, stießen sich gegenseitig an, deuteten auf Bekannte und verzogen ihre Gesichter zu sarkastischem Grinsen. Am Beginn der fünften Stunde meines Kreuzverhörs schlich sich auch noch ein Zeitungsverkäufer in den Saal ein und erzielte reißenden Absatz mit einer Spätausgabe der »Abend-

zeitung«. Die Schlagzeile lautete: KISHON VERFÜHRT MINDERJÄHRIGE. Darunter, in bedeutend kleinerer Type: Bestreitet alles – Verhör dauert an.
Mir zitterten die Knie, als ich das las, und der Gedanke an meine arme Frau verursachte mir große Bangigkeit. Meine Frau verfügt über eine Reihe vortrefflicher Eigenschaften, aber ihr geistiger Zuschnitt ist eher simpel, und da sie den Unterschied zwischen »Gerichtshof« und »Rechtsanwalt« vielleicht nicht ganz genau ermessen kann, wird sie am Ende glauben, daß all diese absurden Anschuldigungen vom Gericht erhoben worden wären und nicht vom Anwalt des Angeklagten... Aber was half's.
Verteidiger: »Stimmt es, Herr Kishon, daß Ihre erste Frau sich von Ihnen scheiden ließ, nachdem Sie aus einer Irrenanstalt entsprungen waren, und daß sie die Hilfe der Polizei in Anspruch nehmen mußte, um wieder in den Besitz der von Ihnen verpfändeten Schmuckstücke zu gelangen?«
Der Vorsitzende machte mich aufmerksam, daß ich Fragen über meinen Ehestand nicht beantworten müsse. Nach einigem Nachdenken beschloß ich, von dieser Möglichkeit Gebrauch zu machen, um so mehr, als meine Frau sich von mir niemals scheiden ließ und mir in treuer ehelicher Liebe zugetan ist. Leider wurde die Animosität des Publikums durch mein Schweigen noch weiter gesteigert, und eine Dame mit Brille, die in der ersten Reihe saß, spuckte mir sogar ins Gesicht. Ich aber trotzte allen Fährnissen und verweigerte auch die Antwort auf die nächsten Fragen des gegnerischen Anwalts: ob es zutreffe, daß ich im Jahre 1948 vom Militär desertiert sei? Und ob ich meinen kleinen Sohn mit

Stricken oder mit einer Kette ans Bett zu fesseln pflege.
An dieser Stelle kam es zu einem bedauerlichen Zwischenfall. Der Vorwurf der Kindesmißhandlung erregte einen Automechaniker im Zuschauerraum so sehr, daß er unter wilden Flüchen aufsprang und nur mit Mühe daran gehindert werden konnte, sich auf mich zu stürzen. Der Vorsitzende ließ ihn aus dem Saal weisen, womit die Würde des Gerichts wiederhergestellt war. Auf meine eigene Position indessen wirkte sich das alles höchst nachteilig aus, und als ich in der Hand des Verteidigers die lange Liste der Fragen sah, die er noch an mich zu richten plante, erlitt ich den längst fälligen Nervenzusammenbruch. Mit schluchzender Stimme rief ich aus, daß ich ein Geständnis abzulegen wünsche: Ich, nur ich und niemand als ich hätte den Radfahrer auf der Straße nach Tel Giborim überfahren.
Der Vorsitzende belehrte mich, daß ich bis auf weiteres nur als Zeuge hier stünde, und das Kreuzverhör nahm seinen Fortgang.
Verteidiger: »Trifft es zu, Herr Kishon, daß Sie zum Lohn für eine ähnliche ... hm ... Zeugenaussage in Sachen eines Verkehrsunfalls, der sich im Dezember vorigen Jahres zutrug, von einem der reichsten Importeure des Landes mit drei kostbaren Perserteppichen beschenkt wurden?«
Ich: »Nein.«
Verteidiger: »Heißt das, daß Sie keine Teppiche in Ihrer Wohnung haben?«
Ich: »Doch, ich habe Teppiche in meiner Wohnung.«
Verteidiger: »Heimische oder ausländische?«
Ich: »Ausländische.«

Verteidiger: »Und wie viele?«
Ich: »In jedem Zimmer einen.«
Verteidiger: »Wie viele Zimmer hat Ihre Wohnung, Herr Kishon?«
Ich: »Drei.«
Verteidiger: »Danke. Ich habe keine weiteren Fragen.«
Mit selbstgefälliger Grandezza begab sich der Verteidiger auf seinen Platz. Im Publikum brach ein Beifallssturm los. Der Vorsitzende drohte mit der Räumung des Saales, meinte das jedoch nicht ganz ernst. Im gleichen Augenblick erschien der Zeitungsverkäufer mit einer neuen Spätausgabe. Auf der Titelseite sah ich ein offenbar während des Verhörs aufgenommenes Foto von mir und dazu in balkendicken Lettern die Überschrift: TEPPICHSKANDAL IM GERICHT AUFGEROLLT – KISHON: »BESITZE AUSLÄNDISCHE TEPPICHE, ABER NICHT VOM IMPORTEUR!« – GEGENANWALT: »LÜGNER!«
Ich bat, mich entfernen zu dürfen, aber der Staatsanwalt hatte noch einige Fragen an mich. Sie betrafen, zu meiner nicht geringen Überraschung, den Verkehrsunfall von Tel Giborim. Der Staatsanwalt fragte mich, ob der Beklagte meiner Meinung nach rücksichtslos gefahren sei. Ich bejahte und wurde entlassen. Ein Gerichtsdiener schmuggelte mich durch einen Seiteneingang hinaus, um mich vor der wütenden Menge zu schützen, die sich nach Erscheinen der dritten Spätausgabe zusammengerottet hatte und mich lynchen wollte.
Seither lebe ich, wie schon eingangs angedeutet, äußerst zurückgezogen und gehe nur selten aus. Ich warte, bis genügend Zeit verstrichen ist und die Fragen des Anwalts dem Gedächtnis der Öffentlichkeit entschwinden.

Der Begriff der »Rache« erfreut sich im Orient anhaltender Beliebtheit und zahlreicher Variationen. Auch unser junger Staat – immer bemüht, sich in den größeren Rahmen einzufügen – hat auf diesem Gebiet ein paar ungewöhnliche Begabungen hervorgebracht, die es mit der schärfsten Konkurrenz aufnehmen können.

Tragisches Ende eines Feuilletonisten

Haben Sie in der letzten Zeit den bekannten Feuilletonisten Kunstetter gesehen? Sie hätten ihn nicht wiedererkannt. Denn dieser Stolz der israelischen Publizistik, dieser überragende Meister der Feder ist zu einem Schatten seines einst so stolzen Selbst herabgesunken. Seine Hände zittern, seine Augen flackern, sein ganzes Wesen atmet Zusammenbruch.
Was ist geschehen? Wer hat diesen Giganten von seinem Piedestal gestürzt?
»Ich«, sagte mein Freund Jossele und nahm einen Schluck aus seiner Tasse türkischen Kaffees, gelassen, gleichmütig, ein Sinnbild menschlicher Teilnahmslosigkeit. »Ich konnte diesen Kerl nie ausstehen. Schon die aufdringliche Bescheidenheit seines Stils war mir zuwider.«
»Und wie ist es dir gelungen, ihn fertigzumachen?«
»Durch Lob...«
Und dann enthüllte mir Jossele eine der abgefeimtesten Teufeleien des Jahrhunderts:
»Nachdem ich mich zur Vernichtung Kunstetters ent-

schlossen hatte, schrieb ich ihm einen anonymen Verehrerbrief. ›Ich lese jeden Ihrer wunderbaren Artikel‹, schrieb ich. ›Wenn ich die Zeitung zur Hand nehme, suche ich zuerst nach Ihrem Beitrag. Gierig verschlinge ich diese unvergleichlichen kleinen Meisterwerke, die so voll von Weisheit, Delikatesse und Verantwortungsgefühl sind. Ich danke Ihnen, ich danke Ihnen aus ganzem Herzen, ich danke Ihnen . . .‹
Ungefähr eine Woche später schickte ich den zweiten Brief ab: ›Meine Bewunderung für Sie wächst von Tag zu Tag. In Ihrem letzten Essay haben Sie einen stilistischen Höhepunkt erklommen, der in der Geschichte der Weltliteratur nicht seinesgleichen hat.‹ Du weißt ja, wie diese eitlen Schreiberlinge sind, nicht wahr. So verstiegen kann ein Kompliment gar nicht sein, daß sie es nicht ernst nehmen würden, diese selbstgefälligen Idioten. Hab ich nicht recht?«
»Möglich«, antwortete ich kühl. »Aber Komplimente haben noch keinen Schriftsteller umgebracht.«
»Wart's ab. Insgesamt schickte ich Kunstetter etwa zwanzig Lobeshymnen. Ich philosophierte in seine banale Zeilenschinderei alle möglichen Tiefsinnigkeiten hinein, ich pries seine albernen Kalauer als stilistische Finessen, ich zitierte wörtlich seine Formulierungen, mit Vorliebe die dümmsten. Als ich ganz sicher war, daß meine täglichen Begeisterungsausbrüche zu einem festen, unentbehrlichen Bestandteil seines Lebens geworden waren, bekam er den ersten, leise enttäuschten Brief: ›Sie wissen, wie sehr ich die Meisterwerke Ihrer Feder bewundere‹, schrieb ich. ›Aber gerade das Ausmaß meiner Bewunderung berechtigt – nein, verpflichtet mich, Ihnen zu sagen, daß Ihre letzten Artikel nicht ganz auf

der gewohnten Höhe waren. Ich bitte Sie inständig: nehmen Sie sich zusammen!‹
Eine Woche später kam der nächste, schon etwas deutlichere Aufschrei: ›Um Himmels willen, was ist geschehen? Sind Sie ein andrer geworden? Sind Sie krank und lassen Sie einen Ersatzmann unter Ihrem Namen schreiben? Was ist los mit Ihnen?!‹
Kunstetters Feuilletons wurden um diese Zeit immer länger, immer blumiger, immer ausgefeilter. Er machte übermenschliche Anstrengungen, um sich wieder in meine Gunst zu schreiben. Vergebens. Gestern bekam er den Abschiedsbrief: ›Kunstetter! Es tut mir leid, aber nach Ihrem heutigen Artikel ist es aus zwischen uns. Auch der gute Wille des verehrungsvollsten Lesers hat seine Grenzen. Mit gleicher Post bestelle ich mein Abonnement ab. Leben Sie wohl . . .‹ Und das war das Ende.«
Jossele zündete sich eine Zigarette an, wobei ein diabolisches Grinsen ganz kurz über sein Gesicht huschte. Mich schauderte. Kleine, kalte Schweißperlen traten mir auf die Stirn. Ich muß gestehen, daß ich mich vor Jossele zu fürchten begann. Und ich frage mich, warum ich ihn eigentlich erfunden habe.

Zur Erinnerung an den Besuch des berühmten amerikanischen Schriftstellers John Steinbeck. Und zur Mahnung.

ERHOLUNG IN ISRAEL

»Kellner! Herr Ober!«
»Jawohl, Herr Sternberg.«
»Frühstück für zwei, bitte.«
»Jawohl. Zweimal Frühstück. Sofort. Ich wollte Sie nur noch rasch etwas fragen, Herr Sternberg. Sind Sie der Schriftsteller, über den man jetzt so viel in den Zeitungen liest?«
»Mein Name ist John Steinbeck.«
»Aha. Erst gestern habe ich ein Bild von Ihnen in der Zeitung gesehen. Aber da hatten Sie einen größeren Bart, kommt mir vor. Es war auch ein Artikel dabei, daß Sie einen Monat hierbleiben wollen und daß Sie inkognito sind, damit man Sie nicht belästigt. Ist das Ihre Frau?«
»Ja, das ist Frau Steinbeck.«
»Schaut aber viel jünger aus als Sie.«
»Ich habe das Frühstück bestellt.«
»Sofort, Herr Steinberg. Sie müssen wissen, daß alle möglichen Schriftsteller in dieses Hotel kommen. Erst vorige Woche hatten wir einen hier, der ›Exodus‹ geschrieben hat. Haben Sie ›Exodus‹ gelesen?«
»Nein.«
»Ich auch nicht. So ein dickes Buch. Aber ›Alexis Sorbas‹ habe ich gesehen. Wann haben Sie ›Alexis Sorbas‹ geschrieben?«

»Ich habe ›Alexis Sorbas‹ nicht geschrieben.«
»Hat mir großartig gefallen, der Film. An einer Stelle wäre ich vor Lachen beinahe zersprungen. Wissen Sie, dort wo –«
»Ich hätte zum Frühstück gerne Kaffee. Und Tee für meine Frau.«
»Sie haben ›Sorbas‹ nicht geschrieben?«
»Nein. Das sagte ich Ihnen ja schon.«
»Für was hat man Ihnen dann den Nobelpreis gegeben?«
»Für die ›Früchte des Zorns‹.«
»Also Kaffee und Tee, richtig?«
»Richtig.«
»Sagen Sie, Herr Steinberg: wieviel bekommt man für so einen Preis? Stimmt es, daß er eine Million Dollar einbringt?«
»Könnten wir dieses Gespräch nicht nach dem Frühstück fortsetzen?«
»Da habe ich leider keine Zeit mehr. Warum sind Sie eigentlich hergekommen, Herr Sternberg?«
»Mein Name ist Steinbeck.«
»Sie sind aber kein Jude, nicht wahr?«
»Nein.«
»Hab ich mir gleich gedacht. Amerikanische Juden geben kein Trinkgeld. Schade, daß Sie ausgerechnet jetzt gekommen sind, wo es fortwährend regnet. Jetzt gibt es hier nichts zu sehen. Oder vielleicht sind Sie in Israel an etwas ganz Speziellem interessiert?«
»Ich möchte ein weich gekochtes Ei.«
»Drei Minuten?«
»Ja.«
»Sofort. Ich weiß, Herr Steinberg, in Amerika ist man

es nicht gewöhnt, sich mit Kellnern so ungezwungen zu unterhalten. In Israel ist das anders. Wir haben Atmosphäre. Übrigens war ich nicht immer ein Kellner. Ich habe Orthopädie studiert, zwei Jahre lang. Leider braucht man hierzulande Protektion, sonst kommt man nicht weiter.«
»Bitte bringen Sie uns das Frühstück, mit einem weichen Ei.«
»Drei Minuten, Herr Steinberg, ich weiß. Aber dieser ›Sorbas‹ – das war vielleicht ein Film! Auch wenn Sie gegen Schluß ein wenig zu dick aufgetragen haben. Unser Koch hat mir gesagt, daß es von Ihnen auch noch andere Theaterstücke und Filme gibt. Ist das wahr?«
»Ja.«
»Was zum Beispiel?«
»Zum Beispiel ›Jenseits von Eden‹.«
»Hab ich gesehn! Mein Ehrenwort, das hab ich gesehn! Zum Brüllen komisch! Besonders diese Szene, wo sie versuchen, die Bäume aus dem Wald zu transportieren –«
»Das kommt in ›Alexis Sorbas‹ vor.«
»Ja, richtig. Da haben Sie recht. Also was schreiben Sie sonst?«
»Von Mäusen und Menschen.«
»Mickymaus?«
»Wenn ich nicht bald das Frühstück bekomme, muß ich verhungern, mein Freund.«
»Sofort. Nur noch eine Sekunde. Mäuse haben Sie gesagt. Das ist doch die Geschichte, wo die Batja Lancet mit diesem Idioten ins Bett gehen will.«
»Wie bitte?«
»Und das ist so ein dicker Kerl, der Idiot, das heißt, in

Wirklichkeit ist er gar nicht so dick, aber sie stopfen ihm lauter Kissen unter die Kleider, damit er dick aussieht, und sein Freund neben ihm ist ganz mager, und der dicke Kerl will immer Mäuse fangen und – wieso wissen Sie das eigentlich nicht?«

»Ich kenne den Inhalt meiner Stücke.«

»Natürlich. Wenn Sie glauben. Jedenfalls muß man auf diesen dicken Idioten immer aufpassen, damit er die Leute nicht verprügelt, aber wie der Sohn vom Boß dann mit der Batja Lancet frech wird, steht er ganz ruhig auf und geht zu ihm hinüber und –«

»Kann ich mit dem Geschäftsführer sprechen?«

»Nicht nötig, Herr Steinberg. Es wird alles sofort dasein. Aber diese Mäuse haben mir wirklich gefallen. Nur der Schluß der Geschichte, entschuldigen Sie – also der hat mich enttäuscht. Da hätte ich von Ihnen wirklich etwas Besseres erwartet. Warum müssen Sie diesen dicken Kerl sterben lassen? Nur weil er ein bißchen schwach im Kopf ist? Deshalb bringt man einen Menschen nicht um, das muß ich Ihnen schon sagen.«

»Gut, ich werde das Stück umschreiben. Nur bringen Sie uns jetzt endlich –«

»Wenn Sie wollen, lese ich's mir noch einmal durch und sage Ihnen dann alles, was falsch ist. Das kostet Sie nichts, Herr Steinberg, haben Sie keine Angst. Vielleicht komme ich einmal nach Amerika und besuche Sie. Ich hätte viel mit Ihnen zu reden. Privat, meine ich. Aber das geht jetzt nicht. Ich habe zu viel zu tun. Wenn Sie wüßten, was ich alles erlebt habe. Daneben ist ›Alexis Sorbas‹ –«

»Bekomme ich mein weiches Ei oder nicht?«

»Bedaure, am Sabbath servieren wir keine Eier. Aber

wenn ich Ihnen einmal meine Lebensgeschichte erzähle, Herr Steinberg, dann können Sie damit ein Vermögen verdienen. Ich könnte sie natürlich auch selbst aufschreiben, jeder sagt mir, ich bin verrückt, daß ich nicht einen Roman schreibe oder eine Oper oder so was Ähnliches. Die denken alle nicht daran, wie müde ich am Abend bin. Hab ich ihnen allen gesagt, sie sollen mich in Ruh lassen und ich geb's dem Steinberg. Was sagen Sie dazu?«
»Das Frühstück, oder –«
»Zum Beispiel vor zwei Jahren. Im Sommer. Schon mehr gegen Ende des Sommers, wie ich mit meiner Frau nach Sodom gefahren bin. Plötzlich bleibt das Auto stehen, der Chauffeur steigt aus, hebt die Kühlerhaube, steckt den Kopf hinein – und wissen Sie, was er gesagt hat?«
»Lassen Sie gefälligst meinen Bart los! Loslassen!«
»Er hat gesagt: ›Der Vergaser ist hin.‹ Stellen Sie sich das vor! Mitten am Weg nach Sodom ist der Vergaser hin. Sie werden vielleicht glauben, ich hab das erfunden? Es ist die reine Wahrheit. Der Vergaser war hin. Die ganze Nacht mußten wir im Wagen sitzen. Und es war eine kalte Nacht, eine sehr kalte Nacht. Sie werden das schon richtig schreiben, Herr Steinberg. Sie werden schon einen Bestseller draus machen. Ich sage Ihnen: es war eine Nacht, in der nicht einmal Alexis Sorbas... he, wohin gehen Sie? Ich bin noch nicht fertig. Herr Steinberg! Ich habe noch eine ganze Menge Geschichten für Sie! Wie lange bleiben Sie noch?«
»Ich fliege mit dem nächsten Flugzeug ab!«
»Herr Steinberg! So warten Sie doch, Herr Steinberg... Und zuerst hat er gesagt, daß er einen ganzen Monat bleiben will. So siehst du aus...«

»Ein widerborstiges Volk« nannte uns der Allmächtige, womit er schonend ausdrücken wollte, daß wir störrisch sind wie die Maulesel. Zum Beispiel leben wir seit 5000 Jahren in der ständigen Versuchung, unseren Glauben aufzugeben – aber wir glauben noch immer. Seit 2000 Jahren bemüht man sich, uns anderswo anzusiedeln – aber wir siedeln wieder in Jerusalem. Und jetzt verlangt man von uns, das Rauchen aufzugeben.

Wie man sich's abgewöhnt

»Entschuldigen Sie bitte – haben Sie vielleicht eine Zigarette?«
»Leider. Ich rauche nicht mehr. Seit ich diese alarmierenden Berichte in der Zeitung gelesen habe...«
»Auch ich habe sie gelesen. Aber ich hab's überwunden.«
»Wie ist Ihnen das geglückt?«
»Willenskraft, nichts weiter. Am Anfang glaubte ich es nicht ertragen zu können. Es ist ja keine Kleinigkeit, wenn man Tag für Tag lesen muß, daß man einem Lungenkrebs entgegensteuert oder Magengeschwüren und Hämoglobin und dergleichen. An dem Tag, an dem in der ›Jerusalem Post‹ das Gutachten des amerikanischen Gesundheitsamtes über die schädlichen Auswirkungen des Rauchens erschien, verfiel ich in Panik. An diesem Tag stand mein Entschluß fest. Ich hörte auf, Zeitungen zu lesen.«
»Ein genialer Einfall!«

»Warten Sie. So einfach ist das alles nicht. Eine Woche lang stand ich es durch. Ich las nicht einmal die Überschriften, ich las keine Leitartikel und keine Sportberichte, nichts. Aber um die Mitte der zweiten Woche hat's mich erwischt. Wenn ich jetzt nicht sofort eine Zeitung lese, dann, das fühlte ich, brechen meine Nerven zusammen. Man kann sich ja nicht vollkommen von der Umwelt isolieren, nicht wahr. Ich wurde schwach. Ich ging zu meinen Nachbarn und borgte mir die gestrige Zeitung aus. Ich habe sie von der ersten bis zur letzten Seite gelesen. Was sage ich: gelesen. Verschlungen! Die erste Zeitung nach mehr als einer Woche!«
»Kann ich mir gut vorstellen.«
»Gar nichts können Sie sich vorstellen. Auf der dritten Seite stand ein Artikel, der sich mit den jüngsten Forschungsergebnissen eines englischen Nikotinexperten beschäftigte. Ein Keulenschlag! Dreißig Zigaretten im Tag, so hieß es dort, ziehen unweigerlich den Verlust der Männlichkeit nach sich. Und ich rauche im Tag zwei Päckchen.«
»Hm. Dann allerdings...«
»Es war mir klar, daß ich jetzt zu drastischen Maßnahmen greifen müßte, um diesem Alpdruck nicht völlig zum Opfer zu fallen. Die Zeitungslektüre einfach aufzugeben, genügt nicht. Man muß sich, sagte ich mir, beherrschen können. Man muß imstande sein, zu lesen, was man lesen will, und nicht zu lesen, was man nicht lesen will. Ein furchtbarer innerer Kampf begann. Am ersten Tag meines freiwilligen Entwöhnungsprozesses wußte ich mir keinen anderen Rat, als die Zeitung zu verbrennen. Sonst wäre ich der Versuchung erlegen, den Artikel einer anerkannten medizinischen Kapazität

über das sogenannte ›Raucherbein‹ zu lesen. Es war nicht leicht, glauben Sie mir. Aber nach ein paar Tagen begann sich mein Zustand zu bessern. Ich las die politischen Meldungen und den Leitartikel, überschlug rasch die nächsten Seiten und nahm erst wieder die Theater- und Sportberichte zur Kenntnis. Auf diese Weise ging es eine Zeitlang ganz gut. Bis eines Nachts der Teufel mich aufs neue versuchte: Mein Blick fiel auf eine vom Weizmann-Institut ausgearbeitete Statistik der Kreislaufstörungen mit tödlichem Ausgang bei Rauchern und Nichtrauchern. Die Lockung war fürchterlich. Was hätte ich nicht alles drum gegeben, die Tabellen wenigstens zu überfliegen! Aber ich blieb stark. Ich biß meine Lippen blutig, stopfte mir ein Taschentuch in den Mund und blätterte weiter. Ich habe kein einziges Wort des Artikels an mich herangelassen, kein Wort und keine Ziffer.«
»Ich bewundere Sie aufrichtig.«
»Es war die Entscheidung. Jetzt kann mir nichts mehr geschehen. Wenn ich jetzt einen Artikel dieser Art in der Zeitung sehe, gleitet mein Auge achtlos darüber hinweg. Es interessiert mich nicht mehr. Und glauben Sie mir: seither fühle ich mich wie neu geboren.«

Folterungen, unter denen selbst der stärkste Mann zusammenbricht, galten früher einmal als Spezialität der Geheimpolizei in Diktaturstaaten. Heute sind sie überall ohne Mühe erhältlich. Alles, was man dazu braucht, ist ein versperrtes Zimmer, ein Bett, Nylonstrümpfe, einige Kleidungsstücke, einige Handtaschen und eine Ehefrau.

Im neuen Jahr wird alles anders

»Ephraim!« rief meine Frau, bekanntlich die beste Ehefrau von allen, aus dem Nebenzimmer. »Ich bin beinahe fertig!«
Es war halb neun Uhr am Abend des 31. Dezember. Meine Frau saß seit Einbruch der Dämmerung vor dem großen Spiegel ihres Schlafzimmers, um für die Silvesterparty, die unser Freund Tibi zu Ehren des Gregorianischen Kalenders veranstaltete, Toilette zu machen. Die Dämmerung bricht am 31. Dezember kurz nach drei Uhr nachmittags ein. Aber jetzt war sie beinahe fertig, meine Frau. Es sei schon Zeit, sagte ich, denn wir haben Tibi versprochen, spätestens um zehn Uhr bei ihm zu sein.
Mit einer Viertelstunde Verspätung rechne ein Gastgeber sowieso, replizierte die beste Ehefrau von allen, und eine weitere Viertelstunde würde nicht schaden. Partys, besonders Silvesterpartys, seien am Anfang immer langweilig. Die Atmosphäre entwickle sich erst nach und nach. Und überdies, so schloß sie, wisse sie noch immer nicht, welches Kleid sie nehmen solle. Lauter alte Fet-

zen. »Ich habe nichts anzuziehen«, sagte die beste Ehefrau von allen.
Sie sagt das bei jeder Gelegenheit, gleichgültig wann und zu welchem Zweck wir das Haus verlassen. Dabei kann sie die Türe ihres Kleiderschranks kaum noch ins Schloß pressen, denn er birst vor lauter Garderobe. Daß Bemerkungen wie die oben zitierte dennoch zum Wortschatz ihres Alltags gehören, hat einen anderen Grund: sie will mir zu verstehen geben, daß ich meinen Unterhaltspflichten nicht genüge, daß ich zuwenig Geld verdiene, daß ich minderwertig sei. Ich meinerseits, das gebe ich gerne zu, verstehe nichts von Frauenkleidern. Ich finde sie entsetzlich, alle ohne Ausnahme. Dessenungeachtet schiebt meine Frau die Entscheidung, was sie heute anziehen soll, jedesmal auf mich ab.
»Ich könnte das glatte Schwarze nehmen«, erwog sie jetzt. »Oder das hochgeschlossene Blaue.«
»Ja«, sagte ich.
»Was: ja? Also welches?«
»Das Hochgeschlossene.«
»Paßt zu keiner Silvesterparty. Und das Schwarze ist zu feierlich. Wie wär's mit der weißen Seidenbluse?«
»Klingt nicht schlecht.«
»Aber wirkt eine Bluse nicht zu sportlich?«
»Eine Bluse sportlich? Keine Spur!«
Eilig sprang ich herzu, um ihr beim Zuziehen des Reißverschlusses behilflich zu sein und einer neuerlichen Meinungsänderung vorzubeugen. Während sie nach passenden Strümpfen Ausschau hielt, zog ich mich ins Badezimmer zurück und rasierte mich.
Es scheint ein elementares Gesetz zu sein, daß passende Strümpfe niemals paarweise auftreten, sondern immer

in Unikaten. So auch hier. Von den Strümpfen, die zur Bluse gepaßt hätten, war nur ein einziger vorhanden, und zu den Strümpfen, von denen ein Paar vorhanden war, paßte die Bluse nicht. Folglich mußte auf die Bluse verzichtet werden. Die Suche unter den alten Fetzen begann von vorne.
»Es ist zehn Uhr vorbei«, wagte ich zu bemerken. »Wir kommen zu spät.«
»Wenn schon. Dann versäumst du eben ein paar von den abgestandenen Witzen, die dein Freund Stockler immer erzählt.«
Ich stand fix und fertig da, aber meine Frau hatte die Frage »Perlmutter oder Silber« noch nicht entschieden. Von beiden Strumpfgattungen gab es je ein komplettes Paar, und das erschwerte die Entscheidung. Vermutlich würde sie bis elf Uhr nicht gefallen sein.
Ich ließ mich in einen Fauteuil nieder und begann die Tageszeitungen zu lesen. Meine Frau suchte unterdessen nach einem zu den Silberstrümpfen passenden Gürtel. Den fand sie zwar, fand aber keine Handtasche, die mit dem Gürtel harmonierte.
Ich übersiedelte an den Schreibtisch, um ein paar Briefe und eine Kurzgeschichte zu schreiben. Auch für einen längeren Essay schwebte mir bereits ein Thema vor.
»Fertig!« ertönte von nebenan die Stimme meiner Frau. »Bitte hilf mir mit dem Reißverschluß!«
Manchmal frage ich mich, was die Frauen täten, wenn sie keine Männer als Reißverschlußhelfer hätten. Wahrscheinlich würden sie dann nicht auf Silvesterpartys gehen. Meine Frau hatte einen Mann als Reißverschlußhelfer und ging trotzdem nicht. Sie setzte sich vor den Spiegel, schmückte sich mit einem schicken Nylonfrisier-

umhang und begann an ihrem Make-up zu arbeiten. Erst kommt die flüssige Teintgrundlage, dann Puder. Die Augen sind noch unberührt von Wimperntusche. Die Augen schweifen umher und hoffen auf Schuhe zu stoßen, die zur Handtasche passen würden. Das eine Paar in Beige ist leider beim Schuster, die schwarzen mit den hohen Absätzen sind wunderschön, aber nicht zum Gehen geeignet, die mit den niedrigen Absätzen sind zum Gehen geeignet, aber sie haben niedrige Absätze.
»Es ist elf!« sagte ich und stand auf. »Wenn du noch nicht fertig bist, gehe ich allein.«
»Schon gut, schon gut! Warum die plötzliche Eile?«
Ich bleibe stehen und sehe, wie meine Frau den Nylonumhang ablegt, weil sie sich nun doch für das schwarze Cocktailkleid entschieden hat. Aber wo sind die dazugehörenden Strümpfe?
Um halb zwölf greife ich zu einer List. Ich gehe mit weithin hörbaren Schritten zur Wohnungstüre, lasse einen wütenden Abschiedsgruß erschallen, öffne die Türe und schlage sie krachend zu, ohne jedoch die Wohnung zu verlassen. Dann drücke ich mich mit angehaltenem Atem an die Wand und warte.
Nichts geschieht. Es herrscht Stille.
Eben. Jetzt hat sie den Ernst der Lage erkannt und beeilt sich. Ich habe sie zur Räson gebracht. Ein Mann muß gelegentlich auch seine Souveränität hervorkehren können.
Fünf Minuten sind vergangen. Eigentlich ist es nicht der Sinn der Silvesternacht, daß man sich in einem dunklen Vorzimmer reglos an die Wand preßt.
»Ephraim! Komm und zieh mir den Reißverschluß zu!«

Nun, wenigstens hat sie sich jetzt endgültig für die Seidenbluse entschieden (am schwarzen Kleid war eine Naht geplatzt). Sie ist auch schon im Begriff, die Strümpfe zu wechseln. Perlmutter oder Silber.
»So hilf mir doch ein bißchen, Ephraim! Was würdest du mir raten?«
»Daß wir zu Hause bleiben und schlafen gehen«, sagte ich, entledigte mich meines Smokings und legte mich ins Bett.
»Mach dich nicht lächerlich. In spätestens zehn Minuten bin ich fertig...«
»Es ist zwölf Uhr. Das neue Jahr hat begonnen. Mit Orgelton und Glockenschlag. Gute Nacht.« Ich drehe die Bettlampe ab und schlafe ein. Das letzte, was ich im alten Jahr noch gesehen habe, war meine Frau, die sich vor dem Spiegel die Wimpern tuschte, den Nylonumhang umgehängt. Ich haßte diesen Umhang, wie noch kein Umhang je gehaßt wurde. Der Gedanke an ihn verfolgte mich bis in den Schlaf. Mir träumte, ich sei der selige Charles Laughton, und zwar in der Rolle König Heinrichs VIII. – Sie erinnern sich, sechs Frauen hat er köpfen lassen. Eine nach der anderen wurde unter dem Jubel der Menge zum Schafott geführt, eine nach der anderen bat um die letzte Gunst, sich noch einmal im Nylonumhang zurechtmachen zu dürfen...
Nach einem tiefen, wohltätigen Schlummer erwachte ich im nächsten Jahr. Die beste Ehefrau von allen saß in einem blauen, hochgeschlossenen Kleid vor dem Spiegel und pinselte sich die Augenlider schwarz. Eine große innere Schwäche kam über mich.
»Ist dir klar, mein Junge«, hörte ich mein Unterbewußtsein wispern, »daß du eine Irre zur Frau hast?«

Ich sah nach der Uhr. Es ging auf halb zwei. Mein Unterbewußtsein hatte recht: ich war mit einer Wahnsinnigen verheiratet. Schon zweifelte ich an meiner eigenen Zurechnungsfähigkeit. Mir war zumute wie den Verdammten in Sartres »Bei geschlossenen Türen«. Ich war zur Hölle verdammt, ich war in einen kleinen Raum gesperrt, mit einer Frau, die sich ankleidete und auskleidete und ankleidete und auskleidete für immer und ewig...

Ich fürchte mich vor ihr. Jawohl, ich fürchte mich. Eben jetzt hat sie begonnen, eine Unzahl von Gegenständen aus der großen schwarzen Handtasche in die kleine schwarze Handtasche zu tun und wieder in die große zurück. Sie ist beinahe angekleidet, auch ihre Frisur steht beinahe fest, es fragt sich nur noch, ob die Stirne frei bleiben soll oder nicht. Die Entscheidung fällt zugunsten einiger Haarsträhnen, die über die Stirn verteilt werden. So schwinden nach längerer Betrachtung die letzten Zweifel, daß eine freie Stirne doch besser wirkt.

»Ich bin fertig, Ephraim! Wir können gehen.«

»Hat das denn jetzt überhaupt noch einen Sinn, Liebling? Um zwei Uhr früh?«

»Mach dir keine Sorgen. Es werden noch genug von diesen ungenießbaren kleinen Zahnstocherwürstchen übrig sein...« Sie ist mir offenbar ein wenig böse, die beste Ehefrau von allen, sie nimmt mir meine hemmungslose Ungeduld und mein brutales Drängen übel. Aber das hindert sie nicht an der nunmehr definitiven Vollendung ihres Make-up. Sie hat sogar den kleinen, schicken Nylonumhang schon abgestreift. Er liegt hinter ihr auf dem Fußboden. Leise, mit unendlicher Behutsamkeit, manövriere ich mich an ihn heran...

Ich habe den Nylonumhang eigenhändig verbrannt. In der Küche. Ich hielt ihn ins Abwaschbecken und zündete ihn an und beobachtete die Flammen, die ihn langsam auffraßen. So ähnlich muß Nero sich gefühlt haben, als er Rom brennen sah.

Als ich ins Zimmer meiner Frau zurückkam, war sie tatsächlich so gut wie fertig. Ich half ihr mit dem Reißverschluß ihres schwarzen Cocktailkleides, wünschte ihr viel Erfolg bei der Strumpfsuche, ging in mein Arbeitszimmer und setzte mich an den Schreibtisch.

»Warum gehst du weg?« rief schon nach wenigen Minuten meine Frau. »Gerade jetzt, wo ich beinahe fertig bin? Was treibst du denn?«

»Ich schreibe ein Theaterstück.«

»Mach schnell! Wir gehen gleich!«

»Ich weiß.«

Die Arbeit ging zügig vonstatten. In breiten Strichen umriß ich die Hauptfigur – es müßte ein bedeutender Künstler sein, vielleicht ein Maler oder ein Klaviervirtuose – oder ein satirischer Schriftsteller – er hat voll Tatendrang und Lebenslust seine Laufbahn begonnen – die aber nach einiger Zeit hoffnungslos versickert und versandet, er weiß nicht, warum. Endlich kommt er drauf: seine Frau bremst und lähmt ihn, hemmt seine Bewegungsfreiheit, hält ihn immer wieder zurück, wenn er etwas vorhat. Er kann's nicht länger ertragen. Er wird sich aus ihren Fesseln befreien. In einer langen, schlaflosen Nacht beschließt er, sie zu verlassen. Schon ist er auf dem Weg zur Türe –

Da sieht er sie im Badezimmer vor dem Spiegel stehen, wo sie gerade ihr Gesicht säubert. Die Farbe ihres Lidschattens hat ihr mißfallen, und sie will einen neuen

auflegen. Dazu muß man das ganze Make-up ändern, mit allem, was dazugehört, abschmieren, Öl wechseln, Batterie nachschauen, alles.
Nein, ein solches Leben hat keinen Sinn. Hoffentlich ist der Strick, den ich neulich in der Gerätekammer liegen sah, noch dort. Und hoffentlich hält er...
Irgendwie muß meine Frau gespürt haben, daß ich bereits auf dem Stuhl unterm Fensterkreuz stand.
»Ephraim!« rief sie. »Laß den Unsinn und mach mir den Reißverschluß zu! Was ist denn jetzt schon wieder los?«
Ach nichts. Gar nichts ist los. Es ist halb drei am Morgen, und meine Frau steht im Badezimmer vor dem Spiegel und sprüht mit dem Zerstäuber Parfüm auf ihr Haar, während ihre andere Hand nach den Handschuhen tastet, die seltsamerweise im Badezimmer liegen. Und seltsamerweise beendet sie beide Operationen erfolgreich, die Parfümzerstäubung und die Handschuhsuche.
Es ist soweit. Kaum zu fassen, aber es ist soweit.
Ein leiser, schwacher Hoffnungsstrahl schimmert durch das Dunkel. So war's also doch der Mühe wert, geduldig auszuharren. In einer kleinen Weile werden wir wirklich weggehen, zu Tibi, zur Silvesterparty, es ist zwar schon drei Uhr früh, aber ein paar Leute werden bestimmt noch dort sein und noch in guter Stimmung, genau wie meine kleine Frau, sie funkelt von Energie und Unternehmungslust, sie tut die Gegenstände aus der großen schwarzen Handtasche in die kleine weiße, sie wirft einen letzten Blick in den Spiegel, und ich stehe hinter ihr, und sie wendet sich scharf zu mir um und sagt:

»Warum hast du dich nicht rasiert?!«
»Ich habe mich rasiert, Liebling. Vor langer, langer Zeit. Als du begannst, Toilette zu machen. Da habe ich mich rasiert. Aber wenn du meinst...«
Ich ging ins Badezimmer. Aus dem Spiegel starrte mir das zerfurchte Gesicht eines jäh gealterten, von Schicksalsschlägen heimgesuchten Melancholikers entgegen, das Gesicht eines verheirateten Mannes, dessen Gattin im Nebenzimmer steht und von einem Fuß auf den andern steigt, bis sie sich nicht mehr beherrschen kann und ihre mahnende Stimme an sein Ohr dringt:
»So komm doch endlich! Immer muß man auf dich warten!«

Der regsame Geist der Juden, den man weniger wohlwollend auch als »überdreht« oder »rabulistisch« bezeichnet, hat der Menschheit schon viele brillante Erfindungen geschenkt. Hier folgen einige weitere. Und vielleicht ist »überdreht« doch das richtige Wort? Oder vielleicht sind wir nur übernächtigt und sollten schlafen gehen?

Praktische Winke für den Alltag

Jossele und ich saßen im Café California und starrten trübe in unsere Mokkatassen. Es war spät in der Nacht oder früh am Morgen, ganz wie man's nimmt. Jossele schob mißmutig die Tasse von sich.
»Warum«, fragte er, »warum erfindet man nicht endlich Kaffeetassen für Linkshänder? Mit dem Griff an der linken Seite der Tasse? Das wäre doch ganz einfach.«
»Du weißt, wie die Menschen sind«, erinnerte ich ihn. »Gerade das Einfache interessiert sie nicht.«
»Seit fünftausend Jahren machen sie die gleichen langweiligen Trinkgefäße. Ob es ihnen jemals eingefallen wäre, den Griff innen anzubringen, damit das glatt gerundete Äußere nicht verunstaltet wird?«
»Niemals wäre ihnen das eingefallen. Niemals.«
»Immer nur die sture Routine.« Jossele hob die konventionell geformte Tasse widerwillig an die Lippen und nahm einen Schluck. »Keine Beziehung zu den Details, kein Gefühl für Nuancen. Denk nur an die Nähnadeln! Pro Stunde stechen sich auf der Welt mindestens hunderttausend Menschen in den Finger. Wenn

die Fabrikanten sich entschließen könnten, Nadeln mit Ösen an beiden Enden zu erzeugen, würde viel weniger Blut fließen.«
»Richtig. Sie haben eben keine Phantasie. Darin stehen sie den Kammfabrikanten um nichts nach. Die erzeugen ja auch keine zahnlosen Kämme für Glatzköpfige.«
»Laß den Unsinn. Manchmal bist du wirklich kindisch!«
Ich verstummte. Wenn man mich kränkt, dann verstumme ich.
Jossele fuhr fort, mich zurechtzuweisen:
»Du hast nichts als dummes Zeug im Kopf, während ich über ernste, praktische Dinge spreche. Zum Beispiel, weil wir schon bei Kämmen sind: Haarschuppen aus Plastik. In handlichen Cellophansäckchen. Selbst der Ungeschickteste kann sie sich über den Kopf streuen.«
»Sie werden *nie* wie die echten aussehen«, sagte ich bockig.
»Ich garantiere dir, daß man nicht einmal durchs Vergrößerungsglas einen Unterschied merkt. Wir leben in einer Zeit, in der neues Material neuen Zwecken dienstbar gemacht wird. Hüte aus Glas zum Beispiel.«
»Wozu soll ein Hut aus Glas gut sein?«
»Wenn man ihn fallen läßt, braucht man sich nicht nach ihm zu bücken.«
Das klang logisch. Ich mußte zugeben, daß die Menschheit Fortschritte macht.
»Und was«, fragte ich, »hieltest du von einem Geschirrschrank, der auch oben vier Füße hat?«
Jossele sah mich überrascht an. Das hatte er mir nicht zugetraut.
»Ich verstehe«, nickte er anerkennend. »Wenn der Schrank oben staubig wird, dreht man ihn einfach um.

Überhaupt gibt es im Haushalt noch viel zu verbessern. Was mir zum Beispiel schon seit Jahren fehlt, sind runde Taschentücher!«
»Die man nicht falten muß?«
»Eben. Nur zusammenknüllen.«
»Auch ich denke über Neuerungen an Kleidungsstücken nach. Und vor kurzem ist mir etwas eingefallen, wofür ich sofort das Patent angemeldet habe.«
»Nun?«
»Es ist eine Art elektronisches Miniaturinstrument für den eleganten Herrn. Ein Verkehrslicht mit besonderer Berücksichtigung der Hose. Wenn ein Toilettefehler entsteht, blinkt ein rotes Licht auf, das zur Sicherheit von einem leisen Summton begleitet wird.«
»Zu kompliziert.« Jossele schüttelte den Kopf. »Deshalb konnte ich ja auch der Kuckucksfalle nichts abgewinnen. Du erinnerst dich: man wollte sie an den Kuckucksuhren anbringen, oberhalb der Klappe, aus der alle Stunden der Kuckuck herauskommt. Und im gleichen Augenblick, in dem er seinen idiotischen Kuckucksruf ausstoßen will, fällt ihm von oben ein Hammer auf den Kopf. Zu kompliziert.«
»Dir würde wohl die Erfindung des berühmten Agronomen Mitschurin besser zusagen?«
»Die wäre?«
»Eine Kreuzung von Wassermelonen mit Fliegen.«
»Damit sich die Kerne von selbst entfernen, ich weiß. Ein alter Witz. Wenn schon kreuzen, dann Maiskolben mit Schreibmaschinen. Sobald man eine Kornreihe zu Ende genagt hat, ertönt ein Klingelsignal, der Kolben rutscht automatisch zurück, und man kann die nächste Reihe anknabbern.«

»Nicht schlecht.«
»Jedenfalls zweckmäßig und bequem. Das ist das Wichtigste. In Amerika wurde eine landwirtschaftliche Maschine erfunden, die allerdings noch verbessert werden muß, weil sie zuviel Raum einnimmt. Sie pflanzt Kartoffeln, bewässert sie, erntet sie ab, wäscht sie, kocht sie und ißt sie auf.«
»Ja, ja. Der Mensch wird allmählich überflüssig. Angeblich gibt es in Japan bereits einen Computer, mit dem man Schach spielen kann.«
»Dann würde ich mir gleich zwei kaufen«, sagte Jossele. »Die können miteinander spielen, und ich gehe ins Kino.«
»Gut«, sagte ich. »Gehen wir.«

Die Herrschaft des Kindes in der israelischen Familie ist, anderslautenden Gerüchten zum Trotz, keine absolute. Absolut herrscht der Babysitter, dessen Maßnahmen und Entscheidungen inappellabel sind. Dem Parlament liegt seit einiger Zeit ein Gesetzentwurf vor, der die sozialen Rechte der Eltern sichern soll. Bis zur Annahme dieses Gesetzes kann der Babysitter die Eltern fristlos und ohne Abfertigung entlassen, wenn sie sich des geringsten disziplinarischen Vergehens schuldig machen.

Babysitting und was man dafür tun muss

Frau Regine Popper muß nicht erst vorgestellt werden. Sie gilt allgemein als bester Babysitter der Nation und hat wiederholt mit weitem Vorsprung die Staatsligameisterschaft gewonnen. Sie ist pünktlich, tüchtig, zuverlässig, loyal und leise – kurzum, eine Zauberkünstlerin im Reich der Windeln. Noch nie hat unser Baby Amir sich über sie beklagt. Frau Popper ist eine Perle.
Ihr einziger Nachteil besteht darin, daß sie in Tel Giborim wohnt, von wo es keine direkte Verbindung zu unserem Haus gibt. Infolgedessen muß sie sich der Institution des Pendelverkehrs bedienen, wie er hierzulande von den Autotaxis betrieben wird und jeweils vier bis fünf Personen befördert. Diese Institution heißt hebräisch »Scherut«. Mit diesem Scherut gelangt Frau Popper bis zur Autobuszentrale, und dort muß sie auf einen andern Scherut warten, und manchmal gibt es keinen Scherut, und dann muß sie ihre nicht unbeträcht-

liche Leibesfülle in einen zum Platzen vollgestopften Bus zwängen, und bei solchen Gelegenheiten kommt sie in völlig desolatem und zerrüttetem Zustand bei uns an, und ihre Blicke sind ein einziger stummer Vorwurf und sagen:
»Schon wieder kein Scherut.«
Allabendlich gegen acht beginnen wir um einen Scherut für Frau Popper zu beten. Manchmal hilft es, manchmal nicht. Das macht uns immer wieder große Sorgen für die Zukunft, denn Frau Popper ist unersetzlich. Schade nur, daß sie in Tel Giborim wohnt. Ohne Telefon.
Was soll diese lange Einleitung? Sie soll zu jenem Abend überleiten, an dem wir das Haus um halb neun verlassen wollten, um ins Kino zu gehen. Bis dahin hatte ich noch ein paar wichtige Briefe zu schreiben. Leider floß mein Stil – möglicherweise infolge der lähmenden Hitze – an jenem Abend nicht so glatt wie sonst, und ich war, als Punkt halb neun die perfekte Perle Popper erschien, noch nicht ganz fertig. Ihre Blicke offenbarten sofort, daß es wieder einmal keinen Scherut gegeben hatte.
»Ich bin gelaufen«, keuchte sie. »Was heißt gelaufen? Gerannt bin ich. Zu Fuß. Wie eine Verrückte.«
In solchen Fällen gibt es nur eines: man muß sofort aus dem Haus, um Frau Poppers Marathonlauf zu rechtfertigen. Andernfalls hätte sie sich ja ganz umsonst angestrengt.
Aber ich wollte unbedingt noch mit meinen wichtigen Briefen fertig werden, bevor wir ins Kino gingen.
Schon nach wenigen Minuten öffnete sich die Türe meines Arbeitszimmers:

»Sie sind noch hier?«
»Nicht mehr lange...«
»Unglaublich. Ich renne mir die Seele aus dem Leib – und Sie sitzen gemütlich hier und haben Zeit!«
»Er wird gleich fertig sein.« Die beste Ehefrau von allen stellte sich schützend vor mich.
»Warum lassen Sie mich überhaupt kommen, wenn Sie sowieso zu Hause bleiben?«
»Wir bleiben nicht zu Hause. Aber wir würden Sie selbstverständlich auch bezahlen, wenn –«
»Das ist eine vollkommen überflüssige Bemerkung!« Frau Regine Popper richtete sich zu majestätischer Größe auf. »Für nicht geleistete Arbeit nehme ich kein Geld. Nächstens überlegen Sie sich bitte, ob Sie mich brauchen oder nicht.«
Um weiteren Auseinandersetzungen vorzubeugen, ergriff ich die Schreibmaschine und verließ eilends das Haus, ebenso eilends gefolgt von meiner Frau. In der kleinen Konditorei gegenüber schrieb ich die Briefe fertig. Das Klappern der Schreibmaschine erregte anfangs einiges Aufsehen, aber dann gewöhnten sich die Leute daran. Ins Kino kamen wir an diesem Abend nicht mehr. Meine Frau – nicht nur die beste Ehefrau von allen, sondern auch von bemerkenswertem realpolitischem Flair – schlug vor, das noch verbleibende Zeitminimum von drei Stunden mit einem Spaziergang auszufüllen. Bei Nacht ist Tel Aviv eine sehr schöne Stadt. Besonders der Strand, die nördlichen Villenviertel, das alte Jaffa und die Ebene von Abu Kabir bieten lohnende Panoramen.
Kurz vor Mitternacht waren wir wieder zu Hause, müde, zerschlagen, mit Wasserblasen an den Füßen.

»Wann«, fragte Frau Regine Popper, während wir ihr den fälligen Betrag von 5,75 Pfund aushändigten, »wann brauchen Sie mich wieder?«
Eine rasche, klare Entscheidung, wie sie dem Manne ansteht, war dringend geboten. Andererseits durfte nichts Unbedachtes vereinbart werden, denn da Frau Popper kein Telefon besitzt, läßt sich eine einmal getroffene Vereinbarung nicht mehr rückgängig machen.
»Übermorgen?« fragte Frau Popper. »Um acht?«
»Übermorgen ist Mittwoch«, murmelte ich. »Ja, das paßt uns sehr gut. Vielleicht gehen wir ins Kino...«
Der Mensch denkt, und Gott ist dagegen. Mittwoch um sieben Uhr abend begann mein Rücken zu schmerzen. Ein plötzlicher Schweißausbruch warf mich aufs Lager. Kein Zweifel: ich fieberte. Die beste Ehefrau von allen beugte sich besorgt über mich:
»Steh auf«, sagte sie und schnippte ungeduldig mit den Fingern. »Die Popper kann jeden Moment hier sein.«
»Ich kann nicht. Ich bin krank.«
»Sei nicht so wehleidig, ich bitte dich. Oder willst du riskieren, daß sie uns noch zu Hause trifft und fragt, warum wir sie für nichts und wieder nichts den weiten Weg aus Tel Giborim machen lassen? Komm. Steh auf.«
»Mir ist schlecht.«
»Mir auch. Nimm ein Aspirin und komm!«
Die Schweizer Präzisionsmaschine, die sich unter dem Namen Popper in Israel niedergelassen hat, erschien pünktlich um acht, schwer atmend.
»Schalom«, zischte sie. »Schon wieder kein...«
In panischer Hast kleidete ich mich an. Wäre sie mit

einem Scherut gekommen, dann hätte man sie vielleicht umstimmen können. So aber, nach einer langen Fahrt im qualvoll heißen Autobus und einem vermutlich noch längeren Fußmarsch, erstickte ihre bloße Erscheinung jeden Widerstand im Keim. Wir verließen das Haus, so schnell mich meine vom Fieber geschwächten Beine trugen. Draußen mußte ich mich sofort an eine Mauer lehnen. Kaum hatte ich den Schwindelanfall überwunden, packte mich ein Schüttelfrost. An den geplanten Kinobesuch war nicht zu denken. Mit Mühe schleppte ich mich am Arm meiner Frau zu unserem Wagen und kroch hinein, um mich ein wenig auszustrecken. Ich bin von eher hohem Wuchs, und unser Wagen ist eher klein.
»O Herr!« stöhnte ich. »Warum, o Herr, muß ich mich hier zusammenkrümmen, statt zu Hause im Bett zu liegen?« Aber der Herr gab keine Antwort.
Mein Zustand verschlimmerte sich von Viertelstunde zu Viertelstunde. Ich glaubte, in dem engen, vom langen Parken in der Sonne noch glühendheißen Wagen ersticken zu müssen. Auch die einbrechende Dunkelheit brachte mir keine Linderung.
»Laß mich heimgehen, Weib«, flüsterte ich.
»Jetzt?« Unheilverkündend klang die Stimme der besten Ehefrau von allen durch das Dunkel. »Nach knappen eineinhalb Stunden? Glaubst du, Regine Popper kommt wegen eineinhalb Stunden eigens aus Tel Giborim?«
»Ich glaube gar nichts. Ich will nicht sterben für Regine Popper. Ich bin noch jung, und das Leben ist schön. Ich will leben. Ich gehe nach Hause.«
»Warte noch zwanzig Minuten. Oder wenigstens dreißig.«

»Nein. Nicht einmal eine halbe Stunde. Ich bin am Ende. Ich gehe.«
»Weißt du was?« Knapp vor dem Haustor fing sie mich ab. »Wir schlüpfen heimlich ins Haus, so daß sie uns nicht hört, setzen uns still ins Schlafzimmer und warten...«
Das klang halbwegs vernünftig. Ich stimmte zu. Behutsam öffneten wir die Haustüre und schlichen uns ein. Aus meinem Arbeitszimmer drang ein Lichtstrahl. Dort also hatte Frau Popper sich eingenistet. Interessant. Wir setzten unseren Weg auf Zehenspitzen fort, wobei uns die Kenntnis des Terrains sehr zustatten kam. Aber kurz vor dem Ziel verriet uns ein Knarren der Holzdiele.
»Wer ist da?« röhrte es aus dem Arbeitszimmer.
»Wir sind's!« Rasch knipste meine Frau das Licht an und schob mich durch die Türe. »Ephraim hat das Geschenk vergessen.«
Welches Geschenk? Wie kam sie darauf? Was meinte sie damit? Aber da war, mit einem giftigen Seitenblick nach mir, die beste Ehefrau von allen schon an das nächste Bücherregal herangetreten und entnahm ihm die »Geschichte des englischen Theaters seit Shakespeare«, einen schweren Band im Lexikonformat, den sie mir sofort in die zittrigen Arme legte. Dann, nachdem wir uns bei Frau Popper für die Störung entschuldigt hatten, gingen wir wieder.
Draußen brach ich endgültig zusammen. Von meiner Stirne rann in unregelmäßigen Bächen der Schweiß, und vor meinen Augen sah ich zum erstenmal im Leben kleine rote Punkte flimmern. Bisher hatte ich das immer für ein billiges Klischee gehalten, aber es gibt sie wirk-

lich, die kleinen roten Punkte. Und sie flimmern wirklich vor den Augen. Besonders wenn man unter einem Haustor sitzt und weint.
Die beste Ehefrau von allen legte mir ihre kühlenden Hände auf die Schläfen:
»Es gab keine andere Möglichkeit. Wie fühlst du dich?«
»Wenn Gott mich diese Nacht überleben läßt«, sagte ich, »dann übersiedeln wir nach Tel Giborim. Am besten gleich in das Haus, wo Frau Regine Popper wohnt.«
Eine halbe Stunde später war ich so weit zu Kräften gekommen, daß wir einen zweiten Versuch wagen konnten. Diesmal ging alles gut. Wir hatten ja schon Übung. Lautlos fiel die Haustüre ins Schloß, ohne Knarren passierten wir den Lichtschein, der aus dem Arbeitszimmer drang, und unentdeckt gelangten wir ins Schlafzimmer, wo wir uns angekleidet hinstreckten; es standen uns noch drei Stunden bevor.
Über die anschließende Lücke in meiner Erinnerung kann ich naturgemäß nichts aussagen.
»Ephraim!« Wie aus weiter Ferne klang mir die Stimme meiner Frau ans Ohr. »Es ist halb sechs! Ephraim! Halb sechs!« Jetzt erst merkte ich, daß sie unablässig an meinen Schultern rüttelte.
Ich blinzelte ins Licht des jungen Tages. Schon lange, schon sehr lange hatte kein Schlaf mich so erquickt. Rein strategisch betrachtet, waren wir allerdings übel dran. Wie sollten wir Frau Popper aus ihrer befestigten Stellung herauslocken?
»Warte«, sagte die beste Ehefrau von allen und verschwand.

Aus Amirs Zimmer wurde plötzlich die gellende Stimme eines mit Hochfrequenz heulenden Kleinkindes hörbar. Kurz darauf kehrte meine Frau zurück.
»Hast du ihn gezwickt?« fragte ich.
Sie bejahte von der halboffenen Türe her, durch die wir jetzt Frau Poppers füllige Gestalt in Richtung Amir vorübersprinten sahen.
Das gab uns Zeit, das Haus zu verlassen und es mit einem lauten, fröhlichen »Guten Morgen!« sogleich wieder zu betreten.
»Eine feine Stunde, nach Hause zu kommen!« bemerkte tadelnd Frau Regine Popper und wiegte auf fleischigen Armen den langsam ruhiger werdenden Amir in den Schlaf. »Wo waren Sie so lange?«
»Bei einer Orgie.«
»Ach Gott, die heutige Jugend...«
Frau Regine Popper schüttelte den Kopf, brachte den nun wieder friedlich schlummernden Amir in sein Bettchen zurück, bezog ihre Gage und trat in den kühlen Morgen hinaus, um nach einem Scherut Ausschau zu halten.

> Für das Motto dieser Geschichte hat bereits die vorangegangene gesorgt. Frau Regine Popper liebt es, Kindermärchen als Einschläferungsmittel zu verwenden. Und wir unternehmen nichts dagegen. Die Kleinen sollen nur rechtzeitig merken, daß das Leben kein Honiglecken ist.

SCHRECKENSROTKÄPPCHEN

Zeit: 9 Uhr abends. Die Eltern sind im Kino. Rafi, fünf Jahre alt, ist in der Obhut der unvergleichlichen Regine Popper zurückgeblieben. Sein kleiner Bruder Amir schläft im Nebenzimmer, Rafi selbst liegt mit offenen Augen im Bettchen und kann nicht einschlafen. Die Straßenbeleuchtung wirft unheimliche Licht- und Schattengebilde in die Ecken des Zimmers. Draußen stürmt es. Der Wüstenwind trägt ab und zu das Geheul von Schakalen heran. Manchmal wird auch der klagende Ruf eines Uhus hörbar.
Frau Popper: Schlaf, Rafilein! Schlaf doch endlich!
Rafi: Will nicht.
Frau Popper: Alle braven Kinder schlafen jetzt.
Rafi: Du bist häßlich.
Frau Popper: Möchtest du etwas zum Trinken haben?
Rafi: Eiscreme.
Frau Popper: Wenn du brav einschläfst, bekommst du Eiscreme. Soll ich dir wieder so eine schöne Geschichte erzählen wie gestern?
Rafi: Nein! Nein!
Frau Popper: Es ist aber eine sehr schöne Geschichte. Die Geschichte von Rotkäppchen und dem bösen Wolf.

Rafi (wehrt sich verzweifelt): Will kein Rotkäppchen! Will keinen bösen Wolf!
Frau Popper (vereitelt seinen Fluchtversuch): So. Und jetzt sind wir hübsch ruhig und hören brav zu. Es war einmal ein kleines Mädchen, das hieß Rotkäppchen.
Rafi: Warum?
Frau Popper: Weil sie auf ihrem kleinen Köpfchen immer ein kleines rotes Käppchen trug.
Rafi: Eiscreme!
Frau Popper: Morgen. Und was tat das kleine Rotkäppchen? Es ging seine Großmutter besuchen, die mitten im Wald in einer kleinen Hütte lebte. Der Wald war fürchterlich groß, und wenn man einmal drin war, fand man nie wieder heraus. Die Bäume reichten bis in den Himmel. Es war ganz finster in diesem Wald.
Rafi: Will nicht zuhören!
Frau Popper: Jeder kleine Junge kennt die Geschichte vom Rotkäppchen. Was werden Rafis Freunde sagen, wenn sie erfahren, daß Rafi die Geschichte nicht kennt?
Rafi: Weiß nicht.
Frau Popper: Siehst du? Rotkäppchen ging durch den Wald, durch den schrecklich großen, finstern Wald. Es war ganz allein und hatte solche Angst, daß es an allen Gliedern zitterte und bebte...
Rafi: Gut, ich schlaf jetzt ein.
Frau Popper: Du darfst Tante Regine nicht unterbrechen. Das kleine Rotkäppchen ging immer weiter, ganz allein, immer weiter, ganz allein. Sein kleines Herzchen klopfte zum Zerspringen, und es bemerk-

te gar nicht, daß hinter einem Baum ein großer Schatten lauerte. Es war der Wolf.

Rafi: Welcher Wolf? Warum der Wolf? Will keinen Wolf!

Frau Popper: Es ist ja nur ein Märchen, du kleiner Dummkopf. Und der Wolf hatte *so* große Augen und *so* gelbe Zähne (sie demonstriert es) – hrr, hrr!

Rafi: Wann kommt Mami zurück?

Frau Popper: Und der große, böse Wolf lief zu der Hütte, wo die Großmutter schlief – öffnete leise die Türe – schlich bis zum Bett – und – hamm, hamm – fraß die Großmutter auf.

Rafi: stößt einen Schrei aus, springt aus dem Bett und versucht zu fliehen.

Frau Popper (in wilder Jagd rund um den Tisch): Rafi! Rafael! Geh sofort ins Bett zurück, sonst erzähl ich dir die Geschichte nicht weiter! Komm, Liebling, komm... Weißt du, was das kleine Rotkäppchen tat, als es den Wolf in Großmutters Bett liegen sah? Es fragte: »Großmutter, warum hast du so große Augen? Und warum hast du so große Ohren? Und warum hast du so schreckliche Krallen an den Händen?« Und –

Rafi (springt aufs Fensterbrett, stößt das Fenster auf): Hilfe! Hilfe!

Frau Popper (reißt ihn zurück, gibt ihm einen Klaps auf den Popo, schließt das Fenster): Und plötzlich sprang der Wolf aus dem Bett und – hamm, hamm –

Rafi: Mami, Mami!

Frau Popper: – fraß das kleine Rotkäppchen auf, mit Haut und Haar und Käppchen – hamm, hamm, hrr, hrr!

Rafi kriecht heulend unters Bett, drückt sich gegen die Wand.

Frau Popper (legt sich vor das Bett): Hrr, krr, hamm, hamm... Aber auf einmal kam der Onkel Jäger mit seinem großen Schießgewehr und – puff, bumm – schoß den bösen Wolf tot. Großmutter und Rotkäppchen aber sprangen fröhlich aus dem bösen Bauch des bösen Wolfs.

Rafi (steckt den Kopf hervor): Ist es schon aus?

Frau Popper: Noch nicht. Sie füllten den Bauch des bösen Wolfs mit großen Steinen, mit vielen, entsetzlich großen Steinen, und – plopp, plumps – warfen ihn in den Bach.

Rafi (oben auf dem Schrank): Aus?

Frau Popper: Aus, mein kleiner Liebling. Eine schöne Geschichte, nicht wahr?

Mami (soeben nach Hause gekommen, tritt ein): Rafi, komm sofort herunter! Was ist denn los, Frau Popper?

Frau Popper: Das Kind ist heute ein wenig unruhig. Ich habe ihm zur Beruhigung eine Geschichte erzählt.

Mami (indem sie Rafis schweißverklebtes Haar streichelt): Danke, Frau Popper. Was täten wir ohne Sie?

> Das nachfolgende Gespräch wurde im Interesse der israelischen Behörden aufgezeichnet und will als Bitte um verschärfte Einwanderungskontrolle verstanden sein.

Du sprechen rumänisch?

Gestern, an einem besonders staubigen Nachmittag, rief ich bei Weinreb an – in einer ganz bestimmten Angelegenheit, die hier keine Rolle spielt. Jedenfalls hatte ich die Absicht, ihm gründlich meine Meinung zu sagen.
Der Hörer wurde abgehoben.
»Hallo«, sagte eine zaghafte Frauenstimme. »Hallo.«
»Hallo«, antwortete ich. »Wer spricht?«
»Weiß nicht. Niemanden kennen.«
»Ich habe gefragt, wer spricht.«
»Hier?«
»Ja, dort.«
»Dort?«
»Auch dort. Mit wem spreche ich?«
»Weiß nicht. Niemanden kennen.«
»Sie müssen doch wissen, wer spricht!«
»Ja.«
»Also wer?«
»Ich.«
»Wer sind Sie?«
»Ja. Neues Mädchen.«
»Sie sind das neue Mädchen?«
»Ich.«
»Gut. Dann rufen Sie bitte Herrn Weinreb.«

»Herrn Weinreb. Wohin?«
»Zum Telefon. Ich warte.«
»Ja.«
»Haben Sie verstanden? Ich warte darauf, daß Sie Herrn Weinreb zum Telefon rufen!«
»Ja. Ich – rufen. Du – warten.«
Daraufhin geschah zunächst gar nichts. Dann räusperte sich etwas in der Muschel.
»Weinreb?« fragte ich hoffnungsfroh.
»Nein. Neues Mädchen.«
»Aber ich habe Sie doch gebeten, Herrn Weinreb zu rufen.«
»Du sprechen Rumänisch?«
»Nein! Rufen Sie Herrn Weinreb!!«
»Kann nicht rufen.«
»Dann holen Sie ihn!«
»Kann nicht. Weiß nicht. Kann nicht holen.«
»Warum nicht? Was ist denn los? Ist er nicht zu Hause?«
»Weiß nicht. Hallo.«
»Wann kommt er zurück?«
»Wer?«
»Weinreb! Wann er wieder nach Hause kommt! Wo ist er?«
»Weiß nicht«, schluchzte das neue Mädchen. »Ich kommen aus Rumänien. Jetzt. Niemanden kennen.«
»Hören Sie, mein Kind. Ich möchte mit Herrn Weinreb sprechen. Er ist nicht zu Hause. Gut. Sie wissen nicht, wann er zurückkommt. Auch gut. Dann sagen Sie ihm wenigstens, daß ich angerufen habe, ja?«
»Angerufen habe ja.« Abermals ertönte das Schluchzen des neuen Mädchens. »Hallo.«
»Was gibt es jetzt schon wieder?«

»Kann Weinreb nicht sagen.«
»Warum nicht?«
»Was ist das: Weinreb?«
»Was heißt das: was ist das? Kennen Sie ihn nicht?«
»Du sprechen Rumänisch? Bißchen Rumänisch?«
»Sagen Sie mir, mit wem ich verbunden bin. Mit welcher Wohnung.«
»Kostelanetz. Emanuel. Hallo.«
»Welche Nummer?«
»Dreiundsiebzig. Zweiter Stock.«
»Ich meine: welche Telefonnummer?«
»Weiß nicht.«
»Ist sie denn nicht auf dem Telefon aufgeschrieben?«
»Was?«
»Die Nummer!«
»Wo?«
»Auf dem Telefon!«
»Hier ist kein Telefon ...«

In einem Land, das erst seit relativ kurzer Zeit unabhängig ist, kann man auf der Erfolgsleiter noch mehrere Sprossen auf einmal nehmen. Das bedeutet aber nicht, daß der Mann auf der obersten Sprosse ausgewechselt werden müßte. Im Gegenteil, er bleibt oben, und er bleibt, obwohl er oben bleibt, der gute alte jüdische Kumpan, der er schon vorher war und der sich immer freuen wird, mit einem andern guten alten jüdischen Kumpan zusammenzutreffen. Die Frage ist nur: für wann hat die Personalkanzlei das Zusammentreffen festgesetzt?

Der Kuss des Veteranen

Die Festlichkeiten anläßlich des 16jährigen Bestandsjubiläums der Siedlung Sichin wurden seinerzeit vom ganzen Land mit größtem Interesse verfolgt. Sogar der damalige Ministerpräsident David Ben Gurion kündigte seinen Besuch in der ehrwürdigen Veteranensiedlung an. Nachdem diese Ankündigung offiziell bestätigt worden war, begannen in Sichin die Vorbereitungen für das historische Ereignis. Alles ging gut – bis Munik Rokotowsky sich einschaltete. Munik Rokotowsky, eines der ältesten Mitglieder der alten Siedlung, kündigte seinerseits an, daß er die Gelegenheit ausnützen würde, seinen Lebenstraum zu verwirklichen und den Ministerpräsidenten zu küssen.
»David«, so erklärte er leuchtenden Auges, »wird einen Kuß von mir bekommen, daß er vor Freude einen Luftsprung macht.«

Wie schon angedeutet, war Rokotowsky ein Siedlungsveteran. Als solcher hatte er bei den Feiern zweifellos Anspruch auf einen Platz in der vordersten Reihe der Feiernden. Die jetzt von ihm geäußerte Absicht verbreitete jedoch ein gewisses Unbehagen, und das Organisationskomitee lud ihn zu einer Besprechung ein:
»Genosse Rokotowsky – es kursieren Gerüchte, daß du den Ministerpräsidenten und Verteidigungsminister bei seinem Besuch in Sichin küssen willst. Willst du das wirklich?«
»Und wie!« bestätigte Rokotowsky. »Kaum daß ich David sehe, schmatze ich ihm einen Kuß auf die Wange!«
»Hast du schon darüber nachgedacht, Genosse Rokotowsky, ob das dem Ministerpräsidenten und Verteidigungsminister auch recht sein wird?«
»Was ist das für eine Frage?« Rokotowskys Stimme verriet hochgradiges Befremden. »Warum soll es ihm nicht recht sein? Schließlich haben wir beide vor fünfzig Jahren gemeinsam auf einer Zitrusplantage gearbeitet. Meine Baracke war die dritte links um die Ecke von der seinen. Ich sage euch, er wird außer sich sein vor Freude, wenn er mich sieht!«
Auf der nächsten Sitzung des Gemeinderats wurde die delikate Angelegenheit zur Sprache gebracht und führte zu heftigen Debatten. Ein anderer Siedlungsveteran namens Jubal warf den Mitgliedern des Rates vor, daß sie die Feierlichkeiten zur Stärkung ihrer persönlichen Machtposition mißbrauchen wollten und daß sie Nepotismus betrieben.
»Wenn Rokotowsky ihn küßt«, drohte Jubal, »dann küß ich ihn auch!«

»Genossen! Genossen!« Der Vorsitzende schlug mit beiden Fäusten so lange auf den Tisch, bis Ruhe eintrat. »Das hat keinen Zweck! Wir müssen abstimmen!« Munik Rokotowsky wurde mit einer Majorität von vier Stimmen zum offiziellen Ministerpräsidentenküsser bestellt. Um jedes Risiko auszuschließen, sandte der Gemeinderat den folgenden Brief eingeschrieben an die Kanzlei des Ministerpräsidenten:

»Werte Genossen! Wir haben die Ehre, Euch mitzuteilen, daß Munik Rokotowsky, ein Mitglied unserer Siedlung, sich mit der Absicht trägt, den Ministerpräsidenten und Verteidigungsminister anläßlich seines Besuchs bei den Feiern zum 16jährigen Bestandsjubiläum der Siedlung Sichin zu küssen. Der Gemeinderat hat diese Absicht nach kurzer Debatte gutgeheißen, machte jedoch den Genossen Rokotowsky darauf aufmerksam, daß auch die Kanzlei des Ministerpräsidenten ihre Zustimmung erteilen müßte. Wir bitten Euch deshalb, werte Genossen, um Bekanntgabe Eures Standpunktes und gegebenenfalls um die nötigen Instruktionen.
In der Hoffnung, daß die oben erwähnte Absicht eines alten Siedlungs- und Parteimitglieds auf keine Hindernisse stoßen wird, verbleiben wir,
   für den Gemeinderat der Siedlung Sichin«
        (Unterschriften)

Zwei Wochen später kam die briefliche Zustimmung der Präsidialkanzlei zu dem von Rokotowsky geplanten Kuß. »Der Ministerpräsident«, so hieß es in dem Schreiben, »kann sich zwar an einen Genossen des Namens Rokotowsky nicht oder nur sehr dunkel erinnern, möchte aber angesichts der besonderen Umstände den emotionalen Aspekten der Angelegenheit in jedem Falle Rechnung tragen.« Im weiteren Verlauf des Schreibens wurde hervorgehoben, daß der Kuß in einmaliger, kultivierter und würdiger Form zu verabfolgen sei, am besten, wenn der Ministerpräsident seinen Wagen verlassen würde, um sich in das Verwaltungsgebäude der Siedlung zu begeben. Bei dieser Gelegenheit sollte Genosse Rokotowsky aus dem Spalier der jubelnden Dorfbewohner ausbrechen und den geplanten Kuß auf die Wange des Ministerpräsidenten und Verteidigungsministers drücken, wobei er ihn auch kameradschaftlich umarmen könne; doch sollte diese Umarmung keinesfalls länger als 30 Sekunden dauern. Aus Sicherheitsgründen erbitte man ferner die Übersendung von vier Aufnahmen Rokotowskys in Paßformat sowie Ausstellungsdatum und Nummer seiner Identitätskarte.

Der Brief wurde von der Einwohnerschaft der Siedlung Sichin mit großer Befriedigung zur Kenntnis genommen, da er den bevorstehenden Feierlichkeiten einen nicht alltäglichen persönlichen Beigeschmack sicherte. Der einzig Unzufriedene war der Vater des Gedankens, Munik Rokotowsky:

»Was heißt das: dreißig Sekunden? Warum nur dreißig Sekunden? Wofür halten die mich? Und was, wenn David mich nicht losläßt und mich vor lauter Freude immer aufs neue umarmt?«

»Es sind offizielle Maßnahmen«, erklärte man ihm. »Das Arrangement beruht auf langjähriger Erfahrung und ist in jedem Detail gründlich überlegt. Die Zeiten haben sich geändert, Genosse Rokotowsky. Wir leben in einem modernen Staat, nicht mehr unter türkischer Herrschaft wie damals.«

»Gut«, antwortete Rokotowsky. »Dann eben nicht.«
»Was: eben nicht?«
»Dann werde ich David eben nicht küssen. Wir haben auf derselben Zitrusplantage gearbeitet, meine Baracke lag um die Ecke von der seinen, die dritte von links, vielleicht sogar die zweite. Wenn ich einen alten Freund nicht umarmen kann, wie ich will, dann eben nicht.«
»Nicht? Was heißt nicht? Wieso nicht?« drang es von allen Seiten auf den starrköpfigen Alten ein. »Wozu haben wir uns um die offizielle Bewilligung für dich bemüht? Wie wird das jetzt ausschauen? Der Ministerpräsident steigt aus, will geküßt werden, und niemand ist da, der ihn küßt?!«
Die Erregung der Verantwortlichen war begreiflich. Hatten sie doch der Presse gegenüber schon Andeutungen durchsickern lassen, daß es beim bevorstehenden Besuch des Ministerpräsidenten in Sichin, der »ganz bestimmte sentimentale Hintergründe« hätte, zu einer »ungewöhnlichen Wiedersehensfeier« kommen könnte... Die Blamage wäre nicht auszudenken.
»Küß ihn, Munik, küß ihn!« beschworen sie den Rebellen. »Wenn du ihn nicht küßt, dann lassen wir ihn von einem andern küssen, du wirst schon sehen.«
»Gut«, sagte Munik Rokotowsky. »Dann küßt ihn eben ein anderer.«
Es war nichts zu machen mit Rokotowsky. Er schloß sich in seine Wohnung ein, er kam auch nicht zu der ad hoc einberufenen Sondersitzung, auf der sein Fall stürmisch diskutiert wurde.
Genosse Jubal beanspruchte den frei gewordenen Jubiläumskuß für sich und machte geltend, daß er alters- und siedlungsmäßig unmittelbar auf Rokotowsky folg-

te. Der Vorsitzende wollte die Streitfrage durch den demokratischen Vorgang des Losens geschlichtet sehen. Andere Ratsmitglieder schlugen vor, einen erfahrenen Küsser von auswärts kommen zu lassen. Nach langen Debatten einigte man sich auf einen neuerlichen Brief an die Präsidialkanzlei:
»Werte Genossen! Aus technischen Gründen, die sich unserer Einflußnahme leider entziehen, müssen wir auf die für den Besuch des Ministerpräsidenten vorgesehenen Kußdienste des Genossen Rokotowsky verzichten. Da jedoch unsere fieberhaften Vorbereitungen für dieses Ereignis, dem die gesamte Bewohnerschaft unserer Siedlung freudig und erwartungsvoll entgegensieht, schon sehr weit gediehen sind, bitten wir Euch, uns bei der Wahl eines neuen Kußkandidaten behilflich zu sein. Selbstverständlich würde sich der neugewählte Kandidat streng an die von Euch schon früher erteilten Instruktionen halten...«
Wenige Tage später erschien ein offizieller Delegierter der Präsidialkanzlei, der sofort seine Sichtungs- und Siebungstätigkeit aufnahm und zunächst alle Hochgewachsenen und alle Schnurrbartträger aus der Liste der Kandidaten strich. Schließlich entschied er sich für einen freundlichen, gedrungenen, glattrasierten Mann mittleren Alters, der zufällig mit dem Sekretär der örtlichen Parteileitung identisch war. Auf einer Generalkarte der Siedlung Sichin wurde sodann der Weg, den das Auto des Ministerpräsidenten und anschließend er selbst nehmen würde, genau eingezeichnet; eine gestrichelte Linie markierte die Wegspanne, die der begeistert aus dem Spalier Ausbrechende bis zur Wange des Ministerpräsidenten zurückzulegen hätte. Sowohl der Ausbruchs-

punkt als auch der Punkt der tatsächlichen Kußszene wurden rot eingekreist.

Am Vortag der Festlichkeiten fanden mehrere Stellproben statt, um einen glatten Verlauf der Aktion zu gewährleisten. Besonders sorgfältig probte man die Intensität der Umarmung, da ja die Statur und das Alter des Ministerpräsidenten und Verteidigungsministers zu berücksichtigen waren. Das Problem der Zeitdauer wurde dadurch gelöst, daß der Küsser leise bis 29 zählen und bei 30 den Ministerpräsidenten unverzüglich loslassen sollte. Bei allen diesen Arrangements erwies sich die Hilfe des Delegierten als überaus wertvoll. Er sorgte auch für die Verteilung der Geheimpolizisten und für die richtige Placierung der Pressefotografen, damit sie zum fraglichen Zeitpunkt die Sonne im Rücken hätten.

Dank dieser sorgfältigen Planung ging die Zeremonie glatt vonstatten. Der Ministerpräsident traf mit seinem Gefolge kurz nach elf in Sichin ein, entstieg an der zuvor fixierten Stelle seinem Wagen und wurde auf dem Weg zum Verwaltungsgebäude programmgemäß von einem ihm Unbekannten geküßt und umarmt, wobei ihm auffiel, daß der Unbekannte die Umarmung mit den Worten: »Achtundzwanzig – neunundzwanzig – aus!« beendete. Der Ministerpräsident lächelte herzlich, wenn auch ein wenig verlegen, und setzte seinen Weg fort, bis er auf das kleine Mädchen mit den Blumen stieß und neuer Jubel im Spalier der Bewohner von Sichin aufbrauste...

Nur ein einziger hatte an der allgemeinen Freude kein Teil. Munik Rokotowsky stand ganz allein im Hintergrund und konnte die Tränen nicht zurückhalten, als er den Ministerpräsidenten im Tor des Verwaltungsgebäudes verschwinden sah. Vor fünfzig Jahren hatten sie zusammen in derselben Zitrusplantage gearbeitet. Das war *sein* Kuß. Der Kuß, den er niemals küssen wird.

> Komplexbeladene Psychiater behaupten, daß jedes jüdische Kind von seinen Eltern maßlos verwöhnt wird, weil es »alles haben soll, was wir nicht hatten«. Daran ist etwas Wahres. Ich, zum Beispiel, habe in meiner ganzen unglücklichen Kindheit kein einziges Mal das betörende Aroma von gestreiftem Kaugummi genossen. Infolgedessen würde ich heute, um Kaugummi für mein Kind herbeizuschaffen, bis ans Ende der Welt fahren. Ohne Kind natürlich.

Les Parents Terribles

Als wir uns erst einmal zu dieser Erholungsreise entschlossen hatten, meine Frau und ich, machten wir uns an die Ausarbeitung eines detaillierten Reiseplans. Alles klappte, nur ein einziges Problem blieb offen: was werden die Kinder sagen? Nun, Rafi ist schon ein großer Junge, mit dem man vernünftig reden kann. Er begreift, daß Mami und Papi vom König der Schweiz eingeladen wurden und daß man einem König nicht nein sagen darf, sonst wird er wütend. Das wäre also in Ordnung. Aber was machen wir mit Amir? Amir zählt knapp zweieinhalb Jahre, und in diesem Alter ist das Kleinkind bekanntlich am heftigsten an seine Eltern attachiert. Wir wissen von Fällen, in denen verantwortungslose Eltern ihr Kind für zwei Wochen allein ließen – und das arme Wurm trug eine Unzahl von Komplexen davon, die schließlich zu seinem völligen Versagen im Geographieunterricht führten. Ein kleines Mäd-

chen in Natanja soll auf diese Art sogar zur Linkshänderin geworden sein.
Ich besprach das Problem beim Mittagessen mit meiner Frau, der besten Ehefrau von allen. Aber als wir die ersten französischen Vokabeln wechselten, legte sich über das Antlitz unseres jüngsten Sohnes ein Ausdruck unbeschreiblicher, herzzerreißender Trauer. Aus großen Augen sah er uns an und fragte mit schwacher Stimme: »Walum? Walum?«
Das Kind hatte etwas gemerkt, kein Zweifel. Das Kind war aus dem inneren Gleichgewicht geraten. Er hängt sehr an uns, der kleine Amir, ja, das tut er.
Ein kurzer Austausch stummer Blicke genügte meiner Frau und mir, um uns den Plan einer Auslandsreise sofort aufgeben zu lassen. Es gibt eine Menge Ausland, aber es gibt nur einen Amir. Wir fahren nicht, und damit gut. Wozu auch? Wie könnte uns Paris gefallen, wenn wir ununterbrochen daran denken müßten, daß Amir inzwischen zu Hause sitzt und mit der linken Hand zu schreiben beginnt? Man hält sich Kinder nicht zum Vergnügen, wie Blumen oder Zebras. Kinder zu haben ist eine Berufung, eine heilige Pflicht, ein Lebensinhalt. Wenn man seinen Kindern keine Opfer bringen kann, dann läßt man besser alles bleiben und geht auf eine Erholungsreise.
Das war genau unser Fall. Wir hatten uns sehr auf diese Erholungsreise gefreut, wir brauchten sie, physisch und geistig, und es wäre uns sehr schwer gefallen, auf sie zu verzichten. Wir wollten ins Ausland fahren.
Aber was tun wir mit Amir, dem traurigen, dem großäugigen Amir?
Wir berieten uns mit Frau Golda Arje, unserer Nach-

barin. Ihr Mann ist Verkehrspilot, und sie bekommt zweimal im Jahr Freiflugtickets. Wenn wir sie richtig verstanden haben, bringt sie ihren Kindern die Nachricht jeweils stufenweise bei, beschreibt ihnen die Schönheiten der Länder, die sie überfliegen wird, und kommt mit vielen Fotos nach Hause. So nimmt das Kind an der Freude der Eltern teil, ja es hat beinahe das Gefühl, die Reise miterlebt zu haben. Ein klein wenig Behutsamkeit und Verständnis, mehr braucht's nicht. Noch vor hundert Jahren wären Frau Golda Arjes Kinder, wenn man ihnen gesagt hätte, daß ihre Mutti nach Amerika geflogen ist, in hysterische Krämpfe verfallen oder wären Taschendiebe geworden. Heute, dank der Psychoanalyse und dem internationalen Flugverkehr, finden sie sich mühelos mit dem Unvermeidlichen ab.

Wir setzten uns mit Amir zusammen. Wir wollten offen mit ihm reden, von Mann zu Mann.

»Weißt du, Amirlein«, begann meine Frau, »es gibt so hohe Berge in –«

»Nicht wegfahren!« Amir stieß einen schrillen Schrei aus. »Mami, Papi nicht wegfahren! Amir nicht allein lassen! Keine Berge! Nicht fahren!«

Tränen strömten über seine zarten Wangen, angstbebend preßte sich sein kleiner Kinderkörper gegen meine Knie.

»Wir fahren nicht weg!« Beinahe gleichzeitig sprachen wir beide es aus, gefaßt, tröstend, endgültig. Die Schönheiten der Schweiz und Italiens zusammengenommen rechtfertigen keine kleinste Träne in unseres Lieblings blauen Augen. Sein Lächeln gilt uns mehr als jedes Alpenglühen. Wir bleiben zu Hause. Wenn das Kind et-

was älter ist, sechzehn oder zwanzig, wird man weitersehen. Damit schien das Problem gelöst.
Leider trat eine unvorhergesehene Komplikation auf: am nächsten Morgen beschlossen wir, trotzdem zu fahren. Wir lieben unseren Sohn Amir, wir lieben ihn über alles, aber wir lieben auch Auslandsreisen sehr. Wir werden uns von dem kleinen Unhold nicht um jedes Vergnügen bringen lassen.
In unserem Bekanntenkreis gibt es eine geschulte Kinderpsychologin. An sie wandten wir uns und legten ihr die delikate Situation genau auseinander.
»Ihr habt einen schweren Fehler gemacht«, bekamen wir zu hören. »Man darf ein Kind nicht anlügen, sonst trägt es seelischen Schaden davon. Ihr müßt ihm die Wahrheit sagen. Und unter gar keinen Umständen dürft ihr heimlich die Koffer packen. Im Gegenteil, der Kleine muß euch dabei zuschauen. Er darf nicht das Gefühl haben, daß ihr ihm davonlaufen wollt...«
Zu Hause angekommen, holten wir die beiden großen Koffer vom Dachboden, klappten sie auf und riefen Amir ins Zimmer.
»Amir«, sagte ich geradeheraus und mit klarer, kräftiger Stimme, »Mami und Papi –«
»Nicht wegfahren!« brüllte Amir. »Amir liebt Mami und Papi! Amir nicht ohne Mami und Papi lassen! Nicht wegfahren!«
Das Kind war ein einziges, großes Zittern. Seine Augen schwammen in Tränen, seine Nase tropfte, seine Arme flatterten in hilflosem Schrecken durch die Luft. Er stand unmittelbar vor einem nie wieder gutzumachenden Schock, der kleine Amir. Nein, das durfte nicht geschehen. Wir nahmen ihn in die Arme, wir herzten und

kosten ihn: »Mami und Papi fahren nicht weg... warum glaubt Amir, daß Mami und Papi wegfahren ... Mami und Papi haben Koffer heruntergenommen und nachgeschaut, ob vielleicht Spielzeug für Amir drinnen... Mami und Papi bleiben zu Hause... immer... ganzes Leben... nie wegfahren... immer nur Amir... nichts als Amir... Europa pfui...«
Aber diesmal war Amirs seelische Erschütterung schon zu groß. Immer wieder klammerte er sich an mich, in jedem neuen Aufschluchzen lag der Weltschmerz von Generationen. Wir selbst waren nahe daran, in Tränen auszubrechen. Was hatten wir da angerichtet, um Himmels willen? Was ist in uns gefahren, daß wir diese kleine, zarte Kinderseele so brutal verwunden konnten?
»Steh nicht herum wie ein Idiot!« ermahnte mich meine Frau. »Bring ihm einen Kaugummi!«
Amirs Schluchzen brach so übergangslos ab, daß man beinahe die Bremsen knirschen hörte:
»Kaugummi? Papi blingt Amir Kaugummi aus Eulopa?«
»Ja, mein Liebling, ja, natürlich. Kaugummi. Viel, viel Kaugummi. Mit Streifen.«
Das Kind weint nicht mehr. Das Kind strahlt übers ganze Gesicht:
»Kaugummi mit Stleifen, Kaugummi mit Stleifen! Papi Amir Kaugummi aus Eulopa holen! Papi wegfahren! Papi schnell wegfahren! Viel Kaugummi für Amir!«
Das Kind hüpft durchs Zimmer, das Kind klatscht in die Hände, das Kind ist ein Sinnbild der Lebensfreude und des Glücks:
»Papi wegfahren! Mami wegfahren! Beide wegfahren!

Schnell, schnell! Walum Papi noch hier! Walum, walum...«
Und jetzt stürzten ihm wieder die Tränen aus den Augen, sein kleiner Körper bebte, seine Hände krampften sich am Koffergriff fest, mit seinen schwachen Kräften wollte er den Koffer zu mir heranziehen.
»Wir fahren ja, Amir, kleiner Liebling«, beruhigte ich ihn. »Wir fahren sehr bald.«
»Nicht bald! Jetzt gleich! Mami und Papi jetzt gleich wegfahren!«
Das war der Grund, warum wir unsere Abreise ein wenig vorverlegen mußten. Die letzten Tage waren recht mühsam. Der Kleine gab uns allerlei zu schaffen. In der Nacht weckte er uns durchschnittlich dreimal aus dem Schlaf, um uns zu fragen, warum wir noch hier sind und wann wir endlich fahren. Er hängt sehr an uns, Klein Amir, sehr. Wir werden ihm viele gestreifte Päckchen Kaugummi mitbringen. Auch die Kinderpsychologin bekommt ein paar Päckchen.

Israel ist ein kleines, armes Land, das für seinen Sportbetrieb nur ein minimales Budget erübrigen kann. Unsere Sportler bekommen das besonders bei internationalen Veranstaltungen zu merken, an denen wir uns bestenfalls mit einem Drittel der auf Grund ihrer Leistungen hierfür qualifizierten Funktionäre beteiligen.

Vorbereitungen für ein Sportfest

Die sogenannte »Asiatische Olympiade« ist für die Teilnehmer genauso wichtig wie die wirklichen Olympischen Spiele, und für unser kleines Land gilt das erst recht. Infolgedessen wird die Frage der Beschickung schon Monate vorher in der ganzen Öffentlichkeit lebhaft diskutiert.
Von Anfang an war es klar, daß wir die Asiatischen Spiele in Bangkok unmöglich mit allen Funktionären beschicken könnten, die dafür trainierten. Eine solche Belastung hätte der Staatshaushalt nicht vertragen. Man darf nicht vergessen, daß die Funktionäre unvermeidlicherweise von einer Anzahl aktiver Sportler begleitet sein müssen. Schließlich einigte man sich auf eine Quote von zwei Funktionären je Teilnehmer, legte jedoch in Anbetracht des bedrohlichen Mangels an Aktiven einen Schlüssel fest, der die öffentlich kontrollierbare Leistungsfähigkeit der Funktionäre auf den internationalen Standard abstimmte. Dieses »Bangkok-Minimum« verlangte von den Funktionären folgende Leistungsnachweise:
1. Mitgliedschaft in einer erstklassigen Koalitionspartei.

2. Beschaffung von mindestens 8 Empfehlungsbriefen innerhalb 48 Stunden.
3. Anwendung eines Drucks von mindestens 50 Kubikmetern auf die Mitglieder des Auswahlkomitees.
4. Bereitschaft zu rücksichtsloser Intrige.

Die Ausscheidungskämpfe waren so schwierig, daß sie tatsächlich nur von den Besten bestanden werden konnten. Schon in den ersten Vorläufen kam es zu erschütternden menschlichen Tragödien. Der israelische Rekordhalter L. J. Slutzkovski, ein kampfgestählter Veteran und Vorstandsmitglied in nicht weniger als 21 Sportorganisationen, zeigte sich zwar dem Parteientest mühelos gewachsen und wies auch die nötigen Nervengeher-Qualitäten nach, brachte es aber im ersten Anlauf nur zu 6 Empfehlungsbriefen. Man gewährte ihm einen zweiten, doch kam er auch hier nur auf sieben Briefe und eine mündliche Empfehlung, womit er endgültig unter dem vorgeschriebenen Limit blieb und ausscheiden mußte. Sein Trainer protestierte gegen diese Entscheidung und machte geltend, daß der für Slutzkovski unentbehrliche Handelsminister von den EWG-Verhandlungen in Brüssel nicht rechtzeitig zurückgekehrt sei. Der Protest ist derzeit noch in Schwebe.

»Wir glauben an Slutzi«, äußerte ein prominentes Mitglied des Auswahlkomitees. »Aber wir wollen uns keine wie immer geartete Protektion vorwerfen lassen und müssen uns daher an die reine Leistung halten. Wer die Ausscheidungskämpfe besteht, fährt nach Bangkok. Wer sie nicht besteht, fährt nicht.«

Demgegenüber gelang es beispielsweise dem in bester Kondition antretenden Meisterfunktionär Benzion Schultheiss, sich die Fahrkarte nach Bangkok bereits in den Vorkämpfen zu sichern. Er legte – allerdings mit leichtem Rückenwind – die Strecke vom Sitzungssaal des Auswahlkomitees zum Unterrichtsministerium in der hervorragenden Zeit von 23:52,2 zurück und erzielte nicht weniger als 11 (!) Empfehlungsbriefe in einer einzigen Nacht. Zweifellos ein Ergebnis, das sich überall in der Welt sehen lassen kann und das Schultheiss die größten Chancen gibt, sich in die Spitzenklasse der Begleitfunktionäre vorzukämpfen. Nach zuverlässigen Berichten aus den verschiedenen Trainingslagern werden seine Leistungen nur von den japanischen Funktionären übertroffen, deren langjähriger Meister Taku Muchiko im zweiten Vorlauf auf 138 Telefongespräche pro Stunde kam.

»Auch die indonesischen Funktionäre dürfen nicht unterschätzt werden«, informierte uns ein guter Kenner der dortigen Verhältnisse. »Sie leisten vor allem als Intriganten ganz Erstaunliches...«

Der Ausscheidungskampf zwischen den beiden israelischen Altmeistern Birnbaum und Dr. Bar-Honig verlief besonders dramatisch. Bar-Honig zeigte sich in hervorragender Verfassung, bestand den Druckausübungs-Test mühelos mit 52 Kubikmetern im Sitzen und bewies auch auf dem Gebiet der persönlichen Verbindungen eine überdurchschnittliche Leistungsfähigkeit. Im Finish verzeichnete jedoch sein Rivale Birnbaum eine Interventionsserie durch acht amtierende Kabinettsmitglieder und arbeitete einen Vorsprung von drei Empfehlungsbriefen heraus. Durch den überraschenden Nachweis, daß er heimlich Massage studiert hatte, vermochte Bar-Honig im letzten Augenblick gleichzuziehen, und da auch der zusätzlich angesetzte Ellenbogen-Test keine

Entscheidung brachte, beschloß das Auswahlkomitee, beide Anwärter nach Bangkok zu entsenden.

Unser Funktionärsteam wird den Staat Israel ohne Zweifel würdig vertreten. Die Mitglieder in ihren schmucken blauen Uniformen werden nach ihrem Eintritt in das Stadion in Viererreihen über die Laufbahn defilieren, an der Spitze der Elf-Briefe-Rekordmann Schultheiss als Flaggenträger. Den Abschluß bildet unser aktiver Teilnehmer.

»Liebe deinen Nächsten wie dich selbst«, lautet ein altes hebräisches Gebot, das, wie man weiß, allgemein respektiert und befolgt wird. Seine etwas vulgärere Fassung ist das Sprichwort: »Was du nicht willst, daß man dir tu, das füg auch keinem andern zu.« Jedenfalls empfiehlt es sich, seinem Nächsten kein Geld zu borgen. Denn wer möchte selbst in die Lage geraten, seinem Nächsten Geld schuldig zu sein?

Keine Gnade für Gläubiger

7. September. Traf heute zufällig Manfred Toscanini (keine Verwandtschaft) auf der Straße. Er war sehr aufgeregt. Wie aus seinem von Flüchen unterbrochenen Bericht hervorging, hatte er sich von Jascha Obernik 100 Pfund ausborgen wollen, und dieser Lump, dieser Strauchdieb, dieses elende Stinktier hatte sich nicht entblödet, ihm zu antworten: »Ich habe sie, aber ich borge sie dir nicht!« Der kann lange warten, bis Manfred wieder mit ihm spricht!
Ob wir denn wirklich schon so tief gesunken wären, fragte mich Manfred. Ob es denn auf dieser Welt keinen Funken Anständigkeit mehr gäbe, keine Freundschaft, keine Hilfsbereitschaft?
»Aber Manfred!« beruhigte ich ihn. »Wozu die Aufregung?« Und ich händigte ihm lässig eine Hundertpfundnote ein.
»Endlich ein Mensch«, stammelte Manfred und kämpfte tapfer seine Tränen nieder. »In spätestens

zwei Wochen hast du das Geld zurück, du kannst dich hundertprozentig darauf verlassen!«
Wenn ich meine Frau richtig verstanden habe, bin ich ein Idiot. Aber ich wollte Manfred Toscanini den Glauben an die Menschheit wiedergeben. Und ich will ihn nicht zum Feind haben.

18. September. Als ich das Café Rio verließ, stieß ich in Manfred Toscanini hinein. Wir setzten unseren Weg gemeinsam fort. Ich vermied es sorgfältig, das Darlehen zu erwähnen, doch schien gerade diese Sorgfalt Manfreds Zorn zu erregen. »Nur keine Angst«, zischte er. »Ich habe dir versprochen, daß du dein Geld in vierzehn Tagen zurückbekommst, und diese vierzehn Tage sind noch nicht um. Was willst du eigentlich?« Ich verteidigte mich mit dem Hinweis darauf, daß ich kein Wort von Geld gesprochen hätte. Manfred meinte, ich sei nicht besser als alle anderen, und ließ mich stehen.

3. Oktober. Peinlicher Zwischenfall auf der Kaffeehausterrasse. Manfred Toscanini saß mit Jascha Obernik an einem Tisch und fixierte mich. Er war sichtlich verärgert. Ich sah möglichst unverfänglich vor mich hin, aber das machte es nur noch schlimmer. Er stand auf, trat drohend an mich heran und sagte so laut, daß man es noch drin im Kaffeehaus hören konnte: »Also gut, ich bin mit ein paar Tagen in Verzug. Na, wenn schon. Deshalb wird die Welt nicht einstürzen. Und deshalb brauchst du mich nicht so vorwurfsvoll anzuschauen!« Ich hätte nichts dergleichen getan, replizierte ich. Daraufhin nannte mich Manfred einen Lügner und noch einiges

mehr, was sich der Wiedergabe entzieht. Ich fürchte, daß es Komplikationen geben wird.
Meine Frau sagte, was Frauen in solchen Fällen immer sagen: »Hab ich's dir nicht gleich gesagt?« sagte sie und lächelt sardonisch.

11. Oktober. Wie ich höre, erzählt Manfred Toscanini überall herum, daß ich ein hoffnungsloser Morphinist sei und daß außerdem zwei bekannte weibliche Rechtsanwälte Vaterschaftsklagen gegen mich eingebracht hätten. Natürlich ist an alledem kein wahres Wort. Morphium! Ich rauche nicht einmal.
Meine Frau ist trotzdem der Meinung, daß ich um meiner inneren Ruhe willen auf die 100 Pfund verzichten soll.

14. Oktober. Sah Toscanini heute vor einem Kino Schlange stehen. Bei meinem Anblick wurden seine Augen starr, seine Stirnadern schwollen an, und seine Nackenmuskeln verkrampften sich. Ich sprach ihn an: »Manfred«, sagte ich gutmütig, »ich möchte dir einen Vorschlag machen. Vergessen wir die Geschichte mit dem Geld. Das Ganze war ohnehin nur eine Lappalie. Du bist mir nichts mehr schuldig. In Ordnung?« Toscanini zitterte vor Wut. »Gar nichts ist in Ordnung!« fauchte er. »Ich pfeife auf deine Großzügigkeit. Hältst du mich vielleicht für einen Schnorrer?« Er war außer Rand und Band. So habe ich ihn noch nie gesehen. Obernik, mit dem er das Kino besuchte, mußte ihn zurückhalten, sonst hätte er sich auf mich geworfen. Ich machte rasch kehrt und lief nach Hause.
Meine Frau sagte zu mir: »Hab ich's dir nicht gleich gesagt?«

29. Oktober. Immer wieder werde ich gefragt, ob es wahr ist, daß ich mich freiwillig zum Vietkong gemeldet habe und wegen allgemeiner Körperschwäche zurückgewiesen wurde. Ich weiß natürlich, wer hinter diesen Gerüchten steckt. Es dürfte derselbe sein, der mir in der Nacht mit faustgroßen Steinen die Fenster einwirft. Als ich gestern das Café Rio betrat, sprang er auf und brüllte: »Darf denn heute schon jeder Vagabund hier hereinkommen? Ist das ein Kaffeehaus oder ein Asyl für Obdachlose?« Um Komplikationen zu vermeiden, drängte mich der Cafetier zur Türe hinaus. Meine Frau hatte es gleich gesagt.

8. November. Heute kam mein Lieblingsvetter Aladar zu mir und bat mich, ihm 10 Pfund zu leihen. »Ich habe sie, aber ich borge sie dir nicht«, antwortete ich. Aladar ist mein Lieblingsvetter, und ich möchte unsere Freundschaft nicht zerstören. Ich habe ohnehin schon genug Schwierigkeiten. Das Innenministerium hat meinen Paß eingezogen. »Wir erwarten Nachricht aus Nordvietnam«, lautete die kryptische Antwort auf meine Frage, wann ich den Paß wiederbekäme. Soviel zu meinem Plan, ins Ausland zu fliehen.
Meine Frau – deren Warnungen ich in den Wind geschlagen hatte, als es noch Zeit war – läßt mich nicht mehr allein ausgehen. In ihrer Begleitung suchte ich einen Psychiater auf. »Toscanini haßt Sie, weil Sie ihm Schuldgefühle verursachen«, erklärte er mir. »Er leidet Ihnen gegenüber an einem verschobenen Vaterkomplex. Sie könnten ihm zum Abreagieren verhelfen, wenn Sie sich für einen Vatermord zur Verfügung stellen. Aber das ist wohl zu viel verlangt?« Ich bejahte. »Dann

gäbe es, vielleicht, noch eine andere Möglichkeit. Toscaninis mörderischer Haß wird Sie so lange verfolgen, als er Ihnen das Geld nicht zurückzahlen kann. Vielleicht sollten Sie ihn durch eine anonyme Zuwendung dazu in die Lage setzen.« Ich dankte dem Seelenforscher überschwenglich, sauste zur Bank, hob 500 Pfund ab und warf sie durch den Briefschlitz in Toscaninis Wohnung.

11. November. Auf der Dizengoffstraße kam mir heute Toscanini entgegen, spuckte aus und ging weiter. Ich erstattete dem Psychiater Bericht. »Probieren geht über studieren«, sagte er. »Jetzt wissen wir wenigstens, daß es auf diese Weise nicht geht.«
Eine verläßliche Quelle informierte mich, daß Manfred eine große Stoffpuppe gekauft hat, die mir ähnlich sieht. Jeden Abend vor dem Schlafengehn, manchmal auch während des Tages, sticht er ihr feine Nadeln in die Herzgegend. Die Polizei weigert sich, einzuschreiten.

20. November. Unangenehmes Gefühl im Rücken, wie von kleinen Nadelstichen. In der Nacht wachte ich schweißgebadet auf und begann zu beten. »Ich habe gefehlt, o Herr!« rief ich aus. »Ich habe einem Nächsten in Israel Geld geliehen! Werde ich die Folgen meines Aberwitzes bis ans Lebensende tragen müssen? Gibt es keinen Ausweg?«
Von oben hörte ich eine tiefe, väterliche Stimme: »Nein!«

1. Dezember. Nadelstiche in den Hüften und zwischen den Rippen, Vaterkomplexe überall. Auf einen Stock und auf meine Frau gestützt, suchte ich einen praktischen Arzt auf. Unterwegs sahen wir auf der gegenüberliegenden Straßenseite Obernik. »Ephraim«, flüsterte meine Frau, »schau ihn dir einmal ganz genau an! Das rundliche Gesicht... die leuchtende Glatze... eine ideale Vaterfigur!« Sollte es noch Hoffnung für mich geben?

3. Dezember. Begegnete Toscanini vor dem Kaffeehaus und hielt ihn an. »Danke für das Geld«, sagte ich rasch, bevor er mich niederschlagen konnte. »Obernik hat deine Schuld auf Heller und Pfennig an mich zurückgezahlt. Er hat mich zwar gebeten, dir nichts davon zu sagen, aber du sollst wissen, was für einen guten Freund du an ihm hast. Von jetzt an schuldest du also die hundert Pfund nicht mir, sondern Obernik.« Manfreds Gesicht entspannte sich. »Endlich ein Mensch«, stammelte er und kämpfte tapfer seine Tränen nieder. »In spätestens zwei Wochen hat er das Geld zurück.«

22. Januar. Als wir heute Arm in Arm durch die Dizengoffstraße gingen, sagte mir Manfred: »Obernik, diese erbärmliche Kreatur, sieht mich in der letzten Zeit so unverschämt an, daß ich ihm demnächst ein paar Ohrfeigen herunterhauen werde. Gut, ich schulde ihm Geld. Aber das gibt ihm noch nicht das Recht, mich wie einen Schnorrer zu behandeln. Er wird sich wundern, verlaß dich darauf!« Ich verlasse mich darauf.

> Ich glaube schon erwähnt zu haben, daß
> wir ein sehr traditionsbewußtes Volk sind.
> Genauer gesagt: unsere Traditionen hal-
> ten uns unbarmherzig umklammert. Man
> braucht nur an jenes Gebot aus dem Buch
> der Bücher zu denken, welches uns auf-
> erlegt, in jedem siebenten Jahr unser Land
> nicht zu bebauen. Was macht man da?
> Wenn wir das Land brachliegen lassen,
> müssen wir verhungern. Wenn wir es be-
> bauen, rufen wir den Zorn des Allmäch-
> tigen auf uns herab. Ein Kompromiß tut
> not. Um Gottes willen, ein Kompromiß!

Das siebente Jahr

Die himmlischen Regionen lagen in strahlendem Licht. Allüberall herrschte majestätische Ruhe. Gott der Herr saß auf Seinem Wolkenthron und lächelte zufrieden, wie immer, wenn alles nach Seinen Wünschen ging.
Einer der Himmelsbeamten, ein nervöser kleiner Kerl mit schütterem Spitzbart, bat um Gehör.
»Allmächtiger Weltenherr«, hub er an. »Verzeih die Störung...«
»Was gibt's?«
»Es handelt sich schon wieder um Israel.«
»Ich weiß.« Gott machte eine resignierte Handbewegung. »Die unreinen Fleischkonserven aus Argentinien.«
»Wenn es nur das wäre! Aber sie bearbeiten das Land. Auch auf den Kibbuzim der religiösen Parteien.«
»Sollen nur arbeiten. Es wird ihnen nicht schaden.«
»Herr der Welt«, sagte der Beamte und hob beschwörend die Hände. »Heuer ist ein Schmitta-Jahr. Ein sie-

bentes Jahr, Herr, ein Jahr, in dem alle Landarbeit zu ruhen hat, auf daß Dein Wille geschehe.«

Der Herr der Welt schloß nachdenklich die Augen. Dann widerhallte Seine Stimme durch den Weltenraum: »Ich verstehe. Sie bearbeiten das Land, das Ich ihnen gegeben habe, auch im Jahr der Sabbatruhe. Sie mißachten Meine Gebote. Das sieht ihnen ähnlich. Wo ist Bunzl?«

Geschäftiges Durcheinander entstand. Himmlische Boten flogen in alle Richtungen, um Ausschau zu halten nach dem Vertreter der Orthodoxen Partei Israels im Himmel, Isidor Bunzl (früher Preßburg). Blitze durchzuckten das All.

Bunzl kam angerannt. Sein Gebetmantel flatterte hinter ihm her.

»Warum bebaut ihr euer Land in einem Schmitta-Jahr?« donnerte der Herr. »Antworte!«

Isidor Bunzl senkte demütig den Kopf: »Adonai Zebaoth, wir bebauen unser Land nicht. Wir besitzen gar kein Land in Israel.«

»Sprich keinen Unsinn! Was ist los mit eurem Land?«

»Es wurde vom Rabbinat an einen Araber verkauft. Alles Land. In ganz Israel befindet sich derzeit kein Land in jüdischen Händen. Deshalb können wir unser Land auch nicht bebauen.« Das Antlitz des Herrn verfinsterte sich:

»An einen Araber verkauft? Ganz Israel? Unerhört! Wo ist Mein Rechtsberater?«

Im nächsten Augenblick schwebte Dr. Siegbert Krotoschiner herbei:

»Herr der Heerscharen«, begann er seine Erklärung, »wir stehen einer rechtlich vollkommen klaren Situa-

tion gegenüber. Das Ministerium für religiöse Angelegenheiten hat auf Grund einer Vollmacht, die ihm vom Landwirtschaftsministerium erteilt wurde, das gesamte israelische Ackerland für die Dauer eines Jahres an einen Araber verkauft. Die Vertragsunterzeichnung erfolgte in Jerusalem, im Beisein von Vertretern der Regierung und des Rabbinats.«
»Und warum verkauft man das Land ausgerechnet in einem Schmitta-Jahr?« Die Stirne des Herrn legte sich in tiefe Furchen. »Und ausgerechnet für die Dauer eines Jahres? Alles Land? An einen Araber? Sehr merkwürdig.«
»Die Beteiligten haben den Vertrag ordnungsgemäß gezeichnet und gesiegelt und in einem Banksafe deponiert«, erläuterte Dr. Krotoschiner. »Er ist juristisch unanfechtbar.«
»Wurde das Schofar geblasen?« fragte Gott der Herr.
»Selbstverständlich«, beruhigte Ihn Isidor Bunzl. »Selbstverständlich.«
Gott der Herr war noch nicht überzeugt. Sturmwolken zogen auf, einige Engel begannen zu zittern.
»Mir gefällt das alles nicht«, sprach der Herr. »Nach Meinem Gebot soll das Land in jedem siebenten Jahr ruhen, und es ruhe auch der, welcher es bebaut. Nie habe Ich gesagt, daß dieses Gebot auf verkauftes Land nicht anzuwenden ist.«
»Verzeih, Allmächtiger!« Isidor Bunzl warf sich dem Herrn zu Füßen. »Schlage mich, wenn Du willst, mit starker Hand – aber in dieser Sache kenne ich mich besser aus als Du. Es steht ausdrücklich geschrieben –«
»*Was* steht ausdrücklich geschrieben?« unterbrach ihn zürnend der Herr. »Ich möchte das Protokoll sehen!«

»Moses, Moses!« schallte es durch den Raum.
Der Gerufene erschien unter Sphärenklängen, die fünf Protokollbücher unterm Arm. Freundlich nickte der Herr ihm zu.
»Lies Mir die diesbezügliche Stelle vor, Mein Kind!«
Schon nach kurzem Blättern hatte Moses die Stelle gefunden:
»In meinem dritten Buch, Kapitel 25, Absatz 2, 3 und 4, heißt es wie folgt. Rede mit den Kindern Israels, und sprich zu ihnen: Wenn ihr in das Land kommt, das ich euch geben werde, so soll das Land dem Herrn die Feier halten.«
»Da habt ihr's!« Gott blickte triumphierend in die Runde. »Ich wußte es ja.«
»Sechs Jahre sollt ihr eure Felder besäen«, fuhr Moses fort, »und eure Weinberge beschneiden und die Früchte einsammeln. Im siebenten Jahre aber soll das Land seine große Feier dem Herrn feiern, und sollt eure Felder nicht besäen noch eure Weinberge beschneiden.«
Moses klappte das Protokollbuch zu. Eine Pause entstand. Dann nahm Bunzl das Wort:
»Du siehst, König der Könige – es heißt ausdrücklich: *eure* Felder. Somit bezieht sich Dein Gebot nicht auf fremden Landbesitz.«
»Von Landbesitz ist nirgends die Rede«, widersprach Gott, aber es klang ein wenig unsicher.
»Herr der Welt, das Rabbinats-Gremium der Orthodoxen Partei hat diese Interpretation des Textes auf einer eigens einberufenen Tagung feierlich gebilligt.«
»Wurde das Schofar geblasen?«
»Selbstverständlich.«
»Hm...«

Der Heilige, gepriesen sei Sein Name, schien sich allmählich mit dem Arrangement abzufinden. Ein erleichtertes Aufatmen ging durch Sein Gefolge. Aber da verfinsterte sich Gottes Antlitz von neuem, und Seine Stimme erhob sich grollend:
»Ihr könnt sagen, was ihr wollt – da stimmt etwas nicht. Irgendwo steckt doch ein Betrug. Wenn Ich nur wüßte, wo...«
»Herr«, flüsterte Isidor Bunzl mit leisem Vorwurf. »Herr, Du willst doch nicht sagen –«
»Ruhe! Ich bitte mir Ruhe aus! Also wie war das? Das Ministerium für religiöse Angelegenheiten hat eine Vollmacht vom Landwirtschaftsministerium bekommen?«
»Ja, o Herr. Eine schriftliche Vollmacht.«
»Wie darf ein Ministerium sich die Macht anmaßen, Mein Land zu verkaufen? An einen Araber? Für wieviel haben sie es verkauft?«
»Für fünfzig Pfund«, antwortete Dr. Krotoschiner. »Und selbst diese Summe hat man dem arabischen Käufer rückerstattet.«
»Die Geschichte wird immer undurchsichtiger«, zürnte der Ewige. »Was soll das alles? Ich habe dieses Land, in welchem Milch und Honig fließt, den Nachkommen Abrahams zu eigen gegeben für alle Zeiten – und dann kommt irgendein Landwirtschaftsminister und verschleudert es für fünfzig Pfund!«
»Wir haben das Schofar geblasen«, versuchte Isidor Bunzl zu beschwichtigen.
Auf Gott den Herrn machte das keinen Eindruck mehr. Gott der Herr erhob sich. Gewaltig dröhnte Seine Stimme durch das All, gewaltige Donnerschläge begleiteten sie.

»Ich lege Berufung ein!« sprach der Herr. »Und wenn nötig, bringe ich den Fall vor das Jüngste Gericht!« Damit wandte Er sich ab. Aber einige Engel wollen gesehen haben, daß Er in Seinen Bart schmunzelte.

Zu den einträglichsten Geschäftszweigen der Welt gehört der Tourismus. Das gilt besonders für ein Land, in dem Moses, Jesus und Mohammed nur durch eine verhältnismäßig geringfügige Zeitdifferenz daran gehindert wurden, sich zu einem Symposion über das Thema »Der Monotheismus und sein Einfluß auf den Fremdenverkehr« zusammenzusetzen. Dementsprechend unterhält Israel ein eigenes Ministerium zur Förderung des Fremdenverkehrs, das der einheimischen Bevölkerung immer wieder erklärt, wie wichtig die zuvorkommende Behandlung ausländischer Besucher für die Wirtschaft des Landes ist und warum man dafür auch eine kleine Unbequemlichkeit in Kauf nehmen muß. Um die Wahrheit zu sagen: Mit der Höflichkeit ist es in unserem Lande noch nicht weit her. Aber mit der Unbequemlichkeit klappt es hervorragend.

Seid nett zu Touristen!

Die Feuchtigkeit. Der Feuchtigkeitsgehalt der Luft. Die Hitze könnte man ja noch ertragen – aber die Feuchtigkeit! Sie ist es, die den Menschen in die nördlichen Gegenden des Landes treibt. Unter der Woche kriecht er schwitzend und keuchend durch die engen, dampfenden, brodelnden Straßen Tel Avivs, und der einzige Gedanke, der ihn am Leben hält, ist die Hoffnung auf ein kühlendes Wochenende am Ufer des Tiberias-Sees.
Wir hatten ein Doppelzimmer im größten Hotel von Tiberias reserviert und konnten das Wochenende kaum erwarten. Hoffnungsfroh kamen wir an, und schon der

Anblick des Hotels, seine Exklusivität, seine moderne Ausstattung mit allem Komfort einschließlich Klimaanlage verursachte uns ein Wohlgefühl sondergleichen. Die Kühle, für die der Ort berühmt ist, schlug uns bereits aus dem Verhalten des Empfangschefs entgegen.

»Ich bedaure aufrichtig«, bedauerte er im Namen der Direktion. »Einige Teilnehmer der soeben beendeten internationalen Weinhändler-Tagung haben sich bei uns angesagt, weshalb wir Ihnen, sehr geehrter Herr und sehr geehrte gnädige Frau, leider kein Zimmer zur Verfügung stellen können oder höchstens im alten Flügel des Hauses. Und selbst dieses erbärmliche Loch müßten Sie morgen mittag freiwillig räumen, weil Sie sonst mit Brachialgewalt entfernt werden. Ich zweifle nicht, Monsieur, daß Sie Verständnis für unsere Schwierigkeiten haben.«

»Ich habe dieses Verständnis nicht«, erwiderte ich. »Sondern ich protestiere. Mein Geld ist so viel wert wie das Geld eines andern.«

»Wer spricht von Geld! Es ist unsere patriotische Pflicht, ausländischen Touristen den Aufenthalt so angenehm wie möglich zu machen. Außerdem geben sie höhere Trinkgelder. Verschwinden Sie, mein Herr und meine Dame. Möglichst rasch, wenn ich bitten darf.«

Wir suchten in größter Hast den alten Flügel des Hauses auf, um den Empfangschef nicht länger zu reizen. Ein Empfangschef ist schließlich kein hergelaufener Niemand, sondern ein Empfangschef.

Unser kleines Zimmer war ein wenig dunkel und stickig, aber gut genug für Einheimische. Wir packten aus, schlüpften in unsere Badeanzüge und hüpften fröhlichen Fußes zum See hinunter.

Ein Manager vertrat uns den Weg:
»Was fällt Ihnen ein, in einem solchen Aufzug hier herumzulaufen? Jeden Augenblick können die Touristen kommen. Marsch, zurück ins Loch!«
Als wir vor unserem Zimmer ankamen, stand ein Posten davor. Außer den Weinhändlern hatten sich auch die Teilnehmer eines Tontaubenschießens aus Malta angesagt. Unser Gepäck war bereits in einen Kellerraum geschafft worden, der sich in nächster Nähe der Heizungskessel befand. Er grenzte geradezu an sie.
»Sie können bis elf Uhr bleiben«, sagte der Posten, der im Grunde seines Herzens ein guter Kerl war. »Aber nehmen Sie kein warmes Wasser. Die Touristen brauchen es.«
Um diese Zeit wagten wir uns nur noch schleichend fortzubewegen, meistens entlang der Wände und auf Zehenspitzen. Ein tiefes Minderwertigkeitsgefühl hatte von uns Besitz ergriffen.
»Glaubst du, daß wir öffentlich ausgepeitscht werden, wenn wir hierbleiben?« flüsterte meine Frau, die tapfere Gefährtin meines Schicksals.
Ich beruhigte sie. Solange wir uns den Anordnungen der höheren Organe nicht widersetzten, drohte uns keine unmittelbare physische Gefahr.
Einmal sahen wir einen Direktionsgehilfen durch das israelische Elendsviertel des Hotels patrouillieren, eine neunschwänzige Katze in der Hand. Wir wichen ihm aus.
Nach dem Mittagessen hätten wir gerne geschlafen, wurden aber durch das Getöse einer motorisierten Kolonne aufgeschreckt. Durch einen Mauerspalt spähten wir hinaus: etwa ein Dutzend geräumiger Luxusauto-

busse war angekommen, und jedem entstieg eine komplette Tagung. Ich rief zur Sicherheit in der Rezeption an:
»Gibt es unterhalb des Kesselraums noch Platz?«
»Ausnahmsweise.«
Unser neues Verlies war gar nicht so übel, nur die Fledermäuse störten. Das Essen wurde uns durch eine Luke hereingeschoben. Um für alle Eventualitäten gerüstet zu sein, blieben wir in den Kleidern.
Tatsächlich kamen kurz vor Mitternacht noch einige Touristenautobusse. Abermals wies man uns einen neuen Aufenthalt zu, diesmal ein kleines Floß auf dem See draußen. Wir hatten Glück, denn es war beinahe neu. Weniger Glückliche unter den Eingeborenen mußten sich mit ein paar losen Planken zufriedengeben. Drei ertranken im Lauf der Nacht. Gott sei Dank, daß die Touristen nichts bemerkt haben.

> Das Bedürfnis, die Menschheit zu retten, notfalls auch gegen ihren Willen, ist eine typisch jüdische Eigenschaft. Besonders deutlich trat sie bei einem Rabbinerssohn aus Trier hervor, der unter dem Namen Karl Marx bekannt wurde. Er träumte von der Gleichheit aller Menschen, von klassenloser Gesellschaft, von Produktion ohne Ausbeutung und von anderen schönen Dingen, die sich als praktisch undurchführbar erwiesen haben – abgesehen von einigen Ausnahmen in Galiläa und im Negev.

Eine historische Begegnung

Unlängst hatte ich in Haifa zu tun und machte auf der Rückfahrt in einem Einkehrgasthaus halt, um einen kleinen Imbiß zu nehmen. Am Nebentisch sah ich einen älteren Juden in kurzen Khakihosen sitzen. Ein nicht alltäglicher, aber noch kein besonders aufregender Anblick. Erst der buschige graue Vollbart machte mich stutzig. Überhaupt kam mir die ganze Erscheinung sonderbar bekannt vor. Immer sonderbarer und immer bekannter. Wäre es möglich...?
»Entschuldigen Sie.« Ich trat an seinen Tisch. »Sind wir einander nicht irgendwo begegnet?«
»Kann sein«, antwortete der ältere Jude in den kurzen Khakihosen. »Wahrscheinlich bei irgendeinem ideologischen Seminar. Da stößt man manchmal auf mich. Mein Name ist Marx. Karl Marx.«
»Doch nicht... also doch! Der Vater des Marxismus?«
Das Gesicht des Alten leuchtete auf:

»Sie kennen mich?« fragte er errötend. »Ich dachte schon, daß mich alle vergessen hätten.«
»Vergessen? Aber keine Spur! Proletarier aller Länder, vereinigt euch!«
»Wie bitte?«
»Ich meine – wissen Sie nicht – Proletarier aller Länder –«
»Ach ja, richtig. Irgend so etwas habe ich einmal... ja, ich erinnere mich. Kam damals bei den Massen ganz gut an. Aber das ist schon lange her. Nehmen Sie Platz.«
Ich setzte mich zu Karl Marx. Vor Jahren, drüben in der alten Heimat, hatte ich ihn studiert. Besonders gut wußte ich über den »Zyklen-Charakter ökonomischer Krisen« und über das »Ende des Monopolkapitalismus« Bescheid. Es war ein unverhofftes Erlebnis, dem Schöpfer dieser großartigen Theorien jetzt persönlich zu begegnen. Er sah zerknittert und verfallen aus, viel älter, als es seinen 130 Jahren entsprochen hätte. Ich wollte etwas zur Hebung seiner Laune tun.
»Vorige Woche war in der Wochenschau Ihr Bild zu sehen«, sagte ich.
»Ja, man hat mir davon erzählt. In China, nicht wahr?«
»Beim Maiaufmarsch in Peking. Mindestens eine halbe Million Menschen. Sie trugen große Bilder von Ihnen und Mao Tse-tung.«
»Mao ist ein netter Junge«, nickte mein Gegenüber. »Vor ein paar Wochen hat er mir sein Foto geschickt.«
Behutsam holte der Patriarch ein Foto im Postkartenformat hervor. Es zeigte Maos Kopf und eine handschriftliche Widmung: »Lekowed mein groissen Rebbe, Chawer Karl Marx, mit groisser Achting – Mao.«
»Schade, daß ich nicht chinesisch verstehe«, sagte Marx,

während er das Bild wieder in die Tasche steckte. »Mit den Chinesen ist alles in Ordnung. Aber die anderen...«
»Sie meinen die Russen?«
»Bitte den Namen dieser Leute in meiner Gegenwart nicht zu erwähnen! Sie sind meine bitterste Enttäuschung, ›Pioniere der Weltrevolution‹ – daß ich nicht lache! Über kurz oder lang wird man sie von den Amerikanern nicht mehr unterscheiden können.«
»Meister«, wagte ich zu widersprechen. »Sie haben doch selbst in Ihrem ›Kommunistischen Manifest‹ das Verschwinden aller nationalen Gegensätze als eines der Endziele der gesellschaftlichen Entwicklung bezeichnet.«
»Ich? Das hätte ich gesagt?«
»Jawohl, Sie. Ganz deutlich. Das Endziel der gesellschaftlichen Entwicklung ist –«
»Eben. Das Endziel. Aber die Entwicklung steht ja erst am Anfang. Zuerst muß man die Kapitalisten mit allen Mitteln bekämpfen und vernichten.«
»Und was ist mit der friedlichen Koexistenz?«
»Gibt's nicht. Von friedlicher Koexistenz habe ich niemals gesprochen, das weiß ich zufällig ganz genau. Muß eine Erfindung der Kreml-Banditen sein. Die wollen den Kapitalismus dadurch überwinden, daß sie mehr Fernsehapparate erzeugen. Mao hat ganz recht. In Moskau weiß man nicht mehr, was Marxismus ist.«
»Und das Moskauer Marx-Lenin-Institut?«
»Ein Schwindel. Dort lesen sie Gedichte über die Schönheit von Mütterchen Rußland. Als ein Student einmal fragte, wie der Sturz des kapitalistischen Systems schließlich zustande kommen würde, antwortete ihm der Instruktor: durch die Einkommenssteuer!«

»Vielleicht ist das gar nicht so falsch.«
»Und der Klassenkampf? Und die Diktatur des Proletariats? Warum ist man von alledem abgekommen? Es ist eine Schande.«
»Trotzdem wurden einige Ihrer Ideen verwirklicht«, versuchte ich den alten Herrn zu trösten. »Die Menschheit macht Fortschritte.«
»Darauf kommt es nicht an! Das ist purer Revisionismus! Nur die Chinesen wissen, um was es geht. Die werden der Welt den Kommunismus schon beibringen. Die werden Proletarier aus euch machen, daß euch eure eigenen Mütter nicht mehr erkennen.«
»Das wird noch einige Zeit dauern.«
»Die haben Zeit genug. Zeit und 700 Millionen Menschen. 700 Millionen Marxisten. 700 Millionen Beweise für meine im ›Dialektischen Materialismus‹ aufgestellte These, daß der Umschlag der Quantität in Qualität... einerseits durch den ideologischen Überbau... andererseits durch den ökonomischen Unterbau... regulative Funktion... offen gestanden: mir ist niemals klargeworden, was ich da sagen wollte. Aber die Chinesen haben die Atombombe. Das ist die Hauptsache.«
Er erhob sich ein wenig mühsam und wandte sich zum Gehen:
»Ich muß zu meinem Kibbuz zurück. Man hat mir dort eine leichte Arbeit in der Hühnerfarm zugewiesen. Die Mapam[1] benimmt sich überhaupt ganz anständig. Ja, ja. Das ist alles, was von mir übriggeblieben ist: die Chinesen und die Mapam. Gut Schabbes!«

---

[1] Eine linke Absplitterung der »Mapai«.

Eine Industrie, die blühen und gedeihen will, braucht ein großes Reservoir organisierter, tüchtiger, geschickter, fachkundiger, leistungsfähiger Arbeitskräfte. Die wichtigste von allen diesen Qualitäten ist die zuerst genannte. Das zeigt sich auch bei uns in Israel, dem Land der mächtigen Gewerkschaften. Jeder israelische Industrielle weiß, daß es zu seinen vornehmsten Pflichten gehört, mindestens einmal vierteljährlich seinen Arbeitern einen halbwegs brauchbaren Vorwand für einen Streik zu liefern. Verstößt er gegen diese Pflicht, dann gibt es nur noch eins: streiken.

WARUM ISRAELS KORK BEI NACHT HERGESTELLT WIRD

Die »Israelische Kork G.m.b.H.«, erst vor wenigen Jahren gegründet, zählt heute zu den erfolgreichsten Unternehmungen unseres prosperierenden Wirtschaftslebens. Sie deckt nicht nur den heimischen Korkbedarf, sondern hat beispielsweise auch in Zypern Fuß gefaßt und den dortigen Markt erobert. Gewiß, die Firma erfreut sich besonderen Entgegenkommens seitens der israelischen Behörden und erhält für jeden Export-Dollar eine Subvention von 165 %. Aber man muß bedenken, daß die von ihr verwendeten Rohmaterialien aus der Schweiz kommen und die von ihr beschäftigten Arbeiter aus der Gewerkschaft. Jedenfalls gilt die »Israeli Kork« als ein hervorragend geführtes und höchst rentables Unternehmen, dessen Gewinne sich noch ganz gewaltig steigern werden, wenn wir erst einmal den lang ersehnten Anschluß an die Europäische Wirtschafts-Gemeinschaft gefunden haben.

Der Beginn der Krise steht auf den Tag genau fest. Es war der 27. September.
An diesem Tag ließ Herr Steiner, der Gründer der Gesellschaft und Vorsitzender des Verwaltungsrats, den von der Gewerkschaft eingesetzten Betriebsobmann rufen, einen gewissen Joseph Ginzberg, und sprach zu ihm wie folgt:
»Die Fabrikanlage ist in der Nacht vollkommen unbeaufsichtigt, Ginzberg. Eigentlich ein Wunder, daß sie noch nicht ausgeraubt wurde. Es fällt zwar nicht in Ihre Kompetenz, aber der Ordnung halber teile ich Ihnen mit, daß wir beschlossen haben, einen Nachtwächter anzustellen.«
»Wieso fällt das nicht in meine Kompetenz?« fragte Joseph Ginzberg. »Natürlich fällt das in meine Kompetenz, Steiner. Der Betriebsrat muß ja eine solche Maßnahme erst bewilligen.«
»Ich brauche keine Bewilligung von Ihnen, Ginzberg«, sagte Steiner. »Aber wenn Sie Wert darauf legen – bitte sehr.«
Die Kontroverse erwies sich als überflüssig. Der Betriebsrat bewilligte ohne Gegenstimme die Einstellung eines älteren Fabrikarbeiters namens Trebitsch als Nachtwächter, vorausgesetzt, daß er eine angemessene Nachtzulage bekäme und ein Drittel seines Gehalts steuerfrei, da sollen die Zeitungen schreiben, was sie wollen. Der Verwaltungsrat ging auf diese Bedingungen ein, und der alte Trebitsch begann seine Nachtwache.
Am nächsten Tag erschien er beim Betriebsobmann:

»Ginzberg«, sagte er, »ich habe Angst. Wenn ich die ganze Nacht so allein bin, habe ich Angst.«
Der Betriebsobmann verständigte unverzüglich den Firmeninhaber, der prompt einen neuen Beweis seiner arbeiterfeindlichen Haltung lieferte: er verlangte, daß Trebitsch, wenn er für den Posten eines Nachtwächters zu alt, zu feig oder aus anderen Gründen ungeeignet sei, wieder auf seinen früheren Posten zurückkehre.
Daraufhin bekam er aber von Joseph Ginzberg einiges zu hören:
»Was glauben Sie eigentlich, Steiner? Mit einem Menschen können Sie nicht herumwerfen wie mit einem Stück Kork! Außerdem haben wir für Trebitsch bereits einen neuen Mann eingestellt – und den werden wir nicht wieder wegschicken, nur weil Sie unsozial sind. Im Interesse Ihrer guten Beziehungen zu den Arbeitnehmern lege ich Ihnen dringend nahe, den alten Mann in der Nacht nicht allein zu lassen und einen zweiten Nachtwächter anzustellen.«
Steiners Produktionskosten waren verhältnismäßig niedrig, etwa 30 Piaster pro Kork, und er hatte kein Interesse an einer Verschlechterung des Arbeitsklimas.
In der folgenden Nacht saßen in dem kleinen Vorraum, der bei Tag zur Ablage versandbereiter Detaillieferungen diente, zwei Nachtwächter.
Ginzberg erkundigte sich bei Trebitsch, ob jetzt alles in Ordnung wäre.
»So weit, so gut«, antwortete Trebitsch. »Aber wenn wir die ganze Nacht dasitzen, bekommen wir natürlich Hunger. Wir brauchen ein Buffet.«
Diesmal erreichte der Zusammenstoß zwischen Steiner und seinem Betriebsobmann größere Ausmaße. Zur An-

stellung einer Köchin und zur Versorgung der beiden Nachtwächter mit Kaffee und heißer Suppe wäre der Verwaltungsrat noch bereit gewesen. Aber daß Ginzberg obendrein die Anstellung eines Elektrikers verlangte, der das Licht am Abend andrehen und bei Morgengrauen abdrehen sollte – das war zuviel.
»Was denn noch alles?!« ereiferte sich Steiner. »Können die beiden Nachtwächter nicht mit einem Lichtschalter umgehen?!«
»Erstens, Steiner, schreien Sie nicht mit mir, weil mich das kaltläßt«, erwiderte Ginzberg mit der für ihn typischen Gelassenheit. »Und zweitens können die beiden Nachtwächter natürlich sehr gut mit einem Lichtschalter umgehen, denn sie sind keine kleinen Kinder. Jedoch! Die In- und Außerbetriebsetzung elektrischer Schaltvorrichtungen stellt eine zusätzliche Arbeitsleistung dar und erscheint geeignet, einer hierfür geschulten Arbeitskraft die Arbeitsstelle vorzuenthalten, Steiner. Wenn die Direktion zwei Nachtwächter beschäftigen will, hat der Betriebsrat nichts dagegen einzuwenden. Aber ein Nachtwächter ist nicht verpflichtet, auch noch als Elektriker zu arbeiten.«
»Ginzberg«, sagte Steiner, »darüber zu entscheiden, ist ausschließlich Sache der Direktion.«
»Steiner«, sagte Ginzberg, »dann müssen wir den Fall vor die Schlichtungskommission bringen.«
Das geschah. Wie zu erwarten, beriefen sich beide Teile auf § 27 Abs. 1 des Kollektivvertrags, der da lautet:
»... dem Arbeitgeber steht das Recht zu, innerhalb des Betriebes alle technischen Maßnahmen zu treffen, soweit dadurch keine Veränderung in den Arbeitsbedingungen eintritt.«

»Da haben Sie's«, sagte Ginzberg. »Es tritt eine Veränderung ein, Steiner.«
»Es tritt *keine* Veränderung ein, Ginzberg.«
»Es tritt!«
»Es tritt nicht!«
Nachdem die abwechslungsreiche Auseinandersetzung 36 Stunden gedauert hatte, schlug der Sekretär der zuständigen Gewerkschaft einen Kompromiß vor, der dem Standpunkt der Arbeiterschaft Rechnung trug und zugleich der »Israeli Kork« die Möglichkeit gab, ihr Gesicht zu wahren. Mit anderen Worten: es wurden sowohl eine Köchin für das Nachtbuffet als auch ein hochqualifizierter Elektriker für die Beleuchtung angestellt, aber in Wahrheit würde nicht der Elektriker das Licht an- und abdrehen, sondern die Köchin, wobei dem Elektriker lediglich die technische Oberaufsicht vorbehalten bliebe.
»Es ist«, erklärte der Sekretär nach der feierlichen Unterzeichnung der Vertragsdokumente, »meine aufrichtige Hoffnung und Überzeugung, daß es fortan auf diesem wichtigen Sektor unserer heimischen Industrie zu keinen Mißverständnissen mehr kommen wird, so daß alle aufbauwilligen Kräfte sich künftighin den großen Zielen unserer neuen Wirtschaftspolitik widmen können, der Wachstumsrate unserer Produktion, dem Einfrieren der Gehälter —«
An dieser Stelle wurde er von Ginzberg unterbrochen, und die Zeremonie war beendet.
Die nächsten zwei Tage verliefen ohne Störung.
Am dritten Tag wurde der Obmann des Betriebsrats neuerlich zum Vorsitzenden des Verwaltungsrats gerufen, der ihm ein großes Blatt Papier entgegenschwenkte:

»Was ist *das* schon wieder?!« zischte er. »Was bedeutet das?!«

»Ein Ultimatum«, antwortete Ginzberg. »Warum?«

Das Papier in Steiners Hand enthielt die Forderung der vier Nachtarbeiter, die den rangältesten Nachtwächter Trebitsch zu ihrem Vertreter gewählt hatten. Die wichtigsten Punkte waren:

1. Einstellung eines qualifizierten Portiers, der für die Nachtbelegschaft das Tor zu öffnen und zu schließen hätte;
2. 15 %ige Erhöhung jenes Teils der Gehälter, der nicht zur Kenntnis der Steuerbehörde gelangt, wobei die Bilanzverschleierung der Direktion überlassen bliebe;
3. Ankauf eines jungen, kräftigen Wachhundes;
4. Pensionen und Versicherungen;
5. Anschaffung einer ausreichenden Menge von Decken und Matratzen.

Diese Forderungen wurden von ihren Urhebern als »absolutes Minimum« bezeichnet. Für den Fall einer unbefriedigenden Antwort wurden scharfe Gegenmaßnahmen in Aussicht gestellt.

»Ginzberg«, röchelte Steiner, »auf diese Unverschämtheiten gehe ich nicht ein. Lieber schließe ich die Fabrik, mein Ehrenwort.«

»Das wäre eine Aussperrung der kollektivvertraglich geschützten Arbeiter. Das würde die Gewerkschaft nie zulassen. Und wer sind Sie überhaupt, Steiner, daß Sie uns immer drohen?«

»Wer ich bin?! Der Inhaber dieser Firma bin ich! Ihr Gründer! Ihr Leiter!«

»Über so kindische Bemerkungen kann ich nicht einmal lachen. Die Fabrik gehört denen, die hier arbeiten.«

»Wer arbeitet denn hier? Das nennen Sie arbeiten? Wo uns die Herstellung eines einzigen Flaschenkorks schon 55 Piaster kostet?«
Joseph Ginzberg ging eine Weile im Zimmer auf und ab, ehe er vor Steiner stehenblieb:
»Steiner«, sagte er traurig, »Sie sind entlassen. Holen Sie sich Ihr letztes Monatsgehalt ab und verschwinden Sie...«

Indessen wartete auf Ginzberg ein harter Rückschlag: die Fachgruppe Korkarbeiter der Gewerkschaft erklärte sich mit Steiners Entlassung nicht einverstanden.
»Genosse Ginzberg«, sagten die Vertrauensmänner gleich zu Beginn der improvisierten Sitzung, »einen Mann, der über eine fünfzehnjährige Erfahrung als Chef verfügt, kann man nicht hinauswerfen, ohne ihm eine größere Abfindung zu zahlen. Deshalb würden wir dir nahelegen, auf den einen oder anderen Punkt des Ultimatums zu verzichten. Wozu, beispielsweise, brauchst du einen jungen Wachhund?«
»Genossen«, antwortete Ginzberg trocken, »ihr seid Knechte des Monopolkapitalismus, Lakaien der herrschenden Klasse und Verräter an den Interessen der Arbeiterschaft. Bei den nächsten Wahlen werdet ihr die Quittung bekommen, Genossen!«
Und er warf dröhnend die Türe hinter sich zu.

Die Gruppe Trebitsch befand sich nun schon seit drei Tagen in passiver Resistenz. Die beiden Nachtwächter machten ihre Runde mit langsamen, schleppenden Schritten, die Köchin kochte die Suppe auf kleiner Flamme und servierte sie mit Teelöffeln. Als es zu Sym-

pathiekundgebungen verwandter Fachgruppen kam und die Brauerei- und Nachtklubarbeiter einen zwei Minuten langen Warnstreik veranstalteten, griff das Zentralkomitee der Gewerkschaft ein. Der Großkapitalist, der diese ganze Entwicklung verursacht hatte, wurde zu einer Besprechung ins Gewerkschaftshaus geladen, wo man ihm zusprach:
»Im Grunde geht es ja nur um eine Lappalie, Genosse Steiner. Haben Sie doch ein Herz für den alten Genossen Trebitsch! Erhöhen Sie einen Teil seines Gehalts, ohne daß es die Genossen von der Einkommensteuer erfahren. Matratzen und Decken können Sie aus unserem Ferienfonds haben, für den Portier und den Hund lassen Sie vielleicht Gelder aus dem Entwicklungsbudget flüssigmachen. Und was die Pensionen betrifft – bevor die Mitglieder der Gruppe Trebitsch pensionsreif werden, haben Sie sowieso schon alle Eigentumsrechte an Ihrer Fabrik verloren, und das Ganze geht Sie nichts mehr an. Seien Sie vernünftig.«
Steiner blieb hart:
»Nichts zu machen, meine Herren. Schaffen Sie mir die Trebitsch-Bande vom Hals, dann reden wir weiter.«
»Ein letzter Vorschlag zur Güte, Genosse Steiner. Wir erlassen Ihnen den Ankauf eines Wachhundes, wenn Sie einwandfrei nachweisen, daß er überflüssig ist. Aber dazu müßten Sie Ihre gesamte Produktion auf Nachtschicht umstellen.«

So kam es, daß die »Israelische Kork G.m.b.H.« zur Nachtarbeit überging. Die Belegschaft bestand aus einer einzigen Schicht und umfaßte alle sechs Arbeiter, die Sekretärin und Herrn Steiner selbst. Anfangs ergaben

sich Überschneidungen mit bestimmten Abendkursen der Volkshochschule oder mit kulturellen Ereignissen, aber die Schwierigkeiten wurden mit Hilfe technischer Verbesserungen und eines langfristigen Regierungsdarlehens überwunden. Es gelang dem Unternehmen sogar, den Preis exportfähiger Korke auf 1 Pfund pro Stück zu fixieren. Die Gemüter beruhigten sich, die Produktion normalisierte sich.
Eines Nachts ließ der Vorsitzende des Verwaltungsrats den Obmann des Betriebsrats kommen und sprach zu ihm wie folgt:
»Die Fabrikanlage ist den ganzen Tag unbeaufsichtigt, Ginzberg. Es fällt zwar nicht in Ihre Kompetenz, aber der Ordnung halber teile ich Ihnen mit, daß wir beschlossen haben, einen Wächter anzustellen...«

> Man mag an unseren arabischen Nachbarn manches auszusetzen haben – in der Organisation ihres staatlichen Eigenlebens machen sie enorme Fortschritte. Wo vor wenigen Jahren noch heillose Anarchie herrschte, ist heute alles bis zum letzten Attentat sorgfältig geplant.

FRISCH GEPLANT IST HALB ZERRONNEN

Ein fiktives Interview mit einem fiktiven arabischen Staatsoberhaupt

»Herr Präsident Abdul Abdel Abdallah, gestatten Sie mir, Sie im Namen der von mir vertretenen Zeitung zu Ihrem Amtsantritt zu beglückwünschen. Dürfte ich etwas über Ihre künftigen Pläne erfahren?«
»Ich habe meine Pläne noch nicht im Detail ausgearbeitet, werde aber während der kommenden Monate hauptsächlich mit der Stärkung unserer nationalen Einheit beschäftigt sein. Schon in den nächsten Tagen erlasse ich eine Amnestie für Kommunisten und Mitglieder der Bath-Partei. Damit hoffe ich, alle Hindernisse aus dem Weg zu räumen, die der Verwirklichung unserer sozialistischen Ziele noch entgegenstehen.«
»Und auf volkswirtschaftlichem Gebiet, Herr Präsident?« »Eine bessere Auswertung unserer nationalen Einnahmequellen ist ebenso dringend erforderlich wie eine Revision unserer Verträge mit den ausländischen Ölgesellschaften. Die sofortige Beendigung der Feindseligkeiten mit den Kurden sollte das geeignete Klima für die nötigen Reformen unseres Erziehungswesens

schaffen. Alle diese Pläne hoffe ich bis Mitte Juni verwirklicht zu haben.«
»Warum gerade bis Mitte Juni, wenn ich fragen darf?«
»Weil ich Mitte Juni das erste Komplott gegen mein Regime aufdecken werde.«
»Offiziere des Generalstabs?«
»Ausnahmsweise nicht. An der Spitze der Verschwörung steht der Garnisonskommandant des Militärdistriktes Nord, einer meiner zuverlässigsten Kampfgefährten, den ich nächste Woche sogar zum Brigadegeneral ernennen werde.«
»Wird die Verschwörung Erfolg haben?«
»Nein. Der Bruder des Garnisonskommandanten läßt der Geheimpolizei rechtzeitig eine Geheiminformation zugehen. Anschließend kommt es zu einer rücksichtslosen Säuberung des Offizierskorps und zu Massenverhaftungen unter Kommunisten und Mitgliedern der Bath-Partei. Der Führer der Rebellen wird von mir eigenhändig aufgehängt. Aber das ist vertraulich. Bitte erwähnen Sie in Ihrem Bericht nichts davon.«
»Ganz wie Sie wünschen, Herr Präsident. Wann werden die Säuberungen abgeschlossen sein?«
»Ungefähr Mitte August. Am 20. August fliege ich nach Kairo, um mit Präsident Sadat die Vereinigung unserer beiden Schwesterrepubliken und die Befreiung Palästinas zu besprechen. Ich bin sicher, daß wir dabei auf die denkbar günstigsten Umstände rechnen können. Unglücklicherweise wird gerade auf dem Höhepunkt der Verhandlungen die Nachricht von einer neuen Offensive der jemenitischen Royalisten eintreffen. Das soll mich aber nicht hindern, aus Kairo mit genauen Plänen für

eine sofortige Vereinigung unserer beiden Staaten zurückzukehren.«
»Dann werden wir also Ende August mit Ägypten vereinigt sein?«
»Leider nicht. Während meiner Ansprache an die Absolventen der Kadettenschule wird ein Attentat auf mich verübt, und die Maschinengewehrsalve –«
»Um Allahs willen!«
»Beruhigen Sie sich. Nur der Verteidigungsminister und der Befehlshaber der 6. Infanteriedivision fallen dem Attentat zum Opfer. Ich selbst begnüge mich mit einem Streifschuß an der linken Schulter und richte noch vom Spitalsbett aus eine Rundfunkrede an die Nation. Diese Rede, an der ich bereits arbeite, wird von mir in wenigen Tagen auf Band gesprochen, so daß sie unter allen Umständen rechtzeitig verfügbar ist.«
»Darf ich etwas über den Inhalt der Rede erfahren, Herr Präsident?«
»Zunächst danke ich Allah für die Rettung meines Lebens und unseres Landes. Sodann kündige ich eine umfassende Säuberung unter den proägyptischen Mitgliedern des Offizierskorps an, die meine Besprechungen in Kairo dazu ausgenützt haben, um das Attentat zu organisieren.«
»Wissen Sie schon, wer Sie bei dieser Säuberungsaktion unterstützen wird?«
»Der Kommandant der Panzertruppen. Ich ernenne ihn dafür Mitte September zu meinem Stellvertreter, was ich Ende November tief bedauern werde. Aber dann ist es schon zu spät.«
»Und bis dahin, Herr Präsident?«
»Bis dahin erfolgt die Nationalisierung der Banken

und ein unvorhergesehenes Massaker unter den Anhängern der Linken. Der anschließende Prozeß wird durch den Rundfunk übertragen, die anschließenden Hinrichtungen durch das Fernsehen. Es werden insgesamt neun Kommunistenführer gehängt.«
»Wieder von Ihrer eigenen Hand?«
»Diesmal nicht. Ich halte mich zur betreffenden Zeit in Moskau auf, um mit den Sowjets über eine neue Waffenlieferung zu verhandeln. Der stellvertretende Generalstabschef wird mich begleiten.«
»Nicht der Generalstabschef selbst, Herr Präsident?«
»Er ist unabkömmlich. Er muß ein Attentat auf mich vorbereiten, das in der ersten Oktoberwoche stattfinden wird.«
»Maschinengewehr?«
»Bomben. Der Kommandant unserer Luftwaffe macht sich die erneut ausgebrochenen Kampfhandlungen gegen die Kurden zunutze und bombardiert am Morgen des 6. Oktober meine Privatresidenz.«
»Wird Ihre Leiche unter den Trümmern gefunden, Herr Präsident?«
»Nein. Meinen Plänen zufolge werde ich wie durch ein Wunder gerettet, denn ich befinde mich zufällig im Keller, während die Bomben in mein Arbeitszimmer fallen. Von dem Sessel, auf dem Sie sitzen, und vom Büchergestell zu Ihrer Rechten bleiben nur Holzsplitter übrig.«
»Das wäre also am 6. Oktober, wenn ich recht verstehe?«
»Mit einer Verzögerung von ein bis zwei Tagen muß man natürlich immer rechnen. Aber an meinem Terminkalender wird sich nichts Wesentliches ändern. Hier, in

diesem kleinen Notizbuch, ist alles genau aufgezeichnet... lassen Sie mich nachsehen... Ja. Für Mitte Oktober steht eine umfangreiche Säuberung auf dem Programm, dann folgen umfangreichere Säuberungen, und Ende Oktober wird der Justizminister hingerichtet.«
»Eine Verschwörung?«
»Ein Irrtum. Anschließend Blutbad, allgemeines Ausgehverbot, noch ein Blutbad und Belagerungszustand. Der Gouverneur des Regierungsbezirks Südwest wird verhaftet. Am 1. November trifft eine Goodwillmission der Vereinigten Staaten ein und überbringt eine größere Anzahlung auf die soeben bewilligte Entwicklungshilfe sowie einen neuen Waffenlieferungsvertrag, dessen Kosten gegen die nächste Rate der Entwicklungshilfe gestundet werden. Eine Verschwörung des neuen Verteidigungsministers scheitert.«
»Und für wann, Herr Präsident, ist Ihr eigentlicher Sturz vorgesehen?«
»Er sollte plangemäß zwischen dem 8. und 11. November erfolgen.«
»Der stellvertretende Generalstabschef?«
»Ist in die Sache verwickelt. Aber die führende Rolle spielt der Kommandant der Panzertruppen, den ich im September so voreilig zu meinem Stellvertreter gemacht hatte.«
»Ich verstehe. Darf ich fragen, wie das Ganze vor sich gehen wird?«
»Motorisierte Truppen besetzen unter der Vorspiegelung von Routinemanövern das Rundfunkgebäude. Mein Vetter, den ich im Oktober zum Innenminister ernannt haben werde, richtet einen Aufruf an die Nation und nennt mich... warten Sie, auch das muß ich

irgendwo haben ... richtig. Er nennt mich einen Bluthund mit triefenden Pranken und einen stinkenden Schakal im Dienste ausländischer Hyänen. Zum Schluß appelliert er an die nationale Einheit.«
»Sehr vernünftig, Herr Präsident. Nur noch eine kleine Frage: warum lassen Sie – da Ihnen ja das genaue Datum des Aufstands bekannt ist – das Rundfunkgebäude nicht in die Luft sprengen, bevor es die Aufständischen besetzen?«
»Ich erteile tatsächlich einen solchen Befehl. Aber mein zuverlässigster Vertrauensmann, der für den Sender verantwortliche Garnisonskommandant, schlägt sich leider auf die Seite der Rebellen.«
»Schade. Werden Sie kämpfen, Herr Präsident?«
»Nein. Ich fliehe in einem blaugestreiften Pyjama. Nach meinen Berechnungen sollte man mich zwei Tage später gefangennehmen, gerade als ich in Frauenkleidern ein Versteck außerhalb der Hauptstadt zu erreichen versuche. Bald darauf werde ich geköpft.«
»Wird man Ihren Leichnam durch die Straßen schleifen?«
»Selbstverständlich. Zumindest durch die Hauptstraßen.«
»Und Ihre Pläne für die weitere Zukunft, Herr Präsident?«
»Sie enden ungefähr hier. Meine Sendung als Führer dieses Landes ist ja um diese Zeit bereits erfüllt.«
»Und wer, wenn Sie gestatten, wird Ihr Nachfolger?«
»In meinem Testament empfehle ich den von mir eingesetzten Garnisonskommandanten, der mich später verraten hat.«
»Was sind seine Pläne?«

»Ich vermute: Stärkung der nationalen Einheit, allgemeine Amnestie für Kommunisten und Mitglieder der Bath-Partei, Befreiung Palästinas – aber vielleicht fragen Sie besser ihn selbst, so um den 15. November herum. Ich bin nur für meine eigene Planung verantwortlich. Und jetzt entschuldigen Sie mich. Ich muß eine Siegesparade abnehmen.«

Zu den vielen Gefahren, die unseren Staat bedrohen, ist neuerdings die Gefahr einer intensiven industriellen Entwicklung hinzugekommen. Wenn einmal eine Woche ohne Eröffnung einer neuen Fabrik vorübergeht, wird die Magengrube unseres Finanzministers von einem quälenden Gefühl der Leere befallen, das nach sofortigen Gegenmaßnahmen verlangt.

Kunst und Wirtschaft

Der Finanzminister: Sonst noch etwas?
Die Ratgeber: Das Unterrichtsministerium wiederholt seinen seit zwei Jahren unerledigten Antrag, dem unter Leitung von Josua Bertini stehenden Kammerorchester eine einmalige Subvention von 75 000 Pfund zu gewähren. In der Antragsbegründung heißt es, wie schon seit zwei Jahren, daß die Tätigkeit dieser Musikvereinigung einen wertvollen Beitrag für das kulturelle Leben unseres Landes leistet und –
Der Finanzminister: Sonst noch etwas? Wenn ich nicht irre, ist hier das Finanzministerium und kein Kulturausschuß.
Die Ratgeber: Das Kammerorchester hat dem Finanzministerium bisher insgesamt sieben Subventionsansuchen unterbreitet.
Der Finanzminister: Meinetwegen können sie noch ein Dutzend unterbreiten. Die scheinen uns für einen Goldesel zu halten, der sich von jeder hergelaufenen Artistentruppe ... also melken kann man nicht gut sagen, aber jedenfalls läßt. Was bilden die sich eigentlich ein?

Die Ratgeber: Kammermusikalische Darbietungen können erfahrungsgemäß nur mit einem begrenzten Publikum rechnen und sind auf Subventionen angewiesen.
Der Finanzminister: Meine Herren, lassen wir Zahlen sprechen. Wie oft treten die mit ihrer Kammermusik auf? Ich meine: wie viele Vorstellungen geben sie?
Die Ratgeber: Ungefähr 40 im Jahr.
Der Finanzminister: Und wie viele Sitze hat so ein Konzertsaal?
Die Ratgeber: Eine Schnittberechnung der in Betracht kommenden Säle ergibt 483 Sitze. Aber es ist nicht immer ausverkauft.
Der Finanzminister: Danke. So habe ich's mir vorgestellt. 40 mal 483 macht 19 320, und davon muß man noch die leeren Sitze abziehen. Für diese kläglichen Ziffern sollen wir eine Subvention flüssigmachen? Außerdem müssen wir schon für die Oper sorgen. Ist dieser Herr Bretoni, oder wie er heißt, einmal auf den Gedanken gekommen, sich mit dem Institut zur Förderung von Produktionsziffern zu beraten?
Die Ratgeber: Wahrscheinlich nicht.
Der Finanzminister: Das dachte ich mir! Es ist ja auch viel leichter und bequemer, zur Regierung zu rennen und eine Subvention zu verlangen, nicht wahr. Nein, meine Herren, so baut man keinen Staat auf. Dieses bankrotte Unternehmen soll gefälligst ein vernünftiges Produktionssystem einführen. Senkung der Kosten bei gleichzeitiger Steigerung des Ausstoßes. Abzüge von den Gehältern, Zuschläge zu den Eintrittskarten. Gestaffelte Provisionen. Und überhaupt. Dann werden sie konkurrenzfähig sein.

Die Ratgeber: Wir möchten darauf hinweisen, daß unser Kammerorchester von Kritikern und Sachverständigen als eines der besten seiner Art bezeichnet wird und internationales Ansehen genießt.
Der Finanzminister: Internationales Ansehen! Wieviel macht das in Pfund? Und was sind das für Fachleute, die nicht wissen, daß ein mit Verlust arbeitendes Unternehmen nicht lebensfähig ist?
Die Ratgeber: Aber vom künstlerischen Standpunkt –
Der Finanzminister: Ich bin kein Künstler, meine Herren, ich bin Volkswirtschaftler. Bitte den nächsten Punkt! Was gibt es sonst noch?
Die Ratgeber: Das Offert eines italienischen Textilfabrikanten, in Israel eine Kunststoffabrik zu errichten.
Der Finanzminister: Großartig! Die erste israelische Kunststoffabrik!
Die Ratgeber: Nicht ganz die erste. Wir haben schon drei.
Der Finanzminister: Dann sollte auch noch Platz für eine vierte sein.
Die Ratgeber: Im vergangenen Monat haben zwei von den drei Fabriken mit einem Gesamtverlust von 4,6 Millionen den Betrieb eingestellt.
Der Finanzminister: Ich bitte Sie, meine Herren! Manche Dinge stehen über der trockenen Statistik.
Die Ratgeber: Wir müssen trotzdem noch einige Zahlen nennen. Der italienische Textilmann verlangt einen Kredit von 9 Millionen, wofür er sich bereit erklärt, 5 Millionen in die Fabrik zu investieren.
Der Finanzminister: Bringt er neue Maschinen?
Die Ratgeber: Es ist anzunehmen.
Der Finanzminister: Große, schöne Maschinen, ja?

Die Ratgeber: Soviel wir wissen, sind sie eher klein und flach.
Der Finanzminister: Aber sie haben schöne, große Hebel. Sie werden unsere Industrie ankurbeln. Hebräischer Kunststoff wird den Weltmarkt erobern. Mit eingewebtem Staatswappen. Made in Israel. Was ist Kunststoff?
Die Ratgeber: Ein Stoff aus künstlichem Material.
Der Finanzminister: Macht nichts. Sollen wir uns über Details den Kopf zerbrechen, wenn vor unserem geistigen Auge ein Markstein auf unserem Weg zur wirtschaftlichen Unabhängigkeit neue Blüten treibt?
Die Ratgeber: Wozu brauchen wir –
Der Finanzminister: Meine Herren, ich höre vor meinen geistigen Ohren das Summen der Maschinen, wie sie sich in den Produktionsprozeß einschalten, ich sehe Hunderte geschulter Facharbeiter, wie sie –
Die Ratgeber: – zwei Fabriken zusperren –
Der Finanzminister: Und aus den Maschinen strömt in nicht enden wollendem Strom das unvergleichlich zarte Webprodukt, glitzernd und blinkend im Sonnenschein wie ein goldenes Vlies, dessen heller Klang unserer Nation auf dem Weg zu neuen Höhen voranweht... Kunststoff! Kunststoff!
Die Ratgeber: Aber gleich 9 Millionen Pfund...
Der Finanzminister: Hören Sie mir mit den ewigen Zahlen auf! Haben Sie denn kein Verständnis für die erhabene Musik, die in dem allen liegt? Neue, zukunftweisende Musik, schöpferische Kunst...
Die Ratgeber: Vom wirtschaftlichen Standpunkt –
Der Finanzminister: Ich bin kein Volkswirtschaftler, meine Herren, ich bin Künstler.

Unfair zu Goliath

Ein beschämender Abschnitt in der Geschichte Israels liegt hinter uns. Es wird Zeit, ihn einer nüchternen Analyse zu unterziehen.
Der Ablauf der Ereignisse darf als bekannt vorausgesetzt werden: Nach längerem Manövrieren auf beiden Seiten hatten die Philister in Sichtweite der israelischen Armee, bei Sochon, Stellung bezogen und bemühten sich, die von den Israelis künstlich gesteigerte Spannung in erträglichen Grenzen zu halten. Auf dem Höhepunkt der Krise begab sich der philistinische Oberstabswachtmeister Goliath in das Niemandsland zwischen den beiden Lagern, wo er – wir zitieren einen absolut zuverlässigen Bericht – »seine Stimme erhob«, um größeren Kampfhandlungen und unnötigem Blutvergießen vorzubeugen. Ein Angehöriger der israelischen Streitkräfte namens David, ein bekannter Großwildjäger, reagierte darauf mit einem Überraschungsangriff gegen Goliath, den er brutal zu Fall brachte und abschlachtete. Soweit die Tatsachen.
Rein militärisch betrachtet, kann der israelischen Aktion eine gewisse Qualität nicht abgesprochen werden. Vom moralischen Standpunkt jedoch fühlen wir uns verpflichtet, das Vorgehen Davids und seiner Auftraggeber gründlich zu durchleuchten und eine an Geschichtsfälschung grenzende Legende im Keim zu ersticken. Dabei leiten uns keinerlei Haßgefühle gegen das Volk Israels. Im Gegenteil möchten wir dem ohnehin zweifelhaften Ruf dieses ewig rastlosen Stammes eine neue, schwere Belastung ersparen.
Wir sind durchaus nicht der Meinung, daß der Begriff

des soldatischen Kampfes ein völliges Gleichgewicht in der beiderseitigen Bewaffnung und der beiderseitigen Schlagkraft voraussetzt. Aber die elementaren Grundsätze der Fairneß verlangen eine zumindest annähernde Gleichartigkeit der am Kampf Beteiligten. Wir bedauern, feststellen zu müssen, daß in der Auseinandersetzung zwischen David und Goliath eine solche Balance nicht gegeben war. Vielmehr lagen von Anfang an alle Vorteile auf seiten Davids.

Das zeigte sich bereits an der Ausrüstung. Oberstabswachtmeister Goliath – wir stützen uns abermals auf den oben erwähnten Gewährsmann – »hatte einen ehernen Helm auf seinem Haupte, und einen schuppichten Panzer an, und das Gewicht seines Panzers war fünftausend Sekel Erzes; und hatte eherne Beinharnische an seinen Schenkeln, und einen ehernen Schild auf seinen Schultern«. Das heißt, daß er etwa 60 bis 70 kg zu schleppen hatte. Demgegenüber war David, wie man weiß, lediglich mit einer Hirtentasche und einer Schleuder bewaffnet, was ihm den unschätzbaren Vorteil der leichteren Beweglichkeit sicherte. Hinzu kam, daß der philistinische *Ostwam* »sechs Ellen und eine Handbreit hoch« war – eine geradezu riesenhafte Körpergröße (fast 4 m!), die ihn dem kleinen, untersetzten Israeli gegenüber noch weiter benachteiligte. Bedenkt man schließlich den taktischen Effekt des Überraschungsangriffs, der sich gleichfalls zuungunsten Goliaths auswirken mußte, so darf man ruhig behaupten, daß der ungleiche Kampf im voraus entschieden war.

Die Frage, wer ihn begonnen hat, wird die Experten noch lange beschäftigen. Genaue Nachforschungen haben ergeben, daß während der 40 Tage, die dem Ausbruch der Feindseligkeiten vorangingen, keinerlei Truppenbewegungen stattfanden und daß sich zum Schluß sogar Anzeichen einer Entspannung bemerkbar machten, die eine Lösung auf diplomatischem Weg möglich erscheinen ließ. Warum diese Möglichkeit scheiterte, läßt sich ohne besondere Mühe der schon mehrfach zitierten Quelle entnehmen: Goliath »trat hervor und ging einher«, während David, der gleichen Quelle zufolge, »eilete und lief vom Zeuge gegen den Philister«. Damit dürften die letzten Zweifel beseitigt sein, wer im vorliegenden Fall als Aggressor zu bezeichnen ist.

Indessen soll auch die menschliche Seite des Vorfalls nicht zu kurz kommen. Das Wort hat der junge Schildträger Goliaths, der sich im Militärspital nur langsam von den Folgen des erlittenen Schocks erholt:
»Oberstabswachtmeister Goliath griff niemals als erster an«, sagte uns der junge Kriegsversehrte, wobei er mühsam Haltung annahm. »Er war ein grundgütiger Mensch, voll Lebensfreude und Humor. Manche Leute hielten ihn auf Grund seiner äußeren Erscheinung für einen bärbeißigen Krieger, aber die rauhe Schale verbarg einen weichen Kern. Er liebte Musik, versuchte sich an der Harfe und stimmte am Lagerfeuer gern ein kleines Liedchen an, wie etwa: ›Ich hab' nicht Vater noch Mutter, ihr Juden, habt Mitleid mit mir ...‹ Der Oberstabswachtmeister war nämlich als Waise aufgewachsen und hatte schon damals unter seinen ungewöhnlichen Körpermaßen zu leiden. Nichts lag ihm ferner als Raufhändel, nichts haßte er so sehr wie den Krieg. Sicherlich wollte er diesem Hebräerjüngel eine Kompromißlösung vorschlagen, die für beide Teile annehmbar gewesen wäre. Und seine abfälligen Bemerkungen über

den Gott der Hebräer waren wirklich nicht böse gemeint. Das sagt man so, ohne sich viel dabei zu denken. Mein guter *Ostwam* dachte nur an sein Heim und seine Familie. Er wollte in Ruhe seinen Acker bestellen, nichts weiter. Ich werde es nie verwinden, daß er seinen Lieben auf so hinterhältige Weise entrissen wurde.«

Zu diesem Bild des biederen, friedfertigen Landbewohners, wie es hier aus der Schilderung eines unmittelbar Beteiligten ersteht, läßt sich wohl kaum ein peinlicherer Gegensatz denken als die wendige Figur seines gefinkelten, mit allen städtischen Salben geschmierten Gegners, dessen berechnende Wesensart schon daraus hervorgeht, daß er lang vor dem Kampf Erkundigungen einzog, welcher Lohn denjenigen erwarte, »der diesen Philister erschlägt und wendet die Schande von Israel«. Erst nachdem er sich zahlreicher materieller Vergünstigungen aus der kgl. Saulschen Privatschatulle versichert hatte, war er bereit, in den Kampf zu ziehen – bei dem er sich (was nicht einmal von israelischer Seite geleugnet wird) einer unkonventionellen, außerhalb aller internationalen Abkommen stehenden Waffengattung bediente. Daß er diese Waffen, eine Art steinerner Dumdumgeschosse, planmäßig und zielbewußt aus den israelischen Wasserläufen gewonnen hatte, also schon seit geraumer Zeit heimliche Kriegsvorbereitungen betrieb, bedarf keines weiteren Nachweises und erhärtet die von neutralen Beobachtern aufgestellte Aggressionsthese. Wenn man seine provokatorischen Auslassungen vor Beginn des Kampfes genauer auf ihren Inhalt prüft, erwartete er im Bedarfsfall sogar Hilfe von oben. Man weiß, was das bedeutet.

Der Kampf als solcher hat, wie wir schon sagten, der

Geschichte Israels kein Ruhmesblatt hinzugefügt. Nach übereinstimmenden Augenzeugenberichten muß die Kampfweise Davids geradezu barbarisch genannt werden. Keiner, der dabei war, wird je vergessen, wie dieser entfesselte Hysteriker auf seinen unbeweglichen Gegner losstürzte und unbarmherzig auf den schon Gestrauchelten einschlug, während seine vorsichtig im Hintergrund verbliebenen Kohnnationalen ein ohrenbetäubendes Triumphgeheul anstimmten. Es war einfach widerlich.
Ostwam Goliath gehört für alle Zeiten zu den tragischen Heldengestalten der Kriegsgeschichte. In seiner rührenden Naivität hatte er geglaubt, daß die Stunde der Befreiung für das besetzte Palästina gekommen wäre. Er fiel für die Freiheit der Philister, er fiel im Kampf gegen einen übermächtigen Gegner, dem er sich arglos gestellt hatte. Seiner hart geprüften Witwe wendet sich die allgemeine Anteilnahme zu. Zum Abschluß geben wir ein Gespräch wieder, das wir mit Frau Franziska Goliath im Kreise ihrer vierzehn Kinder führen durften:
»Ich habe keinen Mann und meine Kinder haben keinen Vater mehr«, sagte sie schlicht. »Das Leben wird schwer für uns sein. Was wir besaßen, ist uns von der plündernden Soldateska Israels geraubt worden. Nein, ich will nicht weinen. Aber wenn diese armen Waisenkinder mich immer wieder fragen: ›Wo ist Papi Goliath? Kommt er bald zurück? Hat er schon alle Juden erschlagen?‹ – dann bricht mir das Herz. Und die Welt schaut zu, ohne etwas zu tun...«
Wir senkten ergriffen den Kopf vor dieser Frau und Mutter, die einem unverschuldeten Schicksal tapfer die

Stirn bietet. Das Rad der Geschichte ist über das kleine Volk der Philister hinweggerollt. David hat gesiegt. Es war ein Sieg der rohen Kraft über den Geist des Friedens. Goliath – das wird kein wahrheitsliebender Mensch noch länger bezweifeln – wurde das Opfer einer schamlosen Aggression.

Die Emanzipation der Geschlechter ist nunmehr auch ins Heilige Land gedrungen. Der Mensch des 20. Jahrhunderts hat entdeckt, daß das Geschlechtsleben nicht sündig ist – es ist nur unmöglich. Unsere Vorväter hatten nicht das mindeste entdeckt und hielten sich bis zu dreißig Frauen. Aus formellen Gründen wird das heute nicht mehr gerne gesehen. Infolgedessen ist alles genauso wie vor der Emanzipation. Nur die Phantasie macht Überstunden.

EIN LASTERHAFTES HOTEL

Ich hatte mich entschlossen, die Sommerferien heuer mit meiner Frau zu verbringen. Unsere Wahl fiel auf ein bestrenommiertes Hotel im kühlen Norden, ein ruhiges und bescheidenes Haus, weit weg vom Lärm der großen Städte. Auch gibt es dort weder Rock noch Roll. Auch muß man dort keinen puren Whisky trinken, um als Angehöriger des »smart set« zu gelten.
Ich meldete ein Ferngespräch an und bestellte ein Zimmer für meine Frau und mich.
»Sehr wohl, mein Herr.« Die Stimme des Portiers barst vor diskretem Diensteifer. »Kommen Sie gemeinsam an?«
»Selbstverständlich«, antwortete ich. »Was ist das für eine dumme Frage?«
Nachdem wir gemeinsam angekommen waren, füllte ich mit ein paar genialisch hingeworfenen Federstrichen den Meldezettel aus. Und was geschah dann? Dann händigte der Portier jedem von uns einen Schlüssel aus.

»Der Herr hat Nummer 17, die Dame Nummer 203.«
»Augenblick«, sagte ich. »Ich hatte ein Doppelzimmer bestellt.«
»Sie wollen ein gemeinsames Zimmer?«
»Selbstverständlich. Das ist meine Frau.«
Mit weltgewandten Schritten näherte sich der Portier unserem Gepäck, um die kleinen Schilder zu begutachten, die unsern Namen trugen. In diesem Augenblick durchzuckte es mich wie ein fahler Blitz: Die Schilder trugen gar nicht unsern Namen. Nämlich nicht alle. Meine Frau hatte sich zwei Koffer von ihrer Mutter ausgeborgt, und die Schilder dieser Koffer trugen begreiflicherweise den Namen Erna Spitz.
Der Portier kehrte blicklos hinter das Empfangspult zurück und händigte meiner Frau einen Schlüssel aus.
»Hier ist der Schlüssel zu Ihrem gemeinsamen Zimmer, Frau Kishon.« Die beiden letzten Worte wußte er unnachahmlich zu dehnen.
»Wollen Sie... wenn Sie vielleicht...«, stotterte ich.
»Vielleicht wollen Sie unsere Personalausweise sehen?«
»Nicht nötig. Wir kontrollieren diese Dinge nicht. Das ist Ihre Privatangelegenheit.«
Es war keine reine Freude, die erstaunlich langgestreckte Hotelhalle zu durchmessen. Gierige Augenpaare folgten uns, gierige Mäuler grinsten sarkastisch und dennoch anerkennend. Mir fiel plötzlich auf, daß meine kleine Frau, die beste Ehefrau von allen, nun also doch dieses knallrote Kleid angezogen hatte, das immer so viel Aufsehen macht. Auch ihre Absätze waren viel zu hoch. Verdammt noch einmal. Der fette, glatzköpfige Kerl dort drüben – wahrscheinlich aus der Import-Export-Branche – zeigte mit dem Finger nach uns und flüsterte

etwas in das Ohr der attraktiven Blondine, die neben ihm im Fauteuil saß. Ekelerregend. Daß ein so junges Ding sich nicht geniert, in aller Öffentlichkeit mit diesem alten Lüstling aufzutreten. Als gäbe es im ganzen Land keine netten jungen Männer, wie ich einer bin.
»Hallo, Ephraim!«
Ich drehe mich um. Der ältere der beiden Brüder Schleißner, flüchtige Bekannte von mir, lümmelt in einer Ecke, winkt mir zu und macht eine Geste, die so viel bedeutet wie »Alle Achtung!« Er soll sich hüten. Gewiß, meine Frau kann sich sehen lassen – aber gleich »Alle Achtung«? Was fällt ihm eigentlich ein?
Das Abendessen im großen Speisesaal war ein einziger Alptraum. Während wir bescheiden zwischen den Tischen hindurchgingen, drangen von allen Seiten Gesprächsfetzen an unser Ohr: »Hat das Baby zu Hause bei seiner Frau gelassen... Ein bißchen mollig, aber man weiß ja, daß er... Wohnen in einem Zimmer zusammen, als wären sie... Kenne seine Frau seit Jahren. Ein Prachtgeschöpf. Und er bringt es über sich, mit so einer...« Schleißner sprang auf, als wir uns seinem Tisch näherten, und zog seine Begleiterin hinter sich her, deren Ringfinger deutlich von einem Ehering geziert war. Er stellte sie uns als seine Schwester vor. Geschmacklos. Einfach geschmacklos. Ich machte die beiden mit meiner Frau bekannt. Schleißner küßte ihr die Hand und ließ ein provokant verständnisvolles Lachen hören. Dann nahm er mich beiseite.
»Zu Hause alles in Ordnung?« fragte er. »Wie geht's deiner Frau?«
»Du hast doch gerade mit ihr gesprochen!«
»Schon gut, schon gut.« Er faßte mich verschwörerisch

am Arm und zerrte mich zur Bar, wo er sofort einen doppelten Wodka für mich bestellte. Ich müßte mir diese altmodischen Hemmungen abgewöhnen, erklärte er mir gönnerhaft. Und was heißt denn da überhaupt »betrügen«? Es ist Sommer, es ist heiß, wir alle sind müde und erholungsbedürftig, derlei kleine Eskapaden helfen dem geplagten Gatten bei der Überwindung der Schwierigkeiten, die ihm die Gattin macht, jeder versteht das, alle machen es so, was ist schon dabei. Und er sei überzeugt, daß meine Frau, falls sie davon erführe, mir verzeihen würde.
»Aber ich bin doch mit meiner Frau hier!« stöhnte ich.
»Warum so verschämt, mein Junge? Gar kein Anlaß...«
Es war zwecklos. Ich kehrte zu meiner Frau zurück und er zu seiner »Schwester«. Langsam und zögernd zerstreuten sich die männlichen Bestien, die in der Zwischenzeit den Tisch meiner Frau umlagert hatten. Zu meinem Befremden mußte ich feststellen, daß sie an solcherlei Umlagerung Gefallen fand. Sie war von einer fast unnatürlichen Lebhaftigkeit, und in ihren Augen funkelte es verräterisch. Einer der Männer, so erzählte sie mir – übrigens ein sehr gut aussehender –, hätte sie rundheraus aufgefordert, »diesen lächerlichen Zwerg stehenzulassen und in sein Zimmer zu übersiedeln«.
»Natürlich habe ich ihn abgewiesen«, fügte sie beruhigend hinzu. »Ich würde niemals ein Zimmer mit ihm teilen. Er hat viel zu große Ohren.«
»Und daß du mit mir verheiratet bist, spielt keine Rolle?«
»Ach ja, richtig«, besann sich mein Eheweib. »Ich bin schon ganz verwirrt.«

Etwas später kam der Glatzkopf aus der Import-Export-Branche auf uns zu und stellte uns sein blondes Wunder vor. »Gestatten Sie – meine Tochter«, sagte er.
Ich verspürte Lust, ihm die Faust ins schmierige Gesicht zu schlagen. Meine Tochter! Wirklich eine Unverschämtheit. Sie sah ihm überhaupt nicht ähnlich. Nicht einmal eine Glatze hatte sie. Langsam wurde es mir zu dumm. »Gestatten Sie – meine Freundin.« Und ich deutete mit eleganter Handbewegung auf meine Frau. »Fräulein Erna Spitz.«
Das war der erste Schritt zu einer fundamentalen Umwertung unserer ehelichen Beziehungen. Meine Frau veränderte sich mit bewundernswerter Geschwindigkeit. Wollte ich vor Leuten nach ihrer Hand fassen oder sie auf die Wange küssen, entwand sie sich mir mit der Bemerkung, daß sie auf ihren Ruf achten müsse. Einmal – beim Abendessen, versetzte sie mir sogar einen schmerzhaften Klaps über die Hand. »Bist du verrückt geworden?« zischte sie. »Was sollen sich die Leute denken? Vergiß nicht, daß du ein verheirateter Mann bist. Es wird sowieso schon genug über uns getratscht.«
Damit hatte sie recht. Beispielsweise war uns zu Ohren gekommen, daß wir in einer Vollmondnacht nackt im Meer gebadet hätten. Anderen Gerüchten zufolge konsumierten wir gemeinsam Rauschgift. Schleißners »Schwester« wußte sogar, daß wir nur deshalb hierhergekommen wären, weil der Gatte meiner Begleiterin uns in unserem vorangegangenen Liebesnest in Safed aufgespürt hätte; die Flucht wäre uns nur ganz knapp geglückt.
»Stimmt das?« fragte die Schleißnerschwester. »Ich sag's niemandem weiter.«

»Es stimmt nicht ganz«, erklärte ich bereitwillig. »Der Gatte meiner Freundin war zwar in Safed, aber mit dem Stubenmädchen. Und der Liebhaber des Stubenmädchens – nebenbei glücklich verheiratet und Vater von drei Kindern – ist ihnen dorthin nachgeeilt und hat ihm das Mädchen wieder entrissen. Daraufhin beschloß der Gatte, sich an uns zu rächen. Und seither will die wilde Jagd kein Ende nehmen!«
Die Schwester schwor aufs neue, stumm wie ein Grab zu bleiben, und empfahl sich, um den Vorfall mit den übrigen Hotelgästen zu besprechen.
Eine Viertelstunde später wurden wir in die Hoteldirektion gerufen, wo man uns nahelegte, vielleicht doch getrennte Zimmer zu nehmen. Der Form halber.
Ich blieb hart. Nur der Tod würde uns trennen, sagte ich.
Nach und nach wurde die Lage unhaltbar – allerdings aus einem andern Grund, als man vermuten sollte. Meine kleine Frau, die beste Ehefrau von allen, machte es sich nämlich zur Regel, die teuersten Speisen zu wählen und französischen Champagner als Tischgetränk zu bestellen. In einem kleinen silbernen Kübel mit Eis darinnen. Als eine Woche vergangen war, rückte sie mit der unverblümten Forderung nach Pelzen und Juwelen heraus. Das sei in solchen Fällen üblich, behauptete sie.
Gerade noch rechtzeitig erfolgte der Umschwung. Eines Morgens tauchte ein Journalist aus Haifa auf, einer dieser Allerweltsreporter, die mit jedem Menschen per du sind und sich überall auskennen.
»Einen gottverlassenen Winkel habt ihr euch da ausgesucht«, murrte er wenige Stunden nach seiner Ankunft.

»Ich hätte nicht geglaubt, daß es irgendwo so sterbensfad sein kann wie hier. Schleißner kommt mit seiner Schwester, du kommst mit deiner Frau, und dieser glatzköpfige Zivilrichter weiß sich nichts Besseres mitzubringen als seine Tochter. Sie ist Klavierlehrerin. Jetzt sag mir bloß: Wie hast du es in dieser kleinbürgerlichen Atmosphäre so lange ausgehalten?«

Am nächsten Tag verließen wir das Hotel. Friede kehrte in unsere Ehe ein.

Nur ab und zu wirft meine Frau mir noch vor, daß ich sie betrogen hätte, und zwar mit ihr selbst.

Der Mensch ist ein geselliges Gewächs. Und aber am siebenten Tage schuf er die Cocktail-Party. Zu einer Cocktail-Party werden bekanntlich alle Freunde eingeladen, die man unbedingt einladen muß, weil sie sonst beleidigt sind. Die anderen sind beleidigt und gesellen sich dem feindlichen Lager zu. Aber da hilft nichts. Krieg ist Krieg.

Eine Verschwörung der Fröhlichkeit

Die letzten Tage des Jahres sind immer bis zum Bersten mit Spannung geladen – wie ein Mann, der nirgends seine gewohnten Beruhigungstabletten bekommen kann. Weiß der Himmel, was in die Leute fährt, wenn das neue Jahr herankommt. Die Atmosphäre schlägt Funken. Da und dort schleichen dunkle Schatten durch einige Seitengassen und drücken sich scheu die Häusermauern entlang. Aus ihren Augen spricht unnennbares Entsetzen.
Ich selbst fühlte mich an einem dieser Abende von einer geheimnisvollen Hand gepackt und in ein finsteres Stiegenhaus gezerrt. Es war der bekannte Theatermann Engler, ein entfernter Freund von mir. Ich erkannte ihn nur mit Mühe, denn sein Gesicht war maskiert.
»Höre«, flüsterte er mir ins Ohr. »Du bist zur Silvester-Party bei uns eingeladen.«
»Gut«, flüsterte ich zurück. »Aber warum flüsterst du?«
»Die Mauern haben Ohren. Es kommen nur ein paar sorgfältig ausgewählte Freunde, und die anderen, die nicht eingeladen sind, sollen nichts davon erfahren.«

»In Ordnung. Von mir erfährt's keiner. Wo findet das Bacchanal statt?«
»Die Adresse wird erst im letzten Augenblick bekanntgegeben, sonst sickert sie durch. Und die Beleidigungen, die dann entstehen würden, kannst du dir vorstellen.«
»Gewiß. Aber ich möchte trotzdem wissen, wo ich hinkommen soll.«
»Ich sagte dir schon, daß du das rechtzeitig erfahren wirst. Bekanntgabe des Versammlungsortes und des Losungswortes erfolgt telefonisch. Die Organisation beruht auf dem Prinzip der konspirativen Zellenbildung. Jeder kennt nur sechs andere. Auf diese Weise vermeiden wir Unstimmigkeiten. Bitte bring eine Flasche Cognac mit, und meiner Meinung nach dürfen die Amerikaner unter keinen Umständen aus Berlin abziehen, das wäre ein verhängnisvoller Fehler . . .«
Der erfahrene Leser hat bereits bemerkt, daß im dunklen Stiegenhaus ein anderer Schatten aufgetaucht und an uns vorübergehuscht war.
»Man kann nicht vorsichtig genug sein«, wisperte mein Gastgeber und trocknete sich den Schweiß, den die eben überstandene Gefahr ihm auf die Stirn getrieben hatte. »Wer war dieser Mann? Weißt du's? Ich auch nicht. Ich möchte mir keine überflüssigen Feinde machen. Aber ich konnte beim besten Willen nicht alle einladen, die eingeladen sein wollten. Hier ist deine Einladung.«
Er steckte mir eine gehämmerte Karte zu, deren goldgeprägter Text lautete: Persönliche Einladung Nr. 29, Serie B. Abendanzug.
»Sofort verbrennen!« raunte er mir zu und preßte die Hand gegen sein vermutlich wildpochendes Herz. Er zitterte am ganzen Körper.

Ich zündete die Karte an allen vier Ecken an und streute die Asche in den Wind.

»Laß mich zuerst gehen«, sagte mein Gastgeber. »Ich gehe nach rechts. Du wartest fünf Minuten und gehst nach links.« Damit verschwand er in der Dunkelheit. Ein Seufzer der Erleichterung entrang sich meiner Brust. Endlich war ich den Kerl los. Wir veranstalten nämlich zu Hause unsere eigene Silvester-Party und hatten ihn nicht eingeladen.

Gleichgültig, ob es eine erfolgreiche oder eine mißlungene Party war – eines ist sicher: wenn die Tür sich hinter dem letzten Gast geschlossen hat, stehen die Hausleute einer verwüsteten Wohnung und Bergen von schmutzigen Tellern gegenüber. Es muß ein solcher Augenblick gewesen sein, in dem der alte Hiob (14,19) wehklagte: »Du wäschest hinweg die Dinge, die da kommen aus dem Staub der Erde, und Du vernichtest des Menschen Hoffnung.« Die Bibel meldet nicht, was Frau Hiob darauf geantwortet hat.

Wem die Teller schlagen

Meine Frau und ich sind keine religiösen Eiferer, aber die Feiertage werden bei uns streng beachtet. Alle. An Feiertagen braucht man nichts zu arbeiten, und außerdem sorgen sie für Abwechslung in kulinarischer Hinsicht. Um nur ein Beispiel zu nennen: am Passahfeste ist es geboten, bestimmte Speisen zweimal in eine schmackhafte Fleischsauce zu tunken, ehe man sie verzehrt. An Wochentagen tunkt man in der Regel nicht einmal einmal.
Was Wunder, daß ich heuer, als es soweit war, an meine Frau die folgenden Worte richtete:
»Ich habe eine großartige Idee. Wir wollen im Sinne unserer historischen Überlieferungen einen Sederabend abhalten, zu dem wir unsere lieben Freunde Samson und Dwora einladen. Ist das nicht die schönste Art, den Feiertag zu begehen?«
»Wirklich?« replizierte die beste Ehefrau von allen.

»Noch schöner wäre es, von ihnen eingeladen zu werden. Ich denke gar nicht daran, eine opulente Mahlzeit anzurichten und nachher stundenlang alles wieder sauberzumachen. Geh zu Samson und Dwora und sag ihnen, daß wir sie sehr gerne zum Seder eingeladen hätten, aber leider geht's diesmal nicht, weil... laß mich nachdenken... weil unser elektrischer Dampftopf geplatzt ist oder weil der Schalter, mit dem man die Hitze einstellt, abgebrochen ist und erst in zehn Tagen repariert werden kann, und deshalb müssen sie uns einladen...«
Ich beugte mich vor dieser unwidersprechlichen Logik, ging zu Samson und Dwora und deutete an, wie schön es doch wäre, den Sederabend in familiärer Gemütlichkeit zu verbringen.
Laute Freudenrufe waren die Antwort.
»Herrlich!« jubelte Dwora. »Wunderbar! Nur schade, daß es diesmal bei uns nicht geht. Unser elektrischer Dampftopf ist geplatzt, das heißt, der Schalter, mit dem man die Hitze einstellt, ist abgebrochen und kann erst in zehn Tagen repariert werden. Du verstehst...«
Ich brachte vor Empörung kein Wort hervor.
»Wir werden also zum Seder zu euch kommen«, schloß Dwora unbarmherzig ab. »Gut?«
»Nicht gut«, erwiderte ich mühsam. »Es klingt vielleicht ein bißchen dumm, aber auch unser elektrischer Dampftopf ist hin. Eine wahre Schicksalsironie. Ein Treppenwitz der Weltgeschichte. Aber was hilft's...«
Samson und Dwora wechselten ein paar stumme Blicke.
»In der letzten Zeit«, fuhr ich einigermaßen verlegen fort, »hört man immer wieder von geplatzten Dampf-

töpfen. Sie platzen im ganzen Land. Vielleicht ist mit dem Elektrizitätswerk etwas nicht in Ordnung.«

Langes, ausführliches Schweigen entstand. Plötzlich stieß Dwora einen heiseren Schrei aus und schlug vor, unsere Freunde Botoni und Piroschka in die geplante Festlichkeit einzuschalten. Es wurde beschlossen, eine diplomatische Zweier-Delegation (rein männlich) zu Botoni und Piroschka zu entsenden. Ich machte mich mit Samson unverzüglich auf den Weg.

»Hör zu, alter Junge«, sagte ich gleich zur Begrüßung und klopfte Botoni jovial auf die Schulter. »Wie wär's mit einem gemeinsamen Sederabend? Großartige Idee, was?«

»Wir könnten einen elektrischen Kocher mitbringen, falls eurer zufällig geplatzt ist«, fügte Samson vorsorglich hinzu. »In Ordnung? Abgemacht?«

»In Gottes Namen.« Botonis Stimme hatte einen sauren Beiklang. »Dann kommt ihr eben zu uns. Auch meine Frau wird sich ganz bestimmt sehr freuen, euch zu sehen.«

»Botooni!« Eine schrille Weiberstimme schlug schmerzhaft an unser Trommelfell. Botoni stand auf, vermutete, daß seine Frau in der Küche etwas von ihm haben wolle, und entfernte sich. Wir warteten in düsterer Vorahnung. Als er zurückkam, hatten sich seine Gesichtszüge deutlich verhärtet.

»Auf welchen Tag fällt heuer eigentlich der Seder?« fragte er.

»Es ist der Vorabend des Passahfestes«, erläuterte ich höflich. »Eine unserer schönsten historischen Überlieferungen.«

»Was für ein Schwachkopf bin ich doch!« Botoni schlug

sich mit der flachen Hand gegen die Stirn. »Jetzt habe ich vollkommen vergessen, daß an diesem Tag unsere Wohnung saubergemacht wird. Und neu gemalt. Wir müssen anderswo essen. Möglichst weit weg. Schon wegen des Geruchs.«
Samson sah mich an. Ich sah Samson an. Man sollte gar nicht glauben, auf was für dumme, primitive Ausreden ein Mensch verfallen kann, um sich einer religiösen Verpflichtung zu entziehen. Was blieb uns da noch übrig, als Botoni in die Geschichte mit den geplatzten Kochern einzuweihen?
Botoni hörte gespannt zu. Nach einer kleinen Weile sagte er:
»Das ist aber eine rechte Gedankenlosigkeit von uns! Warum sollten wir ein so nettes Paar wie Midad und Schulamith von unserem Sederabend ausschließen?«
Wir umarmten einander herzlich, denn im Grunde waren wir Busenfreunde, alle drei. Dann gingen wir alle drei zu Midad und Schulamith, um ihnen unsern Plan für einen schönen gemeinsamen Sederabend zu unterbreiten. Midads und Schulamiths Augen leuchteten auf. Schulamith klatschte sogar vor Freude in die Hände:
»Fein! Ihr seid alle zum Nachtmahl bei uns!«
Wir glotzten. Alle? Wir alle? Zum Nachtmahl? Nur so? Da steckt etwas dahinter!
»Einen Augenblick«, sagte ich mit gesammelter Stimme. »Seid ihr sicher, daß ihr *eure* Wohnung meint?«
»Was für eine Frage!«
»Und euer Dampftopf funktioniert?«
»Einwandfrei!«
Ich war fassungslos. Und ich merkte, daß auch Samson und Botoni von Panik ergriffen wurden.

»Die Wände!« brach es aus Botoni hervor. »Was ist mit euren Wänden? Werden die gar nicht geweißt?«
»Laß die Dummheiten«, sagte Midad freundlich und wohlgelaunt. »Ihr seid zum Sederabend bei uns, und gut.«
Völlig verdattert und konfus verließen wir Midads Haus. Selbstverständlich werden wir zum Seder *nicht* hingehen. Irgend etwas ist da nicht in Ordnung, und so leicht kann man uns nicht hineinlegen. Keinen von uns. Wir bleiben zu Hause. So, wie sich's im Sinne unserer schönsten historischen Überlieferung gehört.

Ein zweiter Fluch, der auf der Menschheit lastet, ist das Telefon. Als es von Graham Bell erfunden wurde, ging ein skeptisches Auflachen durch die ganze Welt. Die ganze Welt behauptete, es sei unmöglich, daß man durch Abheben eines Hörers und Wählen einer Nummer in die Lage kommen sollte, mit jemandem andern zu sprechen. Was Israel betrifft, hatte die ganze Welt recht.

Nennen Sie mich Kaminski

Ich habe zu Hause ein Telefon. Ich habe ein Telefon zu Hause. Zu Hause habe ich ein Telefon. Ich kann's mir gar nicht oft genug wiederholen. Ich bin noch ganz verrückt vor Freude darüber, daß ich zu Hause ein Telefon habe. Endlich ist es soweit. Jetzt brauche ich nicht mehr zu meinem widerwärtigen Wohnungsnachbarn zu gehen, um ihn anzuflehen, er möchte mich doch bitte noch ein Mal – ein letztes Mal, Ehrenwort – sein Telefon benützen lassen. Dieser entwürdigende Zustand ist zu Ende. Ich habe ein Telefon zu Hause. Ein eigenes, tadelloses, prächtiges Telefon.
Niemand, nicht einmal ich, könnte die Ungeduld beschreiben, mit der ich auf den ersten Anruf wartete. Und dann kam er. Gestern kurz nach dem Mittagessen wurde ich durch ein gesundes, kräftiges Läuten aus meinem Nachmittagsschlaf geweckt, stolperte zum Telefon, nahm den Hörer ab und sagte:
»Ja.«
Das Telefon sagte:

»Weinreb. Wann kommen Sie?«
»Ich weiß noch nicht«, antwortete ich. »Wer spricht?«
»Weinreb.« Offenbar war das der Name des Anrufers.
»Wann kommen Sie?«
»Ich weiß es noch immer nicht. Mit wem wünschen Sie zu sprechen?«
»Was glauben Sie, mit wem? Mit Amos Kaminski, natürlich.«
»Sie sind falsch verbunden. Hier Kishon.«
»Ausgeschlossen«, sagte Weinreb. »Welche Nummer haben Sie?«
Ich sagte ihm die Nummer.
»Richtig. Diese Nummer habe ich gewählt. Es ist die Nummer von Amos Kaminski. Wann kommen Sie?«
»Sie sind falsch verbunden.«
Ich wiederholte die Nummer.
»Stimmt«, wiederholte Weinreb. »Das ist Amos Kaminskis Nummer.«
»Sind Sie sicher?«
»Hundertprozentig sicher. Ich telefoniere jeden Tag mit ihm.«
»Ja, also dann ... Dann sind Sie wahrscheinlich doch mit Kaminski verbunden.«
»Selbstverständlich. Wann kommen Sie?«
»Einen Augenblick. Ich muß meine Frau fragen.«
Ich legte den Hörer ab und ging zu meiner Frau ins Zimmer:
»Die Weinrebs wollen wissen, wann wir zu ihnen kommen.«
»Donnerstag abend«, antwortete meine Frau. »Aber erst nach dem Essen.«
Ich ging zum Telefon zurück, zum eigenen, tadellosen,

prächtigen Telefon, nahm den Hörer auf und sagte: »Paßt Ihnen Donnerstag abend?«
»Ausgezeichnet«, sagte Weinreb.
Damit war das Gespräch beendet. Ich erzählte es meiner Frau mit allen Details. Sie behauptete steif und fest, daß ich nicht Amos Kaminski sei. Es war sehr verwirrend. »Wenn du mir nicht glaubst, dann ruf die Auskunft an«, sagte meine Frau.
Ich rief die Auskunft an. Sie war besetzt.

»Geschenke bekommen ist gut, Geschenke machen ist besser«, sagt ein altes jüdisches Sprichwort, das uns immer einfällt, wenn wir zu Hause beim Aufräumen auf irgendein altes Zeugs stoßen.

Ringelspiel

Alles ist eine Frage der Organisation. Deshalb bewahren wir in einem zweckmäßig nach Fächern eingeteilten Kasten unbrauchbare Geschenke zur künftigen Wiederverwendung auf. Wann immer so ein Geschenk kommt, und es kommt oft, wird es registriert, klassifiziert und eingeordnet. Babysachen kommen automatisch in ein Extrafach, Bücher von größerem Format als 20 x 25 cm werden in der »Bar-Mizwah«-Abteilung abgelegt, Vasen und talmisilberne Platten unter »Hochzeit«, besonders scheußliche Aschenbecher unter »Neue Wohnung«, und so weiter.
Eines Tages ist Purim, das Fest der Geschenke, plötzlich wieder da, und plötzlich geschieht folgendes:
Es läutet an der Tür. Draußen steht Benzion Ziegler mit einer Bonboniere unterm Arm. Benzion Ziegler tritt ein und schenkt uns die Bonboniere zu Purim. Sie ist in Cellophanpapier verpackt. Auf dem Deckel sieht man eine betörend schöne Jungfrau, umringt von allegorischen Figuren in Technicolor. Wir sind tief gerührt, und Benzion Ziegler schmunzelt selbstgefällig.
So weit, so gut. Die Bonboniere war uns hochwillkommen, denn Bonbonieren sind sehr verwendbare Geschenke. Sie eignen sich für vielerlei Anlässe, für den Unabhängigkeitstag so gut wie für silberne Hochzeiten.

Wir legten sie sofort in die Abteilung »Diverser Pofel«. Aber das Schicksal wollte es anders. Mit einemmal befiel uns beide, meine Frau und mich, ein unwiderstehliches Verlangen nach Schokolade, das nur durch Schokolade zu befriedigen war. Zitternd vor Gier rissen wir die Cellophanhülle von der Bonbonniere, öffneten die Schachtel und prallten zurück. Die Schachtel enthielt ein paar bräunliche Kieselsteine mit leichtem Moosbelag.
»Ein Rekord«, sagte meine Gattin tonlos. »Die älteste Schokolade, die wir jemals gesehen haben.«
Mit einem Wutschrei stürzten wir uns auf Benzion Ziegler und schüttelten ihn so lange, bis er uns bleich und bebend gestand, daß er die Bonbonniere voriges Jahr von einem guten Freund geschenkt bekommen hatte. Wir riefen den guten Freund an und zogen ihn derb zur Verantwortung. Der gute Freund begann zu stottern: »Bonbonniere ... Bonbonniere ... ach ja. Ein Geschenk von Ingenieur Glück, aus Freude über den israelischen Sieg an der Sinai-Front ... Wir forschten weiter. Ingegenieur Glück hatte die Schachtel vor vier Jahren von seiner Schwägerin bekommen, als ihm Zwillinge geboren wurden. Die Schwägerin ihrerseits erinnerte sich noch ganz deutlich an den Namen des Spenders: Goldstein, 1953. Goldstein hatte sie von Glaser bekommen, Glaser von Steiner, und Steiner – man glaubt es nicht – von meiner guten Tante Ilka, 1950. Ich wußte sofort Bescheid: Tante Ilka hatte damals ihre neue Wohnung eingeweiht, und da das betreffende Fach unseres Geschenkkastens gerade leer war, mußten wir blutenden Herzens die Bonbonniere opfern.
Jetzt hielten wir die historische Schachtel wieder in Händen. Ein Gefühl der Ehrfurcht durchrieselte uns.

Was hatte diese Bonbonniere nicht alles erlebt! Geburtstagsfeiern, Siegesfeiern, Grundsteinlegungen, neue Wohnungen, Zwillinge... wahrhaftig ein Stück Geschichte, diese Bonbonniere.
Hiermit geben wir der Öffentlichkeit bekannt, daß die Geschenkbonbonniere des Staates Israel aus dem Verkehr gezogen ist. Irgend jemand wird eine neue kaufen müssen.

> »Und das Weib soll dem Manne untertan sein und soll ihm folgen überallhin«, schreibt Moses im Buche Exodus. Wenn das stimmt – warum muß ich mir dann die Gefolgschaft meines Weibes fast pausenlos durch Geschenke erkaufen?

Vertrauen gegen Vertrauen

Damit Klarheit herrscht: Geld spielt bei uns keine Rolle, solange wir noch Kredit haben. Die Frage ist, was wir einander zu den vielen Festtagen des Jahres schenken sollen. Wir beginnen immer schon Monate vorher an Schlaflosigkeit zu leiden. Der Plunderkasten »Zur weiteren Verwendung« kommt ja für uns selbst nicht in Betracht. Es ist ein fürchterliches Problem.
Vor drei Jahren, zum Beispiel, schenkte mir meine Frau eine komplette Fechtausrüstung und bekam von mir eine zauberhafte Stehlampe. Ich fechte nicht.
Vor zwei Jahren verfiel meine Frau auf eine Schreibtischgarnitur aus karrarischem Marmor – samt Briefbeschwerer, Brieföffner, Briefhalter und Briefmappe –, während ich sie mit einer zauberhaften Stehlampe überraschte. Ich schreibe keine Briefe.
Voriges Jahr erreichte die Krise ihren Höhepunkt, als ich meine Frau mit einer zauberhaften Stehlampe bedachte und sie mich mit einer persischen Wasserpfeife. Ich rauche nicht.
Heuer trieb uns die Suche nach passenden Geschenken beinahe in den Wahnsinn. Was sollten wir einander noch kaufen? Gute Freunde informierten mich, daß sie meine Frau in lebhaftem Gespräch mit einem Grund-

stücksmakler gesehen hätten. Wir haben ein gemeinsames Bankkonto, für das meine Frau auch allein zeichnungsberechtigt ist. Erbleichend nahm ich sie zur Seite: »Liebling, das muß aufhören. Geschenke sollen Freude machen, aber keine Qual. Deshalb werden wir uns nie mehr den Kopf darüber zerbrechen, was wir einander schenken sollen. Ich sehe keinen Zusammenhang zwischen einem Feiertag und einem schottischen Kilt, den ich außerdem niemals tragen würde. Wir müssen vernünftig sein, wie es sich für Menschen unseres Intelligenzniveaus geziemt. Laß uns jetzt ein für allemal schwören, daß wir einander keine Geschenke mehr machen werden!« Meine Frau fiel mir um den Hals und näßte ihn mit Tränen der Dankbarkeit. Auch sie hatte an eine solche Lösung gedacht und hatte nur nicht gewagt, sie vorzuschlagen. Jetzt war das Problem für alle Zeiten gelöst. Am nächsten Tag fiel mir ein, daß ich meiner Frau zum bevorstehenden Fest doch etwas kaufen müßte. Als erstes dachte ich an eine zauberhafte Stehlampe, kam aber wieder davon ab, weil unsere Wohnung durch elf zauberhafte Stehlampen nun schon hinlänglich beleuchtet ist. Außer zauberhaften Stehlampen wüßte ich aber für meine Frau nichts Passendes, oder höchstens ein Brillantdiadem – das einzige, was ihr noch fehlt. Einem Zeitungsinserat entnahm ich die derzeit gängigen Preise und ließ auch diesen Gedanken wieder fallen.

Zehn Tage vor dem festlichen Datum ertappte ich meine Frau, wie sie ein enormes Paket in unsere Wohnung schleppte. Ich zwang sie, es auf der Stelle zu öffnen. Es enthielt pulverisierte Milch. Ich öffnete jede Dose und untersuchte den Inhalt mit Hilfe eines Siebs auf Manschettenknöpfe, Krawattennadeln und ähnliche Fremdkörper. Ich fand nichts. Trotzdem eilte ich am nächsten Morgen, von unguten Ahnungen erfüllt, zur Bank. Tatsächlich: Meine Frau hatte 260 Pfund von unserem Konto abgehoben, auf dem jetzt nur noch 80 Aguroth verblieben, die ich sofort abhob. Heißer Zorn überkam mich. Ganz wie du willst, fluchte ich in mich hinein. Dann kaufe ich dir also einen Astrachanpelz, der uns ruinieren wird. Dann beginne ich jetzt Schulden zu machen, zu trinken und Kokain zu schnupfen. Ganz wie du willst. Gerade als ich nach Hause kam, schlich meine Frau, abermals mit einem riesigen Paket, sich durch die Hintertür ein. Ich stürzte auf sie zu, entwand ihr das Paket und riß es auf – natürlich. Herrenhemden. Eine Schere ergreifen und die Hemden zu Konfetti zerschneiden, war eins.

»Da – da –!« stieß ich keuchend hervor. »Ich werde dich lehren, feierliche Schwüre zu brechen!«

Meine Frau, die soeben meine Hemden aus der Wäscherei geholt hatte, versuchte einzulenken. »Wir sind erwachsene Menschen von hohem Intelligenzniveau«, behauptete sie. »Wir müssen Vertrauen zueinander haben. Sonst ist es mit unserem Eheleben vorbei.«

Ich brachte die Rede auf die abgehobenen 260 Pfund. Mit denen hätte sie ihre Schulden beim Friseur bezahlt, sagte sie.

Einigermaßen betreten brach ich das Gespräch ab. Wie schändlich von mir, meine kleine Frau, die beste Ehefrau von allen, so völlig grundlos zu verdächtigen. Das Leben kehrte wieder in seine normalen Bahnen zurück.

Im Schuhgeschäft sagte man mir, daß man die gewünschten Schlangenlederschuhe für meine Frau ohne

Kenntnis der Fußmaße nicht anfertigen könne, und ich sollte ein Paar alte Schuhe als Muster bringen.
Als ich mich mit dem Musterpaar unterm Arm aus dem Haustor drückte, sprang meine Frau, die dort auf der Lauer lag, mich hinterrücks an. Eine erregte Szene folgte. »Du charakterloses Monstrum!« sagte meine Frau. »Zuerst wirfst du mir vor, daß ich mich nicht an unsere Abmachung halte, und dann brichst du sie selber! Wahrscheinlich würdest du mir auch noch Vorwürfe machen, weil ich dir nichts geschenkt habe...«
So konnte es nicht weitergehen. Wir erneuerten unseren Eid. Im hellen Schein der elf zauberhaften Stehlampen schworen wir uns zu, bestimmt und endgültig keine Geschenke zu kaufen. Zum ersten Mal seit Monaten zog Ruhe in meine Seele ein.
Am nächsten Morgen folgte ich meiner Frau heimlich auf ihrem Weg nach Jaffa und war sehr erleichtert, als ich sie ein Spezialgeschäft für Damenstrümpfe betreten sah. Fröhlich pfeifend kehrte ich nach Hause zurück. Das Fest stand bevor, und es würde keine Überraschung geben. Endlich!
Auf dem Heimweg machte ich einen kurzen Besuch bei einem befreundeten Antiquitätenhändler und kaufte eine kleine chinesische Vase aus der Ming-Periode. Das Schicksal wollte es anders. Warum müssen die Autobusfahrer auch immer so unvermittelt stoppen. Ich versuchte, die Scherben zusammenzuleimen, aber das klappte nicht recht. Um so besser. Wenigstens kann mich meine Frau keines Vertragsbruches zeihen.
Meine Frau empfing mich im Speisezimmer, festlich gekleidet und mit glückstrahlendem Gesicht. Auf dem großen Speisezimmertisch sah ich, geschmackvoll arran-

giert, einen neuen elektrischen Rasierapparat, drei Kugelschreiber, ein Schreibmaschinenfutteral aus Ziegenleder, eine Schachtel Skiwachs, einen Kanarienvogel komplett mit Käfig, eine Brieftasche, eine zauberhafte Stehlampe, einen Radiergummi und ein Koffergrammophon (das sie bei dem alten Strumpfhändler in Jaffa unterderhand gekauft hatte).
Ich stand wie gelähmt und brachte kein Wort hervor. Meine Frau starrte mich ungläubig an. Sie konnte es nicht fassen, daß ich mit leeren Händen gekommen war. Dann brach sie in konvulsivisches Schluchzen aus:
»Also so einer bist du. So behandelst du mich. Einmal in der Zeit könntest du mir eine kleine Freude machen – aber das fällt dir ja gar nicht ein. Pfui, pfui, pfui. Geh mir aus den Augen. Ich will dich nie wieder sehen...«
Erst als sie geendet hatte, griff ich in die Tasche und zog die goldene Armbanduhr mit den Saphiren hervor. Kleiner, dummer Liebling.

> Kommt zu mir, liebe Kinder, und setzt euch um mich herum. Wißt ihr wohl auch, was eine »straight flush« ist? Wenn ihr mir versprecht, ruhig zuzuhören, erzähle ich euch die Geschichte von einem Manne namens Sulzbaum, der es weiß. Er hat es durch Erfahrung gelernt.

Poker mit Moral

Herr Sulzbaum war ein bescheidener Mann, der still und friedlich dahinlebte, ohne mit seinem Erdenlos zu hadern. Er nannte eine kleine Familie sein eigen: eine liebende Frau wie eure Mutti und zwei schlimme Buben wie ihr selbst, haha. Herr Sulzbaum war ein kleiner Angestellter in einem großen Betrieb. Sein Einkommen war karg, aber die Seinen brauchten niemals zu hungern. Eines Abends hatte Herr Sulzbaum Gäste bei sich, und als sie so beisammensaßen, schlug er ihnen spaßeshalber vor, Karten zu spielen. Gewiß, liebe Kinder, habt ihr schon von einem Kartenspiel gehört, welches »Poker« heißt. Erst vor kurzem haben unsere Gerichte entschieden, daß es zu den verbotenen Spielen gehört.
Herr Sulzbaum aber sagte: »Warum nicht? Wir sind doch unter Freunden. Es wird ein freundliches kleines Spielchen werden.«
Um es kurz zu machen: Herr Sulzbaum gewann an diesem Abend 6 Pfund. Das war sehr viel Geld für ihn, und deshalb spielte er am nächsten Abend wieder. Und am übernächsten. Und dann Nacht für Nacht. Und meistens gewann er.

Das Leben war sehr schön.
Wen das Laster des Kartenspiels einmal in den Klauen hat, den läßt es so geschwind nicht wieder los. Herr Sulzbaum gab sich mit freundlichen kleinen Spielchen nicht länger zufrieden. Er wurde Stammgast in den Spielklubs.
Ein Spielklub, liebe Kinder, ist ein böses finsteres Haus, das von der Polizei geschlossen wird, kaum, daß sie von seiner Wiedereröffnung erfährt. Vielleicht habt ihr davon schon in den Zeitungen gelesen.
Anfangs blieb das Glück Herrn Sulzbaum treu. Er gewann auch in den Spielklubs, er gewann sogar recht ansehnliche Beträge und kaufte für seine kleine Familie eine große Wohnung mit Waschmaschine und allem Zubehör. Sein treues Weib wurde nicht müde, ihn zu warnen: »Sulzbaum, Sulzbaum«, sagte sie, »mit dir wird es ein schlimmes Ende nehmen.« Aber Sulzbaum lachte sie aus: »Wo steht es denn geschrieben, daß jeder Mensch beim Kartenspiel verlieren muß? Da die meisten Menschen verlieren, muß es ja auch welche geben, die gewinnen.«
Immer höher wurden die Einsätze, um die Herr Sulzbaum spielte, und dazu brauchte er immer mehr Geld. Was aber tat Herr Sulzbaum, um sich dieses Geld zu verschaffen? Nun, liebe Kinder? Was tat er wohl? Er nahm es aus der Kasse des Betriebs, in dem er angestellt war.
»Morgen gebe ich es wieder zurück«, beruhigte er sein Gewissen. »Niemand wird etwas merken.«
Wahrscheinlich wißt ihr schon, liebe Kinder, wie die Geschichte weitergeht. Wenn man einmal auf die schiefe Bahn geraten ist, gibt es kein Halten mehr. Nacht für

Nacht spielte Herr Sulzbaum Poker mit fremdem Geld, Nacht für Nacht wurden die Einsätze höher, und als er sich eines Morgens bleich und übernächtigt vom Spieltisch erhob, war er ein steinreicher Mann. (Ich muß aus Gerechtigkeitsgründen zugeben, daß Herr Sulzbaum wirklich sehr gut Poker spielt.) In knappen sechs Monaten hatte er ein gewaltiges Vermögen gewonnen. Das veruntreute Geld gab er nicht mehr in die Betriebskasse zurück, denn in der Zwischenzeit hatte er den ganzen Betrieb erworben und dazu noch eine Privatvilla, zwei Autos und eine gesellschaftliche Position. Heute ist Herr Sulzbaum einer der angesehensten Bürger unseres Landes. Seine beiden Söhne genießen eine hervorragende Erziehung und bekommen ganze Wagenladungen von Spielzeug geschenkt.

Moral: Geht schlafen, liebe Kinder, und kränkt euch nicht zu sehr, daß euer Papi ein schlechter Pokerspieler ist.

> Was uns im Kino am besten gefällt, ist der hohe erzieherische Wert der Filme, die man zu sehen bekommt. Immer wird der Verbrecher gefangen und seiner gerechten Strafe zugeführt, niemals macht sich ein Verbrechen bezahlt. Selbst der Durchschnitts-Zuschauer, ob er will oder nicht muß sich auf diese Weise darüber klarwerden, daß es keinen Sinn hat, zu stehlen, zu rauben oder zu morden. Zum Schluß erwischt ihn ja doch der lange Arm der Zensur.

Liebe deinen Mörder

Wir Intellektuellen bevorzugen natürlich die hochklassigen Filme, in denen Schauspielkunst und witzige Dialoge vorherrschen. Aber dann und wann verspüren auch wir ein gewisses Bedürfnis nach Entspannung, und dann sehen wir uns einen Kriminalfilm oder etwas dergleichen an. So geschah es auch mir, als ich neulich an einem Kino vorbeikam und folgendes angekündigt sah:

MASSAKER IN DER HÖLLE. FÜR ERWACHSENE

Wenn ich *Eastman-Color* lese, ist es um mich geschehen. Ich kaufte eine Karte und trat ein.
Es begann sehr verheißungsvoll. Eine behaarte Hand näherte sich langsam der Kehle einer Frau – umschloß sie – ein erstickter Schrei klang auf – die Brille der Dame fiel zu Boden – wurde von plumpen Schuhsohlen zertreten – nein, zerrieben – eigentlich überflüssig, finde ich – wenn er sie schon umgebracht hat, warum muß er dann noch ihre Brille hinmachen – – jetzt stap-

fen die schweren Schuhe hinaus – die Tür öffnet sich – und in der geöffneten Tür erscheint der Vorspann. Aufblenden.
Wir sind im Polizeihauptquartier. Inspektor Robitschek, der hartgesottene Chef der Kriminalpolizei, dem dennoch eine gewisse menschliche Wärme nicht abgeht, hält seiner Mannschaft eine Standpauke: »Das ist jetzt der 119. Mord, der im Laufe eines Jahres in Paris begangen wurde. Und die Ermordeten sind alle Hausbesitzer. Ich werde verrückt. Gérard, was sagen Sie dazu?«
»Chef«, sagt Gérard, ein junger, gutaussehender Kriminalbeamter in Zivil und mit einigem Privatvermögen. »Der Mörder ist kein Mensch, sondern ein Teufel.« Schnitt.
Dunkle Nacht. Eine dunkle Seitengasse. Die dunklen weiblichen Gestalten, die hier auf und ab gehen, tragen dunkle enganliegende Kleider. Solchen Gegenden bleibt man besser fern, sonst wird man in dunkle Affären verwickelt.
Die Kamera fährt langsam zum fünften Stock eines trostlosen Miethauses hinauf und weiter durch ein offenes Wohnungsfenster. In der Wohnung sitzt – zitternd vor Kälte, weil sie nur ganz leicht bekleidet ist – die zweite Preisträgerin der Schönheitskonkurrenz um den Titel der Miß Côte d'Azur. Ein untersetzter Mann mit Brille schreit sie an:
»Entweder Sie zahlen morgen früh«, schreit er, »oder ich werfe Sie hinaus!«
Kein Zweifel, es ist der Hausbesitzer. Die Dinge beginnen Gestalt anzunehmen. Es handelt sich um Mord Nr. 120. »Monsieur Boulanger«, beschwört ihn bebend Miß Côte d'Azur II. »Warten Sie doch wenigstens

bis morgen mittag... Mein Vater ist krank... Schnupfen... vielleicht eine fiebrige Erkältung...«

Boulanger entdeckt die Reize der jungen Dame. In seinen Augen glimmt es unmißverständlich auf. Er kommt näher, schleimig, widerwärtig, speichelnd.

»Hahaha«, lacht er, und zur Sicherheit nochmals: »Hehehe. Wenn Sie nett zu mir sind, Valerie, dann läßt sich vielleicht etwas machen...«

Jetzt wird es delikat. Er beginnt sie zu entkleiden. (Man erinnert sich, daß sie schon vom Start weg sehr wenig anhatte.) Sie versucht sich ihm zu entwinden. Die Männer im Publikum ballen in ohnmächtiger Wut ihre Fäuste. Valerie weicht zurück, bis sie aus Gründen der hinter ihr angebrachten Wand nicht weiterkann. Die Vergewaltigung, das sieht wohl jeder, ist nur noch eine Frage von Sekunden.

Aber da – gerade in diesem Augenblick – wird das Fenster aufgestoßen, und ein Mann in schwarzem Regenmantel springt ins Zimmer. Ein Mann? Ein Koloß. Ein bärtiger Riese. In seinen Augen mischt sich unergründliches Leid mit unerbittlicher Entschlossenheit.

Boulanger hat allen Geschmack an dem kleinen Abenteuer verloren. Er befindet sich in einer recht unangenehmen Lage, um so mehr, als er verheiratet ist.

»Wer sind Sie?« fragt er. »Was wollen Sie?«

Leise und dennoch mit unheimlicher Schärfe antwortet der Riese: »Ich bin Ihr Mörder, Boulanger.«

»Das will mir gar nicht gefallen«, stammelt Boulanger. »Was habe ich Ihnen getan?«

»Sie haben mir gar nichts getan, Boulanger«, lautet die Antwort des raunenden Riesen. »Andere besorgten das für Sie...«

Rückblendung.
Weit in der Vergangenheit. Eine arme Familie ist im Begriff, auf die Straße gesetzt zu werden. Des Vaters Brust hebt und senkt sich in stummer Verzweiflung, der Mutter lautes Schluchzen dringt herzzerreißend durch den Raum. Ein kleines Kind mit einem kleinen Wagen steht verloren in der leeren Zimmerecke. Plötzlich nimmt der kräftig gebaute Junge einen Anlauf und springt den grausamen Hausherrn an, dem daraufhin die Brillengläser zu Boden fallen. Das wohlgeformte Kind zertrampelt sie. Von alldem sieht Boulanger natürlich nichts, weil er sich ja auf der Leinwand befindet und nicht im Zuschauerraum. Er hat also keine Ahnung, aus welchen tieferen psychologischen Ursachen die Hände des Riesen sich jetzt um seine Kehle schließen und ihn in den seligen Herrn Boulanger verwandeln. Seine Brillengläser fallen zu Boden. Schon sind sie zertrampelt. Bravo. Wir alle stehen auf der Seite des Mörders. Ein Blutsauger weniger. Am liebsten würden wir dem bärtigen Riesen anerkennend auf die Schulter klopfen und sagen: »Gut gemacht, Gustl, alter Junge!« Jedoch...
Jedoch: was ist mit Valerie?
Valerie scheint eine alberne Ziege zu sein. Man kennt diesen Typ. Statt ihrem Retter zu danken, stürzt sie aus dem Zimmer und die Stiegen hinauf, wobei sie kleine hysterische Schreie ausstößt. Schweratmend folgt ihr der Koloß. Was will er von ihr? Unser Gerechtigkeitssinn sträubt sich. Bei aller Anerkennung seines menschlichen Vorgehens dem Hausherrn gegenüber – dieses Mädchen trägt ja nicht einmal eine Brille. Er brauchte sich also nicht mit ihr abzugeben.
Valerie erreicht das Zimmer ihres kranken Vaters

und schlüpft durch die Tür, die sie von innen versperrt.

»Ich habe ihn gesehen«, keucht sie. »Den Mörder... das Monstrum... Boulanger... tot... endlich... entsetzlich... Telefon... Polizei...«

So sind die Weiber. Noch vor wenigen Augenblicken hat dieser Mann sie vor dem Schlimmsten bewahrt – und jetzt liefert sie ihn dem Auge des Gesetzes aus.

Der knochige Finger des Vaters zittert in Großaufnahme, als er die Wählscheibe dreht. Von draußen pumpert der verratene Mörder an die Tür. Er hört zum Glück jedes Wort, das drinnen gesprochen wird. Spute dich, Freund, sonst ist es aus mit dir...

»Hallo«, röhrt der sieche Vater in die Muschel. »Polizei? Kommen Sie rasch! Der Mörder! Meine Tochter hat den Mörder gesehen...«

Im Hauptquartier lauscht angespannt Inspektor Robitschek. Der Vater setzt die Life-Übertragung fort:

»Er wird die Tür eintreten... Es ist keine Zeit zu verlieren... Gott helfe uns... Schluß der Durchsage.«

Der niederträchtige Denunziant legt den Hörer auf. Inspektor Robitschek ruft nach Gérard. Ein überfülltes Polizeiauto saust mit heulenden Sirenen an den Tatort. 36 Polizisten und 4 Detektive gegen einen einzigen, einsamen Mörder – ist das fair? Warum kämpfen sie's nicht Mann gegen Mann aus, und der Sieger zieht den ganzen Einsatz?

In rücksichtslosem Tempo nimmt das Polizeiauto seinen Weg durch die engen Gassen. Plötzlich –

Peng. Die Tür hat nachgegeben. Langsam, mit unheildrohenden Schritten kommt der Riese auf Valerie zu.

Offenbar will er die peinliche Geschichte jetzt zum Abschluß bringen. Das kann man verstehen. Wir alle sind rechtschaffene, gesetzestreue Bürger, aber unter den gegebenen Umständen würden wir ebenso handeln.
Der Vater, dieser unsympathische Spaßverderber, versucht abermals zugunsten seiner Tochter zu intervenieren. Es muß ihm vollkommen entfallen sein, daß Boulanger ihn auf die Straße setzen wollte. Sinnloser Haß gegen den bärtigen Riesen trübt seinen Blick.
Der Riese hebt einen Sessel hoch und läßt ihn auf den Kopf des Verräters niedersausen. Recht so. Ein wohlverdientes, ein passendes Ende. Und nun zu Miß Côte d'Azur II. Wo steckt sie denn? Dort in der Ecke. Die Pranke des Riesen nähert sich ihrer Kehle... zwanzig Zentimeter... acht... sechs... vier... zwei... Machen wir einen raschen Überschlag. Einerseits ist das Mädchen unschuldig, denn nicht sie, sondern ihr seliger Herr Papa hat die Polizei verständigt. Anderseits: An wen soll sich Gustl in seinem gerechten Zorn jetzt halten? Wo die Polizei immer näher kommt? Was würden Sie an seiner Stelle tun? Eben. Die Tochter muß sterben. Das verlangt die ausgeglichene Gerechtigkeit. So ist das Leben.
Ein Zentimeter...
Plötzlich Scheinwerfer – Sirenengeheul – Trillersignale: die Polizei hat das Haus umstellt. Tausende von Polizisten wirbeln durcheinander. Mit kühnem Sprung setzt der Riese zum Fenster hinaus und aufs Dach, just als Gérard ins Zimmer platzt. Valerie, die hysterische Ziege, sinkt ihm in die Arme. Inspektor Robitschek entsichert den Revolver und schickt sich an, das Dach zu

erklettern. Die gesamte Polizeitruppe Frankreichs folgt ihm, mit Maschinengewehren und leichter Feldartillerie ausgerüstet. Unten biegen die ersten Panzerwagen um die Ecke.
Sollten wir bisher noch gezögert haben – jetzt schwenken unsere Sympathien eindeutig zu Gustl. Ein rascher Blick auf die Armbanduhr: noch eine halbe Stunde bis zum Ende der Vorstellung. Ausgezeichnet. Denn man weiß, daß die Gerechtigkeit immer erst in den letzten Minuten triumphiert. Mühsam schiebt sich Gustl über die Dachschindeln. Robitschek und seine Legionen schließen den Ring und bringen ihre Flammenwerfer in Stellung. Was haben diese erbärmlichen Bürokraten gegen den armen Gustl? Gewiß, er hat gemordet, niemand bestreitet das. Aber warum? Doch nur, weil seine Eltern von Boulangers Großpapa auf die Straße gesetzt wurden. Das ist ein zwingender, für jedes menschlich fühlende Herz verständlicher Grund. Wer unserm Gustl ein Haar krümmt, soll sich vorsehen!
Inzwischen hat Gérard, der geschniegelte Geck, Valerie von allen Seiten umzingelt. Ein feiner Herr! Hat nichts Besseres zu tun, als seiner Lüsternheit zu frönen, während es ringsumher von Kommandos, Dschungelattacken und Froschmännern wimmelt.
Aber, hoho, noch ist nicht aller Tage Abend. Im Fensterrahmen erscheinen die Umrisse eines vertrauten Gesichts. Gustl ist wieder da. Er hat die gesamte Interpol abgeschüttelt und ist zurückgekehrt, um seine Rechnung mit der verräterischen Ersatz-Schönheitskönigin zu begleichen.
Gérard springt zur Seite – seine Hand zuckt nach der Revolvertasche – aber da hat sich Gustl schon auf

ihn gestürzt. Der Kampf beginnt. Alle Griffe sind erlaubt.
Zeig's ihm, Gustl. Nur keine Hemmungen. Du kämpfst für eine gerechte Sache.
So. Das wär's. Gérard segelt durch die Luft und zum Fenster hinaus. Adieu, Freundchen. Einen schönen Gruß an die Kollegen.
Und jetzt wollen wir noch rasch die Sache mit Valerie in Ordnung bringen, damit Gustl endlich ausspannen kann. Wir nähern uns – das heißt – Gustl nähert sich dem Mädchen. Bis auf drei Zentimeter... Bis auf einen Zentimeter... In unserem Unterbewußtsein regt sich das unerfreuliche Gefühl, daß es auch diesmal nicht klappen wird.
Natürlich nicht. An der Spitze einer senegalesischen Kavalleriebrigade erstürmt Inspektor Robitschek das Zimmer. Der arme Gustl kommt nicht zur Ruhe. Mit einem Panthersatz erreicht er die Treppe, stürzt hinunter, bricht eine entgegenkommende Wohnungstür auf – ein verschrecktes altes Ehepaar stellt sich ihm in den Weg – der Greis will ihn am Mantel festhalten – laß das doch, Opapa, das ist nicht deine Sache – und schrumm! schon saust Gustls Pranke auf das Haupt des Patriarchen nieder. Das hat er davon. Ein weiteres Hindernis beseitigt. Mach rasch, Gustl. Die Bluthunde sind dir auf den Fersen.
Robitschek, der rücksichtslose Karrierist, schleudert eine Tränengasbombe ins Zimmer. Ein Schrei aus hundert Frauenkehlen ertönt im Zuschauerraum. Gustl leidet. Er leidet entsetzlich. Er hat seit Beginn des Films mindestens fünf Kilo abgenommen.
Ein Blick auf die Uhr. Noch zehn Minuten. Jetzt ist es

bald soweit, daß ein Verbrechen nichts einbringt. Das Ende naht. Nun ja. Gustl, formal und dogmatisch betrachtet, ist ein Mörder, das wissen wir. Trotzdem: in menschlicher Hinsicht ist er ein Charakter aus purem Gold. Außerdem hat man ihn in eine unmögliche Zwangslage gebracht. Den Patriarchen hätte er vielleicht nicht umbringen müssen, aber da war er halt schon sehr nervös.
Kein Wunder. Halt dich, Gustl! Es ist klar, daß du auf dem Altar der Zensur geopfert werden mußt, aber wehr dich wenigstens, solange du kannst. Schlag das Fenster ein, dann bekommst du Luft...
Der tückische Robitschek hat durch die Tür gefeuert, und eine der Revolverkugeln wurde von Gustl aufgefangen. Über dem leblos hingestreckten Körper des Giganten führt Robitschek buchstäblich einen Freudentanz auf ... beugt sich siegestrunken zu ihm hinab ... Hurra! Das Publikum jubelt! Gustl hat den schmierigen Wurm gepackt und an die Wand geklebt. Er ist einfach phantastisch. Der geborene Taktiker. Die tödliche Verwundung war nur gespielt.
Schon ist er aufgesprungen, schon schwingt er sich durchs Fenster...
Vielleicht werden wir jetzt zu Zeugen einer unerhörten, einer historischen Wendung. Vielleicht wird, zum erstenmal in der Geschichte der Kinematographie, der kleine Verbrecher davonkommen, vielleicht geschieht ein Wunder und er ist gar nicht der wirkliche Mörder – nicht er, sondern Boulanger – er ist Valeries Stiefvater ...
Klak-klak-klak-klak-klak.
Natürlich, So mußte es kommen. Eine Maschinenge-

wehrsalve hat ihn hingestreckt. Großartig. Wirklich ein großartiger Erfolg. Die Armee der Grande Nation hat einen unbewaffneten Mann überwältigt. Gustl liegt im Rinnstein. Trompetensignale aus der Ferne.

Fin

Das Licht im Saal geht an und erhellt ein paar hundert tief enttäuschte Gesichter.
Erholung beim Kriminalfilm? Ablenkung? Spannung? Es gibt nichts Langweiligeres als die triumphierende Gerechtigkeit.

Das Schönste auf Erden ist, in Israel zu leben. Das Zweitschönste ist, sich in Tel Aviv in eine Israelin zu verlieben, sie zu heiraten und in einer echt israelischen Atmosphäre mit ihr zusammen in New York zu leben.

Geschichte einer Nase

New York, im Frühling

Herrn
David Ben Gurion
Jerusalem

Lieber Ministerpräsident!
Obwohl ich erst 21 Jahre alt bin, habe ich schon sehr viel über Ihr schönes Land gehört. Ich bin ein großer Bewunderer des Staates Israel. Das sage ich nicht nur als Jude, sondern als ein ausgesprochen intellektueller Typ. Besondere Hochachtung empfinde ich für Ihre Person und für Ihre hervorragenden Leistungen auf dem Gebiet der chemischen Forschung.
Ich habe eine kleine Bitte an Sie. Vor einiger Zeit bekamen wir von Verwandten, die in Israel zu Besuch waren, eine kleine Schachtel mit Sand aus dem Heiligen Land. Sie hatten ihn am Strand von Tel Aviv für uns gesammelt. Seither steht die Schachtel mit dem Sand bei uns auf dem Kamin und wird von allen unseren Gästen bewundert. Aber das ist nicht der Grund, warum ich Ihnen schreibe. Sondern die Schachtel war in eine illustrierte Zeitschrift aus Israel eingepackt, die »Da-

war Hapoëlet« heißt. Eines der dort veröffentlichten Bilder zeigte einige junge Mädchen beim Pflücken der Pampas oder wie man das bei Euch nennt. Mich fesselte besonders der Anblick einer etwa achtzehnjährigen Pampaspflückerin, deren süße kleine Nase aus der Reihe der anderen hervorstand.
Es war Liebe auf den ersten Blick. Dieses Mädchen verkörpert für mich die Wiedergeburt des jüdischen Volkes vom landwirtschaftlichen Standpunkt aus. Ich muß sie unbedingt kennenlernen, oder ich weiß nicht, wie ich weiterleben soll. Meine Absichten sind vollkommen ehrbar. Seit ich dieses Mädchen gesehen habe, esse und trinke ich nicht. Ich gehe auf Wolken. Was für eine Nase! Das Bild liegt bei. Bitte finden Sie meine Braut. Ich nehme an, daß sie in der Armee dient, wahrscheinlich im Offiziersrang.
Vielen Dank im voraus.
Ihr aufrichtiger
Harry S. Trebitsch

Streng vertraulich!
Israelische Botschaft
Psychopathisches Department
Washington
Wer ist dieser Meschuggene?
Kanzlei des Ministerpräsidenten
Direktor des Informationsdienstes

dringend − mpbuero information jerusalem − sein vater hat viertelmillion dollar gespendet stop taktvoll behandeln schalom − botschaft washington

Herrn
Harry S. Trebitsch jr.

Sehr geehrter Herr Trebitsch!
Ihr Brief an unseren Ministerpräsidenten ist ein neuer Beweis dafür, daß das ewige Licht, welches dem Judentum durch die Jahrtausende geleuchtet hat, niemals verlöschen kann. Wir werden uns bemühen, die Auserwählte Ihres Herzens zu finden, und haben bereits auf breitester Basis mit den Nachforschungen begonnen, an denen sich auch die Polizei mit eigens für diesen Zweck trainierten Bluthunden beteiligt. Sobald ein Ergebnis vorliegt, verständigen wir Sie via Radio. Bis dahin unsere besten Wünsche und *sehr herzliche Grüße an Ihren lieben Papa!*

Israelisches Außenministerium
Foto-Identifizierungs-Sektion

JUNGER AMERIKANER SUCHT GLÜCK

»Die oder keine«, sagt reicher Trebitsch-Erbe / Junge Israelin mit wunderschöner Nase / Junges Paar will Flitterwochen zusammen verbringen / Größte Romanze des Jahrhunderts.

(Bericht unseres Sonderkorrespondenten aus Tel Aviv)

Mit angehaltenem Atem folgt das ganze Land der Liebesgeschichte zwischen einem jungen amerikanischen Millionär und einer bezaubernd schönen israelischen Schafhirtin. Das Bild, das die Liebe des jungen Harry S. Trebitsch entflammt hat, erschien in einer hiesigen

Illustrierten und wird derzeit von der Anthropologischen Abteilung des Technikums in Haifa geprüft. Radio Israel sendet in halbstündigen Intervallen einen Aufruf an das junge Mädchen, sich zu melden. Für zweckdienliche Nachrichten sind hohe Belohnungen ausgesetzt. Besondere Kennzeichen: eine kleine, aristokratische, in etwa 12grädigem Winkel aufwärts gerichtete Nase. Seit einigen Tagen beteiligt sich auch die israelische Luftwaffe an der Suche. Man hofft allgemein, daß die beiden Liebenden bald vereint sein werden.

Letzte Meldung. Die zu Kontrollzwecken abgehaltenen Paraden in den weiblichen Übungslagern der israelischen Armee verliefen ergebnislos. Die Flotte steht in Bereitschaft.

An das
Ministerium für Auswärtige Angelegenheiten
Foto-Identifizierungs-Sektion
Jerusalem

Liebe Freunde!
In Beantwortung Ihres Schreibens müssen wir Ihnen leider mitteilen, daß wir keine Ahnung haben, wer die Mädchen auf dem betreffenden Foto sind. Wir konnten lediglich feststellen, daß das Bild in unserer Ausgabe vom 3. August 1937 erschienen ist.

Mit Arbeitergruß:
»Dawar Hapoëlet«
Der Chefredakteur

Vom Außenminister des Staates Israel

Mein lieber Harry S.,
entschuldigen Sie bitte, wenn ich mich in Ihre persönlichen Angelegenheiten einmische – aber ich habe das Bedürfnis, Ihnen meine Bewunderung für Ihre großartige Beharrlichkeit auszudrücken. Junge Liebe ist etwas Herrliches. Junge Liebe auf den ersten Blick ist noch herrlicher.
Dennoch kann ich einen nüchternen, realistischen Gedanken nicht unterdrücken. Wäre es nicht vielleicht besser, dieses wunderschöne Abenteuer auf sich beruhen zu lassen, solange es noch ein wunderschönes Abenteuer ist? Wer weiß, was daraus entstehen mag, wenn es mit der rauhen Wirklichkeit konfrontiert wird! Sie sind noch jung, mein lieber Harry. Reisen Sie, studieren Sie, lernen Sie die Welt kennen, zeichnen Sie Israel-Anleihen! Ein glückliches, reiches Leben liegt vor Ihnen.

Mit allen guten Wünschen
Ihre Golda

dringend – aussengolda jerusalem – junge wird tobsuechtig sendet sofort nasenmaedchen oder kein cent mehr für israel   *Franklin D. Trebitsch*

Herrn
Franklin D. Trebitsch
New York

Sehr geehrter Herr!
Wir haben die Ehre, Ihnen mitzuteilen, daß es den israelischen Grenzpatrouillen gelungen ist, die reizende

Eigentümerin der gesuchten Nase festzustellen. Sie heißt Fatma Bin Mustafa El Hadschi, hat auf unser nachdrückliches Betreiben in die Scheidung von ihrem Gatten eingewilligt und hat ihren bisherigen Wohnort Abu Chirbat El-Azum (Galiläa) bereits verlassen. Sie befindet sich mit ihren Kindern auf dem Wege nach New York. Dem jungen Paar gelten unsere herzlichen Wünsche. Möge der Herr ihnen Glück und Freude in diesem erbärmlichen Leben gewähren.

Mit besten Empfehlungen
Israelische Botschaft
Washington

dringend — isrbotschaft washington — harry s. trebitsch spurlos verschwunden stop angeblich in alaska gesichtet   *Interpol*

»Die Freiheit eines Landes erkennt man an der Freiheit seiner Presse«, sagte der Nachtredakteur eines halbpornographischen Boulevardblattes. Warum sollten wir mit ihm streiten? Der zudringliche Reporter, der Journalist ohne Scham und Hemmung, erfreut sich beim Publikum größter Beliebtheit. Und nicht nur beim Publikum.

Zweigeleisiges Interview

»Nur herein! Die Tür ist offen! *Endlich. Der Reporter. Seit einer halben Stunde warte ich auf ihn.* Bitte einzutreten!«
»Guten Abend, Herr Slutzky. Entschuldigen Sie den Überfall. *Er schaut genauso unsympathisch aus wie auf den Bildern, der alte Ziegenbock.* Ich bin der Reporter.«
»Reporter?«
»Hat man Sie denn aus der Redaktion nicht angerufen? *Mach kein Theater, alter Bock. Seit Wochen liegst du unserem Chefredakteur in den Ohren, damit wir dich interviewen.*«
»Ach ja, jetzt dämmert mir etwas. Bitte nehmen Sie Platz. *Und mit einem solchen Niemand muß man auch noch höflich sein. Zu meiner Zeit hätte so einer höchstens die Bleistifte spitzen dürfen.* Zigarette gefällig? Ich freue mich, Sie bei mir zu sehen, Herr... Herr...«
»Ziegler. Benzion Ziegler. *Er raucht amerikanische Zigaretten. Ich möchte wissen, wo diese Idealisten, die man uns immer als Muster hinstellt, das Geld für so*

teure Zigaretten hernehmen. Oh, vielen Dank. Eine ausgezeichnete Zigarette!«
»Benzion Ziegler? *Wer ist das?* Aber natürlich! *Vielleicht bringt er auch ein Foto von mir.* Ich lese Ihre Artikel immer mit dem größten Vergnügen. *Schaut aus wie ein kompletter Analphabet.*«
»Sie erweisen mir eine große Ehre, Herr Slutzky. *Streng dich nicht an, du seniler Schwätzer. Spar dir die Phrasen.* Ich weiß, daß Sie auf mein Lob keinen Wert legen, aber ich möchte Ihnen doch sagen, daß es für unsere ganze Familie immer ein besonderes Ereignis ist, wenn Sie einmal im Radio sprechen. *Wir drehen dann sofort ab und haben endlich Ruhe.*«
»Das freut mich. Sie kennen ja mein Motto: ›Sag alles, was du sagen willst, aber sag's nicht schärfer, als du es sagen mußt!‹ *Warum schreibt er nicht mit, der Analphabet? Einen so hervorragend formulierten Gedanken müßte er doch mitschreiben.*«
»Darf ich diesen Ausspruch notieren? *Ich werde versuchen, ihm eine etwas bessere Fassung zu geben, sonst klingt es gar zu läppisch.*«
»Notieren? Wenn Sie diese Kleinigkeit für wichtig genug halten – bitte sehr, Herr Ziegler. *Hoffentlich kann er schreiben.*«
»Ich möchte Ihre kostbare Zeit nicht über Gebühr in Anspruch nehmen, Herr Slutzky. *Um neun Uhr beginnt das Kino und ich habe noch keine Karten.* Darf ich Ihnen ein paar Fragen stellen?«
»Schießen Sie los, junger Mann. *Hoffentlich wurden ihm die Fragen von der Redaktion vorgeschrieben. Was könnte so einer schon fragen.* Ich werde frei von der Leber weg sprechen und mich nur dort ein wenig zurück-

halten, wo die Sicherheit unseres Landes oder übernationale Fragen auf dem Spiel stehen. *Ob er das verstanden hat, der Schwachkopf?«*
»Ich verstehe vollkommen, Herr Slutzky. Herr Slutzky, es würde unsere Leser vor allem interessieren, was Sie zur gegenwärtigen Krise unserer Innenpolitik zu sagen haben. *Tu doch nicht so, als müßtest du erst nachdenken. Komm schon heraus mit deiner alten Phrase: ›Die Lage ist zwar kritisch, aber deshalb braucht man nicht gleich von Krise zu sprechen.‹«*
»Ich werde ganz offen sein, Herr Ziegler. Die Lage ist zwar kritisch, aber deshalb braucht man nicht gleich von Krise zu sprechen.«
»Darf ich diese sensationelle Äußerung wörtlich zitieren? *Ich mache mir keine Notizen mehr. Es steht gar nicht dafür, ein solches Gewäsch aufzuschreiben. Ich werde kleine abstrakte Figuren in mein Notizbuch malen.«*
»Im Grunde liegt die baldige Beendigung der Krise im Interesse aller Parteien. *Von was für einer Krise spricht er überhaupt? Was weiß dieser junge Laffe von Krisen?* Eine dauerhafte Verständigung kann allerdings nur durch wechselseitige Konzessionen erzielt werden. *Seit vierzig Jahren sage ich immer das gleiche, und sie merken es nicht.«*
»Das trifft den Nagel auf den Kopf! *Seit vierzig Jahren sagt er immer das gleiche und merkt es nicht.* Meine nächste Frage, Herr Slutzky, ist ein wenig delikat. *Er wackelt mit den Ohren. Er hat die komischsten Ohren, die ich je gesehen habe.* Wie steht es Ihrer Meinung nach um die Sicherheit unserer Grenzen?«
»Ich bedauere, aber darüber kann ich aus Sicherheits-

gründen nichts sagen. Ich kann höchstens versuchen . . .
lassen Sie mich nachdenken . . .«
»Aber bitte. *Hör auf, mit den Ohren zu wackeln, Slutzky. Um Himmels willen, hör auf. Ich bekomme einen Lachkrampf. Wenn ich nur wüßte, wem er ähnlich sieht. Halt, ich hab's, Dumbo – Walt Disneys fliegender Elefant, der seine Ohren als Flügel verwendet.*«
»Ich möchte mein Credo in ein paar ganz kurze Worte kleiden: Sicherheit geht über alles.«
»Ausgezeichnet. *Wenn er die Ohren noch einmal flattern läßt, steigt er in die Luft und umkreist die Hängelampe.* Aber wie vereinbaren Sie das mit der scharfen Wendung unserer Außenpolitik?«
»Eine gute Frage. *Warum glotzt er mich denn so komisch an? Das macht er schon seit einer ganzen Weile.* Was ich Ihnen jetzt sage, ist nicht zur Veröffentlichung bestimmt.«
»Sie können sich auf mich verlassen, Herr Slutzky. *Ich darf ihn nicht mehr anschauen. Wenn ich ihn noch einmal dabei erwische, wie er mit dem linken Ohr wackelt, bin ich verloren. Ich habe immer das Gefühl, daß sein linkes Ohr dem rechten das Startsignal gibt.*«
»Brauchen Sie etwas, Herr Ziegler? Ist Ihnen nicht gut? *Diese jungen Anfänger von heute sind lauter Neurotiker. Zu meiner Zeit . . .*«
»Nein, danke. Das Erlebnis, Ihnen zu begegnen, nimmt mich ein wenig her. Schließlich bekommt man es ja nicht jeden Tag mit einem Jesaja Slutzky zu tun. *Das fehlte noch.* Sie sind also der Meinung, daß die Spannung an unseren Grenzen anhalten wird?«
»Darüber möchte ich mich nicht äußern.«

»Ich danke Ihnen. Gerade das ist eine vielsagende Äußerung. *Nur nicht hinschaun, nur nicht hinschaun. Noch ein einziges Ohrenflattern – und es ist um mich geschehen. Ich lache ihm ins Gesicht. Nach mir die Sintflut. Ich werde meinen Posten verlieren, aber diese Ohren ertrage ich nicht länger.* Eine letzte Frage, Herr Slutzky. *Nicht hinschaun.* Wirtschaftliche Unabhängigkeit – wann?«

»Ja – wann? *Warum fragst du mich, du kleiner Lausbub? Woher soll ich das wissen?* Wenn Sie gestatten, möchte ich Ihre Frage mit einer Anekdote beantworten. Das ist eine alte jüdische Gewohnheit.«

»Ich bitte darum. *Er flattert schon wieder. Obwohl ich gar nicht hinschaue, spüre ich ganz deutlich, daß er schon wieder flattert.*«

»Also hören Sie zu. Der Schammes kommt zum Rabbiner und sagt: ›Rebbe, warum läßt man mich nie Schofar blasen?‹ Sagt der Rebbe: ›Schofar darf nur blasen, wer sich streng nach der Vorschrift gereinigt hat. Du suchst zwar regelmäßig das rituelle Bad auf, aber du hast es noch nie über dich gebracht, in der Mikwe ganz unterzutauchen.‹ Sagt der Schammes...«

»Ja. *Ich platze. Wenn er nicht sofort zu flattern aufhört, platze ich.*«

»Sagt der Schammes: ›Das Wasser in der Mikwe ist immer so kalt.‹ Sagt der Rebbe: ›Eben. Auf Kaltes bläst man nicht.‹«

»Bruh-ha-ha... *Gott sei Dank, das war's.* Bruuu-ha-ha... Bruuu-bruuu...«

»Haha... Aber Herr Ziegler! Es ist ja ein ganz guter Witz, nur... gleich so ein Anfall... haha... ich hatte keine Ahnung... warum denn gleich auf den Tep-

pich ... Ich bitte Sie ... stehen Sie doch auf, Herr Ziegler ...«
»Ich kann nicht. Der Rebbe ... die Mikwe ... Dumbo ... Bruuu-ha-ha-ha ...«
»Na ja. Sie werden sich schon beruhigen ... *Mein Humor ist eben unwiderstehlich.* Noch irgendwelche Fragen?«
»Nein, nein, danke. Bruuu-ha-ha ...«
»Schon gut ... hahaha ... Auf Wiedersehn, Herr Ziegler. *Wie sich zeigt, hat meine Wirkung auf die junge Generation noch nicht nachgelassen.* Ich habe mich sehr gefreut, Sie zu sehen. Übrigens – nehmen Sie doch lieber eine von den alten Aufnahmen, nicht die letzte ... haha, wirklich ... *Unsere Jugend ist zum Glück noch nicht ganz unempfänglich für witzige Parallelen.* Alles Gute, Herr Ziegler.«
»Bruuu-ha-ha-ah-ha ...«
»Auf Wiedersehen! *Eigentlich ein ganz netter junger Mann* ...«

> Wie die medizinische Wissenschaft behauptet, üben Ultrakurzwellen eine heilsame Wirkung auf die Gewebe des menschlichen Körpers aus. In Wahrheit liegt die Wirkung der Kurzwellen auf psychologischem Gebiet: indem sie uns das Gefühl vermitteln, daß die ganze Welt zusammengehört.

Ein Sieg der internationalen Solidarität

Um Mitternacht weckte mich eine Art von Magenschmerzen, die in der Geschichte des menschlichen Magenschmerzes etwas vollkommen Neues darstellten. Mit letzter Kraft kroch ich zum Telefon und läutete zu Dr. Wasservogel hinauf, der im Stockwerk über uns wohnt. Nachdem ich seiner Gattin genau geschildert hatte, auf welche Weise die Schmerzen mich in Stücke zu reißen drohten, teilte sie mir mit, daß ihr Gatte nicht zu Hause sei, und riet mir, eine halbe Stunde zu warten; falls die Schmerzen dann noch nicht aufgehört hätten, sollte ich Dr. Blaumilch anrufen. Ich befolgte ihren Rat, wartete ein halbes Jahrhundert und ließ vor meinem geistigen Auge die wichtigsten Phasen meiner Vergangenheit vorüberziehen: die traurige Kindheit, die schöpferischen Jahre in den Zwangsarbeitslagern und meinen journalistischen Abstieg. Dann rief ich bei Dr. Blaumilch an, von dessen Gattin ich erfuhr, daß er an ungeraden Tagen nicht ordiniere und daß ich Dr. Grünbutter anrufen sollte. Ich rief Dr. Grünbutter an. Frau Dr. Grünbutter hob den Hörer ab und legte ihn am Fußende des Ehebettes zur Ruhe.

Als ich von der dritten Klettertour über die Wände meiner Wohnung herunterkam, machte ich mein Testament, bestimmte ein Legat von 250 Pfund für die Errichtung eines Auditoriums auf meinen Namen, nahm Abschied von der Welt und schloß die Augen.
Plötzlich fiel mir ein, daß Jankel, der Sohn unserer Nachbarfamilie, ein begeisterter Radio-Amateur war. Um es kurz zu machen: Jankel funkte eine Kurzwellennachricht an den Flughafen Lydda. Ein Düsenflugzeug der El-Al startete mit der SOS-Meldung nach Cypern, wo der Pilot von einem Kurier des israelischen Konsulates erwartet wurde, der sich sofort mittels Motorrad nach Luxemburg begab und von dort eine 500-Worte-Botschaft an den englischen Premierminister drahtete. Der britische Staatsmann stellte dem Londoner Korrespondenten von Radio Israel seinen persönlichen Sonderzug zur Verfügung, worauf der Korrespondent sofort nach Kopenhagen flog und einen dramatischen Rundfunk-Appell an die Weltöffentlichkeit richtete. Die Dachorganisation der kanadischen Judenschaft reagierte unverzüglich durch Verschiffung eines Ambulanzwagens nach Holland. Unter persönlicher Leitung des Polizeichefs von Rotterdam wurde der Wagen im Eiltempo quer durch Europa dirigiert, sammelte unterwegs 37 berühmte Internisten und Chirurgen auf und kam mit einem Bomber der amerikanischen Luftwaffe in Israel an.
Auf dem Weg nach Tel Aviv wurde der Konvoi durch die Teilnehmer des in Nathania tagenden Ärztekongresses verstärkt, so daß im Morgengrauen eine Gesamtsumme von 108 hochklassigen Medizinern vor meinem Wohnhaus abgeladen wurde. Das Geräusch der Auto-

busse und der übrige Lärm weckte Dr. Wasservogel, der aufgeregt die Stiegen hinunterlief. Ich nützte das aus, um ihn zu fragen, was ich gegen meine Magenschmerzen machen sollte. Er empfahl mir, in meiner Diät etwas vorsichtiger zu sein.
So wurde mein Leben durch die auf Kurzwellen gestützte Solidarität der Welt gerettet. Aber beim nächstenmal setze ich mich direkt mit Königin Elisabeth in Verbindung, damit keine Zeit verlorengeht.

> Die Solidarität der Welt ist etwas Schönes und Herzerquickendes. Auch unser junger Staat wäre dieser Solidarität teilhaftig geworden, wenn sich nicht im Sinai-Krieg der hebräische Goliath auf den hilflosen arabischen David gestürzt hätte.

Wie Israel sich die Sympathien der Welt verscherzte

Eines Tages brach der Krieg aus.
Die Armeen Ägyptens, Syriens und Jordaniens, die unter gemeinsamem Oberbefehl standen, überschritten die Grenzen Israels von drei Seiten. Die israelische Armee wurde durch diese Aktion zwar nicht überrascht, mußte sich aber, da sie keine schweren Geschütze und keine ausreichende Luftwaffe besaß, auf Abwehrmaßnahmen beschränken. An der arabischen Invasion beteiligten sich 3000 Tanks sowjetischer Herkunft und 1100 Flugzeuge. Warum es dem jüdischen Staat, der den Angriff der Araber seit langem erwartet hatte, nicht rechtzeitig gelungen war, sich mit den nötigen Waffen zu versorgen, wird wohl für immer ein Rätsel bleiben. Im Oktober kursierten unbestätigte Gerüchte über größere Mengen moderner Verteidigungswaffen, die Israel von einigen westlichen Großmächten erworben haben sollte, aber die Lieferung dieser Waffen hing offenbar von bestimmten Operationen im Rahmen der Suez-Kampagne ab und kam deshalb nie zustande. Außerdem wurden infolge bürokratischer Verwicklungen von 24

in Kanada angekauften Düsenjägern schließlich nur 7 geliefert.
Durch die Anfangserfolge der arabischen Invasion ermutigt, schlossen sich auch der Irak, Saudiarabien und der Libanon dem Krieg gegen Israel an.
Die israelische Regierung richtete unverzüglich einen Appell an die Vereinten Nationen, deren komplizierter Verwaltungsapparat sich indessen nur langsam in Bewegung setzte. Für die Weltöffentlichkeit kam das Vorgehen der arabischen Staaten vollkommen unerwartet: hatte doch der ägyptische Staatspräsident, der Führer des ägyptisch-syrisch-jordanischen Großreiches, erst wenige Wochen zuvor mit großer Entschiedenheit erklärt, daß seine Anstrengungen ausschließlich auf die Konsolidierung der Wirtschaft und auf die Hebung des Lebensstandards der von ihm beherrschten Länder gerichtet seien. Desto größer war jetzt das allgemeine Befremden. Besonders konsterniert zeigte man sich über die enorme Menge des sowjetischen Kriegsmaterials, das sich in arabischen Händen befand. Noch ehe der Sicherheitsrat zusammentrat, hatte der Generalsekretär der Vereinten Nationen in einer energischen Sofort-Initiative zwei persönliche Emissäre in den Nahen Osten entsandt; da ihnen jedoch das ägyptische Einreisevisum verweigert wurde, mußten sie den Ereignissen von Kopenhagen aus folgen. Die für das Wochenende einberufene Tagung des Sicherheitsrates sprach sich für eine dringliche Resolution aus, mit der den kriegführenden Parteien die sofortige Feuereinstellung nahegelegt werden sollte. Das Stimmenverhältnis zugunsten der Resolution betrug 22 : 7 (wobei 46 Staaten, darunter England, Frankreich und der asiatische Block, sich der Stimme enthielten),

doch scheiterte die endgültige Annahme am Veto des sowjetischen Vertreters, der seine Haltung damit begründete, daß das arabische Vorgehen einen neuen glorreichen Abschnitt im Freiheitskampf der unterdrückten Kolonialvölker eingeleitet habe. Der venezolanische Delegierte beschuldigte die Sowjetunion, die Kriegsvorbereitungen der arabischen Staaten aktiv gefördert zu haben, und der israelische Botschafter in Washington unterbreitete der Versammlung dokumentarische Beweise, daß die militärischen Aktionen der Araber unter unmittelbarer Leitung sowjetischer Offiziere und Fachleute stünden. Der sowjetische Delegierte bezeichnete die israelische Erklärung als eine »typisch jüdische Herausforderung«. Der Papst erließ einen Rundfunkappell zum Schutze der heiligen Stätten im Kampfgebiet.

Inzwischen hatten die arabischen Armeen alle größeren Städte Israels erreicht und unter schweres Bombardement genommen. Der Sicherheitsrat trat abermals zu einer dringlichen Beratung zusammen und beschloß abermals eine dringliche Resolution zum Zweck der sofortigen Einstellung aller Kampfhandlungen. Die Sowjetunion machte abermals von ihrem Vetorecht Gebrauch. Daraufhin kam unter amerikanischem Druck eine außerordentliche Plenarsitzung zustande, in der die Feuereinstellungs-Resolution angenommen wurde. Die Formulierung des Textes verzögerte sich allerdings um mehrere Tage, da der Originalentwurf eine »sofortige« Feuereinstellung befürwortete, während ein indonesischer Zusatzantrag diese Wendung durch »möglichst bald« zu ersetzen wünschte. Nach längeren Debatten einigte man sich auf die Kompromißformel »schleunig«.

Um diese Zeit wickelten sich die Kampfhandlungen bereits in den Straßen der israelischen Städte ab. Die USA drohten den kämpfenden Parteien schwere wirtschaftliche Sanktionen an, falls die Feindseligkeiten nicht innerhalb von fünf Tagen eingestellt würden. In einem Handschreiben an den ägyptischen Staatspräsidenten setzte sich die indische Regierung für eine humane Behandlung der israelischen Zivilbevölkerung ein. Saudiarabien nationalisierte zur allgemeinen Überraschung die Aramco-Ölgesellschaft. Der amerikanische Präsident befahl die Entmottung großer Teile der Flotte und richtete eine persönliche Botschaft an den sowjetischen Ministerpräsidenten.
Fünf Tage später erklärte sich das arabische Oberkommando zur Feuereinstellung bereit. Auf den vom Bombardement verschont gebliebenen Strandabschnitten der in Trümmer gelegten Städte Tel Aviv und Haifa richteten die Vereinten Nationen Zeltlager ein, in denen die 82 616 überlebenden Juden untergebracht wurden.
Und jetzt erwachte das Weltgewissen.
Die allgemeine Empörung erreichte ein Ausmaß, von dem sogar die Staaten des Ostblocks Notiz nehmen mußten. So schrieb die »Iswestija« in einem offiziellen Kommentar: »Die historische Entwicklung hat in ihrem unerbittlichen Vorwärtsschreiten auch vor Israel nicht haltgemacht und hat das tragische Schicksal dieses Werkzeugs der Imperialisten besiegelt. Israel, ein westlicher Satellitenstaat auf reaktionär-feudalistischer Grundlage, wurde bekanntlich von einer blutrünstigen Militärdiktatur beherrscht, doch fanden die Leiden seiner unterdrückten Bevölkerung seit jeher die aufrichtigste Anteilnahme im Lager des Friedens, welches unermüdlich

und furchtlos für die Rechte der kleinen Völker eintritt. Es darf jedoch nicht übersehen werden, daß Israel durch die herausfordernde Haltung, die es dem Friedenslager gegenüber einnahm, seinen Untergang selbst herbeigeführt hat, einerseits infolge der verhängnisvollen Rolle, die dieses künstliche Miniaturgebilde als militärischer Stützpunkt des Westens spielte, und andererseits dadurch, daß die bis an die Zähne bewaffneten Juden ihren friedliebenden arabischen Nachbarn immer unverschämter als Aggressoren entgegentraten. Jetzt wird das jüdische Volk, dessen Geschichte in der kapitalistischen Gesellschaftsordnung durch viele Leidensepochen gekennzeichnet ist, abermals Zuflucht unter den gastfreundlichen Völkern der Erde suchen müssen. Es bedarf keines Hinweises, daß die Sowjetunion auch Menschen jüdischen Ursprungs als Menschen behandelt.«
Der Artikel der »Istwestija« blieb der einzige in der gesamten Sowjetpresse. Die Zeitungen der übrigen Ostblockstaaten beschränkten sich auf kurze, an unauffälliger Stelle untergebrachte Notizen. In der tschechoslowakischen Presse wurde der Vorfall überhaupt nicht erwähnt. Nur in Polen wagten sich ein paar mutige Stimmen hervor und deuteten an, daß der Jubel über den Sieg nicht ganz ungetrübt wäre. Der jugoslawische Staatspräsident richtete an den ägyptischen Staatspräsidenten ein langes Glückwunschtelegramm. Für das arbeitende Volk Ungarns gratulierte der Parteisekretär. Der Westen machte aus seiner Sympathie für Israel kein Hehl. Namhafte Politiker und bedeutende Persönlichkeiten des öffentlichen Lebens ergingen sich in düsteren Prognosen über die Zukunft der freien Welt. Der eng-

lische Premierminister bezeichnete die Liquidierung Israels als »ein ewiges Schandmal unseres Jahrhunderts«, und selbst der sonst so zurückhaltende Außenminister äußerte in einem Interview: »Die traurigen Ereignisse, deren hilflose Zeugen wir waren, machen es uns nun erst recht zur Pflicht, die Organisation der Vereinten Nationen mit allen Mitteln zu stärken.« Einen besonders tief empfundenen Nachruf auf Israel hielt ein Unterhausabgeordneter: »Sie waren unsere Freunde!« rief er mit bewegter Stimme aus. »Sie waren Helden und Sozialisten. Wir werden ihr Andenken hoch in Ehren halten.«
Auch die öffentliche Meinung der fortschrittlichen asiatischen Länder reagierte auf das Ereignis. Der Vertreter Indiens bei den Vereinten Nationen soll einer unbestätigten Agenturmeldung zufolge im privaten Kreis geäußert haben: »Wir können nicht umhin, das Vorgehen unserer arabischen Brüder zu mißbilligen.«
In Tel Aviv nahm der ägyptische Staatspräsident, umgeben von hohen sowjetischen Offizieren, die Siegesparade ab. Die Kommunistische Partei des Iraks bemächtigte sich in einem erfolgreichen Staatsstreich der Regierungsgewalt. König Ibn Saud erklärte sein Regime zur Volksdemokratie. In Washington wurden Befürchtungen laut, daß sich der sowjetische Einfluß im Nahen und Mittleren Osten unter Umständen steigern könnte; der Kongreß bewilligte eine zusätzliche Einwanderungsquote für 25 000 israelische Flüchtlinge. Diese großzügige Geste, unterstrichen von einer zündenden Rede des Präsidenten, wirkte in der ganzen Welt als leuchtendes Beispiel. Die Schweiz stellte sofort 2000 Durchreisevisa bereit, und Guatemala

erhöhte die Einwanderungsgrenze für Juden von 500 auf 750.
Sozialistische Organisationen in vielen Ländern verurteilten in Massenversammlungen das arabische Vorgehen. Bei Studentendemonstrationen vor den westlichen Botschaftsgebäuden der arabischen Staaten gingen mehrere Fensterscheiben in Trümmer. Das Internationale Sekretariat des PEN-Clubs erließ ein Manifest, in dem das Erlöschen des Staates Israel als Verlust für den Weltgeist beklagt wurde. Die UNESCO budgetierte einen Betrag von 200 000 Dollar für die kulturelle Betreuung der Israel-Flüchtlinge. Das brasilianische Parlament hielt zum Zeichen der Trauer um Israel eine Schweigeminute ab. Japan und Süd-Korea schickten Medikamente. Die skandinavischen Länder erklärten sich zur Aufnahme einer unbeschränkten Anzahl israelischer Waisenkinder bereit. In Neuseeland kam es nach leidenschaftlichen öffentlichen Diskussionen zum Abschluß eines »Ewigen Freundschaftspaktes mit dem Andenken Israels«. Ein australischer Parlamentarier nannte die arabische Handlungsweise »infam«. Auf der Jahreskonferenz der jüdischen Organisationen Amerikas hielt der Vertreter des Unterstaatssekretärs eine Rede, in der er mit Einverständnis des Präsidenten bekanntgab, die Vereinigten Staaten würden »den Problemen der kleinen Völker in Hinkunft größere Aufmerksamkeit schenken und die Wiederholung ähnlich tragischer Ereignisse verhindern«. Ein Sprecher des State Departments ließ durchblicken, daß Israel an seiner Niederlage nicht ganz schuldlos sei, weil es versäumt habe, dem zu erwartenden Angriff der Araber rechtzeitig vorzubeugen. Auch die Weltpresse ließ es an Bekundungen

aufrichtigen Mitgefühls nicht mangeln. Die »New York Herald Tribune« gab eine umfangreiche »Israel-Gedenk-Sondernummer« heraus, in der die Brüder Alsop einen flammenden Artikel zum Lob der israelischen Demokratie veröffentlichten und auf den unwiederbringlichen Verlust hinwiesen, den die ganze demokratische Welt durch den Untergang dieses »Modellstaates« erlitten habe. Im amerikanischen Fernsehen erklärte sich Ed Murtow offen für die zionistische Idee und äußerte wörtlich: »Jede jüdische Familie unseres Landes darf stolz sein auf Israels Heldenhaftigkeit!« Sogar der bis dahin eher anti-israelische »Manchester Guardian« schlug sich an die Brust und gab unumwunden zu, daß »die israelische Tragödie noch jahrhundertelang wie eine Fackel der Anklage unter den Fenstern des Weltgewissens brennen« würde.
Auf die Notwendigkeit, die neugeschaffene politische Situation praktisch zu regeln, wies als erster der sowjetische Außenminister hin. In einer weiteren Manifestation ihres guten Willens richtete die Sowjetregierung an Ägypten das Ersuchen, für die Evakuierung der israelischen Flüchtlinge keine übertrieben hohen Schadenersatzansprüche zu stellen. Dieser humane Schritt des Kremls machte allseits den günstigsten Eindruck.
Überall waren die israelischen Flüchtlinge Gegenstand größter Zuneigung und Bewunderung. Die Wogen der Begeisterung für den Staat Israel gingen höher als jemals während seines Bestehens.
Eine Gedächtnissitzung der Vereinten Nationen billigte nahezu einstimmig (!) den Vorschlag, die israelische Flagge nicht von ihrem Mast einzuholen und den Sitz des israelischen Delegierten leer zu lassen. Die Tagung

erreichte ihren Höhepunkt, als der sowjetische Delegierte vollkommen unerwartet die Abhaltung eines »Israel-Tages« beantragte. Einverständnis und Eintracht waren so allgemein, daß man sich endlich begründete Hoffnungen auf den lang ersehnten Weltfrieden machen durfte. Eine schönere, glücklichere Zukunft schien sich anzubahnen. Israel war zum Symbol der Gerechtigkeit geworden.
Leider beging Israel den Fehler, eine solche Wendung der Dinge nicht abzuwarten. Es ist ihr bis auf weiteres zuvorgekommen und hat damit eine einzigartige Gelegenheit versäumt, sich die Sympathien der Welt zu sichern. Gott allein weiß, wann man uns diese Gelegenheit wieder bieten wird.

Jeder von uns hat sich schon einmal die Frage vorgelegt: »Was täte ich, wenn ich auf der Straße einen Schatz fände?« Wer auf diese Frage antwortet, daß er den Schatz für sich behalten würde, kann möglicherweise noch ein reicher, niemals aber ein feiner Mensch werden. Wer behauptet, er würde den Fund abliefern, hat noch nie etwas gefunden. Wer aber fragt, was der Schatz eigentlich wert ist: der ist ein ehrlicher Finder.

EIN EHRLICHER FINDER

KURZDRAMA IN EINEM AKT

Personen: *Sa'adja Schabatai*
         Die Witwe
         »Mao-Mao«

Ort der Handlung: Ein Zimmer in der Wohnung der Witwe.

Witwe: (lehnt sich zum Fenster hinaus und ruft mit trauriger Stimme) Clarisse! Komm nach Hause, Clarissilein! (Nichts geschieht. Die Witwe seufzt und zieht sich ins Zimmer zurück. Es klopft). Wer ist draußen?

Sa'adja: (von draußen) Ich.

Witwe: Was wollen Sie?

Sa'adja: Daß Sie die Tür öffnen.

Witwe: (öffnet die Tür spaltbreit und erblickt einen unrasierten, vollbärtigen Mann von unverkennbar orientalischer Herkunft, der einen großen Korb im Arm hält) Ich brauche nichts. (Schlägt die Tür zu.) Unverschämt...

Sa'adja: (klopft abermals)
Witwe: (reißt zornig die Tür auf) Ich brauche nichts, sage ich Ihnen.
Sa'adja: Sch-sch-sch. (Überprüft das Türschild.) Ist Herr Har-Schoschanim zu Hause?
Witwe: In welcher Angelegenheit?
Sa'adja: Persönlich. Wann kommt er nach Hause?
Witwe: Er kommt überhaupt nicht nach Hause.
Sa'adja: Warum nicht?
Witwe: Weil er tot ist.
Sa'adja: Tot? Das ist schade.
Witwe: (tupft sich mit dem Taschentuch eine Träne aus dem Auge) Er ist vor zwei Jahren gestorben. An Lungenentzündung.
Sa'adja: Wir alle müssen sterben, früher oder später.
Witwe: Zuerst dachten wir, es wäre nur eine Grippe. Er hustete ein wenig, das war alles. Dann hat man ihm Penicillin gegeben . . .
Sa'adja: Arme Frau. (Zieht ein Zeitungsblatt aus der Tasche.) Haben Sie dieses Inserat aufgegeben? (Liest unter Schwierigkeiten) »Hauskatze verloren. Hört auf den Namen . . .« (noch größere Schwierigkeiten) ». . . Clarisse.«
Witwe: (jauchzend) Clarisse! Ja, das Inserat ist von mir. Bitte treten Sie ein, lieber Herr! Clarisse! Sie haben meine Clarisse gefunden?
Sa'adja: (rührt sich nicht) Einen Augenblick. Ich bin noch nicht fertig. (Liest drohend zu Ende) »Reicher Finderlohn!«
Witwe: (aufgeregt) Ja, ja, natürlich. Das versteht sich von selbst. Aber so kommen Sie doch weiter, lieber Herr.

Sa'adja: (tritt ein, setzt sich, behält den Korb auf den Knien) Mir brauchen Sie nicht »lieber Herr« zu sagen. Sa'adja. Ich heiße Sa'adja Schabatai. Wegen so einer Katze bin ich noch kein lieber Herr.
Witwe: Es ist nicht »so eine Katze«. Es ist Clarisse. Sie ahnen ja nicht, wie glücklich ich bin, daß Sie Clarisse gefunden haben. Bitte nehmen Sie Platz. Clarisse. Wollen Sie etwas trinken? Mein Liebling. Mein süßer kleiner Liebling.
Sa'adja: Wer?
Witwe: Clarisse. Wie haben Sie sie gefunden? Sie müssen mir alles erzählen! Entschuldigen Sie, daß ich Sie nicht besser empfangen kann. Ich bin eine einsame Witwe. Lesen Sie viele Zeitungen?
Sa'adja: Alle. Aber nur die Verlustanzeigen.
Witwe: Wo ist sie? Wo ist meine Clarisse? Haben Sie jemals etwas so Schönes gesehen? Ich frage Sie, Herr Schabatai, ob Sie jemals etwas so Wunderschönes gesehen haben!
Sa'adja: Katze wie Katze.
Witwe: (gekränkt) Ich muß schon bitten. Da gibt es denn doch noch Unterschiede. Meine Clarisse! Die herrlichen grünen Augen ... das süße rosa Näschen ... das schneeweiße Fell.
Sa'adja: Weiß?
Witwe: Schneeweiß. Fleckenlos weiß. Daran müssen Sie ja erkannt haben, daß sie eine edelrassige Katze ist.
Sa'adja: Ich erkenne gar nichts. Ich kann das nicht unterscheiden. Katzen sind für mich Katzen. Eine mehr, eine weniger, aber etwas anderes ist keine.
Witwe: Wie mag es ihr wohl ergangen sein, meiner armen Clarisse! Wo haben Sie sie gefunden?

Sa'adja: Gefunden? Wieso gefunden?
Witwe: Sie sagten doch, Sie haben –
Sa'adja: Ich? Nicht ich. Ich habe nur gefragt, ob Sie dieses Inserat aufgegeben haben.
Witwe: Ja, gewiß... Aber wenn Sie sie nicht gefunden haben, warum sind Sie dann hergekommen?
Sa'adja: Ich habe nicht gesagt, daß ich sie nicht gefunden habe.
Witwe: Jetzt verstehe ich kein Wort mehr.
Sa'adja: Nehmen wir an, ich habe sie gefunden.
Witwe: Wo ist sie?
Sa'adja: An einem sicheren Platz. Unter Freunden.
Witwe: Gott sei Dank. Ich hoffe, Sie sind behutsam mit ihr umgegangen.
Sa'adja: Sehr sanft habe ich sie gefangen. Sehr sanft. Mit zwei Fingern... so... beim Schwanz.
Witwe: (unterdrückt ihr Entsetzen) Gut, gut. Und jetzt bekommen Sie eine schöne Belohnung.
Sa'adja: Wie schön?
Witwe: Wie es in solchen Fällen üblich ist.
Sa'adja: Üblich genügt nicht. Es ist eine edelrassige Katze. So ein Tier kostet Geld.
Witwe: (wird unruhig) Wieviel... was haben Sie sich vorgestellt?
Sa'adja: Das, was die Regierung sagt. Die Regierung sagt alles. Auch was man für eine edelrassige Katze bekommt.
Witwe: Ein Pfund? Eineinhalb Pfund?
Sa'adja: Eineinhalb Pfund für eine gesunde Edelkatze? Ein halbes Kilo Wurst kostet drei!
Witwe: Also zwei Pfund. Das ist sehr viel Geld.
Sa'adja: Vielleicht für einen Hund. Nicht für eine Kat-

ze. Ich mache Ihnen einen Vorschlag. Verlieren Sie einen Hund und ich finde ihn für ein Pfund. Wenn er räudig ist, genügen mir 80 Piaster. Eine Katze ist teurer.

Witwe: Warum?

Sa'adja: Haben Sie schon einen Hund auf einen Baum klettern sehen?

Witwe: Sie haben sie auf einem Baum gefunden?

Sa'adja: Erst denken, dann reden. Zehn.

Witwe: Was: zehn?

Sa'adja: Zehn.

Witwe: Zehn Pfund?

Sa'adja: Das ist der Preis. Zu hoch? Wie viele Katzen findet man schon im Monat. Zwei? Drei? Man muß von etwas leben. Zehn Pfund.

Witwe: Für zehn Pfund kann ich mir ja einen Tiger kaufen.

Sa'adja: Einen Tiger? Was machen Sie mit einem Tiger? Er frißt Sie zum Frühstück. Einen Tiger will sie ... Solche Weiber müßte man einsperren.

Witwe: (kramt in ihrer Tasche, die sie durch eine Körperwendung vor den Blicken Sa'adjas deckt) Zehn Pfund für eine Katze ... unverschämt ...

Sa'adja: (versucht den Inhalt der Tasche zu erspähen) Nur beim erstenmal. Nächstens finde ich Ihnen eine billigere. Wir können einen Vertrag schließen. Gegen eine monatliche Zahlung von –

Witwe: (schreit auf) Sie haben Clarisse gestohlen!

Sa'adja: Sch-sch-sch. Ich bin ein ehrlicher Finder. Sa'adja Schabatai stiehlt nicht. Keine Katze. Wer wird eine Katze stehlen? Wenn man schon etwas stiehlt, dann stiehlt man ein Pferd. Sie glauben, daß *ich* diese zehn

Pfund brauche, Frau Schoschanim? Ich weiß, es ist viel Geld. Ich und meine Witwe könnten ein Jahr davon leben. Aber Mordechai muß in die Schule gehen, damit er klüger wird als sein Vater. Und der Lehrer hat gesagt: »Ohne zehn Pfund gibt es keine Schulgeldbefreiung.« Das hat mich auf den Gedanken gebracht, Clarisse zu finden.

Witwe: Wo haben Sie sie gefunden?
Sa'adja: Auf dem Dach.
Witwe: Auf welchem Dach?
Sa'adja: Auf welchem Dach? Auf dem Dach in unserem Barackenlager.
Witwe: In der Zeitung steht, daß es schon längst keine Barackenlager mehr gibt.
Sa'adja: Die Zeitungen müssen über etwas schreiben. Wenn Sie mich fragen, werden noch die Kinder von Clarisse in Baracken leben.
Witwe: (nervös) Die Kinder?
Sa'adja: Bis jetzt hat sie noch keine. Aber die Zeit vergeht schnell.
Witwe: Na schön. Kommen wir zum Ende. Ich gebe Ihnen die zehn Pfund, aber nur, weil Sie so viel gelitten haben.
Sa'adja: Ich bin ein sozialer Fürsorgefall.
Witwe: Und jetzt bringen Sie mir Clarisse!
Sa'adja: Jetzt?
Witwe: Natürlich jetzt.
Sa'adja: Zuerst den Finderlohn, Frau Schoschanim.
Witwe: Was fällt Ihnen ein? Soll ich eine Katze im Sack kaufen?
Sa'adja: Sack? (Deutet auf den Korb.) Das ist ein Sack?

Witwe: (mit unterdrücktem Jubel) Clarisse ist in diesem Korb?
Sa'adja: So Gott will.
Witwe: Zeigen Sie her! Clarisse! Ich will Clarisse sehen!
Sa'adja: Sie können sie hören. (Hält den Korb an das Ohr der Witwe.) Macht es tick-tack?
Witwe: Nein.
Sa'adja: (klopft an den Korb) Clarisse! Sag der Frau Schoschanim Miau!
Witwe: (schreit auf) Clarisse! Ich hab sie gehört! Clarisse!
Sa'adja: So wie ich sagte.
Witwe: Machen Sie den Korb sofort auf! In dem Korb ist ja keine Luft! Machen Sie ihn auf! Auf was warten Sie?
Sa'adja: Ich bin wie Ben Gurion. Sicherheit über alles. (Streckt die Hand aus.) Zehn Pfund.
Witwe: Zuerst Clarisse.
Sa'adja: Zuerst den Finderlohn.
Witwe: (bricht in Tränen aus) Was soll ich mit Ihnen machen ...
Sa'adja: Warten Sie. Lassen Sie mich nachdenken ... (denkt nach) Also. Damit wir beide sichergehn, Frau Schoschanim, werde ich bis drei zählen. Wenn ich »drei« sage, dann geben Sie, Frau Schoschanim, mir den Finderlohn in diese Hand, und ich, Sa'adja Schabatai, gebe Ihnen die Katze mit jener. Sehen Sie, so. (Zeigt es.)
Witwe: Schon gut, schon gut. Machen wir's rasch. (Nimmt eine Zehnpfundnote heraus.) Clarisse! Jetzt wirst du bald wieder bei mir sein, Clarissilein! Und dann trennen wir uns nie, nie, nie wieder ...

Sa'adja: In dem Korb ist nicht viel Luft.
Witwe: Dann also los, um Himmels willen.
Sa'adja: Ich bin soweit. Ich zähle bis drei. Fertig?
Witwe: Fertig.
Sa'adja: Aber daß Sie sich nicht verspäten!
Witwe: Nein!
Sa'adja: Es muß auf die Sekunde klappen!
Witwe: Ja!
Sa'adja: Wie auf einer Uhr.
Witwe: (schluckt verzweifelt)
Sa'adja: Also. Damit wir keine Zeit verlieren. In Gottes Namen. Eins – zwei – drei! (Er zieht aus dem Korb eine kleine, magere, pechschwarze Katze heraus und hält sie der verdatterten Witwe hin.) Wo sind die zehn Pfund?
Witwe: Wo ist Clarisse?
Sa'adja: Hier.
Witwe: Das ist nicht Clarisse.
Sa'adja: Nicht? Vielleicht ist es auch keine Katze?
Witwe: Sie sind verrückt geworden. Was soll ich mit diesem Tier da machen?
Sa'adja: Was man eben mit einer Katze macht. Füttern. Pflegen. Dann wird sie schon wachsen.
Witwe: Um keinen Preis der Welt nehme ich diese Katze.
Sa'adja: Warum nicht?
Witwe: Weil es nicht Clarisse ist.
Sa'adja: Woher wissen Sie das?
Witwe: Dumme Frage. Ich kenne doch meine Clarisse. Die hier ist viel kleiner als Clarisse.
Sa'adja: Sie hat vielleicht ein bißchen abgenommen, weil sie soviel zu Fuß gehen mußte. Deshalb wirkt sie nicht wie Clarisse.

Witwe: Reden Sie keinen Unsinn. Diese Katze ist doch pechschwarz. (Schweigen)
Sa'adja: Schwarz.
Witwe: Das sehen Sie doch.
Sa'adja: Aha. Ich hab's ja gewußt. Sie wollen diese Katze nicht haben, weil sie schwarz ist. Wenn es eine weiße gewesen wäre, hätten Sie sie genommen!
Witwe: Nein.
Sa'adja: Eine schwarze wollen Sie nicht im Haus haben, das ist es.
Witwe: Ich möchte...
Sa'adja: Es kommt Ihnen nicht auf die Katze an, sondern auf die Farbe. Das habe ich mir gedacht. Diskriminierung. Rassenhaß.
Witwe: Ich weiß nicht, wovon Sie sprechen, Herr Schabatai. Ich kenne diese Katze nicht.
Sa'adja: Nicht? Darf ich vorstellen? Clarisse, das ist Frau Schoschanim... Clarisse...!
Witwe: Sie rufen sie Clarisse?
Sa'adja: Ich habe ihn von Anfang an Clarisse gerufen, damit er sich daran gewöhnt, daß er Clarisse ist. Aber der Name gefällt ihm nicht. Er ist ein Kater.
Witwe: Und wie heißt er wirklich?
Sa'adja: Mao-Mao.
Witwe: Was ist das für ein Name?
Sa'adja: Ich habe ihn so genannt, weil er nicht ganz weiß ist. Aber sonst ist er ein prachtvolles Tier. Ich würde ihn nicht für hundert Clarissen hergeben.
Witwe: Wie können Sie sich unterstehen, die zwei in einem Atem zu nennen!
Sa'adja: Sehen Sie doch einmal seinen Bart an, Frau Schoschanim. Wie das blitzt. So etwas Gescheites von

einem Tier gibt es kein zweitesmal. Vor Menschen, die er gern hat, geht er nie über die Straße, weil er weiß, daß schwarze Katzen Unglück bringen. So gescheit ist er.

Witwe: Aber zu mager.

Sa'adja: Auch das hat seine Vorteile. Er braucht wenig Treibstoff. Rennt den ganzen Tag herum und kommt mit einem halben Liter Magermilch aus. Fängt Mäuse wie ein Besessener.

Witwe: In meinem Haus sind keine Mäuse.

Sa'adja: Ich kann Ihnen welche bringen. Außerdem ist Mao-Mao gar nicht so klein, wie er nach außen wirkt. Wenn er will, kann er wie eine Edelrasse ausschauen. Jetzt steht er nicht ganz gerade, weil er Hunger hat. Steh gerade, Dummkopf, wenn man von dir spricht!

Witwe: Warten Sie, ich bringe ihm ein wenig Milch. (Bringt ihm ein wenig Milch). Na, trink schön, Kleiner ... Clarisse hat immer so gerne mit den Kindern im Hof gespielt.

Sa'adja: Kinder? Das ist gut.

Witwe: Sie hat mit ihnen Verstecken gespielt. Die Kinder haben sich versteckt, und Clarisse hat sie gefunden ...

Sa'adja: In meinem Barackenlager kann man solche Spiele nicht spielen. Wer soll sich schon in einem einzigen Zimmer verstecken ... (Betrachtet den trinkenden Kater.) Trinkt schön, was? Die kleine rote Zunge arbeitet wie geölt, was?

Witwe: Ich hab's mir überlegt, Herr Schabatai. Sie können ihn hierlassen.

Sa'adja: Trotz allem?

Witwe: Ja. Hier haben Sie Ihre zehn Pfund.
Sa'adja: Wofür?
Witwe: Für Mao-Mao.
Sa'adja: Frau Har-Schoschanim! Zehn Pfund für dieses prachtvolle Tier?
Witwe: Aber das war doch der Preis, den Sie verlangt haben?
Sa'adja: Frau Har-Schoschanim, die zehn Pfund waren der Finderlohn. Jetzt müssen Sie auch noch für die Katze zahlen.
Witwe: Sie machen Witze.
Sa'adja: Ihre Katze war Clarisse. Das hier ist eine vollkommen neue. Fünfzehn Pfund alles zusammen.
Witwe: Das ist nicht schön von Ihnen.
Sa'adja: Nicht schön? Was ich immer sage. Man soll kein weiches Herz haben. (Steckt den Kater in den Korb zurück). Nicht schön, hat sie gesagt. Komm, Mao-Mao. Hier haben wir nichts mehr verloren. Wir gehen nach Hause.
Witwe: Warten Sie. Da sind die fünfzehn Pfund.
Sa'adja: Fünfzehn Pfund?
Witwe: Sie wollten doch fünfzehn Pfund haben?
Sa'adja: Ja. Aber ich hatte den Eindruck, daß Sie nicht damit einverstanden sind.
Witwe: Ich bin einverstanden. Nehmen Sie die fünfzehn Pfund und geben Sie mir den Kater.
Sa'adja: Für die Nachbarskinder?
Witwe: Wollen Sie das Geld haben, ja oder nein?
Sa'adja: Ich brauche es. Damit Mordechai in die Schule gehen kann. Ich brauche es sehr dringend. Gut, zählen wir. Fertig.
Witwe: Ja. Hier ist Ihr Geld.

Sa'adja: Eins... zwei... er fängt keine Mäuse. Ich habe gelogen. Er fürchtet sich vor Mäusen.
Witwe: Macht nichts.
Sa'adja: Gut. Eins... zwei... er wächst auch nicht mehr. Er ist eine Mißgeburt.
Witwe: Zählen Sie weiter.
Sa'adja: Wie Sie wollen. Eins... zwei... drei...
Witwe: (hält ihm die Banknote hin, die Sa'adja nicht nimmt) Nehmen Sie!
Sa'adja: Ich will nicht.
Witwe: Was ist los?
Sa'adja: Ich kann nicht.
Witwe: Warum können Sie denn nicht, um Gottes willen?
Sa'adja: Ich war nicht ehrlich zu Ihnen, Frau Har-Schoschanim. Sa'adja Schabatai war nicht ehrlich. Der Kater gehört meinen Kindern.
Witwe: Aber Sie sagten mir doch, daß Sie ihn gefangen haben?
Sa'adja: Natürlich habe ich ihn gefangen. Ich bin auf das Dach unserer Baracke hinaufgestiegen und habe ihn gefangen. Ich habe ihn gefangen, damit ich Ihre Clarisse aus ihm machen kann. Ich schäme mich. Einen Mann in ein Weib zu verwandeln, für ein paar schäbige Pfunde.
Witwe: So schlimm ist es gar nicht. Wollen Sie noch zwei Pfund haben?
Sa'adja: Frau Har-Schoschanim, meine Kinder lieben ihn über alles. Sie lieben ihn, weil er so schwarz und arm ist. Und jetzt wollen Sie ihn Ihrer Nachbarsbrut hinwerfen. Sie haben kein Herz im Leibe. (Geht zur Tür).

Witwe: Warum haben Sie ihn dann überhaupt hergebracht?
Sa'adja: Jetzt bringe ich ihn wieder zurück. Zu Mordechai. Zu meinen Kindern. Er wird mit ihnen Verstecken spielen.
Witwe: Sie treiben mich in den Wahnsinn. Was soll ich jetzt machen?
Sa'adja: Das weiß ich nicht. Fangen Sie sich eine schneeweiße Katze. Mao-Mao ist nicht zu haben. Und nächstes Mal geben Sie keine Inserate in die Zeitung. Ich komme nicht mehr! (Ab)

Vorhang

> Um auch einmal etwas Konstruktives zu leisten, wollen wir uns jetzt mit den neuesten Errungenschaften der zeitgenössischen Medizin befassen. Es läßt sich nicht leugnen, daß beispielsweise dank der sogenannten »Antibiotika« sehr viele Patienten, die noch vor wenigen Jahren gestorben wären, heute am Leben bleiben und daß andererseits sehr viele Patienten, die noch vor wenigen Jahren am Leben geblieben wären... aber wir wollen ja konstruktiv sein.

Die Medikamenten-Stafette

Es begann im Stiegenhaus. Plötzlich fühlte ich ein leichtes Jucken in der linken Ohrmuschel. Meine Frau ruhte nicht eher, als bis ich einen Arzt aufsuchte. Man kann, so sagte sie, in diesen Dingen gar nicht vorsichtig genug sein.
Der Arzt kroch in mein Ohr, tat sich dort etwa eine halbe Stunde lang um, kam wieder zum Vorschein und gab mir bekannt, daß ich offenbar ein leichtes Jucken in der linken Ohrmuschel verspürte.
»Nehmen Sie sechs Penicillin-Tabletten«, sagte er. »Das wird Ihnen gleich beide Ohren säubern.«
Ich schluckte die Tabletten. Zwei Tage später war das Jucken vergangen, und meine linke Ohrmuschel fühlte sich wie neugeboren. Das einzige, was meine Freude ein wenig trübte, waren die roten Flecken auf meinem Bauch, deren Jucken mich beinahe wahnsinnig machte.
Unverzüglich suchte ich einen Spezialisten auf; er wußte nach einem kurzen Blick sofort Bescheid:

»Manche Leute vertragen kein Penicillin und bekommen davon einen allergischen Ausschlag. Seien Sie unbesorgt. Zwölf Aureomycin-Pillen – und in ein paar Tagen ist alles wieder gut.«

Das Aureomycin übte die erwünschte Wirkung: Die Flecken verschwanden. Es übte auch eine unerwünschte Wirkung: Meine Knie schwollen an. Das Fieber stieg stündlich. Mühsam schleppte ich mich zum Spezialisten. »Diese Erscheinungen sind uns nicht ganz unbekannt«, tröstete er mich. »Sie gehen häufig mit der Heilwirkung des Aureomycins Hand in Hand.«

Er gab mir ein Rezept für 32 Terramycin-Tabletten. Sie wirkten Wunder. Das Fieber fiel, und meine Knie schwollen ab. Der Spezialist, den wir an mein Krankenlager riefen, stellte fest, daß der mörderische Schmerz in meinen Nieren eine Folge des Terramycins war, und ich sollte das nicht unterschätzen. Nieren sind schließlich Nieren.

Eine geprüfte Krankenschwester verabreichte mir 64 Streptomycin-Injektionen, von denen die Bakterienkulturen in meinem Innern restlos vernichtet wurden.

Die zahlreichen Untersuchungen und Tests, die in den zahlreichen Laboratorien der modern eingerichteten Klinik an mir vorgenommen wurden, ergaben eindeutig, daß zwar in meinem ganzen Körper keine einzige lebende Mikrobe mehr existiere, daß aber auch meine Muskeln und Nervenstränge das Schicksal der Mikroben geteilt hatten. Nur ein extrastarker Chloromycin-Schock konnte mein Leben noch retten.

Ich bekam einen extrastarken Chloromycin-Schock.

Meine Verehrer strömten in hellen Scharen zum Begräbnis, und viele Müßiggänger schlossen sich ihnen an.

In seiner ergreifenden Grabrede kam der Rabbiner auch auf den heroischen Kampf zu sprechen, den die Medizin gegen meinen von Krankheit zerrütteten Organismus geführt und leider verloren hatte.
Es ist wirklich ein Jammer, daß ich so jung sterben mußte. Erst in der Hölle fiel mir ein, daß jenes Jucken in meiner Ohrmuschel von einem Moskitostich herrührte.

Unternehmen Babel

Neben spezifisch jüdischen Mentalitäten besitzt Israel noch weitere Gemeinsamkeiten: das allumfassende Durcheinander seiner Umgangssprachen. Die Heimführung der Zerstreuten aus sämtlichen Winkeln der Welt mag eine noch so großartige, ja epochale Leistung darstellen – in sprachlicher Hinsicht hat sie ein Chaos erzeugt, gegen das sich der Turmbau von Babel wie die Konstruktion einer bescheidenen Lehmhütte ausnimmt. In Israel werden mehr Sprachen gesprochen, als der menschlichen Rasse bisher bekannt waren. Zwar kann sich auch ein Waliser mit einem Schotten und ein Schotte mit einem Texaner nur schwer verständigen. Aber es besteht zwischen ihnen immer noch eine ungleich größere linguistische Verwandtschaft als zwischen einem Juden aus Afghanistan und einem Juden aus Kroatien.
Die offizielle Sprache unseres Landes ist das Hebräische. Es ist auch die Muttersprache unserer Kinder – übrigens die einzige Muttersprache, welche die Mütter von ihren Kindern lernen. Amtliche Formulare müssen hebräisch ausgefüllt werden. Die meistgelesene Sprache ist Englisch, die meistgesprochene Jiddisch. Hebräisch läßt sich verhältnismäßig leicht erlernen, fast so leicht wie Chinesisch. Schon nach drei oder vier Jahren ist der Neueinwanderer in der Lage, einen Straßenpassanten in fließendem Hebräisch anzusprechen:
»Bitte sagen Sie mir, wie spät es ist, aber womöglich auf englisch.«
Im Umgang mit den Behörden wird der Bürger gut daran tun, sich der offiziellen Landessprache zu bedienen, damit man ihn versteht. Noch besser ist es allerdings,

sich der offiziellen Landessprache nicht zu bedienen und nicht verstanden zu werden.
Als bester Beweis für diese These diene das folgende Erlebnis.
Es begann damit, daß ich zwecks Einfuhr eines Röntgenapparates bestimmte Schritte unternehmen mußte. Ich rief im Ministerium für Heilmittelinstrumente an und erkundigte mich, ob man für die Einfuhr eines Röntgenapparates eine Lizenz benötigte, auch wenn man den Apparat von Verwandten geschenkt bekommen hat und selbst kein Arzt ist, sondern nur an Bulbus duodenitis leidet und den Magen so oft wie möglich mit Röntgenstrahlen behandeln muß.[1]
Im Ministerium ging alles glatt. Am Informationsschalter saß ein junger Mann, der seinen Onkel vertrat. Der Onkel war gerade zur Militärübung für Reservisten abkommandiert, und der junge Mann schickte mich zum Zimmer 1203, von wo man mich auf Nr. 4 umleitete. Nachdem ich noch durch die Nummern 17, 3, 2004, 81 und 95 hindurchgegangen war, erreichte ich endlich Nr. 604, das Büro von Dr. Bar Cyanid, Konsulent ohne Portefeuille für Angelegenheiten der externen Röntgenbestrahlung.
Vor dem Zimmer Nr. 604 stand niemand. Trotzdem

---

[1] Die britische Mandatsregierung hat uns sehr viel Gutes hinterlassen, darunter auch die Vorliebe für Lizenzerteilungen. Wer in Israel irgend etwas zu importieren oder zu exportieren wünscht – Automobile, Kühlschränke, Nahrungsmittel, Bücher, Blumen, Bürsten oder Nadeln –, muß um eine Lizenz ansuchen, und bevor er sie bekommt, ist der Kühlschrank in der Sonne weggeschmolzen, die Nahrung verdorben, das Buch unlesbar geworden und die Nadel im Heu verlorengegangen. Deshalb empfiehlt es sich, den Beamten, der die Lizenz ausstellen soll, ein wenig anzutreiben.

wurde ich belehrt, daß man das Amtszimmer nur mit einem numerierten Passierschein betreten dürfe, der auf Nr. 18 erhältlich sei. Durch diese Passierscheine sollte die lästige Schlangenbildung hintangehalten werden.[2] Vor dem Zimmer Nr. 18 stand eine entsetzlich lange Schlange. Ich begann blitzschnell zu rechnen: Selbst wenn keine der sich anstellenden Personen länger als 30 Sekunden in Anspruch nähme und jede fünfte Person durch plötzlichen Todesfall ausscheide, würde ich frühestens in fünf bis sechs Jahren drankommen. Das ist, angesichts der schwierigen wirtschaftlichen Verhältnisse, unter denen wir leben müssen, eine sehr lange Zeit.

Ein gewisser selbstsüchtiger Zug, der in meinem Wesen immer wieder durchbricht, verleitete mich, das angrenzende Zimmer Nr. 17 zu betreten und von dort ins Zimmer Nr. 18 einzudringen, wo man die zur Vermeidung von Schlangenbildungen eingeführten Nummernscheine bekam. Das Zimmer war leer. Nur hinter dem Schreibtisch saß ein vierschrötiger Beamter, der mich durchdringend ansah und – vielleicht aus Schreck über mein unvermutetes Auftauchen – die folgenden unhöflichen Worte von sich gab: »Eintritt durch den Nebenraum verboten. Wer durch die Seitentüre kommt, wird nicht abgefertigt. Haben Sie draußen keine Schlange gesehen?

---

[2] In Israel gilt das Schlangestehen als notwendiges Übel, in England als Lebensform. Wir Israeli haben keinen größeren Ehrgeiz, als das Schlangestehen zu umgehen (auch unser Vorvater Jakob erhielt den väterlichen Segen außer der Reihe). Und wir bewundern die Engländer, die an den Autobus-Haltestellen ruhig, geduldig und gewissenhaft Schlange stehen und erst dann zu stoßen und zu drängen beginnen, wenn der Bus anhält.

Auch Sie müssen sich anstellen, genau wie jeder andere!«[3]
In solchen Situationen muß man sich etwas Ungewöhnliches einfallen lassen, sonst ist man verloren.
»Bulbus«, sagte ich mit Nachdruck. »Bulbus duodenitis.«
Der Beamte war offenkundig ein medizinischer Laie. Er glotzte mich verständnislos an. »Was?« fragte er. »Wer? Wieso?«

---

[3] Wir Israeli werden gelb vor Neid, wenn wir an die ausgesucht höflichen Umgangsformen denken, die in den Amtsstellen der westlichen Hemisphäre gang und gäbe sind. In Israel verläuft das typische Telefongespräch mit einer typischen Sekretärin in einer typischen Amtsstelle ungefähr folgendermaßen:
»Ist Herr X in seinem Büro?«
»Machen Sie sich nicht lächerlich.«
»Wann kommt er wieder?«
»Wie soll ich das wissen?«
»Würden Sie eine Nachricht für Herrn X übernehmen?«
»Lassen Sie die dummen Witze.« (Sie legt den Hörer ab, ohne auch nur eine einzige Silbe notiert zu haben.)
Im hochzivilisierten Westen hingegen, besonders in der angelsächsischen Welt:
»Ist Herr X in seinem Büro?«
»Ich fürchte, daß er im Augenblick nicht anwesend ist, mein Herr.«
»Wann kommt er wieder?«
»Es tut mir außerordentlich leid, mein Herr, aber darüber könnte ich Ihnen keine absolut zuverlässige Auskunft geben. Hübsches Wetter heute, mein Herr, nicht wahr?«
»Ja, ganz hübsch. Der Regen ist in den letzten Tagen entschieden wärmer geworden. Würden Sie eine Nachricht für Herrn X übernehmen?«
»Mit größtem Vergnügen, mein Herr.« (Die Nachricht wird langsam diktiert, schwierigere Worte werden sorgfältig buchstabiert.)
»Danke sehr, mein Herr. Auf Wiederhören, mein Herr.« (Sie legt den Hörer ab, ohne auch nur eine einzige Silbe notiert zu haben.)

Und in diesem Augenblick kam mir der erlösende Einfall, der sehr wohl zu einem epochalen Umschwung in der Geschichte des israelischen Schlangestehens führen könnte.
»Dvargitschoke plokay g'vivtschir?« äußerte ich in fragendem Tonfall und mit freundlichem Lächeln.
»Schmusek groggy. Latiten?«
Das blieb nicht ohne Wirkung.
»Redste jiddisch?« fragte der Beamte. »Odder vielleicht du redst inglisch?«
»Dvargitschoke plokay.«
»Redste fransoa?«
»G'vivtschir u mugvivtschir...«
Der Beamte erhob sich und rief seinen Kollegen aus dem Nebenzimmer herbei.
»Der arme Kerl spricht nur ungarisch«, informierte er ihn.
»Du stammst doch aus dieser Gegend. Vielleicht kommst du dahinter, was er will?«
»Chaweri«, sprach der andere mich an. »Te mit akarol mama?«
»Dvargitschoke plokay«, lautete meine prompte Antwort.
»Latiten?«
Der Transsylvanier versuchte es noch mit Rumänisch und einem karpato-ruthenischen Dialekt, zuckte die Achseln und ging ab. Als nächster kam ein hohlwangiger Kassier aus der Abteilung für Kalorienforschung und unterzog mich einer arabischen, einer türkischen und einer holländischen Fühlungnahme. Ich verharrte standhaft bei meinem Dvargitschok und hob bedauernd die Arme. Ein Ingenieur aus dem zweiten Stock ging mit

mir fast alle slawischen Sprachen durch; das Ergebnis blieb negativ. Sodann wurde ein Botenjunge aufgetrieben, der finnisch sprach. »Schmusek«, wiederholte ich verzweifelt. »Schmusek groggy.« Der Koordinator für die Fruchtbarmachung toter Sprachen wollte mich in eine lateinische Konversation verwickeln, der Generaldirektor des Amtes für Reiskornzählung in eine rhätoromanische. »G'vivtschir« war alles, was sie aus mir herausbekamen. Eine unbekannte Dame erprobte an mir ihre italienischen, spanischen und japanischen Sprachkenntnisse, der Portier des Gebäudes, ein Immigrant aus Afghanistan, nahm mit Freuden die Gelegenheit wahr, einige Worte in seiner Muttersprache zu äußern, und gab freiwillig noch einige Brocken Amharisch darauf. Ein Buchhalter – Pygmäe und möglicherweise Kannibale – versuchte sein Glück mit dem Dialekt des Balu-Balu-Stammes. Um diese Zeit war bereits eine ansehnliche Menschenmenge um mich versammelt, und jeder entwickelte seine eigene Theorie, woher ich käme und was ich wollte. Die Mehrzahl der Kassiere neigte der Ansicht zu, daß ich ein Mischling einer Mestizenmutter mit einem weißen Indianervater sei, die Buchhalter hielten mich für einen Eskimo, was jedoch vom Leiter der Osteuropa-Abteilung, der selbst ein Eskimo war, entschieden bestritten wurde. Der Chefkontrolleur des Amtes für verschwindende Vorräte, telephonisch herbeigerufen, unternahm einen tapferen Klärungsversuch auf siamesisch, scheiterte jedoch an meinem soliden Verteidigungswall von Dvargitschoks. Nicht besser ging es dem Verwalter der Öffentlichen Illusionen auf aramäisch. »Plokay.« Wallonisch. Baskisch. »Mugvivtschir.« Norwegisch, papuanisch, grie-

chisch, portugiesisch, tibetisch, ladinisch, litauisch, Suaheli, Esperanto, Volapük ... nichts. Kein Wort.
Nach und nach brachen die mich Umringenden erschöpft zusammen. Da machte ich ein paar rasche Schritte zum Schreibtisch des Beamten und raffte – als hätte ich sie eben erst entdeckt – einen der dort liegenden Nummernscheine an mich. (Das war, man erinnert sich, der eigentliche Grund meines Hierseins.)
»Er will eine Nummer!« Die frohe Botschaft verbreitete sich wie ein Lauffeuer durch die Kanzleien und Korridore. »Eine Nummer will er haben! Endlich! Eine Nummer! Halleluja!«
Die Beamten nötigten mir zur Sicherheit einen zweiten Nummernzettel auf, klopften mir auf die Schultern, gratulierten mir, umarmten mich, und wenn ich nicht irre, küßte ein Kontrolleur sogar den Saum meines Gewandes. Tränen standen in aller Augen, und der Jubel über die Heimführung der Zerstreuten war allgemein.
»Dvella«, murmelte ich und war selbst ein wenig bewegt.
»Dvella...«
Zu Hause fand ich in meinen Rocktaschen noch weitere zwanzig Nummernzettel.

Professor Honig macht Karriere

So nachdrücklich wir dem israelischen Neueinwanderer die Ärztelaufbahn empfehlen können, so unsicher sind wir, ob es sich empfiehlt, in Israel einen akademischen Titel zu tragen. Israel ist vielleicht das einzige Land der Welt, das die uralte menschliche Sehnsucht nach Gleichheit und Brüderlichkeit beinahe verwirklicht hat. In Israel wird tatsächlich nach dem Grundsatz gehandelt, daß jeder Mensch nach seinen Fähigkeiten arbeiten und nach der Anzahl seiner Kinder bezahlt werden soll. Demzufolge bekommt ein Schullehrer das gleiche Gehalt wie die Waschfrau, die den Fußboden seines Klassenzimmers säubert, und das klingt in der Theorie noch halbwegs akzeptabel. Praktisch sieht es allerdings so aus, daß die Waschfrau mehr Kinder hat als der Schullehrer – und schon ist die Gleichheit beim Teufel. Von der Brüderlichkeit ganz zu schweigen.

Dr. Imanuel Walter Honig wurde vor ungefähr sechzig Jahren in Frankfurt am Main geboren. Er absolvierte die Mittelschule in Prag, studierte Mathematik an der Universität Antwerpen und warf sich hernach, obwohl ihn seine Eltern dem Grundstückhandel vorbestimmt hatten, mit wilder Energie auf die Naturwissenschaften. Einen Doktortitel erwarb er an der Sorbonne, einen weiteren an der Universität Basel. Um diese Zeit war Imanuel Walter Honig fünfunddreißig Jahre alt; eine hartnäckige Lungenkrankheit hatte ihn an einer rascheren Beendigung seiner Studien behindert.

Nach seiner endgültigen Genesung studierte Dr. Dr. Dr. I. W. Honig Nationalökonomie und Staatswissenschaften, ging nach Oxford und wurde dort mit vierzig Jahren Dozent in diesen beiden Fächern. Weitere fünf Jahre angestrengter wissenschaftlicher Arbeit machten ihn zum Direktor einer staatlichen Lehranstalt in Rom. Während dieser fruchtbaren Periode verfaßte Professor Honig sein dreizehnbändiges Meisterwerk »Der Einfluß der Index-Schwankungen in den ökonomischen Statistiken auf die soziale Struktur des Mittelstandes«. Als Fünfzigjähriger konnte er endlich seinen Lebenstraum erfüllen, sich in Israel anzusiedeln. In einem bescheidenen Gemeindebau in Tel Aviv fand Professor Honig mit seiner Familie Unterkunft. Die Familie bestand aus seiner Gattin Emma, zwei Kindern, seinem Vater und seinen Schwiegereltern. Er bekam auch sofort eine Anstellung als Mittelschulprofessor und lebte eine Zeitlang ohne wirkliche Sorgen. Seine Kollegen kamen ihm mit allem Respekt entgegen, der einem angesehenen Wissenschaftler gebührt, und in seiner Freizeit entwickelte er eine neue Theorie über die Berechnung des Lebenserwartungs-Koeffizienten im Versicherungswesen.

Im Sommer 1951 begann sich seine Lage nachteilig zu verändern. Er kam mit seinem Budget nicht mehr so richtig aus, und da die Lebenskosten unaufhörlich stiegen, fiel es ihm immer schwerer, seine umfangreiche Familie zu ernähren. Schließlich mußte er sogar auf den Ankauf der für seine Forschungsarbeit unentbehrlichen Bücher verzichten, und 1953 war es bereits so schlimm, daß er den Schulweg zu Fuß zurücklegte und einmal in der Woche fastete. Um dem Leser die prekäre Situation Dr. Dr. Dr. Honigs vor Augen zu führen, geben wir nachstehend einen Überblick über sein Einkommen.

Jahr	Monatseinkommen[1] brutto	netto	Bemerkungen
1951	I£ 253.70	I£ 201.45	
1952	I£ 292.75	I£ 196.50	Annahme eines Berufspostens durch die Ehefrau[2]
1953	I£ 325.49	I£ 196.87	Gehaltserhöhung nach Hungerstreik[3]

---

1 Zum besseren Verständnis dieser Tabelle muß man sich über gewisse Eigentümlichkeiten des israelischen Steuerverfahrens klar sein. Im Laufe einer 2000jährigen, grausamen Unterdrückung hatten sich die Juden daran gewöhnt, von feindseligen Behörden unter dem Vorwand der Besteuerung ihres sauer erworbenen Geldes beraubt zu werden. Jetzt, im eigenen Staat, setzen sie aus purer Gewohnheit ihre Gegenmaßnahmen fort und übersehen den fundamentalen Unterschied, daß sie jetzt nicht mehr von feindseligen Gojim, sondern von braven Juden unter dem Vorwand der Besteuerung ihres sauer erworbenen Geldes beraubt werden. Infolgedessen fatiert jeder Jude nur die Hälfte von dem, was er wirklich verdient. Die Steuerbehörde weiß das und verdoppelt ihre Steuervorschreibung, so daß alles wieder auf gleich kommt – ausgenommen bei jenen armen Teufeln, die in tragischer Verkennung der steuerbehördlichen Absichten tatsächlich ihr ganzes Einkommen fatieren. Einer von diesen armen Teufeln war Dr. Dr. Dr. Imanuel Walter Honig.
2 Infolge eines raffinierten Einfalls der Steuerbehörde müssen Ehepaare höhere Steuern zahlen, wenn Mann und Frau arbeiten. Hier zeigt sich wieder einmal die bekannte orientalische Lebensauffassung, derzufolge die Frau nicht arbeiten soll (gegen Entlohnung, versteht sich).
3 In regelmäßigen Zeitabständen treten die Angehörigen intellektueller Berufe in Streik, um Gehaltserhöhungen zu erreichen (statt für größeren Familienzuwachs zu sorgen). Nach einiger Zeit wird ihnen tatsächlich eine Gehaltserhöhung zugestanden, die gerade ausreicht, um sie in eine höhere Steuergruppe einzuordnen, und die Rechnung geht auf: $2 + 2 = 1$.

Nach und nach verkaufte Professor Honig seine sämtlichen Wertgegenstände, bis er eines Tages nichts mehr zu verkaufen hatte, außer vielleicht seine älteren Verwandten. Unter solchen Umständen entschloß sich seine Gattin Emma zu einem verzweifelten Schritt und schrieb einen Brief an ihren in New York lebenden Onkel, den sie zeitlebens bitter gehaßt hatte. Der Brief rührte des Onkels amerikanisches Herz, und kurz darauf traf ein Paket von ihm ein, das zwanzig Tafeln Schokolade enthielt. Was blieb dem Professor übrig, als das Paket an den Pedell zu verkaufen, der den Schülern während der Unterrichtspausen Süßigkeiten feilbot?

Etwas später erfuhr Professor Honig durch Zufall, daß der betrügerische Pedell die Sckokoladensendung, die für insgesamt 5 israelische Pfund in seine Hand übergegangen war, um 20 Pfund verkauft hatte.

»Dieses ist im höchsten Grade ungerecht!« konstatierte Dr. Dr. Dr. Honig. Hierauf veranlaßte er seine Gattin Emma, noch einen Brief an den Onkel in Amerika zu schreiben, und als das nächste Paket ankam, verzichtete er darauf, seine Geschäftsverbindung mit dem Pedell zu reaktivieren. Er verkaufte den Inhalt selbst an die Schüler, und zwar um 1,20 Pfund pro Tafel.[4]

Die hieraus resultierenden Einnahmen brachten das

---

[4] Das hat durchaus nichts Beschämendes an sich. Früher konnte ein Angestellter von seinem Gehalt leben. Heute – angesichts der herrschenden Überproduktion von Steuern, Zöllen, Darlehenszinsen, Abzügen, Zuschlägen, Aufschlägen und neuen Zöllen – müssen die Menschen mehr arbeiten, um sich zusätzliche Einnahmequellen zu schaffen, aus denen sie die Abgaben für ihre ursprünglichen Einnahmen decken können. Ein Querschnitt durch die Re-

Monatsbudget des Professors halbwegs ins Gleichgewicht und beeinflußten im übrigen seine Einschätzung der statistischen Indexschwankungen nicht unerheblich. Nach einiger Zeit begann sich Professor Honig zu fragen, warum er eigentlich nur amerikanische Schokolade verkaufen sollte. Fortan verkaufte er auch heimische Erzeugnisse. Er tat das auf stille, unaufdringliche Art, indem er nach Schluß des Unterrichts ein Warenlager aus der Schublade des Katheders hervorzog und seine Schüler wie folgt anredete:

---

cherchen eines privaten Marktforschungsinstitutes ergab folgende typischen Erscheinungen:
R. L. Hauptberuf: städtischer Ingenieur. Verkauft in seiner Freizeit Lotterielose. Seine Frau stopft berufsmäßig Strümpfe und verschweigt diese Tätigkeit der Steuerbehörde. Während der Mittagspause singt sie im gemischten Unterhaltungsprogramm des Senders »Die Stimme Israels«.
K. N. Hauptberuf: Kassierer. Seit siebenunddreißig Jahren in derselben Firma beschäftigt. Arbeitet bis Mitternacht als Akrobat, von Mitternacht bis 8 Uhr früh als Nachtwächter. Entschuldigt sich von Zeit zu Zeit mit Magenkrämpfen von seiner Büroarbeit und näht zu Hause Hemden. Verübt gelegentlich Unterschlagungen.
A. P. Hauptberuf: Bibelexperte. Arbeitet nachmittags als Testpilot. Bezog für sein zehntes Kind eine einmalige Zuwendung von I£ 100.–. Hat zwei Söhne und eine Tochter an Missionare verkauft. Tanzt bei Hochzeiten. Studiert Panzerschrankknacken.
T. A. bekleidet eine hohe Stelle im Schatzamt (Gehaltsklasse VIII). Ist an den Abenden als Liftboy beschäftigt. Unterrichtet an Sonn- und Feiertagen Hula-Hula. Schraubt in seinen Amtsräumen elektrische Birnen aus und verkauft sie. Urlaubsbeschäftigung: Spionage für eine fremde Macht.
S. P.: weltberühmter Schauspieler. Arbeitet in den Morgenstunden als Koch in der letzten arabischen Hafenkneipe von Jaffa. Pflegt nach Schluß der Vorstellung die Kritiker anzupumpen. Fängt Hunde, nimmt ihnen die Halsbänder ab und verkauft sie.

»Schokolade, Waffeln, saure Drops, Pfefferminz, Karamellen, alles erste Qualität...«
Die Resonanz unter den Schülern war außerordentlich lebhaft, und der Verkauf der Süßigkeiten sicherte dem Professor ein Einkommen, das seinen Lebensstandard zusehends verbesserte. Anfang 1955 gab er den wöchentlichen Fasttag auf und begann wieder im Bus zur Schule zu fahren. 1956 konnte er sich dann und wann bereits einen Kinobesuch leisten, und 1957 hatte er sogar eine unverkennbare Gewichtszunahme zu verzeichnen. Seine Depressionen sind verschwunden, seine wissenschaftliche Arbeit macht Fortschritte. Das nicht ganz unberechtigte Minderwertigkeitsgefühl, das ihn so lange geplagt hat, ist restlos sublimiert. Dr. Dr. Dr. Honig nimmt heute im gesellschaftlichen Leben eine Stellung ein, die nur knapp unter der eines Autobuschauffeurs oder eines Bauarbeiters liegt.
Die nachfolgende Tabelle erklärt das in Ziffern:

Jahr	Monatseinkommen		Bemerkungen
	brutto	netto	
1956	I£ 342.30	I£ 342.30	
1957	I£ 351.00	I£ 351.00	Einführung von Eiscreme
1958	I£ 607.89	I£ 607.89	Einführung von Kaugummi

Vor einiger Zeit drohte ein bedauernswerter Zwischenfall die stürmische Aufwärtsbewegung seiner Karriere zu unterbrechen: Die Schulleitung erhob Einspruch dagegen, daß Professor Honig während der Pausen mit umgehängtem Bauchladen durch die Korridore des Schulgebäudes strich, und forderte ihn auf, diesen am-

bulanten Kleinhandel einzustellen, weil er sich mit den ethischen Verpflichtungen eines Jugendbildners nicht in Einklang bringen ließe.
Professor Honig tat das einzig Mögliche: Er trat von seinem Lehramt zurück und lebt seither nur noch vom Süßwarenhandel. Sein Kompagnon ist der Pedell, der früher an dieser Anstalt englische Literatur unterrichtet hatte.

Bitte recht freundlich

Israel bietet dem Neueinwanderer unbegrenzte Chancen in der Politik. Wenn er sich im richtigen Zeitpunkt auf die richtige Sprosse einer Parteileiter stellt, kann er bis in die Regierung kommen. Es geschieht nicht selten, daß man den gleichen Moische, mit dem man vor dreiundzwanzig Jahren in einer Ausspeisungsküche Teller gewaschen hat, als Minister wiederfindet. Man benimmt sich bei solchen Gelegenheiten völlig ungezwungen, schlägt ihm mit einem dröhnenden: »Hallo, Moische, wie geht's dir denn immer?« auf die Schulter und fällt vor Aufregung in Ohnmacht.
Solch steile Erfolgskarrieren sind allerdings kein Monopol der israelischen Politik. Es ist noch in allgemeiner Erinnerung, daß ein britischer Gouverneur eines Tages einen Araberscheich zu sich rufen ließ und den unter tiefen Bücklingen Herannahenden mit folgenden Worten empfing:
»Höre, Abdullah, mein Freund – wenn ich dich jemals wieder beim Haschisch-Schmuggel erwische, wirst du in den Jordan geworfen.«
»Gnade, Gnade!« winselte der Scheich. »Eure Exzellenz müssen sich eines armen, hilflosen Arabers erbarmen!«
»Nun«, sagte der Gouverneur, »du hast tatsächlich Glück, Abdullah. Nach soeben eingetroffenen Instruktionen aus London soll ich dich zum König machen.«
»Zum König? Mich? Eure Exzellenz belieben zu scherzen.«
»Ich spreche im Ernst. Von jetzt an bist du der König dieses Landes.«
Abdullah richtete sich auf:

»Danke, mein Freund«, sagte er und hielt dem Gouverneur die Hand zum Kuß hin. »Wollen Sie bitte meinen lieben Vetter, den König von England, aufs herzlichste von mir grüßen.«
Von Ehrfurcht gepackt, fiel der Gouverneur auf die Knie und empfing in Anerkennung der Verdienste, die er sich um den Thron erworben hatte, aus den Händen Seiner Majestät den soeben geschaffenen Großorden des Grünen Kamels.
Dieses Ereignis hat sich allerdings schon vor ziemlich langer Zeit zugetragen. Heute ernennen die Engländer im Mittleren Osten immer weniger und weniger Könige. Dafür werden immer mehr und mehr Moisches Minister. Möglicherweise besteht zwischen diesen beiden Tatsachen sogar ein ursächlicher Zusammenhang.
Nachfolgend ein Erlebnis, das ich mit einem solchen Moische hatte.
Pünktlich um 5.45 Uhr nachmittags, der vom Protokollchef festgesetzten Zeit, versammelten wir uns in der großen Empfangshalle. Nur etwa fünfzehn prominente Vertreter des israelischen Kunst- und Kulturlebens waren eingeladen. Dunkler Anzug erbeten. Tee unter der Patronanz des Ministers selbst. Überflüssig zu sagen, daß die ganze eingeladene Elite gekommen war: führende Maler und Bildhauer, weltbekannte Opernsänger und Schauspieler, einige arrivierte Schriftsteller, der größte Dichter des Jahrhunderts und zwei Ästheten von internationalem Ruf.
Um 5.50 Uhr verließ der Erste Sekretär den Raum, um den Minister einzuholen. Der Zweite Sekretär, ein hochgewachsener Mann mit imponierend angegrauten Schläfen, edlem Profil und hervorragend geschnittenem Cut-

away, ging unterdessen von einem Gast zum andern, um jeden einzelnen mit gedämpfter Stimme darauf aufmerksam zu machen, daß der Minister nun bald erscheinen werde, und ob wir nicht vielleicht etwas leiser reden möchten.
»Schon gut, schon gut, Jankel«, brummte der größte Dichter des Jahrhunderts, mit dem ich mich gerade unterhielt; dann wandte er sich wieder an mich: »Jankel ist ein sehr netter Kerl. Ich erinnere mich noch an die Zeit, als er Versicherungsagent war und allen Menschen fürchterlich auf die Nerven ging. Ich selbst habe ihn zweimal aus meiner Wohnung hinausgeworfen. Übrigens kenne ich auch den Minister sehr gut. Er war früher Postbeamter. Hat Briefmarken verkauft. Erst nach seiner Heirat mit Bienenfelds jüngerer Tochter begann seine Karriere in der Politik.«
»Trotzdem«, warf ich ein. »Er muß doch auch begabt sein.«
»Begabt? Nebbich!« äußerte der Barde mit tiefer Überzeugung. »Er war ein ganz gewöhnlicher Beamter und nicht einmal sehr gescheit. Immer irrte er sich beim Abzählen der Marken. Bienenfeld hat ihn protegiert, das ist alles. Erst unlängst habe ich wieder eine sehr komische Geschichte über ihn gehört. Auf irgendeinem Empfang fragt dieser Halbidiot den russischen Botschafter... hahaha... stellen Sie sich vor... fragt also den russischen Botschafter... hahaha... wie viele Briefmarken man in Rußland auf einen diplomatischen Postsack klebt... hahaha... oh!«
Der größte Dichter des Jahrhunderts hörte jäh zu lachen auf, erbleichte und machte eine tiefe Verbeugung. Soeben hatte der Minister den Saal betreten.

»Seine Exzellenz, der Herr Minister!« verkündete der Erste Sekretär. Die anwesenden Künstler verneigten sich, die Damen knicksten. Man konnte die innere Bewegung, von der alle erfaßt waren, beinahe mit Händen greifen. Ich selbst spürte eine sonderbare Lähmung von meinen Fußsohlen aufwärts kriechen, über das Rückgrat und bis in meinen Kopf hinauf: zum ersten Male im Leben stand ich einem echten, wirklichen, amtierenden Minister gegenüber.

Ein liebenswürdiges Lächeln lag auf dem Antlitz des Ministers, als er zur Begrüßung die Reihe seiner Gäste entlangschritt. Für jeden von uns hatte er ein paar freundliche Worte. Als er bei mir anhielt, fühlte ich, wie mich die Kräfte verließen, und mußte mich rasch gegen die Wand lehnen, sonst wäre ich vielleicht zusammengebrochen. Auch der größte Dichter des Jahrhunderts, der neben mir stand, zitterte an allen Gliedern.

»Ich freue mich, Sie kennenzulernen«, sagte der Minister zu mir. »Wenn ich nicht irre, habe ich erst vor wenigen Wochen ein sehr schönes Gedicht von Ihnen gelesen.«

Noch nie im Leben war ich von einer solchen Welle von Seligkeit durchflutet worden wie in diesem Augenblick. Ich hatte gar nicht gewußt, daß es Wellen von solcher Seligkeit überhaupt gibt. Der Minister hat etwas von mir gelesen! Von mir! Der Minister! Gelesen! Etwas! Er hat es selbst gesagt! Daß er es gelesen hat! Und jeder konnte es hören! Es gibt noch Wunder auf der Welt: Ein Minister hat etwas von mir gelesen! Gewiß, ich habe in meinem Leben kein einziges Gedicht geschrieben, aber was tut das? Noch meine Enkelkinder werden davon sprechen. Erzähl doch, Großpapa, wie war das damals,

als der Minister zu dir kam und sagte: Wenn ich nicht irre...?
Nicht minder beseligt als ich war der größte Dichter des Jahrhunderts, denn der Minister hatte ihm gesagt, daß er sein neues Buch außerordentlich bemerkenswert finde. Diese Worte murmelte der Dichter nun immer wieder verzückt vor sich hin. Waren es doch des Ministers eigene Worte. Welch ein hervorragender Mensch, dieser Minister! Welch ein kaum faßliches Ausmaß von Intelligenz! Jetzt begreift man erst, warum Bienenfeld ihm seine Tochter gegeben hat: einem Mann von so scharfer Urteilskraft und so exquisitem Geschmack! Oder finden Sie nicht?
»Einen Augenblick –«
Blitzschnell stürzte der Barde auf den Minister zu, der ein paar Schritte weiter entfernt stand und offenbar eine Zigarette anzünden wollte. Aber der weltbekannte Violinvirtuose, der schon die ganze Zeit sein Feuerzeug sprungbereit in der Hand hielt, kam dem Barden zuvor. Auch die beiden Ästheten von internationalem Ruf, brennende Zündhölzer in Händen, sprangen herzu, stießen jedoch mitten in der Luft zusammen und stürzten zu Boden. Lächelnd, als wäre nichts geschehen, erhoben sie sich und schielten hoffnungsfroh nach der gefüllten Zigarettendose des Ministers.
Plötzlich erstarb die Konversation. Magnetisch angezogen, drängte alles auf den Minister zu, um einen Platz in seiner Nähe zu ergattern. Es schien, als hätten die Anwesenden ihr ganzes Leben lang nur die eine Sehnsucht gehabt, den Saum seines Gewandes zu berühren. Sie traten einander auf die Füße, pufften einander in die Rippen, und der berühmte Bildhauer focht mit der be-

kannten Opernsängerin hinter dem Rücken Seiner Exzellenz ein stummes Handgemenge aus... Was war geschehen?
Klick!
Ein greller Blitz aus einer Ecke des Raums. Das war's. Deshalb das Gedränge. Ein Pressefotograf hatte einen Schnappschuß gemacht.
Die Vertreter des israelischen Kunst- und Kulturlebens zerstreuten sich wieder. Nur ein Lyriker blieb einsam auf dem Teppich zurück.
Ich nahm mir vor, den Fotografen scharf im Auge zu behalten, damit ich wenigstens den nächsten Schnappschuß, falls ein solcher kommen sollte, nicht versäumte. Da – jetzt! Ein Titan der zeitgenössischen Bühne ist an den Fotografen herangetreten, flüstert ihm etwas ins Ohr und macht sich dann unauffällig an den Minister heran, um ihn in ein Gespräch zu verwickeln... Jetzt dreht sich der Minister zu ihm um... das ist der Augenblick... der Bühnentitan schiebt seinen Arm unter den des Ministers... ich renne los...
Klick!
Wieder der blendende Blitz. Aber im letzten Moment hat sich der füllige Körper eines literarischen Nobelpreisanwärters zwischen die Kamera und mich geschoben, nein, zwischen die Kamera und die ganze Gruppe. Sekundenlang sah es aus, als wollte sich der Bühnentitan auf den Nobelpreisträger werfen und ihn erdrosseln. Aber er gab sich mit einem Tritt ans Nobelschienbein zufrieden.
Zum Schluß war jeder Besucher mindestens einmal mit dem Minister zusammen geknipst worden – jeder, nur ich nicht. Irgendwie kam ich immer zu spät. Wenn ich

noch so plötzlich losrannte – die guten Plätze um den Minister waren bei meiner Ankunft immer schon besetzt. Es würde kein Bild von mir und dem Minister geben ...

Aber was sehe ich da? Der Minister winkt? Wem? Mir? Das muß ein Irrtum sein. Ich drehe mich um, ob vielleicht jemand anderer dasteht, dem er gewinkt haben könnte – aber nein, er meint wirklich mich! O Gott! Welch ein erhabener Augenblick! Ich habe den Zenit meiner Laufbahn erreicht. Die ganze Stadt, das ganze Land wird von mir sprechen. Der Minister hat ausdrücklich gewünscht, mit mir zusammen fotografiert zu werden!

Ich eile an die Seite Seiner Exzellenz und werfe dabei einen flehenden Blick auf den Fotografen, damit er nur ja nicht vergißt, die historische Aufnahme zu machen. Er soll knipsen! Er soll unbedingt sofort knipsen!

»Sind Sie aus der Tschechoslowakei?« fragt mich der Minister. Verzweiflung erfaßt mein Herz: nein, ich bin nicht aus der Tschechoslowakei. Warum, o warum bin ich nicht aus der Tschechoslowakei! Aber so schnell gebe ich nicht auf. Jetzt heißt es Zeit gewinnen. Das ist die Hauptsache. Zeit gewinnen, bis der Fotograf knipst. Worauf wartet er noch, zum Teufel? Er soll schon knipsen!

»Ja ... sehen Sie, Exzellenz ... « Ich dehne die Worte, ich dehne sie so lang ich kann, damit der Fotograf genug Zeit hat, seine Kamera zu laden. Wer ist dieser Strauchdieb überhaupt? Ich werde seine Adresse ausforschen und werde ihm das Handwerk legen ... »Was wünschen Exzellenz über die Tschechoslowakei zu wissen?«

»Wir sprachen gerade darüber, ob es in Prag vor dem Krieg ein Zsrvzmgyvynkvcyupq nix comfwpyviz gegeben hat.«
»In Prag?« Noch immer versuche ich Zeit zu gewinnen. Jetzt hebt der Lump endlich die Kamera. Schneller, schneller! Siehst du denn nicht, daß die anderen schon herbeistürzen? In ein paar Sekunden bin ich vollkommen zugedeckt!
Knips schon endlich!
»Ja, in Prag«, nickt Seine Exzellenz.
»Hm ... nun ... soweit ich mich erinnern kann ... (du sollst knipsen, du Schwerverbrecher, knipsen!) ... ich meine ... eigentlich schon ... das heißt ...«
Klick!
Endlich ... Aber – aber wo war das Licht? Wo war der blendende Blitz? Um Himmels willen: das Magnesium hat nicht funktioniert! Man müßte alle Magnesiumfabrikanten aufhängen. Und diesen Gauner von Fotografen dazu ...
Der Minister, nach allen Seiten freundlich grüßend, verläßt den Saal, der Erste Sekretär gibt bekannt, daß der Empfang beendet ist.
Ich bin ruiniert.

SCHASCHLIK, SUM-SUM, WUS-WUS

Mit dem Magen verhält es sich wie mit den Gewerkschaften: er läßt sich nichts befehlen und geht störrisch seinen eigenen Weg. Daraus ergeben sich zahlreiche Komplikationen.
Wenn der Neueinwanderer an Land gegangen ist, küßt er den Boden, auf dem seine Vorväter wandelten, zerschmettert die Fensterscheiben einiger Regierungsämter, siedelt sich im Negev an und ist ein vollberechtigter Bürger Israels. Aber sein konservativer, von Vorurteilen belasteter Magen bleibt ungarisch, oder holländisch, oder türkisch, oder wie sich's gerade trifft.
Nehmen wir ein naheliegendes Beispiel: mich. Ich bin ein so alteingesessener Israeli, daß mein Hebräisch manchmal bereits einen leicht russischen Akzent annimmt – und trotzdem stöhne ich in unbeherrschten Qualen auf, wenn mir einfällt, daß ich seit Jahr und Tag keine Gänseleber mehr gegessen habe. Ich meine: echte Gänseleber, von einer echt gestopften Gans.
Anfangs versuchte ich, diese kosmopolitische Regung zu unterdrücken. Mit aller mir zur Verfügung stehenden Energie wandte ich mich an meinen Magen und sprach: »Höre, Magen! Gänseleber ist pfui. Wir brauchen keine Gänseleber. Wir werden schöne, reife, schwarze Oliven essen, mein Junge, und werden, nicht wahr, stark und gesund werden wie ein Dorfstier zur Erntezeit.« Aber mein Magen wollte nicht hören. Er verlangte nach der dekadenten, überfeinerten Kost, die er gewohnt war.
Ich muß an dieser Stelle einschalten, daß die hartnäckig ungarische Attitüde meines Magens mir überhaupt schon viel zu schaffen gemacht hat. In den Vereinigten Staaten

wäre ich seinetwegen beinahe gelyncht worden. Es geschah in einer »Cafeteria«, einer jener riesenhaften Selbstbedienungsgaststätten, in denen man auf ein appetitliches Tablett alle möglichen Dinge teils auflädt, teils aufgeladen bekommt. Mein Tablett war bereits ziemlich voll, als ich an die Ausgabestelle für Eistee herantrat.
»Bitte um ein Glas kalten Tee ohne Eis«, sagte ich der jungen Dame in Kellnerinnentracht.
»Gern«, antwortete sie und warf ein halbes Dutzend Eiswürfel in meinen Tee.
»Verzeihen Sie – ich sagte: ohne Eis.«
»Sie wollten doch ein Glas Eistee haben, nicht?«
»Ich wollte ein Glas kalten Tee haben.«
Das Mädchen blinkte ratlos mit den Augen wie ein Semaphor im Nebel und warf noch ein paar Eiswürfel in meinen Tee.
»Da haben Sie. Der Nächste.«
»Nicht so, mein Kind. Ich wollte den Tee ohne Eis.«
»Ohne Eis können Sie ihn nicht haben. Der Nächste!«
»Warum kann ich ihn nicht ohne Eis haben?«
»Das Eis ist gratis. Der Nächste!!«
»Aber mein Magen verträgt kein Eis, auch wenn es gratis ist. Können Sie mir nicht ein ganz gewöhnliches Glas kalten Tee geben, gleich nachdem Sie ihn eingeschenkt haben und bevor Sie die Eiswürfel hineinwerfen?«
»Wie? Was? Ich verstehe nicht.«
Aus der Schlange, die sich mittlerweile hinter mir gebildet hatte, klangen die ersten fremdenfeindlichen Rufe auf und was diese ausländischen Idioten sich eigentlich dächten. Ich verstand die Andeutung sehr wohl, aber zugleich stieg der orientalische Stolz in mir hoch.

»Ich möchte einen kalten Tee ohne Eiswürfel«, sagte ich. Die Kellnerin war offenkundig der Meinung, daß sie ihre Pflicht getan hätte und sich zurückziehen könne. Sie winkte den Manager herbei, einen vierschrötigen Gesellen, der drohend an seiner Zigarre kaute.
»Dieser Mensch hier will einen Eistee ohne Eis«, informierte sie ihn. »Hat man so etwas schon gehört?«
»Mein lieber Herr«, wandte sich der Manager an mich, »bei uns trinken monatlich 1 930 275 Gäste ihren Eistee, und wir hatten noch nie die geringste Beschwerde.«
»Das kann ich mir lebhaft vorstellen«, antwortete ich entgegenkommend. »Aber ich vertrage nun einmal keine übermäßig kalten Getränke, und deshalb möchte ich meinen Tee ohne Eis haben.«
»Alle Gäste nehmen ihn mit Eis.«
»Ich nicht.«
Der Manager maß mich von oben bis unten.
»Wie meinen Sie das: Sie nicht? Was gut genug für hundertsechzig Millionen Amerikaner ist, wird auch für Sie gut genug sein – oder?«
»Der Genuß von Eis verursacht mir Magenkrämpfe.«
»Hör zu, mein Junge.« Die Stirn des Managers legte sich in erschreckend tiefe, erschreckend finstere Falten. »Diese Cafeteria besteht seit dreiundvierzig Jahren und hat noch jeden Gast zu seiner Zufriedenheit bedient.«
»Ich will meinen Tee ohne Eis.«
Um diese Zeit hatten mich die ungeduldig Wartenden bereits umzingelt und begannen zwecks Ausübung der Lynchjustiz ihre Ärmel hochzurollen. Der Manager sah den Augenblick gekommen, seinerseits die Geduld zu verlieren.

»Im Amerika wird Eistee mit Eis getrunken!« brüllte er. »Verstanden?!«
»Ich wollte ja nur –«
»Ihre Sorte kennt man! Ihnen kann's niemand recht machen, was? Wo kommen Sie denn überhaupt her, Sie?«
»Ich? Aus Ägypten.«
»Hab' ich mir gleich gedacht«, sagte der Manager. Er sagte noch mehr, aber das konnte ich nicht mehr hören. Ich rannte um mein Leben, von einer zornigen Menschenmenge drohend verfolgt.
Und das war nur der Anfang. Wo immer ich in der Folge hinkam, kehrte sich die öffentliche Meinung Amerikas langsam, aber sicher gegen Ägypten. Irgendwie muß man diesem Sadat doch beikommen...
Zurück zur Gänseleber, die ich in Israel schon jahrelang nicht gegessen habe. Zurück zu meinem unheilbar ungarischen Magen, den ich eine Zeitlang durch Verköstigung in dekadenten europäischen Restaurants zu beschwichtigen suchte. Leider dauerte das nicht lange. Ich übersiedelte in eine Gegend, in der es nur ein einziges kleines Gasthaus gab. Es gehörte einem gewissen Naftali, einem Neueinwanderer aus dem Irak[1].
Als ich das erstemal zu Naftali kam, geriet mein Magen vom bloßen Anblick, der sich mir bot, in schmerzlichen Aufruhr. Naftali stand hinter seiner Theke und be-

---

[1] Der Irak hat etwa 200 000 Juden ausgetrieben, in der Hoffnung, daß sie den Lebensstandard Israels auf das Niveau des Irak senken würden. Der Plan schlug fehl. Die irakischen Juden haben sich in das israelische Wirtschaftsleben bestens eingefügt. Nur wenn man es mit ihrer Küche zu tun bekommt, muß man die Feuerwehr rufen.

obachtete mich mit einem Lächeln, um dessen Rätselhaftigkeit die selige Mona Lisa ihn beneidet hätte. Auf der Theke selbst befanden sich zahllose undefinierbare Rohmaterialien in Technicolor, und auf einem Regal im Hintergrund standen sprungbereite Gefäße mit allerlei lustigen Gewürzen. Kein Zweifel – ich war in eine original-arabische Giftküche geraten. Aber noch bevor ich die Flucht ergreifen konnte, gab mir mein Magen zwingend zu verstehen, daß er einer sofortigen Nahrungsaufnahme bedürfe.
»Na, was haben wir denn heute?« fragte ich mit betonter Leichtigkeit.
Naftali betrachtete einen Punkt ungefähr fünf Zentimeter neben meinem Kopf (er schielte, wie sich alsbald erwies) und gab bereitwillig Auskunft:
»Chumus, Mechsi mit Burgul oder Wus-Wus.«
Es war eine schwere Wahl. Chumus erinnerte mich von fernher an ein lateinisches Sprichwort, aber Wus-Wus war mir vollkommen neu.
»Bringen Sie mir ein Wus-Wus.«
Die phantastische Kombination von Eierkuchen, Reis und Fleischbrocken in Pfefferminzsauce, die Naftali auf meinen Teller häufte, schmeckte abscheulich, aber ich wollte ihm keine Gelegenheit geben, sein rätselhaftes Lächeln aufzusetzen. Mehr als das: ich wollte ihn völlig in die Knie zwingen.
»Haben Sie noch etwas anderes?« erkundigte ich mich beiläufig.
»Jawohl«, grinste Naftali. »Wünschen Sie Khebab mit Bacharat, Schaschlik mit Elfa, eine Schnitte Sechon oder vielleicht etwas Smir-Smir?«
»Ein wenig von allem.«

Zu dieser vagen Bestellung war ich schon deshalb genötigt, weil ich die exotischen Namen nicht bewältigen konnte. Ich nahm an, daß Naftali mir jetzt eine scharfgewürzte Bäckerei, ein klebriges Kompott und irgendeinen säuerlichen Mehlpapp servieren würde. Weit gefehlt. Er begab sich an eine Art Laboratoriumstisch und mischte ein paar rohe Hammelinnereien mit gedörrtem Fisch, bestreute das Ganze mit Unsummen von Pfeffer und schüttete rein gefühlsmäßig noch etwas Öl, Harz und Schwefelsäure darüber.

Etwa zwei Wochen später wurde ich aus dem Krankenhaus entlassen und konnte meine Berufstätigkeit wiederaufnehmen. Von gelegentlichen Schwächeanfällen abgesehen, fühlte ich mich verhältnismäßig wohl, und die Erinnerung an jenes schauerliche Mahl begann allmählich zu verblassen.

Aber was tat das Schicksal?

Es spielte mir einen Streich.

Eines Tages, als ich auf dem Heimweg an Naftalis Schlangengrube vorbeikam, sah ich ihn grinsend in der Türe stehen. Meine Ehre verbot mir, vor diesem Grinsen Reißaus zu nehmen. Ich trat ein, fixierte Naftali mit selbstbewußtem Blick und sagte:

»Ich hätte Lust auf etwas stark Gewürztes, Chabibi!«

»Sofort!« dienerte Naftali. »Sie können eine erstklassige Kibah mit Kamon haben oder ein Hashi-Hashi.«

Ich bestellte eine kombinierte Doppelportion dieser Gerichte, die sich als Zusammenfassung aller von den Archäologen zutage geförderten Ingredienzien der altpersischen Küche erwies, mit etwas pulverisiertem Gips als Draufgabe. Nachdem ich diesen wertvollen Fund hintergewürgt hatte, forderte ich ein Dessert.

»Suarsi mit Mish-Mish oder Baklawa mit Sum-Sum?«
Ich aß beides. Zwei Tage danach war mein Organismus völlig fühllos geworden, und ich torkelte wie ein Schlafwandler durch die Gegend. Nur so läßt es sich erklären, daß ich das nächste Mal, als ich des grinsenden Naftali ansichtig wurde, abermals seine Kaschemme betrat.
»Und was darf's heute sein, Chabibi?« fragte er lauernd, die Mundwinkel verächtlich herabgezogen.
Da durchzuckte mich der göttliche Funke und ließ zugleich mit meinem Stolz auch mein Improvisationstalent aufflammen. Im nächsten Augenblick hatte ich zwei völlig neue persische Nationalgerichte erfunden:
»Eine Portion Kimsu«, bestellte ich, »und vielleicht ein Sbagi mit Kub-Kubon.«
Und was geschah? Was, fragte ich, geschah?
Es geschah, daß Naftali mit einem höflichen »Sofort!« im Hintergrund der finsteren Spelunke verschwand und nach kurzer Zeit eine artig von Rüben umrandete Hammelkeule vor mich hinstellte.
Aber so leicht sollte er mich nicht unterkriegen:
»He! Wo ist mein Kub-Kubon?«
Nie werde ich die Eilfertigkeit vergessen, mit der Naftali eine Büchse Kub-Kubon herbeizauberte.
»Schön«, sagte ich. »Und jetzt möchte ich noch ein Glas Vago Giora[2]. Aber kalt, wenn ich bitten darf.«
Auch damit kam er alsbald angedient. Und während ich behaglich mein Vago Giora schlürfte, dämmerte mir

---

[2] Vago Giora ist der Name eines mir persönlich bekannten Bankdirektors, der mir zu sehr günstigen Bedingungen ein Darlehen verschafft hat. Deshalb wollte ich seinen Namen auf irgendeine Weise verewigen.

auf, daß all diese exotischen Originalgerichte, all diese Burgul und Bacharat und Wus-Wus und Mechsi und Pechsi nichts anderes waren als ein schäbiger Betrug, dazu bestimmt, uns dumme Aschkenasim[3] lächerlich zu machen. Das steckte hinter Mona Lisas geheimnisvollem Grinsen.
Seit diesem Tag fürchte ich mich nicht mehr vor der orientalischen Küche. Eher fürchtet sie sich vor mir. Erst gestern mußte Naftali mit schamrotem Gesicht ein Mao-Mao zurücknehmen, das ich beanstandet hatte.
»Das soll ein Mao-Mao sein?« fragte ich mit ätzendem Tadel. »Seit wann serviert man Mao-Mao ohne Kafka[4]?!«
Und ich weigerte mich, mein Mao-Mao zu berühren, solange kein Kafka auf dem Tisch stand.
Meinen Lesern, soweit sie orientalische Restaurants frequentieren, empfehle ich, nächstens ein gut durchgebratenes Mao-Mao mit etwas Kafka zu bestellen. Es schmeckt ausgezeichnet. Wenn gerade kein Kafka da ist, kann man auch Saroyan nehmen. Aber nicht zuviel.

---

3 Die europäischen Juden werden von den nichteuropäischen »Aschkenasim« oder – in lautmalerischer Nachahmung des Jiddischen – »Wus-Wus« genannt.
4 Wie immer man literarisch zu Franz Kafka stehen mag – gastronomisch ist er über jede Kritik erhaben, besonders mit Currysauce.

Im Zeichen des Kreuzworträtsels

Die junge, bereits in Israel geborene Generation leidet an einer gewissen Engstirnigkeit, weil sie infolge der prekären geographischen Lage des Landes keinen rechten Kontakt mit der großen Welt hat. Gewiß, die Sabras kennen Israel wie ihre eigene Tasche. Aber Hand aufs Herz: wie groß ist selbst die größte Tasche?
Wo es auf Kenntnisse und Erfahrungen ankommt, hat also der eingewanderte Europäer die Möglichkeit, sich den jungen, halbwilden Asiaten überlegen zu zeigen. Die beste Gelegenheit hierzu bietet sich, wie wir gleich sehen werden, am Meeresstrand. (Für mangelhaft informierte Leser: der Staat Israel liegt am Mittelmeer, und zwar derart, daß man von jedem beliebigen Punkt des Landesinnern in einer halben Stunde entweder ans Meer oder in arabische Gefangenschaft kommt.)
Ich weiß mir kaum etwas Schöneres, als im goldenen Sonnenschein am Strand zu liegen, das Gesicht mit einer Zeitung zugedeckt und nichts bedenkend – außer daß ich morgen ein Manuskript abliefern muß; daß Herr Leicht noch immer nicht an Rabbi Sämisch nach Hartford geschrieben hat, um mir endlich meine Schuhe zu verschaffen; daß wieder eine Steuerrate fällig ist; daß ich vergessen habe, die Wäsche abzuholen, auf die meine Frau so dringend wartet; daß ich demnächst zur Waffenübung einrücken muß, daß mir mein Kugelschreiber gestohlen wurde; daß ich seit zwei Tagen an Ohrensausen leide und daß Sadat soeben eine größere Waffenlieferung von den Russen bekommen hat. Mit anderen Worten: Ich gebe mich dem süßen, friedlichen Nichtstun hin, und rings um mich versinkt die Welt. Ich

bin allein mit Sonne und Wind, und höchstens noch mit dem Tennisball, der mir von Zeit zu Zeit an den Kopf saust. Und mit dem Sand. Und den Stechfliegen. Und einer lärmenden Schar von süßen, gesunden, stimmkräftigen kleinen Engeln. Wirklich, es ist eine Qual, am Strand zu liegen.
Gleichviel – ich lag am Strand, im goldenen Sonnenschein, das Gesicht mit einer Zeitung zugedeckt – aber das habe ich wohl schon gesagt. Nur stimmte es gleich darauf nicht mehr. Denn einer dieser pausbäckigen Kriminellen trat herzu und zog mir die schützende Zeitung vom Gesicht:
»Mutar[1]?«
»Bitte«, sagte ich.
Kaum hatte ich mir eine neue, halbwegs erträgliche Lage zurechtkonstruiert, in der ich meine Augen mit dem linken Unterarm gegen das Sonnenlicht abzuschirmen vermochte, als aus der Horde der Halbstarken der Zuruf eines Rotkopfs mich aufschreckte:
»He, Sie! Wir möchten das Kreuzworträtsel lösen!«
Das war zuviel. Nicht genug, daß dieses verwahrloste Pack mich des Sonnenschutzes beraubt – jetzt wollen sie mir auch die einzige kleine Freude verderben, die ich auf Erden noch habe. Kreuzworträtsellösen ist mein einziges, geliebtes Hobby. Ich weiß wirklich nicht, warum ich es schon seit zwanzig Jahren nicht mehr ausübe.
»Nein«, erklärte ich mit fester Stimme. »Das Kreuzworträtsel werdet ihr nicht anrühren. Verstanden?«
Und ich versuchte weiterzudösen.

---

[1] Die wörtliche Übersetzung von »Mutar« lautet »Ist es erlaubt?« Wenn ein Sabra das Wort anwendet, bedeutet es soviel wie: »Jeder Widerstand ist nutzlos.«

Bald darauf wurde mir das durch einen schrillen Schrei unmöglich gemacht:
»Fünf Buchstaben, du Idiot! Fünf!!«
Sie lösten es also doch, das Kreuzworträtsel. Obwohl ich's ihnen ausdrücklich verboten hatte, diesen Hooligans, diesen Bezprizornis, diesen Sabras.
»Vierbeiniges Säugetier mit fünf Buchstaben, auch Zugtier«, rätselte der Rotkopf laut vor sich hin, während seine Kumpane in tiefes Nachdenken versanken.
»Zuerst ist es ganz gut gegangen, aber gegen Ende wird so ein Rätsel immer schwerer«, ließ sich ein anderer vernehmen. »Fünf Buchstaben... Zugtier... weißt du's vielleicht, Pink?«
Pink wußte es nicht. Aber von irgendwoher aus dem Haufen erklang es plötzlich triumphierend:
»Stier!«
Das Wort wurde eingeschrieben, die Stimmung hob sich. Bei drei senkrecht gab es ein neues Hindernis:
»Held eines Romans von Dostojewski, dessen Dramatisierung demnächst im Habimah-Theater zu sehen sein wird. Elf Buchstaben, der erste ist ein Aleph.«
»Der Tod des Handlungsreisenden?« fragte ein weibliches Bandenmitglied, wurde aber belehrt, daß dies mehr als elf Buchstaben wären.
»König Lear?«
»Mach dich nicht lächerlich. Es muß doch mit einem Aleph anfangen.«
Ich konnte diese Orgie der Unwissenheit nicht länger ertragen. Als humanistisch gebildetem Europäer war mir natürlich von Anfang an klargewesen, daß es sich um niemand andern handeln könne als um den unsterblichen Helden von »Schuld und Sühne«. Und mit jener

Nachlässigkeit, die wahrhaft überlegenen Geistern zu eigen ist, warf ich der Horde den Namen hin: »Raskolnikow.«
Das betretene Schweigen, das daraufhin entstand, wurde von einem höhnischen Gejohle abgelöst:
»Wo bleibt das Aleph, Herr, wo bleibt das Aleph?«
Der Ruf Europas stand auf dem Spiel. Wenn ich diesem asiatischen Abschaum nicht augenblicklich meine kulturelle Überlegenheit beweisen konnte, war Europa in diesem Teil der Welt erledigt.
»Laßt mich einmal das Rätsel sehen«, sagte ich herablassend. »Wo habt ihr denn das Aleph überhaupt her?«
Sie hatten es von fünf waagerecht, einer südamerikanischen Hauptstadt mit vier Buchstaben, die sie als »Air's« eingetragen hatten – wobei sie sich das stumme hebräische e zunutze machten und »Buenos« gleich zur Gänze unterschlugen.
»So geht's nicht, Kinder.« Ich setzte ein pädagogisch mildes Lächeln auf und änderte »Air's« in »Rima«. weil ich das R für Raskolnikow brauchte. »Rima, liebe Kinder, ist die Hauptstadt von Peru. In Europa weiß das jeder Volksschüler.«
»Nicht Lima?« fragte der unverschämte Rotkopf. Er wurde von den anderen sofort niedergebrüllt, was kein geringes Vertrauensvotum für mich bedeutete. Ich konnte jetzt getrost darangehen, die durch Rima nötig gewordenen Änderungen vorzunehmen. Als erstes wurde das auf acht senkrecht aufscheinende »Volk« in »Publ« verwandelt.
»Publ?« Es war schon wieder der Rotkopf. »Sind Sie sicher?«
»Natürlich ist er sicher«, wies ihn seine gummikauen-

de Freundin, ein offenbar recht wohlerzogenes Mädchen, zurecht. »Stör' doch den Herrn nicht immer. Ich wollte, du wärest halb so gescheit wie er!«
Ich nickte ihr gütig zu und fuhr in meiner Korrekturarbeit fort. Fünf senkrecht, eine elektrische Maßeinheit, wurde dank Rima mühelos als »Iock« agnosziert, ein Wasserfahrzeug ebenso mühelos als »Kiki«. Um diese Zeit war mir nicht mehr ganz geheuer zumute, aber so knapp vor Schluß konnte ich nicht aufgeben.
»Mexikanischer Raubvogel mit fünf Buchstaben.« Über meine Schulter las Pink eine der wenigen noch ungelösten Legenden. »Erster Buchstabe Beth, letzter Buchstabe Teth.«
Unter allgemeinem Jubel und Händeklatschen entschied ich mich für »Bisot«, achtzehn waagerecht, die von Anwälten ausgeübte Beschäftigung, entpuppte sich als »Fnuco« und die lateinische Übersetzung von Bleistift als »Murs«. Von da an stieß ich auf keine Schwierigkeiten mehr. Jugoslawische Hafenstadt: Stocki. Führende Macht der westlichen Hemisphäre (abgekürzt): ULM. Feldherr im Dreißigjährigen Krieg: Wafranyofl.
Als ich fertig war, lag mir die israelische Jugend zu Füßen. Was waren das doch für prächtige Geschöpfe, diese lernbegierigen, weltaufgeschlossenen Mädels und Jungen, auf die wir mit Recht so stolz sind. Sie hingen an meinen Lippen. Sie beteten mich an.
Heute reicht mein Ruhm von den Bergen Galiläas bis zum Golf von Elath. Wer mich sucht, braucht nur nach dem »Wandelnden Lexikon« zu fragen. Man findet mich mit größter Wahrscheinlichkeit am Strand, Kreuzworträtsel lösend, andächtig umringt von der Blüte des Landes.

Die Früchte des Misstrauens

Meinungsverschiedenheiten entstehen nicht nur zwischen Vätern und Söhnen, sondern auch unter den Vätern selbst. Ebenso unvermeidlich ist es, daß in einem Schmelztiegel wie Israel gelegentliche Rassenvorurteile auftreten. Beispielsweise behaupten die primitiven und moralisch minderwertigen weißen Einwanderer, daß die dunkelhäutigen Juden primitiv und moralisch minderwertig sind. Ich persönlich bin solchem Rassenwahn nur ein einziges Mal erlegen und erröte noch heute, wenn ich daran denke.

Vor einiger Zeit erklärte meine Gattin, daß sie ihre Haushaltspflichten nicht mehr allein bewältigen könne. Sie wüchsen ihr einfach über den Kopf, seit auch noch der Kanari hinzugekommen sei. Und es müßte sofort eine tüchtige Hilfskraft aufgenommen werden[1].

Nach langen Forschungen und Prüfungen entschieden wir uns für Mazal, ein weibliches Wesen, das in der Nachbarschaft den besten Ruf genoß. Mazal war eine Orientalin von mittleren Jahren und gelehrtem Aussehen. Dieses verdankte sie ihrer randlosen Brille, die sie

---

[1] Israelische Frauen verabscheuen nichts so sehr wie ihre Haushaltspflichten – aus Gründen der Hitze, der Plackerei und überhaupt. Selbst Mütter ziehen es vor, schlecht bezahlte, anstrengende Posten zu übernehmen und für das so verdiente Geld eine Haushälterin zu engagieren, nur damit sie selbst mit ihrem Haushalt nichts zu tun haben. Die beste Lösung wäre natürlich, wenn immer je zwei Ehefrauen übereinkämen, für ein identisches Salär ihre Haushalte gegenseitig zu betreuen. Da dies jedoch eine logische Lösung wäre, hat man sie in israelischen Hausfrauenkreisen noch nicht entdeckt.

vermittels zweier Drähte auf der Nasenspitze belancierte.
Es war ein Fall von Liebe auf den ersten Blick. Wir wußten sofort, daß Mazal die Richtige war, meine überarbeitete Ehegefährtin zu entlasten. Es ging auch alles ganz glatt – bis plötzlich unsere Nachbarin, Frau Schawuah Tow, das bittere Öl des Mißtrauens in unsere nur allzu empfänglichen Ohren träufelte.
»Ihr Einfaltspinsel«, sagte Frau Schawuah Tow, als sie uns eines Morgens besuchte und unsere Hausgehilfin eifrig mit dem Besen hantieren sah. »Wenn eine Weibsperson wie Mazal für euch arbeitet, dann tut sie es ganz gewiß nicht um des schäbigen Gehaltes willen, das sie von euch bekommt.«
»Warum täte sie es sonst?«
»Um zu stehlen«, sagte Frau Schawuah Tow.
Wir wiesen diese Verleumdung energisch zurück. Niemals, so sagten wir, würde Mazal so etwas tun.
Aber meiner Frau begann es alsbald aufzufallen, daß Mazal, wenn sie den Fußboden kehrte, uns nicht in die Augen sah. Irgendwie erinnerte sie uns an das Verhalten Raskolnikows in »Schuld und Sühne«. Und die Taschen ihres Arbeitskittels waren ganz ungewöhnlich groß. Mit dem mir eigenen Raffinement begann ich sie zu beobachten, wobei ich mir den Anschein gab, in die Zeitungslektüre vertieft zu sein. Ich merkte, daß Mazal besonders unser Silberbesteck mit einer merkwürdig gierigen Freude säuberte. Auch andere Verdachtsmomente traten zutage. Die Spannung wuchs und wurde nach und nach so unerträglich, daß ich vorschlug, die Polizei zu verständigen.
Meine Frau jedoch, eine gewiegte Leserin von Detektiv-

geschichten, wies darauf hin, daß es sich bei dem gegen Mazal akkumulierten Beweismaterial um mehr oder weniger anfechtbare Indizienbeweise handle und daß wir vielleicht besser täten, unsere Nachbarn um Rat zu fragen.
»Ihr müßt das Ungeheuer in flagranti erwischen«, erklärte Frau Schawuah Tow. »Zum Beispiel könntet ihr irgendwo eine Banknote verstecken. Und wenn Mazal das Geld findet, ohne es zurückzugeben, dann schleppt sie vor den Richter!«
Am nächsten Tag stellten wir die Falle. Wir entschieden uns für eine Fünfpfundnote, die wir unter die Badezimmermatte praktizierten.
Vom frühen Morgen an war ich so aufgeregt, daß ich nicht arbeiten konnte. Auch meine Frau klagte über stechende Kopfschmerzen. Immerhin gelang es uns, einen detaillierten Operationsplan festzulegen: meine Frau würde die ertappte Unholdin durch allerlei listige Täuschungsmanöver zurückhalten, während ich die Sicherheitstruppe alarmierte.
»Schalom«, grüßte Mazal, als sie ins Zimmer trat. »Ich habe unter der Matte im Badezimmer zehn Pfund gefunden.«
Wir verbargen unsere Enttäuschung hinter einem unverbindlichen Gemurmel, zogen uns zurück und waren fassungslos. Minutenlang konnten wir einander überhaupt nicht in die Augen sehen. Dann sagte meine Ehegattin: »Was mich betrifft, so hatte ich zu Mazal immer das größte Vertrauen. Ich habe nie begriffen, wie du diesem goldehrlichen Geschöpf zutrauen konntest, seine Arbeitgeber zu bestehlen.«
»Ich hätte gesagt, daß sie stiehlt? Ich?!« Meine Stimme überschlug sich in gerechtem Zorn. »Eine Unverschämt-

heit von dir, so etwas zu behaupten! Die ganzen letzten Tage hindurch habe ich mich vergebens bemüht, dieses Muster einer tugendhaften Person gegen deine infamen Verdächtigungen zu schützen!«
»Daß ich nicht lache«, sagte meine Frau und lachte. »Du bist über die Maßen komisch.«
»So? Ich bin komisch? Möchtest du mir vielleicht sagen, wer die zehn Pfund unter der Matte versteckt hat, obwohl wir doch nur fünf Pfund verstecken wollten? Hätte Mazal – wozu sie natürlich vollkommen unfähig ist – das Geld wirklich gestohlen, dann wären wir überflüssigerweise um zehn Pfund ärmer geworden.«
Bis zum Abend sprachen wir kein einziges Wort mehr. Als Mazal ihre Arbeit beendet hatte, kam sie wieder ins Zimmer, um sich zu verabschieden.
»Gute Nacht, Mazal«, sagte meine Frau mit betonter Herzlichkeit. »Auf Wiedersehen morgen früh. Und seien Sie pünktlich.«
»Ja«, antwortete die brave Hausgehilfin. »Gewiß. Wünscht Madame mir jetzt noch etwas zu geben?«
»Ihnen etwas geben? Wie kommen Sie darauf, meine Liebe?«
Daraufhin entstand der größte Radau, den es in dieser Gegend seit zweitausend Jahren gegeben hat[2].

---

[2] Alles, was in Israel passiert, ist das größte Ereignis seiner Art seit zweitausend Jahren, denn so lange hat die Unterbrechung unserer staatlichen Existenz gedauert. Wir haben die erste Fahrschule seit zweitausend Jahren, die erste Besenfabrik seit zweitausend Jahren, und ob Sie es glauben oder nicht: das vorliegende Buch ist die erste Sammlung satirischer Kurzgeschichten aus Israel seit zweitausend Jahren. Schon aus diesem Grund verdient es ein gewisses Maß von Hochachtung.

»Madame wünscht mir also nichts zu geben?!« kreischte Mazal mit funkelnden Augen. »Und was ist mit meinem Geld?! He?! Sie wissen doch ganz genau, daß Sie eine Fünfpfundnote unter die Matte gelegt haben, damit ich sie stehlen soll! Ihr wolltet mich wohl auf die Probe stellen, ihr Obergescheiten, was?!«
Meine Gattin verfärbte sich. Ich meinerseits hoffte, daß die Erde sich auftun und mich verschlingen würde.
»Na? Auf was warten Sie noch?« Mazal wurde ungeduldig. »Oder wollen Sie vielleicht mein Geld behalten?«
»Entschuldigen Sie, liebe Mazal«, sagte ich mit verlegenem Lächeln. »Hier, bitte, sind Ihre fünf Pfund, liebe Mazal.«
Mazal riß mir die Banknote unwirsch aus der Hand und stopfte sie in eine ihrer übergroßen Taschen.
»Es versteht sich von selbst«, erklärte sie kühl, »daß ich nicht länger in einem Haus arbeiten kann, in dem gestohlen wird. Zum Glück habe ich das noch rechtzeitig entdeckt. Man darf den Menschen heutzutage nicht trauen...«
Sie ging, und wir haben sie nie mehr wiedergesehen. Frau Schawuah Tow jedoch erzählte in der ganzen Nachbarschaft herum, daß wir versucht hätten, eine arme, ehrliche Hausgehilfin zu berauben.

Eiserner Vorrat

Es ließ sich nicht länger leugnen, daß ich einen bitteren Nachgeschmack im Munde verspürte, und zwar schon seit Wochen. Ich suchte einen Psychiater auf, der mich ausführlich über meine Kindheitserlebnisse, meine Träume und die Erfahrungen meines Ehelebens befragte. Er kam zu dem Ergebnis, daß der bittere Nachgeschmack in meinem Mund von einem falsch sublimierten Trauma herrührte, das seinerseits auf den Mangel an Zucker in meinem Frühstückskaffee zurückging.
Auf diese Weise stellte sich heraus, daß meine Frau, die beste Ehefrau von allen, mich schon seit Wochen auf einer zuckerlosen Diät hielt.
»Was soll das?« fragte ich daraufhin die beste Ehefrau von allen. »Ich will Zucker haben!«
»Schrei nicht«, erwiderte sie. »Es gibt keinen Zucker. Es gibt ihn nirgends.«
»Wo sind unsere Zuckerrationen?«
»Die habe ich weggesperrt. Für den Fall, daß es einmal keinen Zucker mehr gibt.«
»Jetzt sind wir soweit. Es gibt keinen Zucker mehr.«
»Eben. Und du möchtest natürlich gerade jetzt, wo es keinen Zucker gibt, im Zucker wühlen. Jeden Augenblick kann der Atomkrieg ausbrechen – und wie stehen wir dann da. Ohne Zuckervorräte[1]?«
»Mach dich nicht lächerlich«, sagte ich. »Ich gehe jetzt

---

[1] Zur Information des Lesers: In Wahrheit fürchten wir uns überhaupt nicht vor dem Atomkrieg. Unser Land ist zu klein dazu. Eine auf Tel Aviv abgeworfene Atombombe würde auch Kairo und Damaskus zerstören, und deshalb wird sie nicht abgeworfen werden.

hinunter und kaufe jede Menge Zucker, die ich haben will.«
Damit ging ich hinunter, betrat das Lebensmittelgeschäft an der Ecke, zwinkerte dem Besitzer, der ein begeisterter Leser meiner Kurzgeschichten ist, vertraulich zu und flüsterte ihm ins Ohr, daß ich ganz gerne etwas Zukker hätte.
»Lieber Herr Kishon«, erwiderte er freundlich, »ich wäre niemandem so gern gefällig wie Ihnen, aber es gibt keinen Zucker.«
»Ich zahle natürlich gerne etwas mehr«, sagte ich.
»Lieber Herr Kishon, ich kann Ihnen leider keinen Zukker geben. Nicht einmal, wenn Sie mir ein Pfund achtzig dafür zahlen.«
»Das ist sehr traurig«, sagte ich. »Was soll ich jetzt machen?«
»Wissen Sie was?« sagte er. »Zahlen Sie mir zwei Pfund.«
In diesem Augenblick ließ sich ein Herr in einer Pelzmütze, den ich bisher nicht bemerkt hatte, wie folgt vernehmen:
»Zahlen Sie keine solchen Irrsinnspreise! Das ist der Beginn der Inflation! Unterstützen Sie den Schwarzhandel nicht durch Panikkäufe! Erfüllen Sie Ihre patriotische Pflicht!«
Ich nickte betreten und entfernte mich mit leeren Händen, aber stolz erhobenen Hauptes. Der Mann mit der Pelzmütze folgte mir. Eine Stunde lang gingen wir zusammen auf und ab und sprachen über unsere Not. Pelzmütze erklärte mir, daß die Amerikaner, diese eiskalten Schurken, erbittert wären, weil ihre wirtschaftlichen Drohungen und Erpressungen keinen Eindruck

auf uns gemacht hätten. Deshalb hielten sie jetzt die uns gebührenden Zuckerlieferungen zurück, in der Hoffnung, auf diese barbarische Weise unsere Moral zu brechen. Aber das sollte ihnen nicht gelingen. Niemals. Und wir wiederholten es im Duett: niemals.
Zu Hause angelangt, berichtete ich der besten Ehefrau von allen mit dem Brustton nationalen Stolzes, daß und warum ich mich dem Tanz ums Goldene Kalb nicht angeschlossen hätte. Sie quittierte das mit ihrer üblichen Phantasielosigkeit. Alles sei recht schön und gut, meinte sie, aber der Mann mit der Pelzmütze sei ein bekannter Diabetiker, und jedermann in der Nachbarschaft wisse, daß ein einziger Würfel Zucker ihn auf der Stelle töten würde. Er hätte es also leicht, auf den Genuß von Zucker zu verzichten. Bei den Toscaninis hingegen[2] wäre heute nacht ein Lastwagen vorgefahren, und die Hausbewohner hätten mehrere Säcke Zucker abgeladen, die sie dann auf Zehenspitzen in ein sicheres Versteck gebracht hätten.
Um der ohnehin schon tragischen Situation größeren Nachdruck zu verleihen, servierte mir meine Frau einen zeitgemäßen Tee mit Zitrone und Honig, statt mit Zucker. Das grauenhafte Gebräu beleidigte meinen empfindsamen Gaumen. Ich sprang auf, stürmte in das Lebensmittelgeschäft und gab dem Besitzer laut brüllend bekannt, daß ich bereit sei, zwei Pfund für ein Kilogramm Zucker zu zahlen. Der Lump entgegnete mir mit dreister Stirne, daß der Zucker jetzt bereits zwei Pfund zwanzig koste. »Schön, ich nehme ihn«, sagte ich. »Kommen Sie morgen«, sagte er. »Dann werden

---

[2] Keine Verwandtschaft mit dem bekannten Dirigenten.

Sie für den Zucker vielleicht zwei Pfund fünfzig zahlen müssen, und es wird keiner mehr da sein.«
Als ich wieder auf der Straße stand und leise vor mich hin fluchte, erregte ich das Mitleid einer älteren Dame, die mir eine wertvolle Information gab:
»Fahren Sie rasch nach Rischon in die Bialikstraße. Dort finden Sie einen Lebensmittelhändler, der noch nicht weiß, daß es keinen Zucker gibt, und ihn ruhig verkauft...«
Ich sprang auf mein Motorrad und sauste ab. Als ich in Rischon ankam, mußte irgend jemand dem Lebensmittelhändler bereits verraten haben, daß es keinen Zucker mehr gab – und es gab keinen Zucker mehr.
Zu Hause erwartete mich eine neue Überraschung. Die beste Ehefrau von allen hatte einen dieser gläsernen, birnenförmigen Zuckerstreuer gekauft, die man bisweilen in neuerungssüchtigen Kaffeehäusern sieht und die sich dadurch auszeichnen, daß, wenn man sie umdreht und schüttelt, aus einer dicken, mundstückartigen Öffnung nichts herauskommt. Dessenungeachtet erhob ich mich mitten in der Nacht von meinem Lager und durchsuchte alle Küchenschränke und Regale nach dem Zuckerstreuer.
Die beste Ehefrau von allen stand plötzlich mit verschränkten Armen in der Tür und sagte hilfreich:
»Du wirst ihn nie finden.«
Am folgenden Mittag brachte ich einen Sack mit einem halben Kilogramm Gips nach Hause, um einige Sprünge in unseren Wänden auszubessern. Kaum hatte ich den Sack abgestellt, als er auch schon verschwunden war und eine geheimnisvolle Frauenstimme mich wissen ließ, daß er sich in sicherem Gewahrsam befinde. Darüber war

ich von Herzen froh, denn Gips gehört zu den unentbehrlichen Utensilien eines modernen Haushalts. Meine Freude wuchs, als ich in der nächsten Portion Kaffee, die ich zu trinken bekam, nach langer Zeit wieder Zucker fand.
»Siehst du«, sagte meine Frau. »Jetzt, wo wir Vorräte haben, können wir uns das leisten...«
So etwas ließ ich mir nicht zweimal sagen. Am nächsten Tag brachte ich vier Kilo einer erstklassigen Alabastermischung angeschleppt. Tückische, grünliche Flämmchen sprühten in den Pupillen der besten Ehefrau von allen, als sie mich umarmte und mich fragte, wo ich diesen Schatz aufgetrieben habe.
»In einem Geschäft für Maurer- und Lackiererbedarf«, antwortete ich wahrheitsgemäß.
Meine Frau nahm eine Kostprobe des weißen Pulvers.
»Pfui Teufel!« rief sie aus. »Was ist das?«
»Gips.«
»Blöde Witze. Wer kann Gips essen?«
»Niemand braucht das Zeug zu essen«, erläuterte ich. »Wenn man es zu essen versucht, ist es Gips. Aber wenn man es nur zum Einlagern verwendet, ist es so gut wie Zucker. Gib's in die Vorratskammer, deck's zu und bring unsere Zuckerration auf den Tisch.«
»Was soll ich damit in der Vorratskammer? Wozu soll das gut sein?«
»Verstehst du denn noch immer nicht? Es ist doch ein wunderbares Gefühl, zu wissen, daß man einen Vorrat von vier Kilo Zucker beiseite geschafft hat! Komme, was da wolle – uns kann nichts passieren. Wir haben unsere eiserne Ration.«
»Du hast recht«, sagte meine Frau, die im Grunde ein

vernünftiges Wesen ist. »Aber eines merk dir schon jetzt: diese eiserne Ration rühren wir nur an, wenn die Lage wirklich katastrophal wird.«
»Bravo!« rief ich. »Das ist der wahre Pioniergeist.«
»Allerdings...«, besann sich meine Frau mit einemmal, »dann würden wir doch merken, daß es Gips ist!«
»Na wenn schon. In einer wirklich katastrophalen Lage spielt es keine Rolle mehr, ob man vier Kilo Zucker hat oder nicht.«
Das saß.
Von diesem Tage an lebten wir wie König Saud im Waldorf-Astoria-Hotel. In unseren Kaffeetassen bleibt ein fingerdicker Belag von Zucker zurück. Gestern bat mich die beste Ehefrau von allen, noch ein paar Kilo nach Hause zu bringen, auf daß sie sich völlig gesichert fühle. Ich brachte noch ein paar Kilo nach Hause. Solange der Gipspreis nicht steigt, hat's keine Not.

Aus absolut sicherer Quelle

Der künstliche, von Menschenhand erzeugte Zores, unter dem wir am meisten zu leiden haben, ist das Gerücht. Möglicherweise wurde es sogar von den Juden erfunden; unsere Geschichte liefert manchen Anhaltspunkt für diese Vermutung.

Das Gerüchteverbreiten ist eine ebenso einfache wie ergiebige Tätigkeit: Man denkt sich irgend etwas Erschreckendes aus und erschrickt dann selbst davor. Schon unsere Weisen wußten, daß die Menschen leichter glauben, was sie hören, als was sie sehen. Besonders gerne glauben sie etwas Nachteiliges über ihre Mitmenschen. Zum Beispiel saß eines Nachmittags mein Freund Jossele bei mir, als das Telephon läutete und jemand fragte, ob er mit der Vereinigten Holzwolle AG verbunden sei.

»Vereinigte Holzwolle? Nein, da haben Sie eine falsche Nummer«, sagte ich und hängte ab.

Gleich darauf läutete es zum zweitenmal, und der kurze Dialog wiederholte sich.

Als es zum drittenmal läutete, nahm Jossele den Hörer auf und sagte:

»Vereinigte Holzwolle.«

»Endlich«, sagte die Stimme am andern Ende des Drahtes.

»Ich möchte mit Salzberger sprechen.«

»Bedaure. Herr Salzberger hat mit unserer Firma nichts mehr zu tun.«

»Wieso nicht? Ist etwas geschehen?«

»Man ist ihm auf seine Betrügereien gekommen.«

»Was Sie nicht sagen!«

»Sie sind überrascht? Solche Sachen müssen ja einmal auffliegen.«
»Wem erzählen Sie das. Ich warte schon seit Monaten darauf.«
Der unbekannte Telephonpartner beendete das Gespräch und machte sich eilends auf den Weg, um die frohe Nachricht zu verbreiten, daß Salzberger am wohlverdienten Ende sei. Hätte Jossele ihn statt dessen zum Generaldirektor der Vereinigten Holzwolle AG avancieren lassen – der Mann am Telephon hätte Lunte gerochen und kein Wort geglaubt.
Und das bringt mich zu meinem Erlebnis mit Kunstetter.
Ich muß, obwohl das nicht besonders rühmenswert ist, vorausschicken, daß ich in den frühen Morgenstunden, während die übrige Bevölkerung sich in den Produktionsprozeß unseres emsigen Landes einschaltet, gerade noch die Energie aufbringe, mich von einer Seite auf die andere zu wälzen und weiterzuschnarchen. Man wird somit ermessen können, welchen Schock es für mein labiles Innenleben bedeutete, als ich eines Nachts um sieben Uhr durch wildes, hemmungsloses Klopfen an der Türe aus meinem Schlaf geschreckt wurde.
Ich tastete mich hinaus, aber da hatte Manfred Toscanini die Türe bereits aufgebrochen und stand im Pyjama vor mir.
»Weißt du schon?« fragte er atemlos.
»Nein«, antwortete ich mit halbgeschlossenen Augen. »Ich will schlafen.« Damit wandte ich mich ab und schlug, vor Müdigkeit torkelnd, den Weg zum Schlafzimmer ein.
Mein Nachbar hielt mich an der Hose fest.

»Mensch!« keuchte er. »Das Histadruthhaus auf der Arlosoroffstraße[1] ist in die Luft gegangen! Eine Katastrophe!«

»Wie gut muß ich geschlafen haben, wenn mich nicht einmal diese Explosion geweckt hat«, brummte ich gähnend. »Auch ich habe nichts gehört«, gestand Manfred. »Aber Kunstetter sagt, daß ihm davon beinahe das Trommelfell geplatzt wäre. Er war schon um fünf bei mir und ist dann zu den Wohnblocks 1, 2 und 3 weitergelaufen. Ich habe es übernommen, Block 4, 5 und 6 zu benachrichtigen, damit keine Panik entsteht. Kunstetter ist überzeugt, daß das Haus von Terroristen gesprengt wurde. Über den Ruinen liegen dicke Rauchschwaden. Manchmal sieht man noch kleine Stichflammen in die Höhe schießen.«

Es erschütterte mich, mir das einstmals so stolze Gebäude als rauchenden Trümmerhaufen vorstellen zu müssen. Doch fiel mir gleichzeitig auf, daß mein Freund Manfred von der Wirkung seiner Nachricht so stolzgebläht war, als hätte ihm sein Chef auf die Schulter geklopft. Darüber ärgerte ich mich sehr. Ich habe für die Histadruth als solche nicht viel übrig, weil ihre Funktionäre immer stundenlang reden, ohne daß man nachher wüßte, was sie gesagt haben[2] – aber das ist noch

---

[1] Das Histadruth- oder Gewerkschaftshaus, im Volksmund auch »Kreml« genannt, ist ein pompöses Gebäude, das alles enthält, wovon ein Bürokrat nur irgend träumen kann.

[2] Hier handelt es sich um gottgewollten Zores innerhalb des menschlichen. Unsere Arbeiterführer, besonders die aus Rußland stammenden, sind von Natur aus so unheilbar langatmige Redner wie ihre sowjetischen Kollegen. Der Unterschied besteht darin, daß man nicht liquidiert wird, wenn man ihnen widerspricht; schlimmstenfalls bekommt man keine Gehaltserhöhung.

lange kein Grund, über die Zerstörung des Gewerkschaftshauses vor Freude zu strahlen.
»Sag einmal, Toscanini – was macht dich eigentlich so glücklich?« fragte ich unwirsch. »Wozu soll es gut sein, daß dieses Haus in die Luft gegangen ist?«
Manfred Toscanini sah mich verächtlich an.
»In den Blocks, in denen ich bisher war, hat mir kein Mensch eine so blöde Frage gestellt. Ich bin durchaus nicht glücklich. Ich bin nur nicht so borniert wie du. Als altes Mitglied der Histadruth sage ich dir: Es ist ganz gut, wenn wir von Zeit zu Zeit merken, daß es in diesem Land auch noch andere Kräfte gibt...[3] Um das Haus ist es allerdings schade, das stimmt. Eine Katastrophe.«
Mittlerweile war ich so rettungslos wach geworden, daß ich die Fensterläden öffnete und in die Welt hinausblinzelte. Der neue Tag zog strahlend auf. Vom Mittelmeer wehte eine kühle Brise. Die Wäsche der Familie Kalaniot von nebenan trocknete auf unserem Rasen. Zwei junge Hunde jagten einander im Kreis. Von der Arlosoroffstraße her grüßte das imposante Gebäude der Histadruth. Gerade kam der Zeitungsjunge auf seinem Fahrrad vorüber, verspätet wie immer.
»Verzeih, wenn ich störe – aber die Explosion des Histadruthhauses scheint sich erst im Stadium der Planung zu befinden. Das Haus steht noch.«
Manfred versuchte mit seinen Pantoffeln verschiedene

---

[3] Ein typisch sozialistisches Phänomen. Als Sozialist ist man von den hervorragend organisierten Gewerkschaften begeistert, als Mensch kann man sie nicht ausstehen, weil sie einen zwingen, sich zu organisieren.

ellipsoide Figuren auf den Teppich zu zeichnen und sah mich nicht an.
»Das Haus ist vollkommen unbeschädigt«, sagte ich mit Nachdruck. »Hast du gehört?«
»Natürlich hab ich gehört. Ich bin ja nicht taub.«
»Willst du es dir nicht anschauen?«
»Nein. Das hat keinen Zweck. Es ist ja heute nacht in die Luft gesprengt worden. Eine Katastrophe.«
»Aber du kannst es doch hier vom Fenster mit deinen eigenen Augen sehen!«
»Genug!« brauste Manfred auf. »Du bist wirklich störrisch wie ein Maulesel! Nimm gefälligst zur Kenntnis, daß ich meine Information aus absolut sicherer Quelle habe!« Er warf mir noch ein paar wütende Blicke zu, aber dann schien sich sein Zorn zu legen und freundschaftlichem Mitleid zu weichen. »Na, mach dir nichts daraus, mein Alter. Kopf hoch. Man muß auch solche Schicksalsschläge ertragen können. Weiß Gott, wer ein Interesse an dieser Explosion hatte... eine Katastrophe... Rauchwolken... Stichflammen...«
Die Wolke, die mich jetzt umfing, war nicht rauchig, sondern rot, blutig rot.
»Zum Teufel!« brüllte ich. »Was stehst du da und erzählst mir Märchen, wo du doch nur ein paar Schritte zum Fenster machen mußt, um dich selbst zu überzeugen –«
»Ich brauche mich nicht zu überzeugen. Kunstetters Wort genügt mir.«
»Und wenn Kunstetter hundertmal sagt, daß –«
»Einen Augenblick!« Empört fiel mir Manfred ins Wort.
»Willst du damit vielleicht andeuten, daß Kunstetter

ein Lügner ist? Ausgezeichnet. Ich werde mir erlauben, ihm das mitzuteilen. Du kannst dich auf etwas gefaßt machen!«
»Wer – was – wieso? Wer ist dieser Kunstetter überhaupt?!«
»Also bitte. Da haben wir's. Er weiß nicht einmal, wer Kunstetter ist – aber er nennt ihn vor der ganzen Welt einen Lügner. Gehst du da nicht ein wenig zu weit?«
Ich sackte zusammen und brach in Tränen aus. Manfred strich mir teilnahmsvoll übers Haar.
»Falls du Wert darauf legst«, sagte er begütigend, »kann ich dir Augenzeugen bringen, die mit ihren eigenen Ohren gehört haben, wie Kunstetter gesagt hat, daß vom ganzen Histadruthgebäude nur ein paar Stichflammen übriggeblieben sind. Eine Katastrophe.«
»Aber hier – von diesem Fenster –«, wimmerte ich.
»Auch das Radio hat es verlautbart, wenn dich das beruhigt.«
»Welches Radio?«
»Kunstetters Radio. Ein ganz neues Philipsmodell. neun Röhren.«
Ein paar wahnwitzige Sekunden lang war ich drauf und dran, ihm zu glauben. Das menschliche Auge kann irren, aber Kunstetter bleibt Kunstetter... Dann warf ich mich mit heiserem Röcheln auf Manfred Toscanini und zerrte ihn ans Fenster:
»Da – schau!! Schauen sollst du!! Hinausschauen!!«
»Wozu?« Manfred schloß die Augen und krümmte sich in meinem eisernen Griff. »Wenn ich zum Fenster hinausschauen wollte, könnte ich ja zu meinem eigenen Fenster hinausschauen. Aber Kunstetter hat gesagt –«
»Schau – schau hinaus – schau – schau hinaus –«

(ich hatte mich in seinen Haaren festgekrallt und schlug seine Stirn im Takt gegen den Fensterrahmen) »– schau hinaus und sag mir, ob sie das Haus in die Luft gesprengt haben oder nicht. Ob das Haus da steht oder nicht.«
»Jetzt steht es da«, sagte Manfred.
»Was heißt das – jetzt?«
»Es wurde heute nacht in die Luft gesprengt und am Morgen wieder aufgebaut.«
Schlaff sanken meine Arme nieder. Manfred entwand sich mir unter häßlichen Flüchen und eilte in den klaren Morgen hinaus, um die noch nicht informierten Hausbewohner über die Katastrophe zu informieren. Ich schleppte mich mühsam ins Bett zurück, schloß die Augen und verfiel in einen krampfhaften, ungesunden Schlaf, der auch pünktlich einen Alptraum mit sich brachte: Sämtliche Atombombenvorräte sämtlicher Großmächte waren durch einen Irrtum gleichzeitig explodiert, und die ganze Welt lag in Trümmern. Nur das Histadruthgebäude stand unversehrt da.
Übrigens bin ich keineswegs sicher, ob so etwas nicht wirklich passieren kann. Ich muß Kunstetter fragen.

Der perfekte Mord
(Israelische Version)

Es war Abend. Draußen herrschte Dunkelheit, drinnen begannen sich Israels Mütter über den Verbleib ihrer Sabrabrut zu sorgen. Plötzlich wurde die Tür meiner Wohnung aufgerissen und Schultheiß stürzte herein. Aber war das noch Schultheiß? Schultheiß der Großartige, Schultheiß der Ruhmreiche, der Mann mit den eisernen Nerven, der Mann mit dem herausfordernd unerschütterlichen Selbstbewußtsein? Vor mir stand ein geknicktes, zerknittertes Geschöpf, atemlos, bebend, die stumme Furcht eines gejagten Rehs im Blick.
»Schultheiß!« rief ich aus und schob die Steuererklärung, an der ich gerade gearbeitet hatte, zur Seite. »Um Himmels willen, Schultheiß! Was ist los mit Ihnen?«
Schultheiß warf irre Blicke um sich, und seine Stimme zitterte:
»Ich werde verfolgt. Er will mich in den Wahnsinn treiben.«
»Wer?«
»Wenn ich das wüßte! Aber ich weiß es nicht und werde es nie erfahren und kann mich nicht wehren. Es muß der Teufel in Person sein. Er richtet mich systematisch zugrunde. Und was das Schlimmste ist: er tut es in meinem eigenen Namen.«
»Wie?! Was?!«
Schultheiß ließ sich in einen Sessel fallen. Kalten Schweiß auf der Stirn, erzählte er seine Leidensgeschichte:
»Eines Morgens – es mag jetzt etwa ein Jahr her sein

— wurde ich durch das anhaltende Hupen eines Taxis vor meinem Haus geweckt. Nachdem der Fahrer des Hupens müde geworden war, begann er mit den Fäusten gegen meine Türe zu trommeln. Ich mußte öffnen. Was mir denn einfiele? brüllte er mich an. Warum ich ein Taxi bestellte, wenn ich keine Absicht hätte, es zu benützen?«
Schultheiß holte tief Atem.
»Überflüssig zu sagen, daß ich kein Taxi bestellt hatte. Aber hierzulande haben die Leute Vertrauen zueinander, und das ist das Unglück. Wenn man bei einem Taxistandplatz einen Wagen bestellt, auch telefonisch, wird nicht viel gefragt, sondern die Bestellung wird erledigt und die Taxi strömen zu der angegebenen Adresse. Jedenfalls strömten sie zu der meinen. Um acht Uhr früh waren es ihrer bereits vierzehn, und meine Nachbarn sprechen bis heute von dem Höllenlärm, den die vierzehn Fahrer damals vollführten. Meine Beleidigungsklagen gegen zwei von ihnen sind noch anhängig... An diesem Morgen wurde mir klar, daß irgend jemand meinen Namen mißbraucht, um mich in den Wahnsinn zu treiben.«
Ein kalter Schauer lief mir über den Rücken. Schultheiß sprach weiter:
»Die Sache mit den Taxi war nur der Anfang. Seither gibt mir mein Quälgeist keine Ruhe. In meinem Namen antwortet er auf Zeitungsannoncen, bestellt Lotterielose, Fachbücher, Enzyklopädien, Haushaltartikel, kosmetische und medizinische Präparate, Sprachlehrer, Möbel, Särge, Blumen, Bräute – alles, was man telefonisch oder durch die Post bestellen kann. Damit nicht genug, hat er mich auch beim ›Verband abessinischer

Einwanderer‹, bei der ›Interessengemeinschaft ehemaliger Rumänen‹ und beim ›Verein für die Reinhaltung des Familienlebens‹ angemeldet. Und vor kurzem hat er zwei marokkanische Waisenkinder für mich adoptiert.«
»Aber wie ist das möglich? Wieso erregt er keinen Verdacht?«
»Weil niemand auf den Gedanken kommt, daß meine Briefe nicht von mir geschrieben wurden oder daß nicht ich ins Telefon spreche, sondern ... mein Mörder.«
Bei den letzten Worten rannen Tränen über Schultheißens eingefallene Wangen.
»Und es wird immer noch ärger! Jedermann weiß – und natürlich weiß es auch er –, daß ich ein altes Mapai-Mitglied bin.[1] Infolgedessen hat er für mich ein Abonnement auf die kommunistische Parteizeitung genommen und läßt sie mir in mein Büro zustellen. An das Zentralkomitee der Mapai hat er einen eingeschriebenen Brief gerichtet, in dem ich meinen Austritt erkläre, und zwar wegen der fortgesetzten Korruption innerhalb der Parteileitung. Ich hatte die größte Mühe, meine Wiederaufnahme durchzusetzen. Später erfuhr ich, daß ich bei den Gemeinderatswahlen für die ›Agudath Jisrael‹ kandidieren wollte[2]. Mein Name ist allmählich ein Synonym für Betrug und Scheinheiligkeit

---

[1] Die sozialdemokratische Mapai ist unsere ewige Regierungspartei. Sie ist nicht ganz so konservativ wie die französischen Radikalsozialisten und nicht ganz so fortschrittlich wie die amerikanischen Demokraten. Sie hält sich ungefähr in der Mitte zwischen beiden.
[2] Die »Agudath Jisrael« ist die Partei der frommen, bärtigen Ultra-Orthodoxen, sozusagen der israelischen Juden.

geworden. Bis zum Juni dieses Jahres galt ich wenigstens noch als Mitglied der jüdischen Religionsgemeinschaft. Aber auch damit ist es vorbei.
»Wie das? Was ist geschehen?«
»Eines Tages, während ich ahnungslos im Büro saß, erschienen zwei Franziskanermönche aus Nazareth in meiner Wohnung und besprengten, für die ganze Nachbarschaft sichtbar, meine koschere Kücheneinrichtung mit Weihwasser. Der Schurke hatte in meinem Namen kleine Spenden an das Kloster gelangen lassen und die beiden Mönche zu mir gebeten . . .«
Schultheiß verfiel vor meinen Augen. Seine Zähne klapperten.
»Er hat meinen Schwiegervater denunziert. Eine von mir unterschriebene Anzeige beschuldigte meinen eigenen Schwiegervater, Schweizer Uhren ins Land zu schmuggeln – und was das Schlimmste ist: die Anzeige erwies sich als begründet . . . Es ist unglaublich, mit welcher satanischen Schläue dieser Schuft zu Werke geht. Zum Beispiel schickte er unserem Abteilungsleiter einen Brief mit meiner Absenderadresse, aber der Brief selbst war an einen meiner Freunde gerichtet und enthielt die Mitteilung, daß unser Abteilungsleiter ein widerwärtiger Halbidiot sei. Es sollte der Eindruck entstehen, als hätte ich irrtümlich die Briefumschläge vertauscht . . . Jede Woche läßt er ein Inserat erscheinen, daß ich für acht Pfund monatlich ein möbliertes Zimmer vermiete. Ohne Ablöse. Oder daß ich dringend eine ungarische Köchin suche . . . Alle zwei Monate sperrt mir die Elektrizitätsgesellschaft das Licht ab, weil er sie verständigt hat, daß ich nach Rumänien auswandere . . . Ich werde von der Devisenpolizei überwacht, weil ich angeblich

meinen Auslandsbriefen hohe Geldnoten beilege, was streng verboten ist... Und meine Frau befindet sich in einer Nervenheilanstalt, seit sie die Nachricht bekam, daß ich in einem übel beleumundeten Haus in Jaffa Selbstmord begangen habe...«
Konvulsivisches Schluchzen schüttelte den vom Leiden ausgemergelten Körper Schultheißens. Auch ich wurde allmählich von Panik erfaßt. Die finsteren Gedanken zuckten mir durchs Hirn.
»Vor den Wahlen«, fuhr Schultheiß stöhnend fort, »verschickte er ein Rundschreiben an meine Bekannten, in dem ich erklärte, daß ich für die Partei der Hausbesitzer stimmen würde, die als einzige ein wahrhaft fortschrittliches Programm besitze. Niemand grüßt mich mehr. Meine besten Freunde wenden sich ab, wenn sie mich nur von weitem sehen. Vorige Woche haben mich zwei Militärpolizisten im Morgendämmer aus dem Bett gezerrt, weil ich die Armeeverwaltung verständigt hatte, daß ich infolge meiner Abneigung gegen frühzeitiges Aufstehen an den kommenden Waffenübungen nicht teilzunehmen wünsche...«
»Genug!« rief ich aus. Ich ertrug es einfach nicht länger.
»Wer ist der Schuft, der Ihnen das alles antut?!«
»Wer? Wie soll ich das wissen?« wimmerte Schultheiß.
»Jeder kann es sein. Vielleicht sind Sie's...«
Ich? Ja, das wäre eine Möglichkeit.

Ich bin Zeuge

Eine andere hervorragende Qualität der Juden ist ihr standhaftes Festhalten an der Tradition. Es wird oft behauptet, daß die Juden dem tragischen Schicksal ihrer Zerstreuung überhaupt nur deshalb trotzen konnten, weil sie so standhaft an ihren Traditionen festhielten und ihre Gesetze so streng beachteten. Wenn das wirklich zutrifft, dann habe ich zu diesem historischen Erfolg des Judentums sehr wenig beigetragen.
Im Mittelpunkt der Geschichte, die das beweisen soll, steht ein Mann namens Jankel. Ich hatte ihn nie zuvor gesehen, aber es gelang mir, seine ganze Zukunft und sein ganzes Familienglück innerhalb weniger Minuten zu ruinieren.
Das Ganze begann damit, daß eine mir gleichfalls unbekannte Frau von etwa vierzig Jahren in meiner Wohnung erschien und mit einem Redeschwall über mich herfiel, der sowohl in gedanklicher wie in grammatikalischer Hinsicht viel zu wünschen übrigließ und zum Schluß in akuten Sauerstoffmangel ausartete:
»Entschuldigen Sie lieber Herr daß ich Sie überfalle wo wir uns doch kaum kennen aber jetzt bin ich endlich so weit daß ich Jankel heiraten könnte ach so Sie wissen nicht daß ich von meinem ersten Mann geschieden bin warum spielt keine Rolle er hat getrunken und hat anderen Weibern Geschenke gemacht aber Jankel trinkt nicht und verdient sehr schön und kümmert sich nicht um Politik und er lebt schon gar lang im Land und hat einen sehr guten Posten in der Textilbranche und will ein Kind haben aber schnell denn er kann nicht mehr lange warten schließlich ist er nicht der Jüngste aber er schaut

noch sehr gut aus auch wenn er kein Haar am Kopf hat und er hat sogar eine Wohnung ich weiß nicht wo aber Sie müssen uns unbedingt besuchen und Sie werden uns doch sicherlich diesen kleinen Gefallen tun nicht wahr?«

»Ich wünsche Ihnen von Herzen alles Gute, liebe Frau«, sagte ich. »Möge Ihre Ehe Ihnen Segen bringen. Möge Ihnen der Friede beschieden sein, nach dem die Menschheit dürstet. Schalom, schalom, und lassen Sie gelegentlich von sich hören.«

»Danke vielmals ich danke Ihnen aber ich habe ganz vergessen Ihnen zu sagen daß Jankel hier keine Freunde hat außer ein paar alten Siedlern und die können vor dem Rabbi nicht bezeugen daß Jankel im Ausland nie verheiratet war aber Sie sind noch nicht so lange im Land und Sie sind Journalist und das ist sehr gut denn da können Sie für uns zeugen[1].«

»Gut«, sagte ich. »Ich gebe Ihnen ein paar Zeilen mit.«

»Das genügt leider nicht wissen Sie ein Freund von Jankel hat uns auch so ein schriftliches Zeugnis geschickt er ist Junggeselle noch dazu auf Briefpapier von Metro-Goldwyn-Mayer aus Amerika dort lebt er nämlich aber der Rabbiner hat gesagt es gilt nur persönlich und man

---

[1] In Israel werden alle Trauungen vom Rabbiner durchgeführt, der sich zuvor auf Grund glaubwürdiger Zeugenaussagen vergewissern muß, daß die eheschließenden Partner nicht verheiratet sind und nie verheiratet waren. In der Regel genügt es, einen Nachbarn um diese kleine Gefälligkeit zu bitten, etwa als Gegenleistung dafür, daß er seine Butter immer in unserem Eisschrank aufbewahrt. Da man das Vorleben derer, für die man zeugt, nur oberflächlich kennt und niemals sicher sein kann, ob sie nicht vielleicht doch verheiratet waren, geht man mit solchen Zeugenaussagen allerdings ein gewisses Risiko ein. Aber man tut es gerne, denn vielleicht kommt man eines Tages in die gleiche Lage.

muß selber herkommen und ich danke Ihnen schon im voraus für Ihre Güte wo ich doch eine begeisterte Leserin von Ihren Geschichten bin die letzte war ganz schlecht[2] also morgen um neun Uhr früh vor dem Café Passage oder doch lieber gleich beim Rabbinat und jetzt entschuldigen Sie ich muß schon gehen mein Name ist Schulamith Ploni sehr angenehm...«

Ich bin im allgemeinen kein Freund von Gefälligkeiten dieser Art, weil sie einem immer zuviel Mühe machen. Aber diesmal hatte ich das Empfinden, das Schicksal zweier Liebenden in meiner Hand zu halten. Außerdem muß ich gestehen, daß ich mich vor Frau Schulamith Ploni ein wenig fürchtete. Ich fand mich also am nächsten Morgen pünktlich um neun Uhr auf dem Oberrabbinat ein, wo mich ein großer, glatzköpfiger Mann bereits mit Ungeduld erwartete:

»Sind Sie der Zeuge?«

»Erraten.«

»Beeilen Sie sich. Man hat schon aufgerufen. Schulamith wird gleich hier sein. Sie versucht unter den Passanten einen zweiten Zeugen zu finden. Das Ganze dauert nur ein paar Minuten. Sie müssen sagen, daß Sie mich noch aus Podwoloczyska kennen und daß ich nie verheiratet war. Das ist alles. Eine reine Formsache. In Ordnung?«

»In Ordnung. Sagen Sie mir nur – ganz unter uns –: Waren Sie wirklich nie verheiratet?!«

»Nie im Leben. Ich hab schon allein genug Zores.«

---

[2] Eine pure Verleumdung. Die Geschichte, die ich damals gerade veröffentlicht hatte, war sogar besonders gut, aber diese primitive Person hat natürlich die Pointe nicht verstanden.

»Um so besser. Aber diese Stadt, die Sie mir da genannt haben – die kenne ich gar nicht.«
»Chochem[3]! Sie sind doch Journalist? Erzählen Sie irgend etwas – daß Sie eine Reportage über Podwoloczyska gemacht haben und ich habe Ihnen jahrelang geholfen.«
»Das wird man uns nicht glauben.«
»Warum nicht? Meinen Sie, daß irgend jemand hier weiß, was eine Reportage ist?«
»Schön. Aber jetzt habe ich schon wieder vergessen, wie diese Stadt heißt, die mit P anfängt.«
»Wenn's Ihnen so schwer fällt, sich den Namen zu merken, dann sagen Sie, wir kennen uns aus Brody. Das ist auch Polen.«
Brody war viel leichter. Man brauchte nur an Benjamin Brody zu denken, den verstorbenen ZOA-Präsidenten. Jankel hörte mich noch einmal ab, zeigte sich beruhigt und ließ mich zur Sicherheit noch wissen, daß er mit Zunamen Kuchmann heiße. Er ahnte nicht, daß sein Schicksal um diese Zeit bereits besiegelt war.
Dann kam Schulamith Ploni und brachte tatsächlich einen zweiten Zeugen angeschleppt. Nachdem ich meinen Kopf mit einem bunten Halstuch vorschriftsmäßig bedeckt hatte[4], wurden wir in das Amtszimmer des

---

3 »Chochem« heißt wörtlich soviel wie ein kluger, weiser Mann, wird aber meistens ironisch angewendet, besonders wenn jemand so gescheit zu sein versucht wie wir selbst, was eine Frechheit ist.
4 Nach strenger jüdischer Vorschrift darf man überhaupt *nur* mit bedecktem Kopf umhergehen, aber auch wer sich nicht so streng an die Vorschriften hält, muß bei religiösen Zeremonien seinen Kopf bedecken; das bunte Halstuch, mit dem ich das tat, war eine Improvisation, weil ich keinen Hut besaß.

Rabbiners geleitet, eines bärtigen, verehrungswürdigen Patriarchen mit dicken Brillengläsern und noch dickerem aschkenasischem Akzent. Der Rabbi begrüßte mich herzlich. Offenbar hielt er mich für die Braut. Ich berichtigte den Irrtum, worauf er die Daten des Brautpaares in ein mächtiges Buch einschrieb und sich dann abermals an mich wandte, als spürte er, daß er hier das schwächste Glied in der Kette vor sich hatte:
»Wie lange kennst du den Bräutigam, mein Sohn?«
»Sechsunddreißig Jahre, Rabbi.«
»Gab es irgendwann eine Zeit, eine noch so kurze Zeit, in der ihr nicht gut miteinander standet?«
»Nicht eine Minute, Rabbi.«
Alles ging planmäßig. Der Rabbiner nahm Brody glatt zur Kenntnis, wußte nicht, was eine Reportage ist, führte die Eintragungen durch und fragte mich nochmals:
»Du kannst also bezeugen, mein Sohn, daß der Bräutigam niemals verheiratet war?«
»Nie im Leben, Rabbi.«
»Du kennst ihn gut?«
»Ich müßte lügen, wenn ich behaupten wollte, daß ich ihn besser kennen könnte.«
»Dann weißt du vielleicht auch, mein Sohn, ob er einer kohanitischen Familie entstammt?«
»Natürlich entstammt er einer kohanitischen Familie. Und wie!«
»Ich danke dir, mein Sohn. Du hast ein großes Unglück verhütet«, sagte der Rabbi und schloß das vor ihm liegende Buch. »Dieser Mann darf diese Frau nicht heiraten. Niemals kann ein Kohen mit einer geschiedenen Frau in den heiligen Stand der Ehe treten!«

Schulamith Ploni brach in hysterisches Schluchzen aus, indessen Jankel mich haßerfüllt ansah[5].
»Sie müssen verzeihen, Rabbi«, stotterte ich. »Ich habe in Europa eine weltliche Erziehung genossen und wußte nichts von der Sache mit den Kohanim. Bitte streichen Sie diese Stelle aus meiner Zeugenaussage.«
»Es tut mir leid, mein Sohn. Wir sind fertig.«
»Einen Augenblick!« Wutschnaubend sprang Jankel auf.
»Vielleicht möchten Sie auch mich anhören? Mein Name ist Kuchmann, und ich war nie im Leben ein Kohen. Im Gegenteil, ich stamme von ganz armen, unbedeutenden Juden ab, man könnte fast sagen von Sklaven...«
»Warum hat Ihr Zeuge gesagt, daß Sie ein Kohen sind?«
»Mein Zeuge? Ich sehe ihn heute zum ersten Mal. Woher soll ich wissen, wie er auf diesen verrückten Einfall gekommen ist?«
Der Rabbiner warf mir über den Rand seiner dicken Brillengläser einen Blick zu, vor dem ich die Augen senken mußte.
»Es ist wahr«, gestand ich. »Wir haben uns erst heute kennengelernt. Ich habe keine Ahnung, wer er ist und was er ist. Auch vom Gesetz habe ich keine Ahnung. Ich dachte, es könnte ihm nicht schaden, ein Kohen zu sein. Vielleicht wäre das sogar ein Gutpunkt für ihn, dachte

---

[5] Die Kohanim waren die alten Hohenpriester Israels, von denen sich alle heutigen Cohen, Kohn, Kahn, Kahane und Kishon (?) herleiten. Nach jüdischem Gesetz ist es den Angehörigen des geistlichen Patriziats verboten, Frauen von zweitklassiger Abkunft zu ehelichen.

ich. Vielleicht verbilligt das die Trauungstaxe. Lassen Sie die beiden heiraten, Rabbi.«
»Das ist unmöglich. Es sei denn, der Bräutigam weist nach, daß er nicht aus einer kohanitischen Familie stammt.«
»Um Himmels willen«, stöhne Jankel. »Wie soll ich so etwas nachweisen?«
»Das weiß ich nicht, und das ist auch noch niemandem gelungen«, sagte der Rabbi. »Und jetzt verlassen Sie bitte das Zimmer.«
Draußen entging ich nur mit knapper Not einem gewaltsamen Tod. Jankel schwor beim Andenken seiner armen, unbedeutenden Vorfahren, daß er es mir noch heimzahlen werde, und Schulamith besprengte das Straßenpflaster mit ihren Tränen.
»Warum haben Sie uns das angetan?« heulte sie. »Warum drängen Sie sich dazu unser Zeuge zu sein wenn Sie überhaupt nicht wissen was Sie sagen sollen ein Lügner sind Sie jawohl das ist es was Sie sind ein Lügner ein ganz gemeiner Lügner...«
Sie hatte recht.

KLEINE FRÜHJAHRS-REINIGUNG

Vor dem Passah- oder auch Pessach- oder auch Überschreitungsfest, das zur Erinnerung an unseren ersten Auszug aus Ägypten gefeiert wird, säubern die orthodoxen Juden ihr Haus vom Keller bis zum First, um alle Spuren von Gesäuertem zu vertilgen. Da meine Familie und ich nicht zur orthodoxen Klasse zählen, tun wir nichts dergleichen. Was sich bei uns abspielt, möge aus den folgenden Seiten meines Tagebuches hervorgehen.
Sonntag. Heute beim Frühstück sprach die beste Ehefrau von allen wie folgt:
»Pessach oder nicht – die Zeit der Frühjahrsreinigung ist gekommen. Aber heuer werde ich deswegen nicht das ganze Haus auf den Kopf stellen. Großreinemachen kostet nicht nur sehr viel Arbeit, sondern auch sehr viel Geld. Außerdem könnte es Rafis Wachstum gefährden. Wir werden also – da wir ja ohnedies ein sauberer Haushalt sind und nicht nur einmal im Jahr unter religiösen Vorwänden für Sauberkeit sorgen – nichts weiter tun, als gründlich Staub wischen und aufkehren. Von dir verlange ich nur, daß du zwei neue Besen kaufst. Unsere alten sind unbrauchbar.«
»Mit großer Freude«, antwortete ich und eilte zum einschlägigen Handelsmann. Dort erstand ich zwei langhaarige, künstlerisch geformte Prachtbesen und war voll Dankbarkeit für die weise, hausfrauliche Zurückhaltung meiner Ehegattin.
Als ich heimkam, fand ich unser Haus von einem murmelnden Bächlein umflossen. Die beste Ehefrau von allen hatte den klugen Entschluß gefaßt, vor Beginn der

Entstaubungsarbeiten den Fußboden ein wenig anzufeuchten, und hatte zu diesem Zweck eine weibliche Hilfskraft gemietet; und noch eine zweite, die als Wasserträgerin fungierte.
»In einem Tag haben wir das alles hinter uns«, sagte die beste Ehefrau von allen.
Das freute mich von Herzen, denn aus technischen Gründen gab es an diesem Abend nur weiche Eier zum Nachtmahl, und das vertrug sich nicht ganz mit dem hohen Lebensstandard, an den ich nun einmal gewöhnt bin. Übrigens wurden am Nachmittag auch die Fensterläden heruntergenommen, welche quietschen, wenn der Wind blies. Der Schlosser sagte, daß wir neue Fensterangeln brauchten, weil die alten verbogen waren, und daß ich die neuen bei Fuhrmanns Metall- und Eisenwarenhandlung in Jaffa kaufen sollte. Da ich von einem so beschäftigten Mann, wie es ein Schlosser ist, wirklich nicht verlangen konnte, daß er diesen Ankauf selbst tätigte, ging ich nach Jaffa, um Fensterangeln zu kaufen.
Montag. Kam gegen Mittag von Fuhrmanns Metall- und Eisenwarenhandlung zurück. Hatte für 27 Pfund original-belgische Fensterangeln gekauft. Fuhrmann sagte, er hätte auch in Israel erzeugte zum Preis von 1,20, aber die seien nichts wert. »Die belgischen halten Ihnen fürs ganze Leben«, versicherte er mir. »Wenn Sie gut aufpassen, dann halten sie sogar fünf Jahre[1].«

---

[1] Wir in Israel haben eine unwiderstehliche Zuneigung zu ausländischen Waren, und zwar aus zwei Gründen. Erstens ist der Respekt vor allem Fremden noch ein Erbteil unserer jahrhundertelangen Unterdrückung in der Diaspora, und zweitens sind die ausländischen Produkte besser.

Das murmelnde Bächlein war mittlerweile zum reißenden Wildbach geworden. Durch das Haustor konnte ich nicht eintreten, weil der Tapezierer sämtliche Stühle und Sessel aus dem ganzen Haus im Vorraum zusammengepfercht hatte. Die Möbel aus dem Vorraum befanden sich in der Küche, die Küchengeräte im Badezimmer und das Badezimmer auf der Terrasse. Ich sprang durchs Fenster ins Haus und fiel in einen Bottich mit ungelöschtem Kalk.
Mein Eheweib sprach: »Ich dachte, daß wir bei dieser Gelegenheit auch die Wände neu weißen sollten, denn in ihrem jetzigen Zustand bieten sie einen abscheulichen Anblick. So können wir unsern Onkel Egon unmöglich empfangen.«
Meiner Zustimmung gewiß, stellte sie mich dem Zimmermaler vor und beauftragte mich, mit ihm zu unterhandeln. Schließlich war ja ich der Herr im Haus. Wir einigten uns auf 500 Pfund, einschließlich der Türen.
Der Schlosser inspizierte Fuhrmanns Fensterangeln und fand, daß sie nur zwei Zoll lang waren. Ob ich denn nicht wüßte, daß wir drei Zoll lange brauchten? Er schickte mich zu Fuhrmann zurück.
Die beste Ehefrau von allen schlief mit Rafi im Büchergestell, zu Füßen der Encyclopedia Britannica. Ich schlief in der Wiege. Ein verirrter Schuhleisten hielt mich viele Stunden lang wach. Zum Nachtmahl hatten wir Rühreier mit Salz.
Dienstag. Fuhrmann behauptete, daß die Fensterangeln drei Zoll maßen, und schickte mich nach Hause. Im Garten trat ich in eine Pfütze frisch angemachter Lackiererfarbe und reinigte mich mühsam in der Vorhalle, wo sich jetzt das Badezimmer befand, denn im Badezim-

mer wurden die Wandkacheln gerade auf türkisblau geändert (350 Pfund). Meine Gattin meinte nicht mit Unrecht, daß man solche Kleinigkeiten ein für allemal in Ordnung bringen sollte. Der Elektriker, den wir zwecks Behebung eines Kurzschlusses herbeigerufen hatten, teilte uns mit, daß wir die Bergmann-Schalter, die Fleischmann-Kontakte und die Goldfisch-Sicherungen auswechseln müßten (180 Pfund). Der Schlosser gab zu, daß die belgischen Fensterangeln tatsächlich drei Zoll maßen, aber britische Zoll, nicht deutsche. Er hatte deutsche Zoll gemeint. Schickte mich zu Fuhrmann zurück.

Als der Zimmermaler in der Mitte der Küchendecke angelangt war, erhöhte er sprunghaft seinen Preis und gab auch eine einleuchtende Begründung dafür:

»In den Wochen vor Pessach bin ich immer etwas teurer, weil sich alle Leute sagen, daß sie nicht bis Pessach warten wollen, denn zu Pessach besinnt sich dann ein jeder, und dadurch wird alles teurer, und deshalb kommen sie immer schon ein paar Wochen vor Pessach, und deshalb bin ich in den Wochen vor Pessach immer etwas teurer.«

Außerdem verlangte er von mir eine besondere Art von Furnieren, die nur in Chadera erzeugt werden. Er verlangte auch einen ganz bestimmten Vorkriegslack, zwei Päckchen Zigaretten und einen italienischen Strohhut. Das Ensemble seiner Gehilfen war mittlerweile auf vier angewachsen und stimmte bei der Arbeit einen fröhlichen Quartettgesang an.

Das Schlafproblem löste sich anstandslos. Ich raffte alle Kleider aus unserem großen Schrank zusammen und stopfte sie in den Frigidaire, legte den leeren Schrank

rücklings auf den Balkon und versank in einen tiefen, naphtalinumwölkten Schlaf. Mir träumte, ich sei gestorben. Der Beerdigungszug wurde von einer Handwerkerdelegation angeführt, die einen überirdisch langen Pinsel trug.
Die beste Ehefrau von allen zeigte sich von ihrer lebenstüchtigsten Seite. Sie schlief mit Rafi im Wäschekorb und erwachte frisch und rosig. Weiche Eier.
Mittwoch. Fuhrmann erklärte mir, daß es bei Fensterangeln keinen Unterschied zwischen britischem und deutschem Zollmaß gebe, und warf mich hinaus. Als ich das dem Schlosser berichtete, wurde er nachdenklich. Dann fragte er mich, wozu wir die Fensterangeln überhaupt brauchten. Eine Antwort erübrigte sich, da wir ohnedies nicht mehr in die Wohnung hinein konnten: im Laufe der Nacht war ein Mann erschienen und hatte die Fußböden ausgehoben. Denn es war seit langem der Wunsch meiner Gattin, die Fußböden einige Grade heller getönt zu haben (340 Pfund). »Nur das noch«, sagte sie, »nur das noch, und dann ist es vorbei.«
Um diese Zeit waren bereits siebzehn Mann an der Arbeit, mich eingeschlossen. Die Maurer, die gerade eine Zwischenwand niederrissen, machten einen ohrenbetäubenden Lärm.
»Ich habe mit dem Gebäudeverwalter gesprochen, der eine Art Architekt ist«, teilte mir die beste Ehefrau von allen mit. »Er riet mir, die Zwischenwand zwischen Rafis Zimmer und deinem Arbeitszimmer niederreißen zu lassen, dann bekommen wir endlich ein großes Gästezimmer, und unser jetziges Gästezimmer wird überflüssig, weil wir ja wirklich keine zwei Gästezimmer brauchen, so daß wir das alte Gästezimmer teilen könn-

ten, und dann hätte Rafi sein Kinderzimmer und du hättest dein Arbeitszimmer.«
Um das meinige beizutragen, stieg ich auf eine Leiter und schnippte mit der großen Gartenschere sämtliche Luster ab. Wenn schon, denn schon, sage ich immer. Dann befestigte ich einen alten Schrankkoffer an einem wurmstichigen Balken und ging zur Ruhe.
Der Gebäudeverwalter (120 Pfund) teilte mir mit (50 Pfund), daß es am besten wäre (212 Pfund), die ganze Küche auf den Dachboden und den Dachboden ins Badezimmer zu verlegen. Ich bat ihn, das mit meiner Gattin zu besprechen, die ja nur kleinere Veränderungen im Hause durchführen wollte. Meine Gattin schloß sich im Grammophon ein und sagte, sie fühle sich nicht wohl.
Zwei rohe Eier.
Donnerstag. Ging heute von Fuhrmann nicht nach Hause. Verbrachte die Nacht auf einer Gartenbank und fand endlich Ruhe und Schlaf. Zum Frühstück Gras und etwas Wasser aus dem Springbrunnen. Delikat. Fühle mich wie neu geboren.
Freitag. Daheim erwartete mich eine frohe Überraschung. Wo einst mein Haus sich erhoben hatte, gähnte mir jetzt eine tiefe Grube entgegen. Zwei Archäologen durchstöberten die Ruinen nach interessanten Scherben. Die beste Ehefrau von allen stand, mit Rafi auf dem Arm, im Garten und wischte den Staub von den Trümmern. Zwei Polizisten hielten die Schar der Andenkenjäger zurück.
»Ich dachte«, sagte die beste Ehefrau von allen, »daß wir die kleine Frühjahrs-Reinigung doch gleich dazu ausnützen könnten, das ganze Zeug niederzureißen und es dann anständig aufzubauen...«

»Du hast vollkommen recht, meine Teure«, antwortete ich. »Aber damit warten wir bis nach Pessach, weil dann alles viel billiger ist.«
Eines steht fest: in unserm ganzen Haus ist keine Spur von Ungesäuertem zu finden.

Ein anregender Feiertag

Der fröhlichste jüdische Feiertag heißt Purim und gilt der Erinnerung an den Triumph der Königin Esther über den bösen Haman. Es war das einzige Mal in unserer Geschichte, daß ein Antisemit aufgehängt wurde, noch ehe der Pogrom stattgefunden hatte. Dieses einmalige Ereignis wird von unseren Kindern durch ungeheure Lärmentfaltung gefeiert, die sich direkt gegen das Trommelfell der Eltern richtet.
Überhaupt können die Kinder zu Purim machen, was sie wollen. Sie verkleiden sich als Erwachsene, benehmen sich dementsprechend und rufen dadurch manch einen unangenehmen Zwischenfall hervor. Ich erinnere mich nur zu gut an eines dieser traditionellen Kinderkarnevalsfeste, das alle Straßen überflutete. Eine heiße, umfassende, schlechthin globale Menschenliebe loderte in mir auf, als ich die vielen munteren Rangen im goldenen Sonnenschein umhertoben sah. Das Herz schlug mir höher bei dem Gedanken, daß diese buntkostümierten Filigrangestalten lauter jüdische Kinder waren, die sich des Lebens freuten. Von Zeit zu Zeit blieb ich stehen, streichelte einem kleinen Sheriff das Haar, plauderte mit einem Dreikäsehoch von UNO-Beobachter oder salutierte vor einem Piloten im Däumlingsformat. Ganz besonders hatte es mir ein kleiner Polizeimann angetan, der in seiner blauen, bis ins letzte Detail korrekt nachgemachten Uniform an einer Kreuzung des Dizengoffboulevard seinen erwachsenen Kollegen bei der Verkehrsregelung half. Minutenlang stand ich da und betrachtete ihn fasziniert. Endlich wandte er sich an mich:

»Gehen Sie weiter, Herr, gehen Sie weiter«, sagte er mit todernstem Gesicht.
»Warum denn? Mir gefällt's hier sehr gut!« Ich zwinkerte ihm lächelnd zu.
»Adoni! Widersprechen Sie mir nicht!«
»Jetzt machst du mir aber wirklich Angst. Willst mich wohl einsperren, was?«
Der Miniaturpolizist errötete vor Ärger bis über die Ohren:
»Ihre Ausweiskarte, Ihre Ausweiskarte!« piepste er.
»Da hast du, Liebling. Bedien dich!« Damit reichte ich ihm zwei Kinokarten, die ich in meiner Tasche gefunden hatte.
»Was soll ich damit, zum Teufel?«
Jetzt konnte ich nicht länger an mich halten, nahm ihn auf meine Arme und fragte ihn, wo seine Eltern wohnten, damit ich ihn am Abend nach Hause bringen könnte. Aber mein kleiner Freund war beleidigt. Nicht einmal der Kaugummi, den ich ihm bei einem fliegenden Händler kaufte, versöhnte ihn. Und als ich ihn gar noch in die rosigen Backen kniff, zog er eine Trillerpfeife heraus und setzte sie schrill in Betrieb.
Bald darauf kam mit heulenden Sirenen das Überfallauto angesaust. Ich wurde verhaftet und auf die nächste Polizeistation gebracht, wo man mich wegen ungehörigen Benehmens gegen ein diensttuendes Amtsorgan in Haft nahm. Der Kleine war ein echter Polizist.
Ich hatte nicht gewußt, daß unsere staatliche Exekutive auch Liliputaner aufnimmt...
An dem Purimtag, von dem ich jetzt erzählen will, war ich vorsichtiger. Ich hängte eine Tafel mit der Aufschrift

»Achtung, bissiger Hund!« vor meine Türe, zog mich zurück und schlief.

Gegen 3 Uhr nachmittags träumte ich von einem Expreßzug, der unter fürchterlichem Getöse über eine Eisenbrücke fuhr. Allmählich wurde mir inne, daß es sich hier nicht unbedingt um einen Traum handelte: von draußen wurde krachend gegen meine Tür angetobt. Ich reagierte nicht, in der Hoffnung, daß die Zeit für mich arbeiten würde. Aber sie stand auf seiten des Angreifers. Nach einer Viertelstunde gab ich es auf, erhob mich und öffnete.

Ein spindelbeiniger mexikanischer Posträuber von etwa neunzig Zentimetern Höhe empfing mich mit gezücktem Revolver.

»Chaxameach!« sagte der Mexikaner. »Schlachmones[1]!« Er sprach noch weiter, aber ich verstand ihn nicht mehr, weil er gleichzeitig aus seinem Revolver zu feuern begann und damit mein Hörvermögen für geraume Zeit paralysierte. Als ich ihn seine Schußwaffe von neuem laden sah, ergriff ich eilig eine Blumenvase vom nächsten Tisch und händigte sie ihm aus. Der Mexikaner prüfte den Wert des Geschenkes, gab mir durch eine Handbewegung zu verstehen, daß die Angelegenheit ritterlich ausgetragen sei, und wandte sich der Türe meines Nachbarn zu, auf die er mit Füßen und Fäusten losdrosch. In etwas besserer Laune zog ich mich wieder zurück.

Meine Niederlage schien sich sehr rasch herumgespro-

---

[1] »Chaxameach« ist die mexikanische Schreibweise von »Chag Sameach«, dem hebräischen Feiertagsgruß für alle Gelegenheiten. »Schlachmones« heißen die Purimgeschenke, auf die unsere Kleinen Anspruch haben – und weiß Gott, sie machen ihn geltend.

chen zu haben, denn fünf Minuten später schlug ein schwerer Gegenstand dumpf gegen meine Tür, und gleich darauf erfolgte eine Reihe von Explosionen, daß die Mauern zitterten und größere Brocken Mörtel sich von der Wand lösten. Ich sauste hinaus und stand einem Kommando gegenüber, das aus zehn Vertretern des israelischen Nachwuchses bestand, einen Rammbock mit sich führte und hochexplosive Knallfrösche in meine Wohnung schleuderte. Der Führer des kleinen, aber hervorragend organisierten Stoßtrupps war ein dicklicher, als Tod kostümierter Knabe.
»Chag Hapurim[2]!« schnarrte er mich an. »Blumenvasen!«
Entschuldigend brachte ich vor, daß ich keine Blumenvasen auf Lager hätte. Der Tod erklärte sich bereit, auch Süßigkeiten entgegenzunehmen. Ich verteilte meinen gesamten Vorrat an Schokolade, aber die Nachfrage überstieg das Angebot.
»*Noch* Schokolade!« brüllte ein brasilianischer Kaffeepflanzer. »Es ist Purim!«
Ich beteuerte, daß ich mit dem Ende der Rationierung aufgehört hätte, Schokolade zu hamstern. Vergebens. Schüsse knallten, Sprengkapseln explodierten an meinem Leib. Von Panik erfaßt, rannte ich in die Küche, raffte den Arm voll Konservendosen und übergab sie den Belagerern, die sich laut schimpfend entfernten.
Abermals dauerte es nicht lange bis zur nächsten Explosion. Sie hob meine Türe aus den Angeln und gab den Blick auf ein in Kampfformation angetretenes Detache-

---

2 »Chag Hapurim« lautet der Glückwunsch, den man sich an diesem Tage zuruft, etwa so wie »Gesegnete Ostern« oder »Ein friedliches Weihnachtsfest«.

ment frei, das seine Sprengarbeit mit zwei Tonnen Purimdynamit fortsetzte.

»Gut Purim!« riefen sie, während die Erde noch bebte. »Konserven!«

Ich schleppte das ganze Küchengestell herbei und schüttete seinen Inhalt auf den Boden. Die Konserven waren im Hui verschwunden, ein Oberst der Burenarmee und ein Tschiang Kai-schek bemächtigten sich des Gestells.

»Geld her!« kreischte plötzlich ein einäugiger Pirat, in dem ich trotz der schwarzen Maske den kurzgewachsenen sechsunddreißigjährigen Sohn meines Friseurs erkannte.

Noch während ich meine Brieftasche leerte, kam mir der rettende Einfall. Wenn dieses Purimfest mich nicht all meiner Habseligkeiten berauben sollte, mußte ich mich auf die andere Seite schlagen. Rasch warf ich ein Hopalong-Cassidy-Hemd über, band mir ein kariertes Halstuch vors Gesicht, ergriff ein Messer und drang durch das Küchenfenster bei Rosenbergs ein.

»Maseltow[3]!« quietschte ich im höchsten mir zur Verfügung stehenden Falsett. »Heraus mit dem Schmuck!«

Um zehn Uhr abends hatte ich die ganze Nachbarschaft abgegrast. Die Beute war beträchtlich.

---

[3] »Maseltow« ist eine allgemeine zu jedem Anlaß passende Glückwunschformel.

Das Geheimnis der »Stimme Israels«

Jedes Kind weiß, daß wir das Volk des Buches sind. Der Vorrang der Bibel auf unseren Bestsellerlisten wird zwar durch die amerikanischen Taschenbücher ernsthaft bedroht, aber vorläufig können wir unseren kulturellen Standard halten, weil das Fernsehen bei uns nur zwei Stunden sendet, hat das Radio noch Vorrang.
Über das israelische Radio läßt sich nichts weiter berichten, als daß es ein sogenannter »Butterbrotbetrieb« ist. Und das Brot ist bereits so dünn geworden, daß es gar keine Butter mehr verträgt. Mit anderen Worten: Radio Israel hat überhaupt kein Geld. In England gibt es, wenn ich nicht irre, zwei Arten von Rundfunkstationen: staatliche, die von der Regierung finanziert werden, und kommerzielle, die sich durch den Verkauf ihrer Sendezeit erhalten. In Israel gibt es einen einzigen Sender, den staatlichen, aber der bekommt von der Regierung kein Geld. Und da meines Wissens nur Vögel bereit sind, ohne Bezahlung zu singen – genaugenommen: nur männliche Vögel –, stehen unsere Rundfunkleute täglich aufs neue vor dem Problem, wie sie ihre Sendungen bestreiten sollen.
Vor einigen Tagen forderte mich »Die Stimme Israels[1]« brieflich auf, etwas für ihr »Panta-rhei«-Programm zu schreiben. Geschmeichelt von diesem ehrenvollen Auftrag, begab ich mich sofort ins Studio und meldete mich

---

[1] »Die Stimme Israels« (»Kol Jisrael«) ist der Name unserer Rundfunkstation. Sie sendet auch Programme in englischer Sprache für die in Israel lebenden Angelsachsen, ähnlich wie BBC hebräische Programme für die Massen der in England lebenden Israelis sendet.

bei Herrn Noudini, dem Leiter des Programms. Herr Noudini eröffnete mir, daß er für meinen Beitrag einen sehr guten Einfall hätte: es sollte ein Beitrag von hohem intellektuellem Rang werden, der zugleich die Gefühle des Hörers anspreche, ernst und literarisch wertvoll, ohne darum den Humor zu vernachlässigen, kulturkritisch, aber nicht ausfällig, von geschliffener sprachlicher Eleganz und dennoch volkstümlich. Das war, in großen Zügen, Herrn Noudinis Einfall[2], und auf dieser Basis unterhielten wir uns ungefähr vier Stunden lang. Natürlich gingen wir nicht ins Detail, weil Herr Noudini mir bei der Gestaltung seines Einfalls freie Hand lassen wollte. Zum Schluß einigten wir uns, daß ich innerhalb Wochenfrist das Material für eine zweistündige Sendung abliefern würde.

Des beiderseitigen guten Willens voll, schüttelten wir einander kräftig die Hände, als mir einfiel, daß ich die betont herzliche Atmosphäre vielleicht dazu ausnützen sollte, um gleich auch die finanziellen Aspekte der Angelegenheit zu klären. Ich fragte also Herrn Noudini rundheraus, wieviel mir »Die Stimme Israels« für meine Arbeit zu zahlen gedenke.

Herr Noudini erbleichte, begann zu taumeln und sagte ein wenig mühsam:

»Machen Sie sich keine Sorgen – daran wird's nicht scheitern.«

»Fein«, sagte ich. »Aber trotzdem...«

»Sie werden zufrieden sein.«

»Womit?«

---

[2] Ich muß nochmals daran erinnern, daß der Mann so gut wie kein Gehalt bezog; man durfte also nicht zuviel von ihm erwarten.

»Mit dem üblichen Honorar.«
Wenn ein Gespräch so weit gediehen ist, höre ich meistens auf. Denn obwohl ich Geld und Gold und Diamanten grenzenlos liebe, schäme ich mich zuinnerst, daß ich so materialistisch veranlagt bin, während die anderen Menschen alles aus purer Opferbereitschaft tun. Schon wollte ich klein beigeben – da erschien vor meinem geistigen Auge plötzlich das Bild eines untersetzten, büschelhaarigen Inkassanten, der mich derb anfuhr, weil ich meine Rundfunkgebühren noch nicht bezahlt hatte. Das gab mir die Kraft, Herrn Noudini mit harter Stimme zu fragen:
»Was zahlen Sie?«
»Unser Honorarsatz für das Manuskript einer einstündigen Sendung«, flüsterte Herr Noudini, »beträgt fünfunddreißig Piaster... Aber Sie müssen bedenken, daß der Name des Verfassers viermal erwähnt wird... und daß wir damit wesentlich zu Ihrer Popularität beitragen...«
Ich stellte in rasender Eile eine Kopfrechnung an: das Manuskript einer zweistündigen Sendung würde mich zwei bis drei Wochen Arbeit kosten und kann dann immer noch abgelehnt werden. Aber selbst wenn es angenommen wird, hätte ich in der gleichen Zeit als Babysitter ungleich mehr verdienen können. Fünfunddreißig Piaster sind kein Honorar. Und die Steuer zieht auch noch fünfundzwanzig Piaster ab.
»Für zehn Piaster kann ich nicht arbeiten«, sagte ich Herrn Noudini. »Ich nicht. Ich bin einen höheren Lebensstandard gewöhnt. Was bekomme ich für zehn Piaster? Vielleicht einen Liter Öl für mein Motorrad. Das ist mir zuwenig.«

Herr Noudini gab zu, daß es wirklich nicht viel war, besonders im Vergleich mit ausländischen Honoraren. Anderseits könne niemand über seinen Schatten springen, auch ein Budget nicht, und das Honorarbudget für die »Panta-rhei«-Sendung betrage in Wahrheit nicht einmal fünfunddreißig Piaster, sondern zwanzig. Die fehlenden fünfzehn Piaster hätte er sowieso durch buchhalterische Tricks aufbringen müssen, über die er sich nicht näher äußern möchte.
»Aber wie ist das möglich?« brauste ich auf. »Ich und Hunderttausende anderer israelischer Bürger zahlen regelmäßig unsere Rundfunkgebühren, und –«
»Davon bekommen wir nicht einen roten Piaster«, unterbrach mich Herr Noudini. »Schluckt alles die Regierung... Aber Sie müssen bedenken, daß der Name des Verfassers viermal erwähnt wird... und daß wir damit wesentlich zu Ihrer Popularität beitragen...«
»Das habe ich schon gehört«, sagte ich barsch. »Und das wird durch Wiederholung nicht akzeptabler.«
Herr Noudini tastete sich rückwärts zu seinem Sessel, sackte zusammen und fragte mit tonloser Stimme, wieviel ich in meiner unmenschlichen Geldgier eigentlich aus ihm herauspressen wolle.
»Ich hatte an fünf Pfund gedacht«, antwortete ich. Meine Wiederbelebungsversuche waren schon nach wenigen Minuten von Erfolg begleitet. Herr Noudini schlug die Augen auf, sein Puls ging wieder halbwegs normal, nur das Atmen schien ihm noch Schwierigkeiten zu machen; jedenfalls japste er häufig nach Luft.
»Fünf Pfund«, stieß er zwischendurch immer aufs neue hervor. »Fünf Pfund für ein Manuskript... für fünf

Pfund kann ich den Hemingway haben ... lächerlich ... fünf Pfund ... gibt es überhaupt so viel Geld in diesem Land? Nein, lieber Herr ... Aber ich sage Ihnen etwas: ich werde dafür sorgen, daß Ihr Name fünfmal erwähnt wird!«

»Fünf Pfund«, wiederholte ich starr.

»Also gut. Achtunddreißig Piaster.« Herr Noudini seufzte resigniert. »Außerdem habe ich zu Hause einen alten Überzieher, den ich verkaufen könnte ...«

»5 Pfund. Ich handle nicht.«

»39 Piaster.«

»4$^{1}/_{2}$ Pfund.«

»40 Piaster.«

»4 Pfund. Das ist mein letztes Wort.«

42 Piaster.«

»3$^{1}/_{2}$ Pfund.«

»45 Piaster.«

An dieser Stelle erhob ich mich und brach die Unterhaltung ab. Es ginge mir ums Prinzip, ließ ich Herrn Noudini wissen. Und ich spürte ganz deutlich, wie er eine Welle von Haß gegen mich anbranden ließ.

»Warten Sie einen Augenblick, ich ruf' den Alten an«, sagte er und drehte die Wahlscheibe. »Hallo? Hier Panta. Hören Sie, Chef ... bei mir sitzt gerade dieser junge Schriftsteller, von dem ich Ihnen erzählt habe ... ja ... und stellen Sie sich vor: er verlangt für sein Manuskript nicht weniger als ... nicht weniger als zweieinhalb – wie? Sie sind einverstanden? Na, wunderbar, dann ist ja alles in Ordnung ... ach so! Nein, das ist ein Irrtum – er verlangt nicht zweieinhalb Piaster, er verlangt zweieinhalb Pfund. Pfund. Ich sagte: Pfund! P-f-u-n-d. Doch, es gibt sie.« Herr Noudini legte die Hand über

den Hörer und flüsterte mir zu: »Der Alte sagt, daß es eine solche Währung nicht gibt und daß die gesetzliche Scheidemünze in Israel der Piaster ist.« Dann sprach er wieder ins Telefon: »Hallo? Hallo. Ja, ich bin ganz sicher. Sie werden sie auch schon gesehen haben. Rechteckige, graugrüne Noten, das Pfund zu hundert Piaster ... Witze? Ich mache keine Witze. Ich schwöre, daß er wirklich zweieinhalb Pfund verlangt. Ganz richtig, zweihundertfünfzig Piaster ... Nein, es ist nicht der 1 April ... hallo ... hallo ...«
Mit einer lahmen Gebärde legte Herr Noudini den Hörer auf:
»Sehen Sie. Jetzt glaubt der Alte, daß ich ihn zum besten halten wollte. Na ja. Dann wird uns wohl nichts anderes übrigbleiben, als Ihren Namen sechsmal zu erwähnen.«
»Zweieinhalb Pfund«, sagte ich. »Ich bin Familienvater. Ich habe drei hungrige Mäuler zu stopfen.«
Herr Noudini erhob sich und schritt mir zähneknirschend ins Nebenzimmer voran, wo er auf einen anderen Abteilungsleiter einzureden begann:
»Paß auf, Jossele. Wenn du für dein nächstes Programm nur das halbe Orchester verwendest, ersparst du einenhalb Pfund an Reisespesen. Die borgst du mir, und ich entlasse sofort einen Ansager, was mir fünfundfünfzig Piaster im Monat einbringt. Macht zwei Pfund fünf Piaster. Beim Wohnbaufonds habe ich noch zehn Piaster gut, und den Rest decke ich aus dem nächsten Jahresbudget – das heißt, ich gehe nicht auf Urlaub, sondern arbeite bei vollem Gehalt weiter und lasse mir die Ansagerzulage auszahlen ...«
Nach einer halben Stunde wilden Feilschens wurden die

beiden einig. Allerdings mußte Noudini seine Uhr in Pfand geben.

»Das wäre also erledigt«, wandte er sich an mich und machte erst gar keine Anstrengung, seinen Zorn zu verbergen. »Sie bekommen Ihre zweieinhalb Pfund, Herr. Aber ich beschwöre Sie: erzählen Sie niemandem davon!«

»Kein Sterbenswörtlein!« beteuerte ich. »Und wann bekomme ich das Geld?«

»In einem Jahr«, sagte Herr Noudini. »Wenn alles klappt.«

Ich dankte ihm, entschuldigte mich für meine Maßlosigkeit und gab ihm nochmals eine kurze, beredte Schilderung meiner katastrophalen Finanzlage. Aber das beeindruckte ihn nicht. In seinen Augen war ich ein schäbiger, rücksichtsloser Erpresser. Gesenkten Hauptes verließ ich den Raum.

Auf dem Gang stieß ich mit den Mitgliedern einer Regierungskommission zusammen, die seit Monaten an einer Expertise arbeiteten, um die Gründe für die dürftige Programmqualität der »Stimme Israels« aufzudecken. Sie hatten soeben die Akkustik des Senderaums I geprüft, ohne jedoch das Geheimnis lösen zu können. Manche Dinge lassen sich eben nicht erklären.

Ratschläge für Reisende

Wir hatten Israel seit mehr als einem Jahrzehnt nicht verlassen. Jetzt fühlten wir uns wie Storchenjungen, die dem elterlichen Nest entflattern wollen und ihre noch ungelenken Flügelchen spreizen, ohne zu wissen, wie weit sie auf diese Weise kommen würden, wann und wo sie landen sollten und ob sie mit dem spärlichen Devisenbetrag, den man Storchenjungen bewilligt, ihr Auslangen fänden.
Am Stadtrand von Tel Aviv gibt es eine kleine Höhle. Dort lebt eine alte Eule, die im Rufe großer Weisheit steht. Sie hat diese Weisheit in langen Jahrzehnten und auf vielen Reisen erworben, hat unzähligen Gefahren getrotzt und unzählige Paß- und Zollrevisionen mit heiler Haut überstanden. Wenn es irgendwo auf der Welt Rat zu holen gab, dann hier. Die alte Eule heißt Lipschitz.
Eines Morgens fuhren wir zu dem Gehölz hinaus, in dem jene Höhle versteckt ist. Lipschitz saß auf einem knorrigen Ast und blinzelte uns aus weisen Augen entgegen. »Ehrwürdiger«, begann ich zaghaft. »Wie? Wann? Woher? Wohin? Und vor allem: warum?«
»Bitte Platz zu nehmen«, sagte Lipschitz, schlüpfte in seine Höhle und kam mit einem Tee zurück. Dann erteilte er uns eine Lektion in Weltreisen. Und er begann wie folgt:
»Die meisten Menschen glauben, daß Geld alles ist. Sie haben recht. Nicht nur wegen der hohen Preise, sondern vor allem deshalb, weil man im Ausland nur schwer ein Darlehen aufnehmen kann. Wer da sagt: ›Ich werde mir schon auf irgendeine Art ein paar Dollar verdienen‹,

der weiß nicht, was er redet. Denn warum sollte ein Fremder sich freiwillig auch nur von einem einzigen Dollar trennen, um ihn freiwillig einem anderen Fremden zu geben, noch dazu einem Juden?«
»Rabbi«, sagte ich, »ich kann singen.«
»Mein Sohn«, sagte Lipschitz, »sprich keinen Unsinn. Nimm den ganzen Geldbetrag, den dir unsere Regierung bewilligen wird, befestige ihn mit einer Sicherheitsnadel im unzugänglichsten Winkel deiner geheimsten Tasche und rühr das Geld nicht an, außer um dich davon zu ernähren, und selbst das mit Vorsicht. Niemals – hörst du: niemals, nun und nimmer – iß in einem Restaurant, dessen Personal aus mehr als einem einzigen mageren Kellner besteht oder wo dein Teller von unten mit Kerzen aufgewärmt wird! Jeder Wachstropfen scheint in der Rechnung auf, und da es ihrer viele sind, wirst du die Rechnung nicht bezahlen können. Aus demselben Grund sollst du auch niemals, nun und nimmer etwas bestellen, was nur in französischer Sprache auf der Speisekarte steht. Wenn du zwei halbe hartgekochte Eier als ›Canapes d'oeufs durs au sel à la Chateaubriand‹ angeschrieben siehst, nimm deinen Hut, falls du um diese Zeit noch einen hast, und entferne dich fluchtartig. Für Frankreich gilt das natürlich nicht. Aber dort gibt es eine andre, noch gefährlichere Falle. Man erkennt sie an der Aufschrift: ›Billige Touristen-Mahlzeiten‹. Der Sohn des Maharadschas von Haidarabad geriet einmal in eines dieser Lokale. Am nächsten Tag wurden die Reste seines Vermögens unter Zwangsverwaltung gestellt...«
»Rabbi«, wagte ich zu unterbrechen, »ich gehe nicht auf Reisen, um zu essen, sondern um zu reisen.«

»Desto besser«, antwortete Lipschitz, die Eule, und zwinkerte mit den Augen. »Dann wollen wir die Attraktionen, die eine solche Reise bietet, der Reihe nach betrachten. Nimmst du deine Frau mit?«
»Ja.«
»Damit entfällt der erste Punkt. Bleiben noch Landschaft, Theater, Museen und Familieneinladungen. Landschaft ist kostenfrei, mit Ausnahme der Schweiz, wo man für jeden Kubikmeter Luft eine Mindestgebühr von sfr 1,50 entrichten muß, gerechnet vom Meeresspiegel an. Die Gebühr steigert sich mit der Höhe der Berge. Und vergiß nicht, daß die Bergluft ihrerseits den Appetit steigert, so daß du dann noch mehr Geld fürs Essen brauchen wirst. Mit dem Theater ist es verhältnismäßig einfach. Im Foyer eines jeden Theaters steht, meistens links vom Kassenschalter, ein gutgekleideter Herr und kaut an seinen Nägeln. Auf diesen Herrn mußt du kurz vor Beginn der Vorstellung zustürzen und ihn mit einem hebräischen Redeschwall überfallen, aus dem sich in wohlbemessenen Abständen Worte wie Artist... Kritik... Studio... hervorheben. Daraufhin wird er überzeugt sein, einen arabischen Theaterdirektor vor sich zu haben, und dir eine Freikarte geben. In Striptease-Lokalen kommst du mit diesem Trick nicht durch. Es gibt allerdings Anlässe, wo sogar ich meine ökonomischen Grundsätze vergesse...«
Lipschitz schwieg eine Weile versonnen vor sich hin, ehe er fortfuhr:
»Wenn du in einer großen Straße an ein Portal kommst, das von zwei steinernen Löwen flankiert wird, tritt ohne Zaudern ein, denn es ist ein Museum. Wenn du drinnen bist, verlaß dich nicht auf deinen Instinkt, son-

dern schließe dich der Reisegesellschaft an, die von einem erfahrenen Führer durch die Räume gesteuert wird und alles von ihm erklärt bekommt. Sollte der Führer zornige Blicke nach dir werfen, dann wirf sie ihm zurück. Nach Beendigung der Museumsführung besteigst du den Autobus der Reisegesellschaft und nimmst an der Stadtrundfahrt teil. Im übrigen sei auf der Hut und betritt niemals ein Museum, ohne für zwei Tage Proviant mitzunehmen. Es ist schon oft geschehen, daß sorglose Besucher sich in den langgestreckten Hallen verirrten und kläglich verhungern mußten. Im Britischen Museum werden beispielsweise bei jeder Frühjahrsreinigung neue Skelette entdeckt... Was noch? Richtig, die Familieneinladungen. Sie sind, das darfst du mir glauben, überhaupt kein Spaß. Dafür kosten sie dich ein Vermögen, weil du der Hausfrau Blumen bringen und nachher mit dem Taxi nach Hause fahren mußt.«
»Erhabener«, sagte ich, »das ist alles gut und schön, aber vorläufig bin ich ja erst beim Kofferpacken.«
»Packe deine Koffer mit Weisheit«, mahnte die Eule. »Und nimm nur wenige Koffer mit, denn in jedem Land wird dein Gepäck sich um einen neuen Koffer vermehren, auch wenn du gar nichts einkaufst. Sobald dein Zug in die Ankunftshalle rollt, brüllst du nach einem Träger. Verbirg dein Minderwertigkeitsgefühl und mache keinen Versuch, deine Koffer selbst zu tragen. Nach einer Weile mußt du ja doch einen Träger nehmen und ihm so viel zahlen, als hätte er dein Gepäck von Anfang an geschleppt. Zahle ihm aber nicht mehr als die Taxe, mag er vor Anstrengung noch so stöhnen oder einen epileptischen Anfall vortäuschen. Ebenso mußt du dich im Hotel sofort vergewissern, ob der Service im

Zimmerpreis enthalten ist oder nicht. Die diesbezüglichen Verhandlungen mit dem Portier darfst du auf keinen Fall in der Landessprache führen. Warum sollst *du* den Nachteil haben, zu stottern und nach Worten zu suchen? Laß *ihn* stottern und nach Worten suchen! Sprich in Paris englisch, in London französisch, in Italien deutsch. In Griechenland sprich nur hebräisch, weil sie dort alle anderen Sprachen kennen.«

»Und was soll man auf eine Reise nach Europa mitnehmen, Rabbi?«

»Unbedingt einige elektrische Birnen in der Stärke von 200 Watt. Selbst in den Luxushotels ist die Zimmerbeleuchtung so schwach, daß du nur die balkendicken Überschriften der Zeitung lesen kannst, die du dir überflüssigerweise schon in der Nacht gekauft hast. Und vergiß nicht, deine Privatbirne am Morgen wieder abzuschrauben. Ferner mußt du – da es in den besseren Hotels verboten ist, Mahlzeiten auf dem Zimmer zuzubereiten – für eine unauffällige Entfernung der Speisereiste sorgen. Am besten formst du aus den Überbleibseln eine solide Kugel, die du kurz nach Mitternacht aus dem Fenster wirfst. Das ist die Ausfuhr. Schwieriger verhält es sich mit der Einfuhr der für die Zubereitung einer Mahlzeit nötigen Materialien. Besonders mit den Milchflaschen hat man die größten Schwierigkeiten. Es empfiehlt sich daher die Anschaffung eines Geigenkastens oder einer Hebammentasche, in der erstaunlich vieles Platz findet. Die elektrische Heizplatte, die du zum illegalen Kochen verwendest, darfst du nicht in deinem Koffer verstecken. Dort wird sie vom Zimmermädchen entdeckt. Du tust sie besser in den Kleiderschrank, der niemals gereinigt wird ...«

Eine neuerlich entstehende Pause nützte ich aus, um selbst das Wort zu ergreifen. Denn ich wurde allmählich ein wenig ungeduldig.

»Schon gut, Lipschitz«, sagte ich. »Ich weiß jetzt über alles Bescheid, nur über das Trinkgeld noch nicht. Was ist's damit? Wieviel, wem und wann?«

»Das ist ein echtes Problem.« Die Eule nickte sorgenvoll. »In den Restaurants gibt man für gewöhnlich zehn Prozent vom Gesamtbetrag, im Theater fünfzehn Prozent von der Kragenweite des Billeteurs und für eine Auskunft, wo die gesuchte Straße liegt, fünf Prozent vom Alter des Auskunftgebers. Wer sichergehen will, gibt das Trinkgeld in kleinen Münzen, und zwar so lange, bis der Empfänger zu lächeln beginnt. Bei Taxichauffeuren kann das leicht ruinös werden, denn Taxichauffeure lächeln nie. Hier zahlt man so lange, bis der Mann zu schimpfen aufhört. Zahle nicht eher, als du und dein Gepäck sicher auf dem Straßenpflaster stehen. Sonst gibt er in einer plötzlichen Aufwallung Gas und ist mit zweien deiner Koffer verschwunden.« Die Eule holte tief Atem und kam zum Schluß:

»Vergiß niemals, daß du kein Mensch bist, sondern ein Tourist. Laß dich von scheinbaren Gegenbeweisen nicht narren. Die Höflichkeit der Eingeborenen gilt deiner Brieftasche, nicht dir. Du bist für sie nichts als eine Quelle rascher, müheloser Einnahmen. Dich persönlich können sie nicht ausstehen, um so weniger, je besser du ihre Sprache sprichst. Dann werden sie mißtrauisch und fürchten, daß du ihnen auf ihre Schliche kommst... Und noch etwas: Nimm nie ein Flugzeug. Schiff und Eisenbahn bewahren dich vor dem schlimmsten Alpdruck,

der dem Reisenden droht. Ich meine jene verhängnisvolle Minute, wenn sämtliche Gepäckstücke sämtlicher Reisenden in Reih und Glied zur Zollabfertigung bereitstehen, nur deines nicht, und wenn du auf deine immer verzweifelteren Anfragen immer unwirschere Antworten bekommst: ›Keine Gepäckstücke mehr da... nein, kein einziger Koffer... das wissen wir nicht.‹ Schließlich taucht aus dem Hintergrund ein freudestrahlender Träger auf und läßt dich wissen, daß deine Koffer irrtümlich nach Kairo gegangen sind. Das meine ich. Fahr mit dem Schiff nach Europa, mein Sohn. Dann hast du noch ein paar friedliche Tage, bevor die wahre Qual des Reisens beginnt...«
Die Eule namens Lipschitz zwinkerte und schloß dann beide Augen zugleich. Wir waren entlassen.

Morris, wo bist du?

Drei Tage lang lümmelten wir in den Deckstühlen an Bord des Stolzes der israelischen Handelsmarine, der SS »Jerusalem«. Am dritten Tag weckten uns laute Freudenschreie, die auf dem ganzen Schiff widerhallten: »Land! Land!«
Vor uns, geheimnisvoll von Morgennebel umhüllt, tauchten die Umrisse der Insel Rhodos auf, von deren märchenhafter Schönheit uns viele Passagiere verzückt erzählt hatten. Es sei etwas absolut Einmaliges, sagten sie. Überwältigendes Panorama. Ewiger Sonnenschein. Billige elektrische Bügeleisen. Ein Traum.
Geistig waren wir auf die Landung seit langem vorbereitet. Gleich als wir in See stachen, hatte uns das Schwarze Brett eine gemeinsam mit den Inselbehörden organisierte Tour zu einem landschaftlichen Weltwunder angekündigt, zum »Tal der Millionen Schmetterlinge«. Die Routiniers unter uns, die das schon kannten, erinnerten sich mit träumerischen Augen an die unübersehbaren Mengen der buntfarbigen Geschöpfe mit ihren hauchzarten Flügelchen ... und wie sie im Sonnenschein glitzerten ... und wie sie sich vom azurnen Himmel abhoben ... und welch einen unvergeßlichen Anblick sie boten ...
Kaum hatte die »Jerusalem« Anker geworfen, als sie auch schon von einer Unzahl eingeborener Motorboote umschwärmt war, die danach lechzten, uns an Land zu bringen. Ich beugte mich über die Reling und winkte einen der Bootsmänner herbei, einen stämmigen alten Seebären mit blitzenden Augen. Eingedenk der Ermahnungen, die mir die Eule Lipschitz mitgegeben hatte, er-

kundigte ich mich im voraus nach dem Fahrpreis: »How much? Wieviel? Combien?«

»Cinquecento!« rief der Alte zurück.

»Hahaha!« Ich stieß ein selbstbewußtes Lachen aus und ließ mich durch meine mangelnden Italienischkenntnisse nicht einschüchtern: »Sechstausend Lire und keinen Peso mehr!«

»Gut.« Mit überraschender Schnelligkeit gab der Alte nach. Wir torkelten den Laufsteg hinunter und sicherten uns einen Platz in der Nähe des Lenkrades.

Der Seebär wartete geduldig, bis sein Kahn überfüllt war und zu kentern drohte. Dann warf er den Motor an. Dröhnend und prustend begann der Weg über die dreihundert Meter, die uns vom Ufer trennten. Zufällig betrug auch die Stundengeschwindigkeit des Motorboots dreihundert Meter. Das benützte der Alte, um uns mit der Geschichte der Insel Rhodos vertraut zu machen, wobei er sich gleichzeitig dreier Sprachen bediente. In einsprachiger Notübersetzung lauteten seine Mitteilungen ungefähr wie folgt:

»Vor langer Zeit waren wir von den Römern besetzt. Dann waren wir von den Byzantinern besetzt, die so lange blieben, bis uns die Moslems besetzten. Dann besetzten uns die Johanniter. Sie bauten Rhodos zu einer Festung gegen die Türken aus, konnten aber nicht verhindern, daß wir schließlich doch von ihnen besetzt wurden. Nämlich von den Türken. Nach den Türken kamen die Italiener. Und was taten die Italiener? Sie besetzten uns. Allerdings waren wir dann eine Zeitlang wieder von den Türken besetzt, bis die Italiener zurückkamen. Dann kamen die Deutschen, dann kamen die Griechen, und dort halten wir jetzt.«

Auf unsere Frage nach der besten aller bisherigen Besetzungen kratzte sich der alte Seebär den Hinterkopf und meinte, daß es da eigentlich keine großen Unterschiede gäbe. Hauptsache, man wäre besetzt und bliebe von der Unabhängigkeit verschont, die doch nur höhere Steuern brächte. Gegen den derzeitigen Zustand hätte er schon deshalb nichts einzuwenden, weil er selbst von Griechen abstamme. Seine Söhne hingegen seien Türken. Es könne sich aber auch umgekehrt verhalten – bei diesem ständigen Hin und Her von Besetzungen wüßte man das nie so genau. Dann schilderte er uns in kurzen Worten die Wichtigkeit der besetzten Insel in neuerer Zeit: zum Beispiel sei hier im Jahre 1948 der Waffenstillstand zwischen den Arabern und den verdammten Juden unterzeichnet worden. Wir machten den alten Seebären schonend darauf aufmerksam, daß wir den letztgenannten zugehörten, worauf er sich mit der glaubwürdigen Erklärung entschuldigte, daß er uns auf Grund unserer gutturalen Sprechweise für verdammte Araber gehalten hätte.

Unter derlei munteren Gesprächen wurde unser Boot schließlich an Land gezogen und vertäut. Die Erlebnishungrigen unter uns sahen sich außerstande, auf den versprochenen Charterautobus zu warten, der uns zum »Tal der Millionen Schmetterlinge« bringen sollte. Wir hielten Ausschau nach einem Taxi.

Der Chauffeur bemühte sich, den Fahrpreis auf unsere Begeisterungsfähigkeit abzustimmen:

»Sie dürfen diese Fahrt um Himmels willen nicht versäumen«, beschwor er uns. »Es würde Ihnen für den Rest Ihres Lebens leid tun. Touristen aus der ganzen Welt, darunter die berühmtesten Botaniker, Ornitho-

logen, Lepidopterologen und Gynäkologen kommen eigens hierher, um das Tal der Millionen Schmetterlinge zu sehen . . .«
So feilschten wir noch eine Weile fort, bis wir endlich, erschöpft und schweißgebadet, in dem klapprigen Fahrzeug verstaut waren und losrumpelten. Der Fahrer tat das Seine, um unsere Erwartungen ins Maßlose zu steigern. Wir würden, so sagte er, ein übernatürliches Naturphänomen zu sehen bekommen, das in der ganzen Welt kein Gegenstück besäße und von dem nur Gott allein wisse, wie es überhaupt zustande gekommen sei. Einer bestimmten wissenschaftlichen Theorie zufolge strömten die Bäume dieser Gegend zur Blütezeit ein ganz besonderes Aroma aus, das die liebestrunkenen Schmetterlinge von weit her anlockte, bis sie, zu fast schon undurchdringlichen Wolken geballt und alle Regenbogenfarben spielend, das ganze Tal erfüllten.
Als wir dem Wagen entstiegen, fieberten wir vor Erregung. Dicht vor uns ragte ein Berg mit einem gewundenen Fußpfad auf, der durch einen großen Wegweiser gekennzeichnet war: »300 m zum Tal der Millionen Schmetterlinge«.
Der Fahrer empfahl uns, Distanz zu halten, damit die Schmetterlinge nicht über uns herfielen. Wir schlugen seine feige Warnung in den Wind. Das heißt, wir hätten sie in den Wind geschlagen, wenn es einen Wind gegeben hätte. Es gab aber keinen Wind. Es war drückend heiß und vollkommen windstill. Nun, das focht uns nicht an. Wir begannen den Aufstieg.
An einer Biegung des engen Wegs erwartete uns ein Mann mit einer imposanten Armbinde, der sich als offizieller, von der Regierung entsandter Führer vorstellte.

Wir verhielten uns ablehnend, aber er bestand darauf, uns zu führen – auch als wir ihm erklärten, daß wir nichts zahlen würden.
»Zahlen?« fragte er erstaunt. »Wer spricht von zahlen?«
Da wir rein menschlich gegen den Mann nichts einzuwenden hatten, ließen wir ihn mitgehen. Er setzte sich sofort an die Spitze und begann – offenbar selbst aufs tiefste beeindruckt – die Schönheiten der Gegend zu lobpreisen:
»Zur rechten Hand – ja, dort, folgen Sie meiner Armbewegung – dort sehen Sie einen Wald. Links schäumt ein Bach dahin. Entlang dieses Baches führt der Weg, den wir jetzt gehen. Darüber das berühmte Blau des berühmten Himmels von Rhodos...«
Nachdem wir eine halbe Stunde gestiegen und von unserem Führer auf alle verborgenen Wunder der Natur hingewiesen worden waren, raffte sich ein weibliches Mitglied unserer Gruppe zu einer Frage auf:
»Wann bekommen wir endlich die Schmetterlinge zu sehen?«
Zufällig standen wir gerade vor einem Wegweiser mit der Aufschrift »800 m zum Tal der Millionen Schmetterlinge«. Unsere Blicke richteten sich scharf auf den Führer. Er meinte, daß wir uns keine Sorgen machen sollten – wahrscheinlich hätten sich die Schmetterlinge ins Innere des Tals zurückgezogen.
»Aber wenn Sie müde sind, können wir umkehren«, fügte er hinzu.
»Umkehren?« klang es ihm höhnisch entgegen. »Umkehren und keine Schmetterlinge sehen? Los, gehen wir!«

Die Steigung wurde immer stärker, die Hitze immer drückender. Verbissen kletterten wir weiter und bemühten uns, keine Nervosität zu zeigen.

Der Schreiber dieser Zeilen hat in seinem ereignisreichen Leben mehrere Wälder gesehen und in jedem von ihnen mehrere Schmetterlinge; wenn auch nicht Millionen von ihnen, so doch mehr als einen. Und gerade hier, gerade in diesem weit hingestreckten Wald, sollte es keinen einzigen Schmetterling geben?

Sogar dem Führer schien das allmählich aufzufallen. Er trat in immer kürzeren Intervallen an die zunächststehenden Bäume heran, schüttelte sie und ließ dazu den Begattungsruf der Schmetterlingsweibchen hören, wie ihn die Eingeborenen auf Rhodos von den byzantinischen Besatzungstruppen gelernt hatten. Aber er fand keine Abnehmer.

»Wollen wir nicht doch umkehren?« fragte er schließlich mit drängender Stimme und einem Ausdruck von animalischer Furcht in den Augen.

Wir ließen ihn nicht im Zweifel, daß wir keinen Schritt zurück tun würden, ohne die von der Regierung bindend zugesagten Schmetterlinge gesehen zu haben.

Wortlos erkletterte der Mann einen spitz emporragenden Felsblock und ließ seinen Arm bis zur Schulter in einer oben befindlichen Spalte verschwinden. Nach einer Weile vergeblichen Wühlens zog er ihn wieder hervor.

»Was ist denn heute los«, brummte er mißmutig.

»Hier hat's doch immer einen gegeben ... mit weißen Streifen ... Morris!« brüllte er in die Spalte. »Morris!«

Nichts geschah. Reglos, stumm und vorwurfsvoll umstanden wir den Führer. Wir waren etwa zehn Kilome-

ter von unserem Taxi entfernt. Die Atmosphäre ließ deutlich Zeichen von Spannung erkennen.
Sie lockerten sich jäh, als eine Gruppe von Ausländern, halb tot vor Erschöpfung, den schmalen Pfad heruntergewankt kam. Einige von ihnen brachten ein aufmunterndes Keuchen hervor:
»Es ist jede Mühe wert. Es ist einfach phantastisch. Man muß es gesehen haben.«
Damit wankten sie weiter.
Der Führer warnte uns, daß wir noch gut die Hälfte des strapaziösen Wegs vor uns hätten. Wir ließen uns nicht abschrecken und klommen aufwärts.
Schweißgebadet erreichten wir den Gipfel. Und da, gleißend im Sonnenlicht, lag das Tal der Verheißung! Satte, grüne Triften, von farbenprächtigen Blumen durchwirkt, rauschende Baumwipfel, ein linder, kühler Wind, alles, alles ...
»Wo sind die Schmetterlinge?!« brüllten wir ohne jede Verabredung im Chor.
Unvermittelt warf der Führer die Arme hoch und setzte in weiten Sprüngen zur Flucht an. Glücklicherweise befand sich in unserer Hintermannschaft ein bewährter Rugbyspieler, der ihn mit einem fliegenden Tackling zur Strecke brachte.
»Die Schmetterlinge sind schon schlafen gegangen«, ächzte der überwältigte Regierungsbeamte. »Oder vielleicht haben sie heute in einer andern Gegend zu tun.«
Dann langte er mit zitternder Hand in seine Hemdtasche und zog einen toten Schmetterling hervor.
»Hier ... das ... so sehen sie aus«, stotterte er. »Einer wie der andere. Wenn man einen gesehen hat, hat man alle gesehen ...«

Wir besichtigten das Exemplar. Es war ein gut entwickeltes Männchen mit braunen Flügeln und einer Andeutung von Gelb an den Spitzen. Der linke Flügel war leicht lädiert.
Ich fragte den Führer, wie viele Touristen jährlich die Insel besuchten. Er schätzte, daß es allein während der Schmetterlings-Saison mindestens eine Million sein müsse.
Ich dankte ihm und schnitzte mit meinem Taschenmesser die folgende Inschrift in den Stamm des nächsten Baumes:

> *Wanderer, kommst du nach Sparta,*
> *verkündige dorten, der letzte*
> *Rhodos-Schmetterling starb,*
> *da noch Byzanz hier regiert.*

Als unserem Führer bewußt wurde, daß wir ihn nicht zu lynchen planten, gewann er seine Haltung zurück und wollte mit der ganzen Geschichte plötzlich nichts zu tun haben. Niemand, so beteuerte er, hätte die leiseste Ahnung, warum dieses Tal das »Tal der Millionen Schmetterlinge« hieß. Kein einziger Schmetterling sei hier jemals gesichtet worden. Wahrscheinlich brächen sie schon auf dem Weg hierher zusammen.
Jetzt wollten wir wenigstens wissen, warum das Tal so auffallend schmetterlingsfrei sei. Wie sei das zu erklären? Durch DDT? Durch ein anderes Vertilgungsmittel? Wie?
»Ich weiß es wirklich nicht«, murmelte der Ärmste. »Meine einzige Erklärung ist, daß ein Schmetterling, wenn er sich einmal in der Zeit hierher verirrt, gleich wieder wegfliegt, weil er sich langweilt...«

Aus humanitären Erwägungen gaben wir ihm ein Trinkgeld. Er begann haltlos zu schluchzen. So etwas war ihm noch nie passiert, seit es das Tal der Millionen Schmetterlinge gab...
Auf dem Rückweg versuchten wir, ein paar Fliegen oder Moskitos ausfindig zu machen. Nicht einmal das gelang uns.
Am meisten jedoch erbitterte uns die Erinnerung an jene Lumpenbande, deren schurkische Vorspiegelungen uns auf halbem Weg ins Tal der Millionen Schmetterlinge weitergetrieben hatten...
An einer Wegbiegung kam uns eine schwitzende Gruppe ausländischer Touristen entgegen.
»Wie sind die Schmetterlinge?« riefen sie erwartungsfroh schon von weitem.
»Phantastisch!« antworteten wir. »Millionen von ihnen! Unübersehbare Mengen in den tollsten Farben! Hoffentlich habt ihr Stöcke mit, falls sie über euch herfallen...«
Auf allen vieren erreichten wir unser Taxi. Der Führer hatte die lange Wartezeit ausgenützt, um mit anderen Touristengruppen mehrere Abstecher zur »Höhle der heulenden Geister« zu machen. Was die Schmetterlinge betraf, so erklärte auch er sich für unzuständig.
»Wie soll ich wissen, ob es sie gibt oder nicht?« meinte er achselzuckend. »Ich war noch nie in diesem idiotischen Tal.«
Erst jetzt fiel uns auf, daß dieses Tal genauso idiotisch gewesen wäre, wenn es dort zufällig Schmetterlinge zu sehen gegeben hätte. Oder ist das vielleicht eine Beschäftigung für erwachsene Menschen, Schmetterlinge anzuglotzen? Ausgerechnet Schmetterlinge?

Eine Bitte an den geneigten Leser:
Der geneigte Leser möge nicht etwa glauben, daß ich ihm diese Schmetterlingsgeschichte in sarkastischer Absicht erzählt habe. Wenn es ein Land auf Erden gibt, das für die diversen Tricks des Fremdenverkehrs aufrichtige Bewunderung hegt, dann ist es unser kleines, armseliges Israel. Im Grund sind wir ganz ähnlich dran wie Rhodos. Besäße Rhodos auch nur ein paar mittelgroße Pyramiden, so könnte es auf die Erfindung von Schmetterlingen glatt verzichten. Erfindungsgeist ist das Salz der Armen. Ausländische Besucher nach Italien zu locken, wo man auf Schritt und Tritt mit Statuen von Michelangelo zusammenstößt, ist keine Kunst. Auch versteht es sich von selbst, daß man in die Schweiz fährt, um auf ihren schneebedeckten Bergeshängen dem Skisport zu obliegen. Gar nicht zu reden von Frankreich mit seinem betörenden Gleichgewicht von Kathedralen und Restaurants.
In Israel hingegen werden Statuen, Schnee, Kathedralen und Restaurants auf eine geradezu sträfliche Weise vernachlässigt.
Auch wer kein Querulant ist, muß ernsthaft bemängeln, daß man bei uns noch nie den geringsten Bedacht auf die Erfordernisse des Fremdenverkehrs genommen hat. Jahrhundertelang saßen Griechen und Römer in unserem Land – und was haben sie hinterlassen, um es zu einem lohnenden Reiseziel für das Ehepaar Ginsberg aus der Bronx zu machen? Nichts als ein paar schäbige Säulen in Caesarea und einen Marmorkopf mit abgebrochener Nase in Askalon. Gewiß, laut biblischem Protokoll pflegte Samson durch die Straßen dieser Stadt zu schlendern. Aber was hilft uns das, wenn das offiziel-

le Fremdenverkehrsamt bis heute vergebens nach des Esels Kinnbacken sucht, mit denen er damals, als er noch Haare hatte, die Philister zu Brei schlug... Wirklich, wir sollten uns ein Beispiel an den Schmetterlingen von Rhodos nehmen. Sie führen uns so recht vor Augen, was wir alles nicht tun, um die touristischen Attraktionen auszuwerten, die dem Land der Bibel innewohnen.

Kommen Sie ins sonnige Israel!

ist schon die einfallsreichste Propaganda, zu der sich unsere Werbeplakate aufschwingen. Dabei würde uns die Bibel so anziehende Texte ermöglichen wie:

*Sie durchqueren trockenen Fußes
das Rote Meer,
wenn Sie in Elat Wasserski fahren!*

Oder diesen, mehr für den männlichen Typ:

*Angler – auf nach Jaffa!
Die Walfische warten!
Jeder sein eigener Jonas!*

Oder warum steht die Sonne nicht wenigstens einmal wöchentlich über Gibeon still, wie sie es für Josua im Krieg gegen die Amoriter mit größter Bereitwilligkeit getan hat? Das wäre doch eine Sensation:

*Lassen Sie sich in der Sonne
von Gibeon bräunen!
24 Stunden stillstehender Betrieb!
Neu! Einmalig! Unübertroffen!*

Aber woher denn. Auch in diesen Dingen hat Israel auf keine Unterstützung zu rechnen. Die Sonne bleibt nicht für eine Minute über Gibeon stehen, die Walfische sind in ruhigere Gewässer übersiedelt und schlucken keine Propheten mehr (sondern überlassen sie der Meteorologie), und Nazareth, wo Jesus gelebt und gewirkt hat, lebt zwar noch, aber es wirkt nicht mehr. Es ist eine typisch arabische Stadt geworden, mit der sich weit eher für Mohammed Reklame machen ließe, aber da ist uns Mekka leider schon zuvorgekommen.

Tariffo Ridutto del 70 %

Die leider allzu kurze Begegnung mit unserer großen Liebe Italien hatte ihren Ursprung noch in Israel, als unser Reisebüro uns mitteilte, daß wir für alle Länder der Welt die nötigen Visa bekommen hätten, zur Erlangung des italienischen jedoch persönlich auf dem Konsulat erscheinen müßten. Warum? Weil der Antragsteller – mit anderen Worten ich – als bekannter Schriftsteller und Journalist Anspruch auf bevorzugte Sonderbehandlung hätte.
Auch gut.
Ich ging also aufs italienische Konsulat und reihte mich in die dichte Schlange der im Vorraum Wartenden ein. Kaum eine Stunde später stand ich vor einem nervösen, sichtlich überlasteten Beamten, der nur italienisch sprach und mit einer himmelwärts gerichteten Handbewegung das Wort »giornalisti« hervorstieß. Damit wollte er mir zu verstehen geben, daß ich einen höher gelegenen Amtsraum aufsuchen müßte, weil ich Anspruch auf bevorzugte Sonderbehandlung hätte.
Auch gut.
Ich erklomm das oberste Stockwerk und machte dort jene zweite Sekretärin ausfindig, die man mir in den tiefer gelegenen Stockwerken als die für meinen Fall zuständige angegeben hatte. Sie teilte mir in italienischer Sprache mit, daß die italienische Regierung für bekannte Künstler und Wissenschaftler, die Italien besuchen wollen, einen besonderen Ausweis bereithalte, der dem Inhaber eine siebzigprozentige Fahrpreisermäßigung auf den italienischen Staatsbahnen zusichere und von ihm persönlich in Empfang genommen werden

müsse, weshalb unser Reisebüro... aber das wußten wir ja schon. Meine Ehefrau – die beste Ehefrau von allen, die mich immer und überall begleitet – konnte ihre Freude über diese Gunst des Schicksals nicht verbergen und beschloß an Ort und Stelle, für die solcherart eingesparte Geldsumme auf dem Florentiner Strohmarkt drei weitere Handtaschen zu kaufen. Ich meinerseits blätterte den Gegenwert von sechshundert Lire vor die Beamtin hin und wurde gebeten, mich am nächsten Tag zur Erledigung der restlichen Formalitäten nochmals einzufinden.
Auch gut.
Als wir pünktlich am nächsten Tag wieder bei der Sekretärin erschienen, erwies sich, daß sie uns den wundertätigen Ausweis leider nicht aushändigen konnte, weil das zu den unabdingbaren Vorrechten des italienischen Außenministeriums gehörte. Sie hatte jedoch schon drei dringende Telegramme nach Rom gerichtet, wo das Dokument im »Officio Stampa« für uns vorbereitet sei.
»Signorina«, widersprach ich auf italienisch, »ich habe nicht die Absicht, nach Rom zu fahren.«
»Sie müssen«, widersprach nun ihrerseits die Sekretärin. »Rom im Herbst ist einfach großartig.«
Ich machte ihr den Kompromißvorschlag, daß ich dann eben meinen Anspruch auf Fahrpreisermäßigung diesmal nicht geltend machen würde, aber sie blieb unerbittlich:
»Die italienische Regierung legt größten Wert darauf, daß Sie *ganz* Italien sehen!«
Auch gut.
Wir landeten in Neapel, sahen es und starben. Dann

fuhren wir mit dem Zug nach Rom, vorläufig noch zu vollem Preis. Um drei Uhr früh kamen wir an und baten einen verschlafenen Taxichauffeur, uns zu einem billigen Hotel zu fahren. Da er nur italienisch verstand, führte er uns zum Grand Hotel Majestic, das wir allen Millionären unter unseren Freunden aufs wärmste empfehlen können; es ist eine anheimelnde kleine Herberge mit süßen Zimmerchen, deren billigstes etwa dreißig Dollar kostet.

Auch gut. Schließlich wollten wir hier ja nur den Rest der Nacht verbringen.

Zeitig am nächsten Morgen machten wir uns auf den Weg zu unserem Bestimmungsamt. Ich winkte ein Taxi herbei und gab mit souveräner Gleichmütigkeit das Fahrtziel an:

»Officio Stampa!«

Eine halbe Stunde später waren wir am Forum Romanum gelandet, einem weiträumigen, außerordentlich eindrucksvollen Platz (wenn man von den abscheulichen Ruinen absieht). Ich wies den Fahrer auf die geringe Wahrscheinlichkeit hin, daß wir hier ein »Officio« finden würden, ganz zu schweigen von »Stampa«, aber auch er verstand nur Italienisch und setzte die Fahrt in Richtung Bologna fort. Unterwegs zu dieser wichtigen oberitalienischen Industriestadt widerfuhr uns das erste Wunder: unser Wagen wurde kurz vor Siena von einem Verkehrspolizisten aufgehalten, der ein paar Worte französisch sprach und uns informierte, daß »Officio Stampa« nicht, wie wir geglaubt hatten, der italienische Ausdruck für »Außenministerium« war, sondern so viel wie »Pressebüro« hieß, was natürlich die verschiedensten Deutungen zuließ.

Der Fahrer entschuldigte sich für das Mißverständnis, und von jetzt an lief alles wie am Schnürchen.

Das italienische Außenministerium erstreckt sich über rund dreihundert Morgen fruchtbaren Landes und ist in spätem Mussolini-Stil ganz aus Marmor gebaut. Um keine weitere Zeit zu vergeuden, steuerten wir direkt auf die beiden cherubinischen Schwertträger zu, die den Eingang bewachten, und fragten sie nach dem Weg zum Pressebüro. Der eine Cherub erwies sich als taubstumm und der andere verstand nur den lokalen Dialekt, nämlich italienisch. Um diese Zeit hatte die lebensspendende Mittelmeersonne ihren Zenit längst überschritten, so daß unsere Mägen vor Hunger die seltsamsten Geräusche von sich gaben. Es klang, als holperte eine alte Postkutsche über eine schlechtgepflasterte Straße. Auf diese Weise fanden wir das Officio.

Ein freundlicher Beamter empfing uns und lauschte mit großem Interesse unserer weitschweifigen Erzählung vom Sonder-Ermäßigungs-Ausweis, der uns bei ihm erwarten sollte. Unglücklicherweise hatte der Beamte als einzige Sprache die seiner Mutter erlernt, einer Italienerin. Es fiel uns auf, daß aus dem Schwall seiner sichtlich von Komplimenten strotzenden Gegenrede immer wieder ein Wort hervorsprang, das »subito« hieß und weiter nichts zu bedeuten schien.

Dessenungeachtet.

Die beste Ehefrau von allen verlor dessenungeachtet nicht den Kopf und hielt dem Beamten in jähem Entschluß unsere heimische Presselegitimation unter die Nase, worauf er selig zu lächeln begann und ein übers andere Mal »Israel! Israel!« ausrief. Dann stürzte er ins Nebenzimmer und kam mit einem andern Beam-

ten zurück, den wir sofort als Juden agnoszierten, denn er hatte schwarzes Haar und begleitete seine Worte mit heftigen Gesten, wie alle Italiener. Wir waren gerettet. Der ewige Jude umarmte uns, faßte uns abwechselnd an den Schultern und jauchzte in einwandfreiem Hebräisch:
»Eichmann! Eichmann!«
Wir machten ihm klar, daß wir den versprochenen Ermäßigungsausweis dringend benötigten, weil wir sonst der Räuberbande vom Grand Hotel noch weiter dreißig Dollar in den Rachen werfen müßten.
Der ewige Jude versank in tiefe Gedanken. Dann sagte er: »Eichmann!«
Das war keine ganz befriedigende Antwort, aber zum Glück erschien in diesem Augenblick der Direktor des Officio, ein eleganter, weltmännischer Typ, der fließend italienisch sprach. Er untersuchte meine Presselegitimation eine halbe Stunde lang, murmelte etwas, das wie »un momentino« klang, und schloß sich mit seinen Hilfskräften in einem nahe gelegenen Konferenzzimmer ein.
Gegen Abend kam er heraus und richtete eine gebärdenreiche Ansprache an mich, die kein Ende nehmen wollte.
»Sir«, unterbrach ich ihn schließlich und stützte mich, wie in allen derartigen Fällen, auf meine Englischkenntnisse. »Warum sprechen Sie italienisch mit mir, wo Sie doch sehen, daß ich kein Wort verstehe?«
Der Direktor jedoch verstand kein Wort, denn er sprach nur italienisch.
Abermals kam uns der ewige Jude zu Hilfe:
»Wir haben ja Interpreti!« rief er und klatschte sich mit der flachen Hand auf die Stirne.

Das bedeutete eine entschiedene Wendung zum Besseren, vielleicht gar einen Schritt zur Verwirklichung des Sozialismus in unserer Zeit. Wir sausten auf die Straße, durchquerten behende die Stadt und fanden in den angrenzenden Wäldern den offiziellen Dolmetsch der italienischen Regierung, einen verhältnismäßig jungen, gutgekleideten Mann, der uns mit der sprichwörtlichen italienischen Gastfreundschaft empfing. Er war ein unverkennbarer Intelligenzler, hatte summa cum laude an der Universität Padua in Kunstgeschichte promoviert und wußte, wie wir an Hand verschiedener von ihm ins Gespräch eingestreuter Namen feststellen konnten, auch in der italienischen Literatur vortrefflich Bescheid. Eigentlich hatte er nur einen einzigen Fehler; er sprach keine andere Sprache als Italienisch.

Nach einer Weile gab ich der besten Ehefrau von allen zu bedenken, ob wir nicht vielleicht besser täten, durch das Fenster in den wunderschönen Garten hinunterzuspringen und in der Dunkelheit zu verschwinden. Meine Gattin replizierte mit der unwiderleglichen Feststellung, daß siebzig Prozent schließlich siebzig Prozent wären. Ich fühlte meinen Haß gegen Florentiner Strohtaschen unheimlich wachsen.

Wir beschlossen, in das Büro des weltmännischen Officio-Direktors zurückzukehren: außer mir selbst noch meine Gattin, der Beamte, der ewige Jude, der Dolmetsch und ein neu hinzugekommener junger Mann, der uns fast pausenlos Witze in neapolitanischem Dialekt erzählte und sich dabei vor Lachen die Seiten hielt.

Im Officio angekommen, riß ich den Notizblock des Direktors an mich, zeichnete eine primitive Eisenbahn mit

Rauchwölkchen darauf und ergänzte die graphische Darstellung durch folgenden Text:
»70 Prozent – giornalista – prego.«
Damit war unverkennbar etwas Licht in die bisher so dunkle Angelegenheit gekommen. Der Direktor ließ abermals die Worte »un momentino« fallen, griff nach einer in Leder gebundenen Ausgabe der Republikanischen Verfassung und begann sie auswendig zu lernen. Der neapolitanische Witzerzähler händigte mir unterdessen einen Stoß Formulare aus, die ich, wie mir der Dolmetsch erklärte, in deutlich lesbarem Italienisch ausfüllen sollte. Ich warf blindlings Ziffern, Daten und Wortbrocken aufs Papier. In Zweifelsfällen half ich mir mit »Spaghetti alla Bolognese«.
Nach Abschluß der Meinungsforschung packte mich der Neapolitaner am Arm und zog mich auf die Straße. Wir überquerten den Tiber und gelangten zu einem einsamen Gebäude am Stadtrand, wo wir eine Unzahl von Treppen hinaufeilten und vor einem kinokassenähnlichen Verschlag haltmachten. Als der Neapolitaner versuchte, mir die Brieftasche zu ziehen, gerieten wir in ein Handgemenge – bis mir dämmerte, daß er nur die sechshundert Lire für den Ermäßigungsausweis bei mir kassieren wollte. Mit Hilfe eines internationalen Code machte ich ihm begreiflich, daß ich bereits in Tel Aviv gespendet hatte, worauf er ein Kapitel aus Dantes »Inferno« rezitierte. Ich gab ihm sechshundert Lire.
Als wir zu unserer Ausgangsbasis zurückkehrten, fand ich die beste Ehefrau von allen in einem alarmierenden Zustand: halb bewußtlos in ihren Sessel hingestreckt, aus glasigen Augen vor sich hin starrend und stoßweise atmend. Ich muß jedoch in aller Fairneß zugeben, daß

auch der Stampa-Direktor schon seit zwölf Stunden nichts gegessen hatte. Er blätterte rastlos immer neue Listen durch und forschte nach meinem Namen. Plötzlich – ich werde diesen Augenblick nie vergessen – es war wie eine Erscheinung –: plötzlich erspähte ich auf einer solchen Liste ganz oben den Namen Kishon. Ich deutete zitternd auf die betreffende Stelle und rief mit vor Aufregung versagender Stimme:
»Mio! Mio! Mio!«
Der Direktor sah mich befremdet an und überschüttete mich mit einem neuerlichen Redeschwall, den ich zwar infolge meiner unverändert dürftigen Italienischkenntnisse nicht verstand, der mir aber an Hand der zahlreichen Gesten ungefähr folgendes zu bedeuten schien:
»Ja, ja. Bene, bene. Nehmen wir an, dies sei Ihr Name. Und nehmen wir an, dies sei ein Verzeichnis der Auslandsjournalisten, die auf Fahrpreisermäßigung Anspruch haben. Was weiter? Was weiter?«
Nach einer stummen, gedankenschweren Pause ließ der Direktor wieder einen seiner »momentinos« fallen, hob den Telefonhörer ab, nahm eine lange fernmündliche Instruktion seiner offenbar vorgesetzten Stelle entgegen und begann einen Bericht in acht Exemplaren auszufertigen, den er in den langsamsten Blockbuchstaben seit Julius Cäsar auf das Papier kerbte. Sobald er mit einem Blatt fertig war, wurde es durch Sonderkurier zur staatlichen Kontrollstelle befördert. Und zwischendurch warf der Direktor so grimmige Blicke nach mir, daß ich mich allmählich fragen mußte, ob er nicht vielleicht an Stelle des Ermäßigungsantrags einen Haftbefehl ausstellte.
Irgendwann kommt der Moment, da selbst das längste

Protokoll beendet ist. So geschah es auch hier, und der Direktor zögerte nun nicht länger, sich mit dem Innenminister zu einer Konferenz auf höchster Ebene zurückzuziehen. Nur einmal steckte er kurz den Kopf durch die Türe und fragte, was wir wünschten. Die beste Ehefrau von allen war, es läßt sich nicht leugnen, einem Nervenzusammenbruch nahe und brachte nichts weiter hervor als kleine, spitze Schreie: »Quanto costa? Quanto costa?«
Jetzt schien selbst der Direktor zu merken, daß wir ein wenig ungeduldig wurden, rief nach dem Portier und beauftragte ihn, uns sofort mit italienischen Zeitungen zu versorgen. Endlich schliefen wir ein.
Als wir erwachten, sahen wir uns von der gesamten Belegschaft des Officio Stampa umringt. Alle lächelten. In der Mitte stand der Direktor und übergab mir eigenhändig die ersehnte Ausweiskarte. Zwar konnte ich den Text, weil er italienisch war, nicht lesen, aber die Freundlichkeit ringsum erwärmte unsere Herzen, und wir traten guter Dinge in die kühle Nacht hinaus...
»Ausweis? Was Ausweis?« fragte der Hotelportier in gebrochenem Deutsch. »Papier schreibt, du morgen gehen Verkehrsministerium. Transportino.«
Mehr tot als lebendig fielen wir in unsere damastenen Betten unter dem brokatenen Baldachin. Das Grand Hotel hatte nämlich in der Zwischenzeit unser kleines, spottbilliges Dreißig-Dollar-Zimmer weitervermietet, und jetzt war nur noch das ehemalige Fürstenappartement Seiner Majestät König Victor Emanuels I. frei, Tagespreis fünfundachtzig Dollar.
Nach einem friedlichen, erfrischenden Schlummer von zehn Minuten weckte mich meine Frau und beschwor

mich, in der Sache der Fahrpreisermäßigung keinen weiteren Schritt mehr zu unternehmen, auch nicht den allerkleinsten, denn selbst der allerkleinste würde uns ins Grab bringen.

»Weib«, erwiderte ich, »es geht nicht um die siebzig Prozent. Es geht um die Menschenwürde an sich...«

Mit einem lässig hingeworfenen »Transportino« begannen wir am nächsten Morgen unsere Taxi-Rundfahrt. Wir erfreuten uns bereits gewisser Beliebtheit unter den römischen Chauffeuren. Der Fahrer verstand uns auf Anhieb.

Bald darauf standen wir vor einem grandiosen Palastportal, das von zwei Hellebardieren in altmodisch pompösen Gewändern bewacht wurde. Wir traten ein, durchquerten das Vatikanische Museum, verließen es auf der anderen Seite, mieteten einen zweirädrigen Karren, sagten diesmal nicht »Transportino«, sondern »Transportatia«, und erreichten Sorrent, einen bekannten, inmitten lieblicher Wälder gelegenen Kurort. Es ließ sich nicht länger leugnen: ich war ein gebrochener Mann, in geistiger, seelischer, körperlicher und finanzieller Hinsicht. Ängstlich schielte ich zu meiner Frau hinüber. Aber da zeigte sich, was eine wahre Lebensgefährtin ist. Die beste Ehefrau von allen straffte sich, preßte die Lippen zusammen und äußerte mit unheilvoller Entschlossenheit:

»Ein Schuft, wer jetzt aufgibt. Wir werden dieses verdammte Verkehrsministerium finden, und wenn wir daran zugrunde gehen.«

Es wäre aussichtslos, den Gemütszustand beschreiben zu wollen, in dem wir uns wieder auf den Weg mach-

ten. So ähnlich muß den ersten Christen zumute gewesen sein, als sie sich ins Kolosseum zum Rendezvous mit den Löwen begaben...
Die Sonne war noch nicht untergegangen, als wir vor dem Verkehrsministerium standen. Wie wir es gefunden hatten? Zeit und Raum reichen nicht aus, diese schier unglaubliche Geschichte zu erzählen, in der ein geduldiger Autobusschaffner, ein südafrikanischer Pilot und ein gutherziger Kellner, dessen Onkel in Ferrara glücklicherweise etwas Englisch verstand, die tragenden Rollen spielten.
Im Verkehrsministerium empfing man uns mit Widerwillen, gemildert durch Überraschung. Vermutlich war ich der erste Auslandsjournalist, der sich bis zu dieser letzten Etappe durchgeschlagen hatte.
Mit neuer Kraft nahmen wir den Angriff auf. Man hetzte uns durch sämtliche Stadien der amtlichen Klaviatur, vom piano superiore über das andante contabile bis zum allegro moderato. In der ausdrucksreichen Gebärdensprache, die wir uns mittlerweile angeeignet hatten, machten wir unser Anliegen allgemein verständlich: Wir – sch-sch-sch-sch – Eisenbahnzug – (zusätzlicher Pfiff) – giornalisti – sch-sch-sch – riduzione 70 Prozent (zusätzliche Niederschrift).
Neue Berichterstattungsformulare wurden ausgefüllt und verschickt. Konferenzen wurden einberufen. Die Telegrafendrähte summten.
In der Dunkelheit verließen wir das segensreiche Gebäude. Meine linke Brusttasche barg ein in rotes Maroquinleder gebundenes Dokument, das mit meinem Lichtbild geschmückt war: Ferrovie dello Stato... a tariffo ridutto del 70 Prozent...

Stumm schritten wir unter den glitzernden Sternen dahin. Tränen der Freude und der Erlösung rannen über unsere eingefallenen Wangen. Noch nie im Leben hatten wir ein so prachtvolles Papier unser eigen genannt. Daß wir es jetzt gar nicht mehr brauchten, fiel demgegenüber kaum ins Gewicht. Hatten wir doch schon halb Italien bereist, zu vollen Preisen, wie es von vornherein die Absicht der listenreichen italienischen Regierung gewesen war ...

ÜBER DIE ZUVERLÄSSIGKEIT DER SCHWEIZER

Höflichkeit, Tüchtigkeit, Pünktlichkeit.
In der Schweiz muß man pünktlich sein, denn auch die Schweizer sind es. Pünktlich wie die Uhrzeiger. Alle öffentlichen Plätze, ob unter freiem Himmel oder gedeckt, strotzen von öffentlichen Uhren, und noch im kleinsten Bäckerladen gibt es mindestens zwei.
Dem aus Asien kommenden Besucher fällt es nicht immer leicht, das Vertrauen, das die Schweiz in seine Pünktlichkeit setzt, zu rechtfertigen.
Zum Beispiel hatte ich mich für Dienstag abend mit einem Theaterdirektor verabredet, pünktlich um 22 Uhr 15, nach der Vorstellung. Am frühen Abend kam ich in mein Hotel, und da ich die beste Ehefrau von allen bei Freunden abgegeben hatte, blieb mir noch genügend Zeit für ein gesundes Schläfchen. Ich ließ mich mit dem Empfang verbinden und bat, um 21 Uhr 45 geweckt zu werden, denn ich wollte zu dem für mich sehr wichtigen Rendezvous auf die Minute pünktlich erscheinen.
»Gern«, sagte der Empfang. »Angenehme Ruhe.«
Im sicheren Bewußtsein, daß die berühmte Zuverlässigkeit der Schweiz für mich Wache hielt, fiel ich in tiefen, kräftigenden Schlummer. Mir träumte, ich wäre ein original schweizerischer Pudel, umhegt und gepflegt und in Luxus gebettet. Als das Telefon läutete, sprang ich erquickt aus dem Bett und griff mit nerviger Hand nach dem Hörer:
»Danke schön«, sagte ich. »Ist es jetzt genau 21.45?«
»Es ist 19.30«, sagte der Empfang. »Ich wollte nur Ihren Auftrag bestätigen, mein Herr. Sie wünschen um 21.45 geweckt zu werden?«

»Ja«, sagte ich.
Mit Hilfe des bewährten Lämmerzähl-Tricks schlief ich bald wieder ein, schon beim dreißigsten Lamm. Aber zum Träumen reichte es diesmal nicht. Bleierne Schwere hatte mich befallen, und ich fand mich nicht sogleich zurecht, als das Telefon ging.
»Danke«, stotterte ich verwirrt in die Muschel. »Ich bin schon wach.«
»Schlafen Sie ruhig weiter«, sagte der Empfang. »Es ist erst 20 Uhr. Aber ich werde in einer halben Stunde abgelöst und wollte mit der Weitergabe Ihrer Order ganz sichergehen. Mein Nachfolger soll Sie um 21.45 wecken, nicht wahr?«
Mühsam brachte ich ein »Ja« hervor und versuchte aufs neue einzuschlafen. Nach dem sechshundertsten Lamm lag ich noch immer wach. Ich begann Böcke zu zählen. Ich ließ sie über Zäune springen und wieder zurück. Das erschöpfte mich so sehr, daß ich einschlief. Wie lange ich geschlafen hatte, weiß ich nicht. Ich weiß nur, daß ich vom schrillsten Telefonsignal geweckt wurde, das es je auf Erden gab. Mit einem Satz war ich beim Apparat:
»Schon gut – schon gut – danke.« Dabei warf ich einen Blick nach der Uhr. Sie zeigte auf 20.30.
»Entschuldigung«, sagte mit neuer Stimme der Empfang. »Ich habe soeben die Weckliste übernommen und sah Ihren Namen für 21.45 vorgemerkt. Ist das richtig?«
»Das ... ja ... es ist richtig. Danke vielmals.«
»Entschuldigen Sie.«
»Bitte.«
Diesmal blieb ich auf dem Bett sitzen und starrte aus

glasigen Augen vor mich hin. Wann immer ich einzunicken drohte, riß ich mich hoch. Manchmal schien es mir, als hätte das Telefon geklingelt, aber das waren nur Halluzinationen, wie sie bei plötzlichen Herzanfällen manchmal auftreten.
Um 21 Uhr 35 hielt ich es nicht länger aus, ließ mich mit dem Empfang verbinden und fragte den neuen Mann, ob alles in Ordnung sei.
»Gut, daß Sie anrufen«, sagte er. »Ich war eben dabei, nochmals zu kontrollieren, ob es unverändert bei 21.45 bleibt.«
»Unverändert«, antwortete ich und blieb zur Sicherheit am Telefon stehen.
Pünktlich um 21.45 kam das Signal. Ich seufzte erleichtert auf.
An die weiteren Vorgänge kann ich mich nicht erinnern. Als ich am nächsten Morgen erwachte, lag ich noch immer neben dem Telefontischchen auf dem Teppich, die Hand um den Hörer gekrampft. Der Theaterdirektor, den ich sofort anrief, war wütend, gab mir dann aber doch ein neues Rendezvous, pünktlich um 22 Uhr 15, nach der Vorstellung. Um nur ja kein Risiko einzugehen, verlangte ich ein Ferngespräch mit Tel Aviv und gab dem bekannt zuverlässigen Weckdienst der dortigen Telefonzentrale den Auftrag, mich um 21 Uhr 45 MEZ in Zürich zu wecken. Der Weckdienst rief mich auch wirklich keine Sekunde vor 21.45 an. Übrigens auch um 21.45 nicht. Er hat mich überhaupt nie angerufen.

La Belle et la Bête

Sollte der geneigte Leser erwarten, daß ich mich jetzt endlich dem Kapitel »Die Pariserin« zuwenden würde, dann steht ihm eine herbe Enttäuschung bevor. Mein Kontakt mit der Pariser Weiblichkeit blieb auf eine einmalige, flüchtige Begegnung beschränkt; es war eine sympathische, schon etwas ältliche Dame, die mich auf dem Boulevard St.-Michel fragte:
»Guten Abend, Monsieur, wohin gehen Sie?«
Ihr diskreter Tonfall und ihr solides Äußeres ermutigten mich zu der Auskunft:
»Ich habe eine Verabredung mit meinem Freund Nachum Gottlieb.«
Damit sprach ich, wie immer, die lautere Wahrheit. Ich überlegte sogar, ob ich ihm meine neue Zufallsbekanntschaft nicht mitbringen sollte. Aber sie zeigte kein Interesse daran und setzte ihren Abendspaziergang fort. Mit Nachum war ich von Israel her befreundet. Ich kannte ihn als einen gutherzigen, durchschnittlichen, ordentlichen Menschen – so richtig das, was man einen netten Jungen nennt. Unsere staatliche Schiffahrtsgesellschaft hatte ihn als Rechtsberater in ihre Pariser Niederlassung geschickt, und nun lebte er schon seit sechs Jahren in der Lichterstadt. Er hatte hier sogar geheiratet, eine hübsche, großäugige, junge Französin, vielleicht um eine Kleinigkeit zu mager, insgesamt jedoch eine echte Repräsentantin jenes unvergleichlichen, filigranen Frauentyps, den man eben nur in Paris findet, charmant, elegant und mit Bleistiftabsätzen an den zarten Schuhen, die nur ganz knapp die zarten Sohlen ihrer zarten Füßchen bedeckten. Sie hieß Claire.

Nachum erwartete mich bereits vor seinem Büro. Wir wanderten zunächst ein wenig den Boulevard entlang, und als es kühler wurde, zogen wir uns in ein Café zurück.
Ich fragte Nachum, wie es seiner Frau ginge.
Zu meiner Überraschung antwortete er nicht, sondern senkte den Kopf und zog seine Rockaufschläge über der Brust zusammen, als ob ihn fröstelte. Ich wiederholte meine Frage.
Langsam, mit einem waidwunden Blick, hob Nachum den Kopf und sagte kaum hörbar:
»Sie spricht nicht mit mir...«
Es dauerte lange, ehe seine schwere Zunge sich zu lösen begann. Ich lasse seine Geschichte, die vom ewigen Thema der grundlosen Eifersucht handelt, in einer verkürzten Fassung folgen. Sie könnte den gleichen Titel tragen wie Jean Cocteaus berühmter Film »La Belle et la Bête.«
»Du bist der erste Mensch, mit dem ich über mein tragisches Familienleben spreche«, begann Nachum. »Und selbst dazu kann ich mich nur überwinden, weil du bald wieder wegfährst. Ich bin vollkommen ratlos. Ich bin am Ende. Ich kann ohne Claire nicht leben. Sie ist für mich die Luft, die ich zum Atmen brauche... Ich weiß, was du jetzt sagen willst. Sag's nicht, obwohl du recht hast. Natürlich hätte ich besser auf sie achtgeben müssen. Ich hab's ja auch versucht. Aber gerade das war das Unglück. Ich habe etwas getan, was ich nie hätte tun dürfen. Und daß ich es nur aus Liebe zu ihr getan habe, hilft mir nicht. Sie wird mir nie verzeihen...«
Ich konnte aus seinem Gestammel nicht recht klug werden und klopfte ihm aufmunternd auf die Schulter:

»Na, na, na. Erzähl hübsch der Reihe nach. Die ganze Geschichte. Ich verspreche dir, daß ich sie in meinem Reisebuch nicht veröffentlichen werde.«
»Es fällt mir so fürchterlich schwer«, seufzte Nachum.
»Weil das Ganze so fürchterlich dumm ist. Es begann mit einem anonymen Brief, den ich vor ein paar Monaten zugeschickt bekam. Ein ›aufrichtiger Freund‹ teilte mir mit, daß meine Frau mich mit dem Friseur von vis-à-vis betrog. Und du weißt ja, wie so etwas weitergeht. Zuerst glaubt man kein Wort – will sich mit einer so schmierigen Denunziation gar nicht abgeben –, dann merkt man, daß doch etwas hängengeblieben ist – und dann beginnt das Gift zu wirken...«
»So ist die menschliche Natur«, bestätigte ich. »Man glaubt einem dummen Tratsch viel eher als den eigenen Augen.«
»Richtig. Ganz richtig. Genauso war es. Aber ich begnügte mich nicht damit, meiner Frau insgeheim zu mißtrauen. Ich beschloß, sie auf die Probe zu stellen. Ich Idiot.«
»Wie hast du das gemacht?«
»Ich erzählte ihr, daß ich für drei Tage geschäftlich nach Marseille verreisen müßte, verabschiedete mich herzlich wie immer und verließ mit dem Koffer in der Hand die Wohnung. Diesen kindischen Trick hielt ich für besonders raffiniert. Dann stellte ich den Koffer in einem nahe gelegenen Bistro ab, verbrachte die Zeit bis Mitternacht im Kino – ging nach Hause – schloß leise die Wohnungstür auf – ich weiß bis heute nicht, was da in mich gefahren war – schlich auf Zehenspitzen ins Schlafzimmer – knipste das Licht an – und – und –«

»Und deine Frau lag friedlich im Bett und schlief.«
»So wie du sagst. Sie lag friedlich im Bett und schlief. Auch sonst war alles auf dem üblichen Platz. Nur auf dem Nachttisch sah ich ein halb leergetrunkenes Glas Orangensaft mit zwei Strohhalmen stehen. Das war der einzige Unterschied. Sie müssen zusammen aus einem Glas getrunken haben.«
»Wer sie?«
»Meine Frau und der Friseur. Nämlich – damit du die Situation richtig beurteilst – auch der Friseur lag friedlich im Bett und schlief. Er hatte sogar einen meiner Pyjamas an.«
»Ich – hm – wie bitte? Ich verstehe nicht.«
»Na ja. Auch ich stand zuerst ein wenig verständnislos da. Dann erwachten die beiden, ungefähr gleichzeitig, und blinzelten ins Licht. Claire setzte sich halb auf, maß mich von Kopf bis Fuß mit einem verächtlichen Blick, und in ihrer Stimme lag ein kaum verhohlener Abscheu: ›Aha!‹ rief sie. ›Du spionierst mir nach! Du erzählst mir Märchen aus Tausendundeiner Nacht, von Schiffen, von Marseille, was weiß ich, du spielst mir ein Theater vor mit Abschiednehmen und Koffern, du gebärdest dich wie ein Mustergatte – und heckst dabei einen teuflischen Plan nach dem andern gegen mich aus! Ein feines Benehmen, wirklich! Aber ganz wie du willst, Nachum. Wenn das nach deinem Geschmack ist – bitte sehr.‹ Das waren Claires Worte. Jedes von ihnen traf mich wie ein Keulenschlag. Noch dazu in Gegenwart eines Fremden.«
»Was... was hat denn der Friseur währenddessen gemacht?«
»Eigentlich nichts. Er verhielt sich ruhig. Erst als meine

Frau ihn fragte: ›Nun sage mir, Michel, ob es sich lohnt, einem solchen Menschen treu zu sein?‹ – erst da stützte er sich auf seinen Ellenbogen, schüttelte den Kopf und antwortete: ›Wenn ich ehrlich sein soll, dann muß ich sagen, nein, es lohnt sich nicht!‹ Du siehst: auch er fühlte sich von mir abgestoßen. Auch er unterlag dem Augenschein, der ja wirklich gegen mich sprach. Ich wollte Claire beruhigen, aber sie war außer sich vor Zorn: ›Es ist einfach skandalös, Nachum!‹ rief sie mit bebenden Lippen. ›Irgend jemand trägt dir einen idiotischen Tratsch über mich zu, und du glaubst sofort alles! Schnüffelst mir nach wie der Hund von Baskerville um Mitternacht! Du solltest dich schämen!‹ Damit drehte sie sich zur Wand, ohne meine Antwort abzuwarten.«

»Und der Friseur unternahm noch immer nichts?«

»Doch. Er stieg aus dem Bett und sagte: ›Pardon, Madame, aber solche Auseinandersetzungen sind nichts für mich. Ich gehe.‹ Er holte meine Hausschuhe unter dem Bett hervor, schlurfte ins Badezimmer und begann sich zu duschen, man hörte es ganz deutlich. Ich war mit meiner Frau allein, versuchte ihr zu erklären, daß meine unsaubere Phantasie mir einen Streich gespielt hätte – vergebens. Sie warf mir einen Blick zu, daß ich vor Scham am liebsten in die Erde versunken wäre. Kannst du dir meine Situation vorstellen? Eigentlich war ich doch darauf aus gewesen, alles in bester Ordnung zu finden, wenn ich nach Hause käme! Ich hatte niemals ernsthaft geglaubt, daß es anders sein könnte! Und dann... Nur dieser elende anonyme Brief ist daran schuld. Er hatte mich um meinen gesunden Menschenverstand gebracht. Und Claire warf mir das ganz mit

Recht vor. ›Deine Dummheit und deine Bösartigkeit entbinden mich aller Verpflichtungen‹, sagte sie mit eiskalter Stimme. ›Man kann von keiner Frau verlangen, einem Bluthund treu zu sein.‹ Und sie brach in Tränen aus. Sie schluchzte herzzerreißend. Ich war für sie nicht mehr vorhanden. Und ich kann doch nicht leben ohne sie. Sie ist für mich die Luft, die ich zum Atmen brauche...«
»Und der Friseur?«
»Er war mittlerweile aus dem Badezimmer herausgekommen, fix und fertig angekleidet, und verabschiedete sich von Claire mit einem Handkuß. Mich würdigte er keines Blicks. So ist das Leben. Wer auf dem Boden liegt, bekommt auch noch Tritte...«
Nachum seufzte verzweifelt auf, barg sein Gesicht in den Händen und schloß:
»Claire will mit mir nichts mehr zu tun haben. Sie spricht nicht mit mir. Dieser kleine Fauxpas, den ich mir zuschulden kommen ließ, ist für sie Grund genug, um sich von mir abzuwenden. Da kann ich ihr hundertmal schwören, daß nur meine Liebe zu ihr mich auf den Irrsinnspfad der Eifersucht getrieben hat – sie hört mir nicht einmal zu. Was soll ich machen, was soll ich machen...«
Eine Weile verging schweigend. Endlich, nur um meinen vollkommen zusammengebrochenen Freund zu trösten, sagte ich:
»Es ist noch nicht aller Tage Abend. Kommt Zeit, kommt Rat. Morgenstund hat Gold im Mund. Eines Tages wird Claire dir verzeihen.«
Über Nachums gramzerfurchtes Gesicht ging ein leiser Hoffnungsschimmer:

»Glaubst du wirklich?«
»Ich bin ganz sicher. Und wenn du nächstens einen anonymen Brief bekommst, zerreiß ihn und wirf ihn weg.«

Ein Überfall auf die Bank von England

Wofür interessiert sich der Engländer wirklich? Woran erfreut er sich in seinem Heim? Was entzückt ihn? Ist es der vorbildlich gepflegte Rasen? Die glorreiche britische Flotte? Die Magna Charta? Shakespeare? Die Beatles?

Das alles erfüllt ihn mit Stolz, gewiß. Aber was ihn wirklich begeistert, ist die Kriminalstatistik.

Die Diät des durchschnittlichen Engländers besteht in der Konsumation eines Thrillers pro Tag. Wenn er damit fertig ist, dreht er die Augen himmelwärts und beklagt das ständige Anwachsen der Kriminalität auf seiner geliebten Insel. Und in der Tat: es hat den Anschein, als wäre England das bevorzugte Aktionsgebiet aller Meisterverbrecher der Geschichte.

»Die Liste der bei uns verübten Sexualdelikte ist größer als die von ganz Westeuropa zusammen«, äußerte verträumten Blicks mein britischer Gewährsmann. »Nehmen Sie Jack the Ripper. Wo gibt es seinesgleichen noch? Oder Mr. Crippen, der nicht weniger als neun Frauen mit eigener Hand erwürgt und die Leichen im Keller seines Hauses in einem Schwefelsäurepräparat aufgelöst hat! Ist das nicht phantastisch? Oder denken Sie an diesen unheimlichen Irren, der den Sheffield-Expreß zum Entgleisen brachte. Oder an den gewaltigen, noch immer nicht völlig aufgeklärten Postraub vor zehn Jahren... Übrigens erhalten die bedeutendsten Taschendiebe der Welt ihre Ausbildung in Soho, und die Londoner East Side beherbergt unvergleichliche Safe-Knacker. Ganz zu schweigen von den Juwelendieben, die damals den zwei Meilen langen Tunnel gelegt haben,

um an den Kronschatz im Tower heranzukommen...
Lauter geniale Burschen, auf ihre Art...«
Ohne diesen durchaus begreiflichen Nationalstolz – dem man auch die kleine, harmlose Prahlsucht nicht übelnehmen kann – hätten es die Engländer wohl nie zur Meisterschaft in einem ganz bestimmten Kunstzweig gebracht: wir meinen die Kriminalfilme, in denen etliche liebenswerte Gentlemen dicht unter den Augen einer unfähigen Polizei die tollsten Verbrechen begehen und Erfolg damit haben. Erst ganz am Ende, im allerletzten Augenblick, gewissermaßen mit dem Schlußpfiff des Schiedsrichters, kommen Gesetz und Moral doch noch zu ihrem Recht, etwa indem die Schurken an einer Wegbiegung ihre Beute verlieren, die dann zufällig von der Polizei gefunden wird. Aber unsere Sympathie gehört den ehrenwerten Mitgliedern der britischen Unterwelt, die vor unseren Augen einen alten Menschheitstraum verwirklichen: das perfekte Verbrechen...
Zum Dank und zum Zeichen unserer Wertschätzung präsentieren wir im folgenden einen szenischen Entwurf für den Film »Der Überfall auf die Bank von England«, mitten im Zentrum Londons, vor den Augen der Passanten und mit tatkräftiger Hilfe der Polizei. Achtung, Aufnahme!

Zeit: 0.30 Uhr. Eine halbe Stunde nach Mitternacht.
Alles ist bereit.
Die drei vom »Royal Arms Club« zur Verfügung gestellten Experten – Major Forsythe, Spezialist für Dynamitsprengungen, Oberst i. R. James F. Foggybottom, ehemaliger Kommandant der 6. Fallschirmspringer-Division, und Albert Sheffield, ein hoher Beamter

im Finanzministerium – haben vor dem versperrten Eingangstor der Nationalbank Posten bezogen. Sie tragen schwarze Masken und verfügen über alle Werkzeuge, die zur klaglosen Durchführung der Aktion vonnöten sind. Im gleißenden Licht der von mehreren Stellen auf das Eingangstor gerichteten Jupiterlampen erkennt man deutlich die schweren Stahlplatten. Major Forsythe ist mit dem fachgemäßen Anbringen einer Dynamitladung beschäftigt, während Peter Sellers seine ganze Popularität einsetzt, um die neugierig herandrängenden Zuschauer wegzuscheuchen:
»Bitte weitergehen, Ladies und Gentlemen! Nicht so nahe! Wir können sonst nicht arbeiten!«
Das nützt natürlich nichts. Die Leute lassen sich nicht vertreiben.
»Was ist denn los?« fragen sie. »Was geschieht hier?«
»Ein Raubüberfall auf die Bank von England«, erklärt Sellers. »Das perfekte Verbrechen.«
»Aha... interessant...«
Auf einem Faltstuhl gegenüber dem grell angeleuchteten Portal sitzt Sir Alec Guinness, auf dem Kopf die Kappe mit dem großen Lichtschirm, in der Hand den Einstellungs-Sucher. Daneben, auf eindrucksvoll hochgeschraubtem Gestell, die Kamera. Sir Alec erteilt den Mitwirkenden die letzten Anweisungen:
»Seid ihr soweit?« ruft er. »Also. Wenn das Tor gesprengt ist, dringt ihr sofort ein. Ich möchte weder Zeit noch Material für eine zweite Aufnahme verschwenden! Ist ein Polizist in der Nähe?«
»Jawohl, Sir!« Das wachthabende Sicherheitsorgan meldet sich. »Hier bin ich, Sir!«

»Bitte sorgen Sie dafür, daß wir nicht gestört werden.
– Alles fertig? Klappe!«
Während der Polizist die Neugierigen abdrängt, hält Peter Sellers eine schwarze Tafel vor die Kamera; sie trägt folgenden mit Kreide geschriebenen Text:

Der große Bankraub. Außen, Nacht, Einstellung 7.
Schuß 1.

Die am untern Ende der Tafel angebrachte Holzklappe wird zugeschlagen. Mit angehaltenem Atem beobachtet die Menge, wie Major Forsythe die Zündschnur in Brand steckt. Surrend schwenkt die Kamera hinter der immer schneller an der Schnur entlangzüngelnden Flamme her. Plötzlich eine furchtbare Explosion. Das stählerne Tor der Bank von England biegt sich, springt aus den Angeln und fällt dröhnend aufs Straßenpflaster. Aus den dicken Rauchschwaden wankt wie betäubt eine Männergestalt hervor, die Augen schreckhaft geweitet: »Hilfe!« schreit der Nachtwächter der Bank von England. »Räuber! Polizei! Überfall! Hilfe!«
»Sehr gut!« ruft ihm Sir Alec aufmunternd zu. »Bitte noch etwas lauter! Mehr Panik in der Stimme! Ausgezeichnet!« Jetzt springt Oberst i. R. Foggybottom auf den Nachtwächter los, um ihn mit einem wohlgezielten Hieb k. o. zu schlagen. Der Nachtwächter taumelt, geht in die Knie, rollt ein paar Meter seitwärts und zeigt an den weiteren Vorgängen kein Interesse.
»Schnitt!« Sir Alec macht eine abschließende Handbewegung. »Gut bei mir! Kopieren.«
Die Menge entspannt sich. Einige zittern vor Nervosität. Man wohnt ja nicht jeden Tag einer so aufregenden

Filmaufnahme auf offener nächtlicher Straße bei. Aber auch kritische Stimmen werden hörbar.
»Der Nachtwächter war nicht sehr überzeugend... er ist falsch erschrocken... ich habe den Dialog nicht verstanden... Unsinn, der Dialog wird erst später im Atelier aufgenommen... stimmt, hier ist zuviel Lärm...«
Jetzt fährt Peter Sellers wieder dazwischen:
»Bitte um Ruhe! Und bitte nicht so weit nach vorn drängen! Wir müssen mit dem Raubüberfall fertig werden, solange es noch dunkel ist!«
In den Fenstern der umliegenden Häuser werden verschlafene Gestalten sichtbar:
»Schon wieder eine Filmaufnahme«, murmeln sie mißmutig. »Filme und nichts als Filme. Warum machen sie das nicht in ihren Ateliers...«
»Davon verstehen Sie nichts!« hält ihnen ein Eingeweihter entgegen. »Es würde viel zuviel Geld kosten, im Atelier die Bank von England aufzubauen...«
Ein Zuschauer spricht sich dafür aus, die Szene, in der der Nachtwächter niedergeschlagen wird, zu streichen; die Zensur würde so etwas nie durchlassen.
Ein andrer fragt, ob das schon die endgültige Fassung sei. »Wir machen während der Aufnahme kleine Änderungen«, antwortet Peter Sellers.
Wieder andere versuchen zu erraten, welche Schauspieler sich hinter den schwarzen Gesichtsmasken verbergen.
Der wachthabende Polizist erkundigt sich, welche Gesellschaft den Film dreht.
»Unsre eigene.«
»Und wer finanziert die Produktion?«
»Die Regierung.«

Ob die Szenen genau in der Reihenfolge gedreht werden, fragt ein Laie.
Peter beruhigt ihn. Gerade jetzt sei man im Innern des Gebäudes mit der nächsten Sequenz beschäftigt.
»Ruhe!« unterbricht Sir Alec. »Ich möchte die Alarmglocke von drinnen klar aufs Tonband bekommen! Fahren wir!«
Die Kamera fährt dicht an die gesprengte Mauer heran. Major Forsythe kriecht durch das Loch. Im nächsten Augenblick schrillt die Alarmglocke.
»Schnitt!« brüllt Sir Alec – und schon schneidet der Major die elektrischen Drähte durch. Das Alarmsignal verstummt. Einige Umstehende bemerken tadelnd, daß es sich hier um eine plumpe Nachahmung amerikanischer Gangsterfilme handelt.
Zwei Überfallwagen der Polizei erscheinen auf der Bildfläche und bringen wieder ein wenig Disziplin in die unruhig gewordene Menge. Sie überprüfen die Apparaturen, klettern zu den Jupiterlampen hinaus, stellen dumme Fragen, stören die Arbeit und werden noch auf andre Weise lästig:
»Könnten wir nicht irgendwie ins Bild kommen? Nur für einen einzigen Schuß? In der Totale? Na? Seid nett!«
Sir Alec wählt fünf von den Gesetzeshütern aus und läßt sie das Gebäude betreten, wo gerade die letzte Aufnahme gedreht wird.
Die freiwilligen Helfer strahlen vor Glück, sind begeistert, daß sie das schwere Stahlsafe heraustragen dürfen, und kommen bei dieser Gelegenheit vom Profil ins Bild. Dann legen sie das Safe auf die Seite. Diese Aufnahme wird mehrmals wiederholt, so daß Major Forsythe von allen Seiten Löcher in den Stahl drillen kann, wobei er

unter dem grellen Jupiterlicht in Schweiß gerät und erbärmlich flucht.
Endlich, gegen vier Uhr morgens, kommt die letzte Einstellung dran:

Abtransport der Beute, außen, Nacht.
Einstellung 18. Schuß 1.

Achtzig Millionen Pfund werden in Tausenderbündeln in große graue Säcke gestopft. Kameras und Jupiterlampen werden abmontiert und zusammen mit den Geldsäcken auf ein bereitstehendes Lastauto verladen, das unter den Hochrufen der Zuschauer davonfährt.
»Bye-bye!« ruft der Kommandant des Überfallkommandos hinterher. »Und vergeßt nicht, uns Karten zur Premiere zu schicken! Bye-bye!«
Die Bemannung des Lasters winkt fröhlich zurück und verschwindet mit ihrer Beute im Dunkel der Nacht.
An der nächsten Straßenkreuzung erfolgt ein Zusammenstoß mit einem um die Ecke biegenden Sportwagen, dessen Fahrer zusammensackt und leblos über dem Lenkrad liegenbleibt.
»Hölle und Teufel«, preßt Sir Alec zwischen den Zähnen hervor. »Wir haben den britischen Filmzensor getötet.«
Alle stehen erschüttert, einige haben Tränen in den Augen. Bei den letzten 270 Raubüberfällen auf die Bank von England hat sich der Zensor immer als loyaler Freund erwiesen. Sir Alec seufzt auf und verständigt sich durch stumme Blicke mit den anderen. Wortlos beginnen sie die Säcke mit den gestohlenen Banknoten in den Wagen des Zensors zu verladen...

Abblenden

Theater mit Oswald

Auch im Londoner Straßenverkehr tritt der Humor in seine Rechte. Zum Beispiel wird in England nicht – wie überall sonst in der Welt – rechts gefahren, sondern links. An dieser ungewöhnlichen Verkehrsordnung halten die Engländer mit der gleichen traditionsgebundenen Hartnäckigkeit fest wie an ihren (auch nicht mehr ganz zeitgemäßen) Gewichts- und Münzeinheiten.

Ferner gibt es in jeder Stadt mindestens fünfundzwanzig Straßen mit demselben Namen. Ein Blick auf den Stadtplan läßt erkennen, daß die gleichlautenden Namen nach den Ergebnissen eines Würfelspiels über das Straßennetz verteilt wurden, wohin sie gerade fielen.

Häuser werden in England nicht mit abwechselnd geraden und ungeraden Ziffern numeriert. Man verwendet das Bumerang-System. Man beginnt auf der einen Straßenseite mit der fortlaufenden Numerierung der Häuser, und wenn es keine Häuser gibt, läßt man die Nummern wieder zurücklaufen, so lange, bis sie auf einen Ausländer treffen und ihn niederstrecken. Witzbolde behaupten, daß manche Straßen in London anfangen und in Liverpool aufhören.

Die Frage liegt nahe, wie sich die Engländer unter solchen Umständen in ihren Städten zurechtfinden.

Die Antwort lautet: Sie finden sich nicht zurecht. Sie selbst kommen aus dem Staunen nicht heraus, halten sich aber auf dieses Staunen soviel zugute, daß sie es um keinen Preis missen möchten. Auch scheint es für sie von unerhörtem Reiz zu sein, einander zu erklären, wo sie wohnen und wie man zu ihrer Wohnung gelangt.

»Die Straße heißt St. John's Wood Court Road. Aber das Haus, in dem wir wohnen, heißt St. John's Wood Court House und liegt ganz anderswo, nämlich knapp vor der Kreuzung von St. John's Court Street und St. John's Road Wood. Können Sie mir folgen?«
»Nein.«
»Wissen Sie, wo Tottenham Court Road liegt?«
»Ja.«
»Ausgezeichnet. Dort nehmen Sie ein Taxi und geben dem Fahrer die Adresse.«
Glücklicherweise wohnten wir nicht im Zentrum Londons, sondern in einem »Swiss Cottage« genannten Stadtteil, dessen gleichnamige Untergrundbahnstation uns als sicheres Erkennungszeichen diente. Wir waren endlich dem Würgegriff der Hoteliers entgangen und hatten uns in einer Privatwohnung eingemietet. Ihre Inhaberin hieß Mrs. Mrozinsky und war, wie schon aus ihrem Namen hervorging, die einzige Witwe des verewigten Mr. Mrozinsky, eines typisch englischen Gentlemans von polnischem Geblüt. Er hatte ihr ein kleines Häuschen hinterlassen, dessen entbehrliche Zimmer an farbige Touristen zu vermieten waren (und da wir aus Israel kamen, wurden wir vom Zimmervermittlungsdienst in diese Kategorie eingestuft). Der Rest der Verlassenschaft bestand in einem hellhaarigen Hund namens Oswald, einer undefinierbaren Promenadenmischung, die aber von Mrs. Mrozinsky kaltblütig als hochgezüchteter Spaniel vorgestellt wurde. Sei dem wie immer – Mrs. Mrozinsky, die seit dem Beginn des Zweiten Weltkriegs in England lebte, hatte sich dort schon so vollkommen akklimatisiert, daß sie auch die traditionelle Zuneigung des Engländers zu seinen vier-

beinigen Freunden teilte. Sie sprach von Oswald viel öfter und liebevoller als von ihrem dahingeschiedenen Gatten, und sie hätte das geliebte Tier nicht eine Minute lang allein lassen mögen. Einmal aber geschah das doch.

An jenem schicksalsschweren Nachmittag klopfte Mrs. Mrozinsky an unsere Zimmertür und teilte uns mit, daß ihre Schwester plötzlich erkrankt sei, in Nottingham im Spital liege und dringend ihren Besuch erwarte, heute noch, sofort.
Uns ahnte Böses.
»Sollten Sie nicht besser erst morgen fahren, Mrs. Mrozinsky?« fragte ich besorgt. »Nächtliche Reisen sind unbequem.«
»Ich dachte, daß Sie mir den kleinen Gefallen tun...«
»Man wird Sie bei Nacht gar nicht in das Spital hineinlassen...«
»... und auf Oswald achtgeben könnten...«
»... weil der Patient schlafen muß...«
»... nur bis morgen mittag...«
»Warum telefonieren Sie nicht nach Nottingham?«
»Ich danke Ihnen.«
Und ohne den einigermaßen wirren Dialog fortzusetzen, brachte sie uns den fröhlich wedelnden Oswald ins Zimmer.
»Sie brauchen ihn nicht öfter als einmal am Tag auf die Gasse zu führen«, rief sie uns im Abgehen zu.
»Lassen Sie ihn ruhig an der Tür kratzen.«
»In England darf man Hunde in den Zug mitnehmen«, rief ich ihr nach. Aber die Wände blieben stumm.
Das alles wäre nie geschehen, wenn unsere Beziehungen zu Mrs. Mrozinsky nicht gar so freundlich gewesen

wären. Die alte Dame hatte sich eng an uns angeschlossen, hatte uns von den Schrecken des Blitzkriegs und des Bombardements erzählt, von den ständig wachsenden Lebenskosten in England und von vielen anderen persönlichen Problemen. Jetzt rächte sich unsere Geduld. Nicht als ob wir etwas gegen Hunde gehabt hätten. Wir lieben Hunde. Besonders meine Frau liebt sie sehr. Je weiter so ein Hund entfernt ist, desto mehr liebt sie ihn. Auf Reisen allerdings liebt sie ihn nicht einmal dann. Und folglich war das Gespräch, das nach Mrs. Mrozinskys Abgang zwischen uns stattfand, nicht besonders liebevoll.
»Warum, um Himmels willen, hast du dich breitschlagen lassen?« fragte meine Frau.
»Na wenn schon«, antwortete ich. »Dann werden wir den Hund eben ins Theater mitnehmen.«
Das war alles.
Mit der größten Selbstverständlichkeit hüpfte Oswald in unseren gemieteten Mini-Minor, als wir am Abend ins Ambassador-Theater aufbrachen, wo die »Mausefalle« immer noch ausverkaufte Häuser machte. Oswald nahm den Rücksitz und heulte. Er hörte nicht auf zu heulen. Er heulte wie ein kleines Kind. Ich habe noch nie einen erwachsenen Hund getroffen, dessen Heulen dem Heulen eines kleinen Kindes so ähnlich war. Und so ausdauernd. Schön und gut, sein Frauchen war zu ihrer Schwester nach Nottingham gefahren. Aber schließlich hatte sie ihn nicht auf der Straße ausgesetzt, wie? Er saß ja in einem weichen Rücksitz eines beinahe neuen, gutgepolsterten englischen Wagens, nicht wahr? Was gab es da zu heulen?
»Das ist kein Hund«, stellte die beste Ehefrau von al-

len sachlich fest. »Das ist ein getarnter Schakal. Gott steh uns bei!«
Ich parkte den Wagen in einer nahen Seitengasse (mit Mietwagen hat man keine solche Angst vor Strafzetteln). Das Rückzugsgefecht gegen den stürmisch nachdrängenden Oswald war kurz und heftig. Es endete mit seiner Niederlage. Lange sah er uns nach, die Schnauze ans Fenster gepreßt, die Augen voller Tränen. Und er hörte nicht auf zu heulen ...
Der Mörder bewegte sich noch vollkommen frei auf der Bühne, als unser schlechtes Gewissen uns aus dem Theater trieb, zurück zu dem Hund, den wir lebendig begraben hatten. Wir fanden Oswald in schlechter Verfassung. In den zwei Stunden pausenlosen Heulens und Bellens war er heiser geworden und konnte nur noch jaulen. Dafür sprang er, wie wir schon von weitem sahen, unermüdlich im Innern des Wagens hin und her, von einem Fenster zum andern, und zwischendurch aufs Lenkrad, wo er die elektrische Hupe betätigte.
Eine Menge Fußgänger stand um den Wagen herum. Eine feindselige Masse. Ihr Urteil war einmütig, und es war ein Urteil der Verdammnis.
»Wenn ich den Kerl erwische...«, äußerte ein athletisch gebauter junger Mann, unter dessen bloßem Ruderleibchen die Muskeln schwollen. »Wenn ich den Kerl, der das arme Tier eingesperrt hat, zwischen die Fäuste bekomme...«
»Die haben nicht einmal daran gedacht, das Fenster einen Spalt breit offenzulassen«, murrte ein anderer.
»Das arme Tier wird ersticken.«
»Solche Leute müßte man einsperren...«
»Dann würden sie wenigstens wissen, wie das tut...«

Den letzten Worten folgte allgemeine Zustimmung, der auch ich mich anschloß. Der Mann im Ruderleibchen hatte mir nämlich gleich bei meinem Auftauchen einen bösen Blick zugeworfen.
»Diesen Barbaren gebührt nichts Besseres«, sagte ich eilig. »Mit einem hilflosen Tier so umzugehen...«
Es war höchste Zeit für eine Klarstellung meiner Position, denn Oswald hatte uns entdeckt und bellte hinter dem Fenster direkt auf uns los.
»Es kann nicht mehr lange dauern, Schnauzi«, tröstete ihn ein gebrechlicher alter Herr. »Die Mistkreaturen, die dich hier allein gelassen haben, müssen ja irgendwann zurückkommen.«
»Wenn ich den Kerl erwische!« wiederholte der Ruderleibchenathlet. »Der wird nichts zu lachen haben!«
Es machte keinen guten Eindruck auf mich, daß dem Athleten einige obere Zähne fehlten. Ich hielt es für angebracht, seinen Tatendurst abzulenken.
»Lassen Sie auch noch etwas für mich übrig!« rief ich mit geballten Fäusten. »Ich breche ihm jeden Knochen im Leib.«
»Recht so!« Und das war meine Frau. »Jeden einzelnen Knochen!«
Was, zum Teufel, fiel ihr da ein? Wollte sie den Mob gegen mich aufhetzen? Oder Ruderleibchens athletische Fähigkeiten auf die Probe stellen?
Die Atmosphäre roch deutlich nach Lynchjustiz. Wenn diese Fanatiker jetzt noch draufkämen, daß es ein verdammter Ausländer war, der einen britischen Vierbeiner mißhandelt hatte... Oswald merkte natürlich, in welch peinlicher Lage wir uns befanden, und verstärkte die Peinlichkeit durch unablässiges Hupen. Er besaß of-

fenbar kein Organ dafür, daß seine Stiefeltern ohnehin ihr möglichstes taten. Eben jetzt hatte ich mit blutrünstig verzerrtem Gesicht nochmals ausgerufen:
»Na? Wo steckt der Lump?«
Eine verwitterte, längst ausgediente Repräsentantin des Londoner Nachtlebens verlor die Geduld:
»Steht nicht bloß so herum, ihr Männer!« rief sie mit schriller Stimme. »Tut doch endlich was!«
Aller Augen wandten sich mir zu. Meine kompromißlose Angriffsbereitschaft hatte mich unversehens in die Führerrolle gedrängt, trotz meinem ausländischen Akzent. Ich ergriff das Steuer:
»Die Dame hat vollkommen recht«, sagte ich entschlossen und deutete mit Feldherrngeste auf das Ruderleibchen: »Sie dort! Holen Sie sofort einen Polizisten!«
Meine Hoffnung, den Gewalttäter auf diese Weise loszuwerden, blieb leider unerfüllt. Er schüttelte den Kopf.
»Mit der Polizei verkehre ich nicht«, grinste er.
»Ich würde schon einen holen«, nuschelte der gebrechliche alte Herr. »Aber ich habe das Zipperlein in den Knien.«
»Es gibt in dieser Gegend keinen Polizisten«, ließ ein Ortskundiger sich vernehmen. »Der nächste steht auf der Monmouth Street.«
Es war offenkundig, daß die Leute sich vor der Erfüllung ihrer Bürgerpflicht drücken wollten.
»Schön.« Mein Blick streifte verächtlich über die untätige Schar. »Dann nehme ich den Wagen und hole die Polizei. Ihr wartet hier.«
Damit hatte ich den Schlag geöffnet, hatte meine verblüffte Gattin mit raschem Schwung in den Wagen gestoßen und gab Vollgas. Die Größe des Augenblicks

machte sogar Oswald verstummen. Auch die diszipli-
nierte britische Menge blieb auftragsgemäß stehen. Erst
als wir schon gut zwanzig Meter zwischen sie und uns
gelegt hatten, kam Leben in die Bande. Wir hörten noch
ein paar wilde Flüche, sahen noch einige drohende Gestalten zur Verfolgung ansetzen – dann waren wir um
die Ecke und gerettet. Oswald leckte mir überglücklich
Hände und Gesicht. Er war wirklich ein herziges, bra-
ves Tierchen, unser Oswald. Wir hatten ihn richtig lieb-
gewonnen, als wir uns ein paar Tage später und hoffentlich für immer von ihm verabschiedeten.

Ein Konsulat ist kein Eigenheim

Onkel Harry lebt in New York – und New York ist bekanntlich nicht Amerika. Immer wieder wurde uns der Unterschied zwischen Amerika und New York eingeschärft. Amerika: das ist die Inkarnation alles Guten und Schönen, alles Reinen und Edlen. New York hingegen ist ein wildgewordenes Stadt-Konglomerat unter jüdischer Oberhoheit. Und es läßt sich ja wirklich nicht leugnen, daß in New York mehr Juden leben als in ganz Israel.
Es läßt sich nicht einmal leugnen, daß sie wesentlich besser leben.
Diese unleugbare Tatsache hat der gesamten amerikanischen Judenschaft einen unleugbaren Stempel aufgedrückt. Die amerikanischen Juden können sich den hohen Lebensstandard, den sie ihren heroischen Brüdern in Israel voraushaben, nicht verzeihen – und suchen ihre Gewissensbisse dadurch zu betäuben, daß sie jeden israelischen Besucher mit Pomp und Gepränge empfangen, als hätte er soeben sämtliche arabischen Armeen in die Flucht geschlagen oder eigenhändig die Wüste fruchtbar gemacht. Noch im kleinsten Provinznest, dessen Einwohnerzahl kaum über eine Million hinausgeht, werden dem Besucher aus Israel die höchsten Ehren zuteil.
Wenn er zum Beispiel Kishon heißt, schallt ihm sofort nach Verlassen des Flugzeugs aus mindestens vier Lautsprechern eine schnarrende Stimme entgegen: »Mr. Kitschen wird dringend gebeten, sich beim Informationsschalter einzufinden.« Daraufhin läßt Mr. Kitschen seine Frau auf das Gepäck warten und findet sich

dringend beim Informationsschalter ein. Wer eilt ihm dort entgegen? Er hat keine Ahnung. Ein älterer Herr, den er noch nie im Leben gesehen hat, schließt ihn in die Arme und sagt mit einer feierlichen, von innerer Bewegung tremolierenden Stimme:
»Kishon? Kishon! Freitag abend sind Sie zum Dinner bei uns. Okay, General?«
»Okay«, lautet die Antwort. »Aber ich bin kein General. Ich bin Fähnrich der Reserve.«
Hiervon völlig ungerührt, stellt sich der ältere Herr als Vorsitzender der »Gesellschaft jüdischer Chorvereinigungen« vor, verstaut den Gast samt Gattin und Gepäck in seinem geräumigen Cadillac und startet stadtwärts. Unterwegs kichert er zufrieden in sich hinein, und es braucht einige Zeit, ehe der Gast die Ursache dieses permanenten Frohlockens entdeckt: Der Wagen wird nämlich an jeder Ecke von fanatischen Zionistenführern angehalten, die aber nicht zu Wort kommen, sondern mit der triumphal am Lenkrad erklingenden Mitteilung abgespeist werden:
»Bedaure – für Freitag abend hab schon ich eine Option auf den General!«
Die jüdische Einwohnerschaft bedenkt den Vorsitzenden mit mißgönnischen Blicken und bucht den Gast für nächsten Freitag. Auf die Frage: »Na, General? Wie gefällt Ihnen Amerika?« antwortet er wahrheitsgemäß: »Ich habe so etwas noch nie im Leben gesehen!« Im Hotel angekommen, winkt er der wogenden Menge seiner Bewunderer noch einmal zu, zieht sich in sein Zimmer zurück und hängt eine Tafel mit folgender Inschrift an die Tür:
»Alle Freitagabende ausverkauft. Einige Dienstage und

Donnerstage noch verfügbar. Gesuche sind an den Adjutanten zu richten. Der General.«
Die Großzügigkeit unserer amerikanischen Vettern beschränkt sich nicht auf Dinner-Einladungen für Freitag abend. Sie öffnen überdies in der generösesten Weise ihre Brieftaschen, finanzieren die Aufnahme neuer Einwanderer in Israel samt den dazugehörigen Wohnbauprojekten, und achten sogar darauf, daß unsere diplomatischen Vertreter in Amerika würdig untergebracht werden, in repräsentativen Gebäuden mit eindrucksvollen Adressen. Daraus ergeben sich ungeahnte Komplikationen.
Werfen wir einen Blick auf das Israelische Konsulat in New York.
Von außen sieht das Haus nicht anders aus als die schmalen, vornehmen Privathäuser, die es umgeben. Nur vor dem Eingang steht ein lebensechter amerikanischer Polizeimann und knurrt: »Hier wird nicht geparkt!« Ich antwortete in meinem klangvollsten Sabbat-Hebräisch: »Im Anfang schuf Gott den Himmel und die Erde.« Das leuchtete ihm ein, und er ließ mich parken.
Erhobenen Hauptes betrat ich das Gebäude und vermied im letzten Augenblick einen komplizierten Schienbeinbruch: gleich hinter der Eingangstür stolperte ich über einige Kalkbottiche, die mir den Weg verstellten. Zum Glück fingen die Sandsäcke meinen Sturz auf. Während ich nach dem Informationsbüro Ausschau hielt, erschien mein alter Freund Sulzbaum, der zweite Sekretär des Konsulats, vielleicht auch der dritte.
»Ich muß mich für dieses Durcheinander entschuldigen«, entschuldigte sich Sulzbaum. »Die Paßabteilung

übersiedelt gerade ins Parterre, und wir müssen zwei Schlafzimmer neu für sie herrichten.«
Sulzbaums Worte warfen ein grelles Licht auf die Lage: Ein gutherziger jüdischer Einwohner New Yorks hatte der israelischen Regierung sein Haus geschenkt, das sich zwar ganz vorzüglich für Wohnzwecke eignete, aber ohne jede Rücksicht auf spätere Verwendungsmöglichkeiten als Konsulat erbaut worden war.
»Wir leiden unter Raumschwierigkeiten«, gestand mir Sulzbaum auf dem Zickzackweg zur Paßabteilung.
»Unser Stab wird ständig größer, und wir haben im ganzen Haus für keinen Angestellten mehr Platz, nicht einmal für einen Liliputaner. Die erste Beamtenschicht hat alle brauchbaren Zimmer und Hallen belegt. Für die Nachzügler blieben nur noch die Badezimmer und dergleichen. Ich selbst bin erst vor vierzehn Tagen hergekommen und wurde in einen eingebauten Wäscheschrank gestopft.«
Wir erwischten den Aufzug. Er bietet zwei hageren Personen Platz, und selbst das nur Sonntag, Dienstag und Donnerstag, wenn der Leiter des Informationsbüros sich in Washington aufhält. An den übrigen Tagen der Woche empfängt er im Aufzug seine Besucher. Unterwegs zu dem für Paßfragen zuständigen Vizekonsul stießen wir in regelmäßigen Abständen auf kleinere und größere Arbeitstrupps mit Äxten, Sägen, Eimern und Pinseln.
»Sie haben ununterbrochen zu tun«, erläuterte Sulzbaum. »Entweder müssen sie irgendwo die Wand zwischen zwei Kinderzimmern niederreißen oder in eine neue Wand eine Tür einbauen oder eine Toilette in eine Kochnische verwandeln oder umgekehrt. Der Sekretär

unserer Devisenabteilung amtiert noch immer auf dem Dach und kann nur mit Strickleitern erreicht werden.«

Sulzbaum hielt vor dem Büro des Vizekonsuls an, hob den schweren roten Teppich und leerte in ein darunter verborgenes Abflußrohr mehrere Aschenbecher.
»Hier war nämlich früher eine Küche«, klärte er mich auf. »Bitte bücken Sie sich, sonst stoßen Sie mit dem Kopf gegen die Leitungsrohre.«
Dann lenkte er meine Aufmerksamkeit auf die zahlreichen Gemälde, die regellos über die Wände verteilt waren, um die hastig gelegten Telefon- und Lichtleitungen zu kaschieren.
Endlich fanden wir den Vizekonsul, in viele warme Decken verpackt und trotzdem fröstelnd. Die Klimaanlage seines Zimmers war größer als das Zimmer selbst, das in früheren Zeiten einem glücklichen Haushalt als Tiefkühlanlage gedient hatte.
»Ich kann heute nicht arbeiten«, sagte der Vizekonsul mit klappernden Zähnen. »Gehen Sie zu meinem Vertreter, eine Etage höher. Ich habe ihm gestern eine halbe Küche eingeräumt und erinnere mich deutlich, ein Detachement Maurer auf dem Weg dorthin gesehen zu haben.«
Damit sank er in seine Depression zurück, als ob etwas Schweres auf ihm gelastet hätte. Vielleicht war es der riesige Wasserspeicher über seinem Kopf.
Wir erklommen das nächste Stockwerk, wobei wir uns den Weg durch alle möglichen Kalk- und Zementbehälter, Stangen, Leitern und sonstige Baubehelfe freiholzen mußten, und fragten einen emsig werkenden Arbeitsmann nach dem Stellvertreter des Vizekonsuls.

»Er muß hier irgendwo in der Nähe sein«, brüllte der Befragte durch das Getöse einer soeben angelaufenen Maschine. »Machen Sie, daß Sie wegkommen. In einer Minute sprengen wir den Tunnel zum Halbstock.«
Wir rannten, was uns die Füße trugen, hantelten uns am Treppengeländer hinab und nahmen Deckung hinter einer noch unvermörtelten Wand. Plötzlich glaubten wir erstickte Rufe zu hören.
»Um Himmels willen!« stöhnte Sulzbaum. »Da haben sie schon wieder jemanden eingemauert.«
Wie er mir anschließend erzählte, hatte man vor einigen Monaten das Kellergewölbe neu parzelliert, um Raum für die israelische UNO-Delegation zu schaffen, und hatte bei dieser Gelegenheit hinter einer schon früher vermauerten Tür das Skelett des vermißten Kulturattachés gefunden, die Knochenhand noch um das Papiermesser gekrampft, mit dem er sich zur Außenwelt durchgraben wollte... Wir verließen unsere Deckung, setzten in bestem »Sprung-auf-Marsch«-Stil über eine Metallschneise, erreichten die Feuerleiter und turnten durchs Fenster ins Informationsbüro. Dort wartete ein älterer, sichtlich wohlsituierter Herr im Sabbat-Gewand. Seine Augen leuchteten auf, als er uns sah. Er war Besitzer eines kleinen Hauses, das er der israelischen Regierung schenken wollte.
»Sie haben Glück«, sagte Sulzbaum. »Das fällt in meine Kompetenz. Bitte folgen Sie mir.«
Der alte Herr verließ mit Sulzbaum das Zimmer. Man hat ihn nie wieder gesehen.

New York ist nicht Amerika

Wenn irgendwo in unserer immer kleiner werdenden Welt ein Staat im Staate innerhalb eines Staates existiert, dann ist es die Stadt New York im Staat New York in den Vereinigten Staaten von Amerika. New York hat mehr Einwohner, mehr Verkehrsunfälle, mehr Ausstellungen, mehr Neubauten und mehr Laster als jede andre Stadt der Welt. Außerdem residieren dort die Vereinten Nationen, Barbra Streisand und der König von Saudi-Arabien. New York reicht bis an die Wolken und ist 24 Stunden am Tag geöffnet. Es gibt nur ein New York. Gott sei Dank.
Die Amerikaner sind auf New York sehr stolz. Kaum hat man es verlassen, um den Rest des Kontinents kennenzulernen, wird man von jedem Menschen, dem man unterwegs begegnet, sofort gefragt:
»Wie gefällt Ihnen Amerika? Und was halten Sie andererseits von New York?«
»Amerika ist reizend«, pflegte ich auf solche Fragen zu antworten, »und New York ist eine liebe, freundliche Stadt.«
Damit wäre das Thema erschöpft und meine amerikanische Karriere so gut wie ruiniert gewesen, hätte sich nicht in Washington, D. C., ein neuer Aspekt ergeben. Ein gastfreundlicher Bürger dieser verhältnismäßig kleinen und verhältnismäßig schönen Stadt hatte mich in ein Restaurant mit Klimaanlage eingeladen und stellte die unausbleibliche Frage nach meiner Meinung über Amerika und New York.
»New York ist lieb«, antwortete ich, »wenn auch für meinen Geschmack ein wenig zu lärmend.«

»Augenblick«, bremste mein Gastgeber. »Das muß ich meiner Frau erzählen.«
Er ließ sich das Telefon an den Tisch bringen und kam nach einigen Einleitungsphrasen auf mich zu sprechen: »Sehr nett«, hörte ich ihn sagen. »Und er kann New York nicht ausstehen. Der Lärm dort macht ihn wahnsinnig.« Dann, den Hörer abwartend in der Hand, wandte er sich an mich: »Jeanette will wissen, ob Ihnen nicht auch der Schmutz in New York aufgefallen ist.«
»Und wie! Er ist ekelerregend.«
»Und die nächtlichen Schießereien?«
»Erinnern Sie mich nicht.«
»Meine Frau möchte Sie zum Dinner einladen«, gab er mir nach wenigen Sekunden bekannt.
Das war der Augenblick der Erkenntnis. Sie wurde am Abend, im Hause meines neu gewonnenen Freundes Harry, von den vielen distinguierten Gästen bestätigt, die er mir zu Ehren eingeladen hatte und die mich lauernd umringten, Cocktailgläser in der Hand, stumme Gier in den Augen. »Sagen Sie uns etwas Häßliches über New York«, beschworen mich ihre Blicke. »Sie als Ausländer brauchen keine Rücksicht zu nehmen. Schimpfen Sie!«
Nun, das konnten sie haben. »New York geht einem entsetzlich auf die Nerven«, bemerkte ich leichthin. »Ich könnte es dort keine zwei Jahre aushalten.«
»Noch«, hauchte mit geschlossenen Augen eine der herandrängenden Damen, und »Weiter, weiter!« gurrte eine andere.
»Die New Yorker Männer sind unelegant, unrasiert und geizig. New York ist nicht Amerika.«

»Genial«, stöhnte ein junger Reporter. »Das wird meine Schlagzeile!« Und er enteilte.

Am nächsten Tag sah ich's balkendick in der führenden Zeitung der Stadt neben meinem Bild prangen: »*Israelischer Gelehrter verabscheut New Yorks Hysterie*«, und als Untertitel: »*Bewundert exquisite Schönheit Washingtons.*«

Die Kunde verbreitete sich wie ein Lauffeuer von Küste zu Küste. Als ich in Houston, Texas, aus dem Flugzeug stieg, erwartete mich eine Schar von minderwertigkeitskomplexzerfressenen Cowboys. Der Führer der Delegation, 1,98 hoch, trat auf mich zu:

»Hey! Sind Sie der tolle Kerl, der überall auf New York schimpft?«

»Hängt davon ab«, antwortete ich. »Was wird hier geboten?«

Geboten wurden eine Suite im Hilton, eine Limousine mit Chauffeur und unbegrenzte Quantitäten von Whisky mit Eis. Dem Gala-Dinner, das der Bürgermeister für mich gab, wohnten sämtliche Ölmagnaten der Gegend bei. Sie berührten kaum ihre Steaks. Sie hielten nur ihre Blicke auf mich gerichtet, wortlos, reglos, erwartungsvoll. Ich ließ die Spannung genüßlich ansteigen, ehe ich das Verfahren eröffnete:

»Meine Herren«, sagte ich, »ich möchte sie keineswegs kränken – aber mit New York stimmt etwas nicht. Es ist keine Stadt, sondern eine riesige, übelriechende Haschischkneipe. Es sollte polizeilich gesperrt werden.«

Der donnernde Applaus, der daraufhin losbrach, machte die Rinderherden ringsum erzittern. Und nach einem Fernseh-Interview (»Der durchschnittliche New Yorker Riese ist 3 Inches kleiner als der durchschnitt-

liche Zwerg in Texas«) konnte ich mich der Einladungen von allen Seiten nach allen Staaten kaum noch erwehren.
Der Mann, der die Sache jetzt in die Hand nahm, hieß Charlie und stellte sich mir mit folgenden Worten vor: »Du bist Olympiaklasse. Höchster Himalaja! Deine New Yorker Masche kommt ganz groß an. Was du brauchst, ist ein Agent. Ich heiße Charlie.«
Wir schlossen einen Vertrag für die Dauer eines Jahres. Charlie ließ sofort einen Prospekt mit Preisliste drucken, der in übersichtlicher Form alles Wissenswerte über mich enthielt:

> »Allgemeine Bemerkung zur Übervölkerung New
> Yorks: Einladung zum Dinner (sechs Gänge).
> Detaillierte Beschreibung des moralischen Zusammenbruchs: Wohnung und Verpflegung für zwei Tage in
> einem erstklassigen Hotel.
> Ausgewählte Beispiele nächtlicher Verbrechen (mit
> Lichtbildern): sechs Tage in einem Hotel der Luxusklasse.
> Ermäßigte Gebühren für Vereine.
> Jeden Mittwoch Matinee.
> Anmeldung jetzt!«

Das städtische Baseball-Stadion in Los Angeles, wo Billy Graham seine Predigten hält, konnte die Menge kaum fassen. Um die Geduld der Leute nicht unnötig auf die Probe zu stellen, beschränkte sich der Gouverneur von Kalifornien zur Begrüßung auf zwei kurze Sätze: »Unser weltberühmter, weitgereister Freund ist erst vor wenigen Tagen der Hölle von New York entronnen. Hören wir, was er zu sagen hat.«

Ich trat ans Mikrofon:
»Liebe Freunde, beneidenswerte Bewohner der Westküste! Nicht einmal die unvergleichliche Schönheit Ihrer Stadt ist imstande, mich die Qualen vergessen zu lassen, die ich in New York zu erdulden hatte. Aber seit ich hier bei Ihnen bin, empfinde ich keinen Haß mehr gegen dieses moderne Sodom, nur noch Mitleid. Was ist denn New York in Wahrheit? Ein Wolkenkratzer-Slum, ein Asphalt-Dschungel, durchsetzt von stinkenden Sümpfen, in denen die wilden Alligatoren des Gelderwerbs skrupellos über den ahnungslosen Besucher herfallen und ihn zerfleischen, wenn er nicht schon vorher den Giftpflanzen der Korruption und Brutalität zum Opfer gefallen ist...«
So wurde ich zum Dichter. Und als ich noch einige leicht ins Ohr gehende Strophen über die New Yorker Lasterhöhlen und Perversitäten zugab, schloß die Elite von Los Angeles mich vollends ins Herz. Die vornehmsten Kreise rissen sich um mich und hörten mir so lange zu, bis sie meine Texte auswendig konnten und nach New York flogen, um sich ein paar Nächte gut zu unterhalten. Aber ich war längst nicht mehr auf sie angewiesen. Ich war auf Monate ausgebucht.
Eine Schallplattenfirma in San Francisco schlug mir vor, ein Album mit den markantesten Passagen meiner Vorträge herauszubringen, betitelt:
»Ich will New York begraben, nicht es preisen.«
Charlie war dagegen. Unsere Tournee, so fand er, würde an einer Langspiel-Verfluchung New Yorks schweren Schaden nehmen, weil sich dann jeder Amerikaner für $ 2.99 zu Hause seinen Orgasmus verschaffen könnte.

»Die sollen nur schön dafür zahlen«, sagte er.
Ich bereicherte meine Vortragsfolge durch Zitate aus Dantes »Inferno« mit Orgelbegleitung und Schaum vor dem Mund (Technicolor). In Chicago gerieten sie außer Rand und Band über meine apokalyptischen Visionen.
»Die Hölle wird diese Gangsterbrut verschlingen«, jubelten sie. Eine fanatische religiöse Sekte, die sich »The Yorks« nannte, bat mich, die Ehrenpräsidentschaft zu übernehmen. Auch der »United Jewish Appeal« zeigte Interesse an einem Vortragszyklus. Und die Einladungen wollten nicht abreißen.
Bei alledem konnte ich mir im stillen Kämmerlein die Wahrheit nicht verhehlen. In Wahrheit finde ich nämlich New York sehr interessant und reizvoll. Eine wirkliche Weltstadt. Lustig und lebensfroh. Nicht so wie diese armseligen Provinznester, wo der Tag endet, wenn die Sonne untergeht. Wie bitte? Es gibt Gangster und Mörder in New York? Wo, wenn ich fragen darf, gibt es keine? Von einer Stadt mit 12 Millionen Einwohnern kann man nicht verlangen, daß sie ausschließlich von Heiligen und Nonnen bevölkert ist. Natürlich leben dort auch ein paar asoziale Elemente, Rechtsanwälte und Huren. Macht nichts. Sie gehören mit zur vitalen Atmosphäre dieser einmaligen Stadt. Um es rund heraus zu sagen: ich liebe New York.
»New York ist der Mittelpunkt der Welt!« rief ich laut und freudig zur Sonne hinauf. »New York ist großartig! New York ist nicht Amerika!«
»Augenblick«, sagte der freundliche Herr, der neben mir auf der Bank im Central Park saß. »Das muß ich meiner Frau erzählen.«

»Ein Musical am Broadway«, fuhr ich fort (und der herrliche Großstadtverkehr hinter uns auf der wunderbaren Fifth Avenue skandierte meine Worte), »ist mehr wert als sämtliche Rinderherden von Texas und Arizona zusammengenommen!«
»Unsere Frauen«, sagten die New Yorker, »möchten Sie zum Dinner einladen...«
Alle Rechte vorbehalten.

Meine Zukunft als Mormone

Amerika gilt ganz allgemein als ein restlos durchtechnisiertes, vollautomatisch betriebenes Land, dessen Bewohner ein nach bestimmten Schablonen vorgestanztes Leben führen, das von genau festgelegten, ebenso konventionellen wie konformistischen Regeln bestimmt wird. In Wahrheit sind die Amerikaner im höchsten Grad individualistisch und absonderlich, viel absonderlicher als jedes andere Volk, weil sie von ihren Absonderlichkeiten nichts wissen und sie für völlig normal halten. Der Amerikaner findet alles, was er tut und was ihm geschieht, in Ordnung. Er wundert sich nicht im geringsten, wenn ihm ein Tankstellenwärter ameisenhaltige Konzertflügel zum Kauf anbietet. Er glaubt fest daran, daß Gott das Fernsehen erfunden hat, auf daß die natürliche Dreiteilung des Tages gewahrt werde: acht Stunden Schlaf, sechs Stunden Arbeit und zwölf Stunden vor dem Bildschirm. Er ist davon durchdrungen, daß ein erstklassiger Baseballspieler mit Recht so viel Geld verdient wie der Präsident der Vereinigten Staaten oder sogar wie Elvis Presley; daß man die Zukunft planen und Geld sparen muß für den Tag, an dem die Atombomben zu fallen beginnen; daß eine amerikanische Ehe ohne zwei amerikanische Kinder – einen amerikanischen Knaben und ein amerikanisches Mädchen im Alter von elf bzw. neun Jahren – keine amerikanische Ehe ist; daß es nur in Amerika Steaks gibt; daß man aus Broschüren alles erlernen kann, auch »Wie man Präsident wird, in zehn leichtfaßlichen Lektionen«; und daß Gott die Amerikaner liebt, ohne Rücksicht auf Rasse oder Religion, aber mit Berücksichtigung ihres sozialen Status.

Ungeachtet dieser vielfältigen Voraussetzungen herrscht in allen Staaten der Union die gleiche Strenge von Gesetz und Recht.

Im Staate Alabama ist es zum Beispiel verboten, während eines Schaltjahres Popcorn zu verkaufen. Im nahe gelegenen Staate Mississippi dürfen Kinder unter acht Jahren nur in Gegenwart eines Notars »Mama und Papa« spielen. Nebraska weist alle Junggesellen über dreißig aus (nur Piloten, Polizisten und Rollschuhläufer werden hiervon nicht betroffen). Colorado untersagt das Stricken von Wolljacken. Oregon stellt nur Briefträger an, die eine Taucherprüfung abgelegt haben. In Ohio darf sich eine Frau auf der Bühne nicht entkleiden, in New York darf sie, in Nevada muß sie. Und wo das Gesetz nicht ausreicht, nehmen es die Menschen selbst in die Hand.

Mein Onkel Harry zum Beispiel ist Mitglied der Vegetarier-Loge der Freimaurer und haßt die Mitglieder der Fisch- und Krustentier-Loge aus ganzer Seele. Außerdem gehört er dem »Weltverband zur Verbreitung und Förderung des Monotheismus« an, einer hochangesehenen Organisation, in deren Reihen sowohl Juden zu finden sind, die an Jesus glauben, als auch Christen mosaischen Bekenntnisses. Ferner ist Onkel Harry Vizepräsident der Hadassa-Bezirksorganisation und hat seine Bridgepartie im »Rekonstruktions-Cercle«, wo man mit Geistern und fliegenden Untertassen verkehrt. Onkel Harry belehrte mich auch über die Quäker, die sich während ihrer wortlosen Gebete ekstatisch hin und her wiegen, jede Form des Eides verabscheuen und die Ab-

schaffung von Sklaverei und Militärdienst sowie die Einführung gleicher Rechte für die Frau betreiben. Andererseits wird Utah von den Mormonen beherrscht, einer Sekte, die immerhin so zahlreich ist wie die israelischen Juden. Die Mormonen sind anständige, rechtlich gesinnte Leute. Sie rauchen nicht, sie trinken weder Alkohol noch Tee, noch Kaffee, und sie begnügen sich mit dem, was übrigbleibt, also mit zwei oder mehr Frauen.
»Wie war das, bitte?« unterbrach ich Onkel Harry. »Sagtest du: zwei oder mehr Frauen?«
»Ursprünglich war das so.« Onkel Harrys Blicke schweiften wehmütig in Richtung Utah, kamen aber nur bis Illinois. »Heute haben auch sie sich zur Monogamie bekehrt.«
»Warum, um Himmels willen?«
»Sie hatten keine Wahl.«
Das Problem begann mich zu interessieren.

»Hm«, brummte ich am nächsten Tag beim Frühstück vor mich hin. »Hm, hm, hm. Merkwürdig.«
Meine Gattin kniff fragend die Augen zusammen:
»Was ist merkwürdig?«
»Was Onkel Harry mir gestern über die Mormonen und ihre Vielweiberei erzählt hat.«
»Wieso ist das merkwürdig? Besser in aller Offenheit eine zweite Frau als ein heimliches Verhältnis. Findest du nicht?«
Ich staunte. Ich hatte erwartet, daß meine Gattin zu toben begänne: über die barbarischen Sitten einer exzentrischen Sekte, über die Benachteiligung der Frauen, über den Egoismus der Männer und über alles, was ihr sonst gerade in den Sinn käme. Statt dessen ...

»Du magst recht haben«, nahm ich vorsichtig den Faden wieder auf. »Eigentlich ist es für die Mormonen ein sehr natürlicher Ausweg, den ihre Religion ihnen da bietet.«

»Wieso ist das nur für die Mormonen natürlich? Wieso, zum Beispiel, nicht für dich?«

»Weil den Juden, zum Beispiel, die Polygamie schon von Rabbi Gerschom verboten wurde.«

»Wann hat Rabbi Gerschom gelebt?«

»Im elften Jahrhundert.«

»Und da richtet man sich noch immer nach ihm? Ein mittelalterliches Verbot kann doch heute nicht mehr gelten!«

Ich muß gestehen, daß meine kleine, kluge Frau einen ganz neuen Aspekt des Problems aufgedeckt hatte. Nach unseren eigenen, biblischen, altehrwürdigen, man könnte geradezu sagen: ewigen Gesetzen ist es uns nicht nur gestattet, mehrere Frauen zu haben, sondern es wird uns geradezu empfohlen. Genau wie den Mormonen.

»Tatsächlich«, bestätigte ich. »Unsere Vorväter waren vernünftiger als wir. Sie wußten, daß auch eine gute Ehe – und ich wiederhole: eine *gute* Ehe – mit der Zeit in die Brüche gehen kann, wenn der Mann... wenn das Abwechslungsbedürfnis des Mannes... du verstehst...«

»Ich verstehe. Es ist ja nur natürlich.«

Ich bewunderte sie immer mehr. Und das ganze Problem wurde mir immer klarer. Warum wäre es denn eine Sünde, wenn ein normaler Mann, sozusagen der Mormone von der Straße, sich zu mehreren Frauen hingezogen fühlt? Herrscht nicht auch in der Tierwelt, die den reinen, unverwässerten Naturgesetzen gehorcht,

Polygamie? Eigentlich ist das Ganze nur eine Frage der Einstellung, der Erziehung, der folkloristischen Gegebenheiten. Und vergessen wir nicht, daß wir Israelis im Orient zu Hause sind, wo die Institution des Harems ihren sicherlich nicht zufälligen Ursprung hat..."
»Wie man's nimmt«, äußerte ich unverbindlich. »Im Grunde hängt es von der Intelligenz der Beteiligten ab.«
»Ganz richtig. Ich bin sicher, daß du dich nicht mit irgendeinem primitiven Weibchen abgeben würdest.«
»Niemals. Das würde ich dir niemals antun. Schließlich müßtest du ja mit ihr unter einem Dach leben.«
»Allerdings. Deshalb käme mir auch ein gewisses Mitspracherecht zu. Es dürfte also keine Rothaarige sein.«
»Warum?«
»Rothaarige machen immer so viel Lärm.«
»Nicht immer. Das ist ein dummes Vorurteil. Aber bitte, wenn du unter gar keinen Umständen eine Rothaarige haben willst, dann eben nicht. Die Harmonie im Heim geht mir über alles.«
»Ich habe auch nichts anderes von dir erwartet. Und mit ein wenig gegenseitigem Verständnis läßt sich alles regeln. Ich stehe am Morgen auf und kümmere mich ums Frühstück, während sie die Wohnung in Ordnung bringt und dir ein heißes Bad vorbereitet.«
»Ein lauwarmes, Liebste. Im Sommer bade ich lauwarm.«
»Schön, das ist dann ihre Sache. Ich will ihr nicht ins Handwerk pfuschen. Ich werde alles tun, um mit Clarisse gut auszukommen.«
»Clarisse?«
»Ich möchte gern, daß sie Clarisse heißt.«

»Ist das nicht eine kleine Erpressung?«
»Bitte sehr. Ich bestehe nicht darauf. Du bist der Herr im Haus. Wir teilen dich unter uns auf.«
Das klang vielversprechend. Wieder einmal zeigte sich, daß ein überlegener Intellekt, der mir ja glücklicherweise gegeben ist, immer den richtigen Weg zu finden weiß... Und ich mußte meiner Frau das Zeugnis ausstellen, daß sie auf diesen Weg einging.
»Liebling«, sagte ich und streichelte ihre Hand. »Damit hier kein Mißverständnis entsteht: du bleibst natürlich die Favoritin. Du bleibst meine wirkliche und eigentliche Frau.«
»Ach, darauf kommt's doch gar nicht an!«
»Doch, doch. Wie kannst du so etwas sagen? Innerhalb der Familie gibt es eine festgelegte Hierarchie. Auch bei den Mormonen. Die zweite Frau muß sich klar darüber sein, daß sie nicht die erste Geige spielt, selbst wenn sie noch so jung und schön ist. Du wirst ihr ja auch im Alter voraus sein, nicht wahr?«
»Das findet sich. Das ergeben die Umstände. Auf jeden Fall hat ein solches Arrangement viele Vorteile.«
»Was für Vorteile?«
»Zum Beispiel brauchen wir keinen Babysitter!«
»Stimmt! Das erspart uns eine große Sorge. Und Geld. Wir würden abwechselnd bei den Kindern zu Hause bleiben...«
Noch während ich sprach, kam mir das Neuartige der Situation zum Bewußtsein. »Die Kinder«, murmelte ich. »Welche... wessen Kinder...«
»Deine. Warum?«
»Ich dachte nur... da entstehen ja ganz neue Komplikationen... bezüglich... betreffend... die Kinder...«

»Laß doch. Darüber werden wir nicht streiten.«
Ich war sprachlos. So viel Lebensklugheit, so viel Souveränität hätte ich von meiner Frau nicht erwartet. Wären alle Amerikaner mit solchen Juwelen von Gattinnen gesegnet gewesen – nie hätten die Mormonen die Vielweiberei aufgeben müssen! Denn so viel steht fest: Man kann ein musterhafter, treuer Ehemann sein und trotzdem ab und zu für ein junges, gut aussehendes Geschöpfchen etwas übrig haben. Pedanten mögen das als »Polygamie« bezeichnen. Ich nenne es »erweiterte Monogamie«. So einfach liegen die scheinbar schwierigsten Probleme, so natürlich lösen sie sich, wenn man nur den guten Willen dazu hat... Und mit fröhlicher Stimme holte ich aus:
»Dann ist ja alles in Ordnung! Und dann kann ich dir ja auch sagen, daß ich schon die längste Zeit an eine ganz bestimmte Frau denke, die –«
»Was?! An wen?!« Das klang mit einemmal ganz spitz und scharf.
Verwirrt suchte ich den Blick meiner Frau und fand statt dessen zwei wild rollende Augenbälle.
»Ja, aber Liebste...«
»Schweig! Und sag mir sofort, ob du am Ende gar im Ernst gesprochen hast?«
»Ich? Im Ernst? Das kann nicht dein Ernst sein. Hast du plötzlich deinen Humor verloren? Hehehe... Da bist du mir aber schön hereingefallen...«
Und damit war meine Zukunft als Mormone beendet, noch ehe sie begonnen hatte.

> Seit der Befreiung vom Joche des Pharao gilt das jüdische Volk als unerschütterlicher Anwalt der Freiheit. Wir haben als erste ein Gesetz zur Aufhebung der Sklaverei erlassen, wir haben in allen möglichen Revolutionen das Banner der Gleichheit hochgehalten, und wir werden auch jetzt, in unserem neuen Vaterland, die jüdischen Waschmaschinen aus der Versklavung befreien.

Auch die Waschmaschine ist nur ein Mensch

Eines Tages unterrichtete mich die beste Ehefrau von allen, daß wir eine neue Waschmaschine brauchten, da die alte, offenbar unter dem Einfluß des mörderischen Klimas, den Dienst aufgekündigt hatte. Der Winter stand vor der Tür, und das bedeutete, daß die Waschmaschine jedes einzelne Wäschestück mindestens dreimal waschen müßte, da jeder Versuch, es durch Aufhängen im Freien zu trocknen, an den jeweils kurz darauf einsetzenden Regengüssen scheiterte. Und da der Winter heuer besonders regnerisch zu werden versprach, war es klar, daß nur eine neue, junge, kraftstrotzende und lebenslustige Waschmaschine sich gegen ihn behaupten könnte.

»Geh hin«, so sprach ich zu meinem Eheweib, »geh hin, Liebliche, und kaufe eine Waschmaschine. Aber wirklich nur eine, und von heimischer Erzeugung. So heimisch wie möglich.«

Die beste Ehefrau von allen ist zugleich eine der besten Einkäuferinnen, die ich kenne. Schon am nächsten Tag

stand in einem Nebenraum unserer Küche, fröhlich summend, eine original hebräische Waschmaschine mit blitzblank poliertem Armaturenbrett, einer langen Kabelschnur und ausführlicher Gebrauchsanweisung. Es war Liebe aufs erste Waschen – der Reklameslogan hatte nicht gelogen. Unser Zauberwaschmaschinchen besorgte alles von selbst, Schäumen, Waschen und Trocknen. Fast wie ein Wesen mit menschlicher Vernunft.
Und genau davon handelt die folgende Geschichte.
Am Mittag des zweiten Tages betrat die beste Ehefrau von allen mein Arbeitszimmer ohne anzuklopfen, was immer ein böses Zeichen ist, und sagte:
»Ephraim, unsere Waschmaschine wandert.«
Ich folgte ihr zur Küche. Tatsächlich: Der Apparat war soeben damit beschäftigt, die Wäsche zu schleudern und mittels der hierbei erfolgenden Drehbewegung den Raum zu verlassen. Wir konnten den kleinen Ausreißer noch ganz knapp vor Überschreiten der Schwelle aufhalten, brachten ihn durch einen Druck auf den grellroten Alarmknopf zum Stillstand und berieten die Sachlage.
Es zeigte sich, daß die Maschine nur dann ihren Standort veränderte, wenn das Trommelgehäuse des Trockenschleuderers seine unwahrscheinlich schnelle Rotationstätigkeit aufnahm. Dann lief zuerst ein Zittern durch den Waschkörper – und gleich darauf begann er, wie von einem geheimnisvollen inneren Drang getrieben, hopphopp darauf loszumarschieren.
Na schön. Warum nicht. Unser Haus ist schließlich kein Gefängnis, und wenn Maschinchen marschieren will, dann soll es.
In einer der nächsten Nächte weckte uns das kreischende

Geräusch gequälten Metalls aus Richtung Küche. Wir stürzten hinaus: Das Dreirad unseres Söhnchens Amir lag zerschmettert unter der Maschine, die sich in irrem Tempo um ihre eigene Achse drehte. Amir seinerseits heulte mit durchdringender Lautstärke und schlug mit seinen kleinen Fäusten wild auf den Dreiradmörder ein: »Pfui, schlimmer Jonathan! Pfui!«
Jonathan, das muß ich erklärend hinzufügen, war der Name, den wir unserem Maschinchen seiner menschenähnlichen Intelligenz halber gegeben hatten.
»Jetzt ist es genug«, erklärte die Frau des Hauses. »Ich werde Jonathan fesseln.«
Und das tat sie denn auch mit einem rasch herbeigeholten Strick, dessen anderes Ende sie an die Wasserleitung band.
Ich hatte bei dem allen ein schlechtes Gefühl, hütete mich jedoch, etwas zu äußern. Jonathan gehörte zum Einflußbereich meiner Frau, und ich konnte ihr das Recht, ihn anzubinden, nicht streitig machen.
Indessen möchte ich nicht verhehlen, daß es mich mit einiger Genugtuung erfüllte, als wir Jonathan am nächsten Morgen an der gegenüberliegenden Wand stehen sahen. Er hatte offenbar alle seine Kräfte angespannt, denn der Strick war gerissen.
Seine Vorgesetzte fesselte ihn zähneknirschend von neuem, diesmal mit einem längeren und dickeren Strick, dessen Ende sie um den Heißwasserspeicher schlang.
Das ohrenbetäubende Splittern, das sich bald darauf als Folge dieser Aktion einstellte, werde ich nie vergessen.
»Er zieht den Speicher hinter sich her!« flüsterte die entsetzte Küchenchefin, als wir am Tatort angelangt waren.
Der penetrante Gasgeruch in der Küche bewog uns, auf

künftige Fesselungen zu verzichten. Jonathans Abneigung gegen Stricke war nicht zu verkennen, und wir ließen ihn fortan ohne jede Behinderung seinen Waschgeschäften nachgehen. Irgendwie leuchtete es uns ein, daß er, vom Lande Israel hervorgebracht – eine Art Sabre –, über unbändigen Freiheitswillen verfügte. Wir waren beinahe stolz auf ihn.
Einmal allerdings, noch dazu an einem Samstagabend, an dem wir, wie immer, Freunde zum Nachtmahl empfingen, drang Jonathan ins Speisezimmer ein und belästigte unsere Gäste.
»Hinaus mit dir!« rief meine Frau ihm zu. »Marsch hinaus! Du weißt, wo du hingehörst!«
Das war natürlich lächerlich. So weit reichte Jonathans Intelligenz nun wieder nicht, daß er die menschliche Sprache verstanden hätte. Jedenfalls schien es mir sicherer, ihn durch einen raschen Druck auf den Alarmknopf zum Stehen zu bringen, wo er stand.
Als unsere Gäste gegangen waren, startete ich Jonathan, um ihn auf seinen Platz zurückzuführen. Aber er schien uns die schlechte Behandlung von vorhin übelzunehmen und weigerte sich. Wir mußten ihn erst mit einigen Wäschestücken füttern, ehe er sich auf den Weg machte...
Amir hatte allmählich Freundschaft mit ihm geschlossen, bestieg ihn bei jeder Gelegenheit und ritt auf ihm, unter fröhlichen »Hü-hott«-Rufen, durch Haus und Garten.
Wir alle waren's zufrieden. Jonathans Waschqualitäten blieben die alten, er war wirklich ein ausgezeichneter Wäscher und gar nicht wählerisch in bezug auf Waschpulver. Wir konnten uns nicht beklagen.
Immerhin befiel mich ein arger Schrecken, als ich eines

Abends, bei meiner Heimkehr, Jonathan mit gewaltigen Drehsprüngen auf mich zukommen sah. Ein paar Minuten später, und er hätte die Straße erreicht.
»Vielleicht«, sagte träumerisch die beste Ehefrau von allen, nachdem ich ihn endlich gebändigt hatte, »vielleicht könnten wir ihn bald einmal auf den Markt schicken. Wenn man ihm einen Einkaufszettel mitgibt...«
Sie meinte das nicht im Ernst. Aber es bewies, wieviel wir von Jonathan schon hielten. Wir hatten fast vergessen, daß er doch eigentlich als Waschmaschine gedacht war. Und daß er vieles tat, was zu tun einer Waschmaschine nicht oblag.
Ich beschloß, einen Spezialisten zu konsultieren. Er zeigte sich über meinen Bericht in keiner Weise erstaunt.
»Ja, das kennen wir«, sagte er. »Wenn sie schleudern, kommen sie gern ins Laufen. Meistens geschieht das, weil sie zuwenig Wäsche in der Trommel haben. Dadurch entsteht eine zentrifugale Gleichgewichtsstörung, von der die Maschine vorwärtsgetrieben wird. Geben Sie Jonathan mindestens vier Kilo Wäsche, und er wird brav seinen Platz halten.«
Meine Frau erwartete mich im Garten. Als ich ihr auseinandersetzte, daß es der Mangel an Schmutzwäsche war, der Jonathan zu zentrifugalem Amoklaufen trieb, erbleichte sie:
»Großer Gott! Gerade habe ich ihm zwei Kilo gegeben. Um die Hälfte zuwenig!«
Wir sausten zur Küche und blieben – was doch eigentlich Jonathans Sache gewesen wäre – wie angewurzelt stehen: Jonathan war verschwunden. Mitsamt seinem Kabel.

Noch während wir zur Straße hinausstürzten, riefen wir, so laut wir konnten, seinen Namen:
»Jonathan! Jonathan!«
Keine Spur von Jonathan.
Ich rannte von Haus zu Haus und fragte unsere Nachbarn, ob sie nicht vielleicht eine hebräisch sprechende Waschmaschine gesehen hätten, die sich stadtwärts bewegte. Alle antworteten mit einem bedauernden Kopfschütteln. Einer glaubte sich zu erinnern, daß so etwas Ähnliches vor dem Postamt gestanden habe, aber die Nachforschungen ergaben, daß es sich um einen Kühlschrank handelte, der falsch adressiert war.
Nach langer, vergeblicher Suche machte ich mich niedergeschlagen auf den Heimweg. Wer weiß, vielleicht hatte in der Zwischenzeit ein Autobus den armen Kleinen überfahren, diesen städtischen Wagenlenkern ist ja alles zuzutrauen... Tränen stiegen mir in die Augen. Unser Jonathan, das freiheitsliebende Geschöpf des israelischen Industrie-Dschungels, hilflos preisgegeben den Gefahren der Großstadt und ihres wilden Verkehrs... wenn die Drehtrommel in seinem Gehäuse plötzlich aussetzt, kann er sich nicht mehr fortbewegen... muß mitten auf der Straße stehenbleiben...
»Er ist hier!« Mit diesem Jubelruf begrüßte mich die beste Ehefrau von allen. »Er ist zurückgekommen!«
Der Hergang ließ sich rekonstruieren: In einem unbewachten Augenblick war der kleine Dummkopf in den Korridor hinausgehoppelt und auf die Kellertüre zu, wo er unweigerlich zu Fall gekommen wäre. Aber da er im letzten Augenblick den Steckkontakt losriß, blieb ihm das erspart.

»Wir dürfen ihn nie mehr vernachlässigen!« entschied meine Frau. »Zieh sofort deine Unterwäsche aus! Alles!«

Seit diesem Tag wird Jonathan so lange vollgestopft, bis er mindestens viereinhalb Kilo in sich hat. Und damit kann er natürlich keine Ausflüge mehr machen. Er kann kaum noch atmen. Es kostet ihn merkliche Mühe, seine zum Platzen angefüllte Trommel in Bewegung zu setzen. Armer Kerl. Es ist eine Schande, was man ihm antut.
Gestern hat's bei mir geschnappt. Als ich allein im Haus war, schlich ich zu Jonathan und erleichterte sein Inneres um gute zwei Kilo. Sofort begann es in ihm unternehmungslustig zu zucken, und nach einer kleinen Weile war es so weit, daß er sich, noch ein wenig ungelenk hüpfend, auf den Weg zu der hübschen italienischen Waschmaschine im gegenüberliegenden Haus machte, mit männlichem, tatendurstigem Brummen und Rumpeln, wie in der guten alten Zeit.
»Geh nur, mein Jonathan.« Ich streichelte seine Hüfte. »Los!«
Was zur Freiheit geboren ist, soll man nicht knechten.

Mit einer widerspenstigen Waschmaschine kann man sich ja noch verständigen, weil ihr Wortschatz begrenzt ist. Aber wenn man es mit einem Computer jüdischen Ursprungs zu tun bekommt, wird's kritisch. Soviel ich weiß, ist der Riesen-Computer unseres Finanzministeriums in Jerusalem der einzige auf Erden, der seinen Vorgesetzten folgende Mitteilung zugehen ließ: „Meine Herren, gestern nachmittag bin ich verrückt geworden. Schluß der Durchsage."

Über den Umgang mit Computern

Bisher hat es mich noch nie gestört, daß ich zufällig den gleichen Namen trage wie ein Nebenfluß des Jordan. Aber vor einiger Zeit erhielt ich eine Nachricht von der Steuerbehörde, auf offiziellem Papier und in sonderbar wackeliger Maschinenschrift:
»Letzte Mahnung vor Beschlagnahme. Da Sie auf unsere Mitteilung betreffend Ihre Schuld im Betrag von Isr. Pfund 20.012.11 für die im Juli vorigen Jahres durchgeführten Reparaturarbeiten im Hafen des Kishon-Flusses bis heute nicht reagiert haben, machen wir Sie darauf aufmerksam, daß im Nichteinbringungsfall der oben genannten Summe innerhalb von sieben Tagen nach dieser letzten Mahnung die gesetzlichen Vorschriften betreffend Beschlagnahme und Verkauf Ihres beweglichen Eigentums in Anwendung gebracht werden. Sollten Sie Ihre Schuld inzwischen beglichen haben, dann betrachten Sie diese Mitteilung als gegenstandslos. (gez.) S. Seligson, Abteilungsleiter.«
Ungeachtet des tröstlichen Vorbehalts im letzten Absatz

verfiel ich in Panik. Einerseits bewies eine sorgfältige Prüfung meiner sämtlichen Bücher und Belege unzweifelhaft, daß keine wie immer gearteten Reparaturen an mir vorgenommen worden waren, andererseits fand ich nicht den geringsten Anhaltspunkt, daß ich der erwähnten Zahlungsverpflichtung nachgekommen wäre.
Da ich seit jeher dafür bin, lokale Konflikte durch direkte Verhandlungen zu bereinigen, begab ich mich zur Steuerbehörde, um mit Herrn Seligson zu sprechen.
»Wie Sie sehen«, sagte ich und zeigte ihm meinen Personalausweis, »bin ich ein Schriftsteller und kein Fluß.«
Der Abteilungsleiter faßte mich scharf ins Auge:
»Wieso heißen Sie dann Kishon?«
»Aus Gewohnheit. Außerdem heiße ich auch noch Ephraim. Der Fluß nicht.«
Das überzeugte ihn. Er entschuldigte sich und ging ins Nebenzimmer, wo er den peinlichen Vorfall mit seinem Stab zu diskutieren begann, leider nur flüsternd, so daß ich nichts hören konnte. Nach einer Weile forderte er mich auf, in die offene Türe zu treten und mich mit erhobenen Händen zweimal im Kreis zu drehen. Nach einer weiteren Weile war die Abteilung offenbar überzeugt, daß ich im Recht sei oder zumindest im Recht sein könnte. Der Abteilungsleiter kehrte an seinen Schreibtisch zurück, erklärte die Mahnung für hinfällig und schrieb mit Bleistift auf den Akt: »Hat keinen Hafen. Seligson.« Dann machte er auf den Aktendeckel eine große Null und strich sie mit zwei diagonalen Linien durch.
Erleichtert kehrte ich in den Schoß meiner Familie zurück:

»Es war ein Irrtum. Die Logik hat gesiegt.«
»Siehst du!« antwortete die beste Ehefrau von allen.
»Man darf nie den Mut verlieren.«
Am Mittwoch traf die »Benachrichtigung über die Konfiskation beweglichen Gutes« bei mir ein:
»Da Sie unsere ›letzte Mahnung vor Beschlagnahme‹ unbeachtet gelassen haben«, schrieb Seligson, »und da Ihre Steuerschuld im Betrag von Isr. Pfund 20.012.11 bis heute nicht beglichen ist, sehen wir uns gezwungen, die gesetzlichen Vorschriften betreffend Beschlagnahme und Verkauf Ihres beweglichen Eigentums in Anwendung zu bringen. Sollten Sie Ihre Schuld inzwischen beglichen haben, dann betrachten Sie diese Mitteilung als gegenstandslos.«
Ich eilte zu Seligson.
»Schon gut, schon gut«, beruhigte er mich. »Es ist nicht meine Schuld. Für Mitteilungen dieser Art ist der elektronische Computer in Jerusalem verantwortlich, und solche Mißgriffe passieren ihm immer wieder. Kümmern Sie sich nicht darum.«
Soviel ich feststellen konnte, war die zuständige Stelle in Jerusalem vor ungefähr einem halben Jahr automatisiert worden, um mit der technischen Entwicklung Schritt zu halten. Seither besorgt der Computer die Arbeit von Tausenden traurigen Ex-Beamten. Er hat nur einen einzigen Fehler, nämlich den, daß die Techniker in Jerusualem mit seiner Arbeitsweise noch nicht so recht vertraut sind und ihn gelegentlich mit falschen Daten füttern. Die Folge sind gewisse Verdauungsstörungen, wie eben im Fall der an mir vorgenommenen Hafenreparatur.
Seligson versprach, das Mißverständnis ein für allemal

aus der Welt zu schaffen. Sicherheitshalber schickte er noch in meiner Gegenwart ein Fernschreiben nach Jerusalem, des Inhalts, daß man die Sache bis auf weiteres ruhen lassen sollte, auf seine Verantwortung.
Ich dankte ihm für diese noble Geste und begab mich in vorzüglicher Laune nach Hause.
Am Montagvormittag wurde unser Kühlschrank abgeholt. Drei stämmige Staatsmöbelpacker wiesen einen von S. Seligson gezeichneten Pfändungsauftrag vor, packten den in unserem Klima unentbehrlichen Nutzgegenstand mit geübten Pranken und trugen ihn hinaus. Ich umhüpfte und umflatterte sie wie ein aufgescheuchter Truthahn:
»Bin ich ein Fluß?« krähte ich. »Habe ich einen Hafen? Warum behandeln Sie mich als Fluß? Kann ein Fluß reden? Kann ein Fluß hüpfen?«
Die drei Muskelprotze ließen sich nicht stören. Sie besaßen einen amtlichen Auftrag, und den führten sie durch.
Auf dem Steueramt fand ich einen völlig niedergeschlagenen Seligson. Er hatte soeben aus Jerusalem eine erste Mahnung betreffend seine Steuerschuld von Isr. Pfund 20.012.11 für meine Reparaturen erhalten.
»Der Computer«, erklärte er mir mit gebrochener Stimme, »hat offenbar die Worte ›auf meine Verantwortung‹ falsch analysiert. Sie haben mich in eine sehr unangenehme Situation gebracht, Herr Kishon. Das muß ich schon sagen!«
Ich empfahl ihm, die Mitteilung als gegenstandslos zu betrachten – aber da kam ich schön an. Seligson wurde beinahe hysterisch:
»Wen der Computer einmal in den Klauen hat, den

läßt er nicht mehr los!« rief er und raufte sich das Haar. »Vor zwei Monaten hat der Protokollführer des parlamentarischen Exekutivausschusses vom Computer den Auftrag bekommen, seinen Stellvertreter zu exekutieren. Nur durch die persönliche Intervention des Justizministers wurde der Mann im letzten Augenblick gerettet. Man kann nicht genug aufpassen...«
Ich beantragte, ein Taxi zu rufen und nach Jersualem zu fahren, wo wir uns mit dem Computer aussprechen sollten, gewissermaßen von Mann zu Mann. Seligson winkte ab:
»Er läßt nicht mit sich reden. Er ist viel zu beschäftigt. Neuerdings wird er sogar für die Wettervorhersage eingesetzt. Und für Traumanalysen.«
Durch flehentliche Bitten brachte ich Seligson immerhin so weit, daß er den Magazinverwalter in Jaffa anwies, meinen Kühlschrank bis auf weiteres nicht zu verkaufen.
Einer am Wochenende eingelangten »Zwischenbilanz betr. Steuerschuldenabdeckung« entnahm ich, daß mein Kühlschrank bei einer öffentlichen Versteigerung zum Preis von Isr. Pfund 19.- abgegangen war und daß meine Schuld sich nur noch auf Isr. Pfund 19.933.11 belief, die ich innerhalb von sieben Tagen zu bezahlen hatte. Sollte ich in der Zwischenzeit...
Diesmal mußte ich in Seligsons Büro eine volle Stunde warten, ehe er keuchend ankam. Er war den ganzen Tag mit seinem Anwalt kreuz und quer durch Tel Aviv gesaust, hatte seinen Kühlschrank auf den Namen seiner Frau überschreiben lassen und schwor mir zu, daß er nie wieder für irgend jemanden intervenieren würde, am allerwenigsten für einen Fluß.

»Und was soll aus mir werden?« fragte ich.
»Keine Ahnung«, antwortete Seligson wahrheitsgemäß. »Manchmal kommt es vor, daß der Computer eines seiner Opfer vergißt. Allerdings sehr selten.«
Ich erwiderte, daß ich an Wunder nicht glaubte und die ganze Angelegenheit sofort und endgültig zu regeln wünschte.
Nach kurzem, stürmischem Gedankenaustausch trafen wir eine Vereinbarung, derzufolge ich die Kosten der in meinem Hafen durchgeführten Reparaturen in zwölf Monatsraten abzahlen würde. Mit meiner und Seligsons Unterschrift versehen, ging das Dokument sofort nach Jerusalem, um von meinem beweglichen Gut zu retten, was noch zu retten war.
»Mehr kann ich wirklich nicht für Sie tun«, entschuldigte sich Seligson. »Vielleicht wird der Computer mit den Jahren vernünftiger.«
»Hoffen wir's«, sagte ich.
Gestern erreichte mich der erste Scheck in der Höhe von Isr. Pfund 1.666.05, ausgestellt vom Finanzministerium und begleitet von einer Mitteilung Seligsons, daß es sich um die erste Monatsrate der insgesamt Isr. Pfund 19.993.11 handelte, die mir von der Steuerbehörde gutgeschrieben worden waren.
Meine frohe Botschaft, daß wir fortan keine Existenzsorgen haben würden, beantwortete die beste Ehefrau von allen mit der ärgerlichen Bemerkung, es sei eine Schande, daß man uns um die Zinsen betrüge, anderswo bekäme man sechs Prozent.
Die Zukunft gehört dem Computer. Sollten Sie das schon selbst gemerkt haben, dann betrachten Sie diese Mitteilung als gegenstandslos.

Der Dollar beruht auf dem Goldstandard, der Rubel auf der Geheimpolizei, das Israelische Pfund auf den Arabern. Das heißt: es beruht auf der Tatsache, daß unser Finanzminister, solange die Araber auf uns schießen, nichts dergleichen tut. Wenn es sich ab und zu ergibt, daß die Kampfhandlungen eine Zeitlang ruhen, erscheint am Horizont sogleich das Gespenst der Inflation. Leider müssen wir feststellen, daß der Staat Israel schon seit Jahren von keiner Inflation bedroht wird.

Elefantiasis

Das Parlament trat zu einer außerordentlichen Sitzung zusammen. Gegenstand der hitzigen Debatte war – wie könnte es anders sein – die Frage, ob die Klagemauer »Klagemauer« heißen sollte oder »Südliche Mauer«.
»Jetzt«, bemerkte Frau Kalaniot, »wäre eine gute Zeit, Elefanten zu kaufen.«
»Warum gerade jetzt?« fragte ich.
»Weil«, antwortete Frau Kalaniot, »der Preis noch unverändert ist. Sechs Pfund das Kilo, dazu 72 % Umsatzsteuer und 85 % Zoll. Wenn ich Geld hätte, würde ich sofort einen Elefanten kaufen.«
Ich versuchte zu widersprechen, aber Felix Seelig fiel mir ins Wort:
»Und dann wundert man sich, warum die Nachfrage nach Elefanten den Lebenskostenindex in die Höhe treibt. Nur weil das Kilo Elefant noch immer so viel kostet wie vor der Abwertung, müssen wir über kurz oder lang für alles andere doppelt soviel bezahlen.«

Ziegler stieß ein gellendes Lachen aus:
»Elefanten kaufen! Was für ein Unsinn. Wirklich, Kinder, manchmal habe ich das Gefühl, daß ihr alle verrückt seid. Elefanten! Welcher vernünftige Mensch kauft heute irgend etwas, das nicht aus einem der Länder mit harter Währung kommt? Die Elefanten sind bekanntlich nicht mit der Dollarzone assoziiert, und deshalb besteht keine Aussicht, daß ihr Preis jemals steigen wird.«
»Und wenn er trotzdem steigt?« fragte ich. »Man muß bedenken, daß ein Elefant nur so lange eine günstige Investition darstellt, als er wenig kostet. Wenn er teurer wird, ist er wertlos, weil man ihn nicht mehr verkaufen kann, sobald keine Aussicht besteht, daß sein Preis steigen wird.«
Ich hatte das Gefühl, daß man meine lichtvollen Ausführungen nicht ganz verstand. Die Runde zerstreute sich.
Zu Hause berichtete ich meiner Frau über das Elefantenproblem.
»Kaufen wir einen«, sagte sie. »Nur um sicherzugehen.«
Ich suchte Lubliners Tierhandlung auf und verlangte einen Elefanten.
»Ausverkauft«, antwortete Lubliner ohne mit der Wimper zu zucken.
Ich ließ mich nicht so leicht abweisen und hielt unauffällig Nachschau. Richtig: In einer dunklen Ecke, hinter einem Papageienkäfig, stand ein Elefant.
»Und was ist das?« fragte ich anzüglich.
Lubliner errötete und versuchte sich darauf auszureden, daß es zu seinen Geschäftsprinzipien gehörte, immer

mindestens ein Exemplar von jeder Gattung verfügbar zu haben.
»Wenn ich heute verkaufe – wer weiß, was ich morgen für die Nachlieferung zahlen muß. Zwei Elefanten warten auf mich unter Zollverschluß, und ich kann sie nicht herausbekommen. Die Regierung verlangt einen Zollzuschlag, weil der Elefantenpreis in die Höhe gehen wird, wenn sie einen Zollzuschlag verlangt.«
Ich verließ Lubliner mit leeren Händen. Offen gestanden: es tat mir nicht besonders leid. Ich habe bisher ohne einen Elefanten gelebt und werde auch weiter ohne einen Elefanten leben können.
Und was sehe ich plötzlich in einer Seitenstraße des Rothschild-Boulevards? Wer kommt mir da entgegen? Ziegler mit einem Elefanten an der Leine.
Ich trete auf ihn zu:
»Woher hast du den Elefanten?« frage ich.
»Welchen Elefanten?« fragt Ziegler.
»Den hinter dir.«
»Ach den.« Ziegler beginnt zu stottern. »Der gehört nicht mir. Mein Cousin ist auf Waffenübung und hat mich gebeten, das arme Tier spazierenzuführen.«
Das klang höchst unglaubwürdig. Seit wann führt man einen Elefanten spazieren? Ein Elefant ist ja kein Hund. Die beste Ehefrau von allen war der gleichen Ansicht, als ich ihr davon erzählte.
»Auch bei uns im Haus stimmt etwas nicht«, fügt sie hinzu. »Seit gestern höre ich aus der Wohnung der Kalaniots ein merkwürdiges Geräusch. Klingt wie Trompeten. Die haben sicherlich in der Zeitung gelesen, daß die Einfuhrgebühr für Elefanten erhöht werden soll.«
Ich nickte betreten und betrübt. Es ist nicht angenehm

zu wissen, daß jedermann im Umkreis etwas unternimmt, und nur man selbst steht da und läßt sich von der Entwicklung überrennen.
In der Nacht hörten wir gedämpftes Trampeln im Treppenhaus. Wir lugten durch den Gucker: Erna Seelig und ihr Mann stiegen auf Zehenspitzen zu ihrer Wohnung hinauf, zwei Elefanten im Schlepptau.
Als wir am nächsten Morgen die Zeitung öffneten, wurde uns alles klar: »Regierung untersucht Preiskartellbildung für Elefantenstoßzähne«, lautete eine balkendicke Überschrift.
Das also war's. Die beste Ehefrau von allen nahm sich erst gar nicht die Mühe, ihren Zorn zu verhehlen.
»Geh und mach was!« rief sie mir zu. »Und daß du mir ja nicht ohne einen Elefanten nach Hause kommst! Jeder Idiot weiß, was er zu tun hat, nur du nicht...«
Gegen Abend gelang es mir tatsächlich, einen preisgünstigen Elefanten zu erstehen. Ich kaufte ihn einem Neueinwanderer ab, der noch Steuerfreiheit genoß.
Der Elefant konnte sich nur mit Mühe durch das Haustor zwängen, das in den letzten Tagen merklich niedriger geworden war. Vermutlich lag das an den Elefanten. Fast jedes Stockwerk hatte mindestens einen aufzuweisen, und alle zusammen drückten das Mauerwerk nach unten. Im übrigen mußten wir sehr behutsam vorgehen, um den Verkäufer nicht noch nachträglich zu gefährden. Neueinwanderer dürfen ihre Elefanten frühestens nach Ablauf eines Jahres verkaufen.
Wir gingen zu Bett, fröhlich wie noch nie seit der Abwertung des Israelischen Pfunds.
Am nächsten Morgen stürzte das Haus ein. Aus den Trümmern arbeiteten sich elf Elefanten hervor und ra-

sten in wildem Galopp durch die Straßen. Die Experten behaupten, dies hätte sich vermeiden lassen, wenn die Elefanten an den Index gebunden wären.
Alles auf der Welt hat seinen Preis. Auch die wirtschaftliche Unabhängigkeit eines Landes.

Ein Fläschchen fürs Kätzchen

Wir alle haben unsere Schwächen. Manche von uns trinken, manche sind dem Spielteufel verfallen, manche sind Mädchenjäger oder Finanzminister. Meine Frau, die beste Ehefrau von allen, ist Katzenliebhaberin. Die Katzen, die sie liebhat, sind aber keine reinrassigen Edelprodukte aus Siam oder Angora, sondern ganz gewöhnliche, ja geradezu ordinäre kleine Biester, die in den Straßen umherstreunen und durch klägliches Miauen kundtun, daß sie sich verlassen fühlen. Sobald die beste Ehefrau von allen eine dieser armseligen Kreaturen erspäht, bricht ihr das Herz, Tränen stürzen ihr aus den Augen, sie preßt das arme kleine Ding an sich, bringt es mit nach Hause und umgibt es mit Liebe, Sorgfalt und Milch. Bis zum nächsten Morgen.
Am nächsten Morgen ist ihr das alles schon viel zu langweilig.
Am nächsten Morgen spricht sie zu ihrem Gatten wie folgt:
»Möchtest du mir nicht wenigstens ein paar Kleinigkeiten abnehmen? Ich kann nicht alles allein machen. Rühr dich gefälligst.«
Und so geschah es auch mit Pussy. Sie hatte Pussy tags zuvor an einer Straßenecke entdeckt und ohne Zögern adoptiert. Zu Hause stellte sie sofort einen großen Teller mit süßer Milch vor Pussy hin und schickte sich an, mit mütterlicher Befriedigung zuzuschauen, wie Pussy den Teller leerlecken würde.
Pussy tat nichts dergleichen. Sie schnupperte nur ganz kurz an der Milch und drehte sich wieder um.
Fassungslos sah es die Adoptivmama. Wenn Pussy keine

Milch nähme, würde sie ja verhungern. Es mußte sofort etwas geschehen. Aber was?
Im Verlauf der nun einsetzenden Beratung entdeckten wir, daß Pussy zur großen, glücklichen Familie der Säugetiere gehörte und folglich die Milch aus einer Flasche eingeflößt bekommen könnte.
»Das trifft sich gut«, sagte ich. »Wir haben ja für unsern Zweitgeborenen, das Knäblein Amir, nicht weniger als acht sterilisierte Milchflaschen im Hause, und –«
»Was fällt dir ein?! Die Milchflaschen unseres Amirlein für eine Katze?! Geh sofort hinunter in die Apotheke und kauf ein Schnullerfläschchen für Pussy!«
»Das kannst du nicht von mir verlangen.«
»Warum nicht?«
»Weil ich mich schäme. Ein erwachsener Mensch, noch dazu ein anerkannter Schriftsteller, den man in der ganzen Gegend auch persönlich kennt, kann doch unmöglich in eine Apotheke gehen und ein Schnullerfläschchen für eine Katze verlangen.«
»Papperlapapp«, replizierte meine Gattin. »Nun geh schon endlich.«
Ich ging, mit dem festen Entschluß, die wahre Bestimmung des Fläschchens geheimzuhalten.
»Ein Milchfläschchen, bitte«, sagte ich dem Apotheker.
»Wie geht es dem kleinen Amir?« fragte er.
»Danke, gut. Er wiegt bereits zwölf Pfund.«
»Großartig. Was für eine Flasche soll es denn sein?«
»Die billigste«, sagte ich.
Ringsum entstand ein ominöses Schweigen. Die Menschen, die sich im Laden befanden – es waren ihrer fünf oder sechs –, rückten deutlich von mir ab und betrachteten mich aus feindselig geschlitzten Augen. »Seht ihn

euch nur an, den Kerl«, bedeuteten ihre Blicke. »Gut gekleidet, Brillenträger, fährt ein großes Auto – aber für seinen kleinen Sohn kauft er die billigste Flasche. Es ist eine Schande.«
Auch vom Gesicht des Apothekers war das freundliche Lächeln verschwunden:
»Wie Sie wünschen«, sagte er steif. »Ich möchte Sie nur darauf aufmerksam machen, daß diese billigen Flaschen sehr leicht zerbrechen.«
»Macht nichts«, antwortete ich leichthin. »Dann leime ich sie wieder zusammen.«
Der Apotheker wandte sich achselzuckend ab und kam mit einer größeren Auswahl von Milchflaschen zurück. Es waren lauter Prachterzeugnisse der internationalen Milchflaschenindustrie. Nur ganz am Ende des Assortiments, schamhaft versteckt, lag ein kleines, häßliches, schäbiges Fläschchen in Braun.
Ich nahm alle Kraft zusammen:
»Geben Sie mir das braune.«
Das abermals entstandene Schweigen, noch ominöser als das erste, wurde von einer dicklichen Dame unterbrochen:
»Es geht mich nichts an«, sagte sie, »und ich will mich nicht in Ihre Privatangelegenheiten mischen. Aber Sie sollten sich das doch noch einmal überlegen. Ein Kind ist der größte Schatz, den Gott uns schenken kann. Wenn Sie so schlecht dran sind, mein Herr, daß Sie sparen müssen, dann sparen Sie überall anders, nur nicht an Ihrem kleinen Sohn. Für ein Kind ist das Beste gerade gut genug. Glauben Sie einer mehrfachen Mutter!«
Ich tat, als hätte ich nichts gehört, und erkundigte mich nach den Preisen der verschiedenen Flaschen. Sie ran-

gierten zwischen 5 und 8 Israelischen Pfunden. Die braune, auf die meine Wahl gefallen war, kostete nur 35 Aguroth.
»Mein kleiner Bub ist sehr temperamentvoll«, sagte ich ein wenig stotternd. »Ein rechtes Teufelchen. Zerschlägt alles, was ihm in die Hände kommt. Es wäre ganz sinnlos, eine teure Flasche für ihn zu kaufen. Er ruiniert sie sofort.«
»Warum sollte er?« fragte der Apotheker. »Wenn Sie sein kleines Köpfchen mit der linken Hand vom Nakken aus stützen ... sehen Sie: so ... während Sie ihm mit der rechten Hand die Milch einflößen, ist alles in Ordnung. Oder scheint Ihnen das nicht der Mühe wert?«
Vor meinem geistigen Auge erschien Pussy, in sauberen Windeln gegen meine linke Hand gestützt und begehrlich nach dem Fläschchen schnappend. Ich schüttelte den Kopf, um das Spukbild zu vertreiben.
»Sie wissen wohl nicht, wie man ein Kleinkind behandelt?« ließ die dicke mehrfache Mutter sich vernehmen. »Ja, ja, die jungen Ehepaare von heute ... Aber dann sollten Sie wenigstens eine Nurse haben. Haben Sie eine Nurse?«
»Nein ... das heißt ...«
»Ich werde Ihnen eine sehr gute Nurse verschaffen!« entschied die Dicke. »So, wie Sie Ihr Baby behandeln, kriegt es ja einen Schock fürs ganze Leben ... warten Sie ... ich habe zufällig die Telefonnummer bei mir ...«
Und schon war meine Wohltäterin am Telefon, um eine Nurse für mich zu engagieren. Verzweifelt sah ich mich um. Die Ausgangstür war nur drei Meter von mir entfernt. Hätten die beiden untersetzten Männergestalten,

die meinen Blick offenbar bemerkt hatten, nicht die Tür blockiert, dann wäre ich mit einem Satz draußen gewesen und heulend im Nebel verschwunden. Aber es war zu spät.
»Sie sollten der Dame dankbar sein«, empfahl mir der Apotheker. »Sie hat vier Kinder, und alle sind bei bester Gesundheit. Verlassen Sie sich drauf: sie verschafft Ihnen eine ausgezeichnete Nurse, die den kleinen Amir von seinen nervösen Zuständen heilen wird.«
Ich darf bei dieser Gelegenheit einflechten, daß mein zweitgeborener Sohn Amir das normalste Kind im ganzen Nahen Osten ist und keinerlei ›Zustände‹ hat, von denen ihn irgend jemand heilen müßte. Es blieb mir nur noch die Hoffnung, daß die geschulte Nurse am andern Ende des Telefons nicht zu Hause wäre.
Sie war zu Hause. Die feiste Madame, die sich nicht in meine Privatangelegenheiten mischen wollte, teilte mir triumphierend mit, daß Fräulein Mirjam Kussevitzky, diplomierte Nurse, bereit wäre, morgen bei mir vorzusprechen. »Paßt Ihnen elf Uhr vormittag?« fragte das Monstrum.
»Nein«, antwortete ich, »da habe ich zu tun.«
»Und um eins?«
»Fechtstunde.«
»Auch Ihre Frau?«
»Auch meine Frau.«
»Dann vielleicht um zwei?«
»Da schlafen wir.«
»Um vier?«
»Da schlafen wir noch immer. Fechten macht müde.«
»Sechs?«
»Um sechs erwarten wir Gäste.«

»Acht?«
»Um acht gehen wir ins Museum.«
»Das hat man davon, wenn man jemandem uneigennützig helfen will!« rief die uneigennützige Helferin mit zornbebender Stimme und schmiß den Hörer hin.
»Dabei hätte Ihnen dieser Informationsbesuch keine Kosten verursacht, wie Sie in Ihrem Geiz wahrscheinlich befürchten. Es ist wirklich unerhört.«
Ein leichter Schaum trat auf ihre Lippen. Die übrigen Anwesenden zogen einen stählernen Ring um mich. Es sah bedrohlich nach Lynchjustiz aus.
Aus dem Hintergrund kam die eisige Stimme des Apothekers:
»Soll ich Ihnen also die braune Flasche einpacken? Die billigste?«
Ich bahnte mir den Weg zu ihm und nickte ein stummes Ja. Insgeheim gelobte ich, wenn ich gesund und lebendig von hier wegkäme, ein Waisenhaus für verlassene Katzen zu stiften.
Der Apotheker unternahm einen letzten Bekehrungsversuch:
»Sehen Sie sich doch nur diesen billigen Gummiverschluß an, oben auf der Flasche. Er ist von so schlechter Qualität, daß er sich schon nach kurzem Gebrauch ausdehnt. Das Kind kann Gott behüte daran ersticken.«
»Na wenn schon«, erwiderte ich mit letzter Kraft. »Dann machen wir eben ein neues.«
Aus dem drohenden Ring, der mich jetzt wieder umgab, löste sich ein vierschrötiger Geselle, trat auf mich zu und packte mich am Rockaufschlag.
»Sind Sie sich klar darüber«, brüllte er mir ins Gesicht,

»daß man mit diesen billigen Flaschen keine Babys füttert, sondern Katzen?!«
Das war zuviel. Ich war am Ende meiner Widerstandskraft.
»Geben Sie mir die beste Flasche, die Sie haben«, hauchte ich dem Apotheker zu.
Ich verließ den Laden mit einer sogenannten »Super-Pyrex-Babyflasche«, der eine genaue Zeit- und Quantitätstabelle beilag sowie ein Garantieschein für zwei Jahre und ein anderer gegen Feuer-, Wasser- und Erdbebenschaden. Preis 8.50 Pfund.
»Warum, du Idiot«, fragte die beste Ehefrau von allen, als ich die Kostbarkeit ausgepackt hatte, »warum mußtest du die teuerste Flasche kaufen?«
»Weil ein verantwortungsbewußter Mann an allem sparen darf, nur nicht an seinen Katzen«, erwiderte ich.

Das Geheimnis der Redekunst

Es verstand sich von selbst, daß wir über die Feiertage an den Tiberias-See fahren würden, die ganze Familie. Papi saß am Steuer, die beste Ehefrau von allen saß neben ihm und döste, die Knaben Rafi und Amir betätigten sich im Fond als Tierstimmen-Imitatoren. Als sie bei der Hyäne angelangt waren, bat ich um Ruhe.
Sie blieb nur für eine kurze Weile gewahrt. Dann schlug Amir seinem älteren Bruder vor, das Ja-Nein-Ich-Schwarz-Weiß-Spiel zu spielen.
»Laß mich in Ruh«, sagte Rafi. »Das ist ein Spiel für kleine Kinder.«
Amir, in seiner Eigenschaft als kleines Kind, begann zu heulen.
Ich griff beruhigend ein:
»Gut, gut, gut. Papi wird mit euch dieses... na, wie heißt es denn... also dieses Spiel spielen.«
»Es heißt das Ja-Nein-Ich-Schwarz-Weiß-Spiel«, belehrte mich Amir und gab mir die Spielregeln bekannt. »Ja-Nein-Ich-Schwarz-Weiß. Du darfst keines dieser Wörter gebrauchen. Wenn du trotzdem eines gebrauchst, bist du ein Idiot. Es ist ein sehr hübsches Spiel.«
Wir fingen an.
»Bist du bereit?« fragte mein Sohn.
»Ja«, antwortete ich – und hatte damit auch schon den ersten Punkt verloren.
»Idiot«, sagte Amir und wiederholte die verhängnisvolle Frage: »Du bist also bereit?«
»Vollkommen.«
Mit diabolischem Scharfblick hatte ich die Falle erkannt und vermieden.

»Ist Amir ein schönes Kind?« fragte lauernd mein Sohn.
»Möglich.«
»So kann man nicht spielen«, tadelte Amir. »Du mußt in ganzen Sätzen antworten.«
»Gut. Also: es sieht ganz danach aus, als wärest du ein schönes Kind, Amir, mein Sohn.«
»Was für eine Farbe hat der Schnee?«
Das war abermals eine Falle, und ich wußte ihr abermals zu entgehen: »Der Schnee hat eine außerordentlich helle Farbe.«
Jetzt versuchte es Amir auf andre Weise:
»Möchtest du gerne singen?«
Ohne Zweifel erwartete er eine Antwort, in der zumindest das Wörtchen ›ich‹ vorkäme. Nun, da hatte er sich verrechnet.
»Es bereitet mir kein Vergnügen, dich zu enttäuschen«, sagte ich. »Aber meine Stimme ist leider nicht so geartet, daß sie sich zum Singen eignen würde.«
»Warum sprichst du so langsam?«
»Im allgemeinen ist das nicht meine Gewohnheit. Im vorliegenden Fall jedoch erscheint es mir als der einzige Weg, die von euch gestellten Fallen zu umgehen.«
»In Ordnung, Papi. Du hast das Spiel erlernt.«
»Allerdings. Niemand wird bestreiten, daß meine Bemühungen um die Bewältigung der Schwierigkeit, auf bestimmte Wörter zu verzichten, sich als erfolgreich erwiesen haben.«
»Welche Wörter meinst du?« Amir unternahm einen letzten, verzweifelten Ausfall.
»Es handelt sich um bestimmte Schlüsselwörter, die auf Grund einer für alle Beteiligten bindenden Überein-

kunft von mir nicht verwendet werden dürfen, um meinen Partnern keine Gelegenheit zu bieten, mich als Verlierer zu bezeichnen. Wie sich zeigt, hat die Fähigkeit meines Intellekts, sich an gegebene Umstände anzupassen, das gewünschte Resultat gezeitigt, sie ist sogar, so darf man füglich annehmen, bereits zu einem integralen Bestandteil meines geistigen Habitus geworden, ohne meine rhetorischen Qualitäten nachteilig zu beeinflussen...«
Ich verstummte. Ein Schauer des Entsetzens kroch meinen Rücken hoch. Was für eine Ausdrucksweise war das? Woher kannte ich sie? Wer sprach da aus meiner Kehle? Nein! Um Gottes willen: nein!
Es war – und der Wagen wäre fast ins Schleudern geraten, als mir das innewurde – es war Abba Eban.
Genau so spricht er, unser Außenminister. Genau mit dieser Technik ist er in den Ruf gekommen, einer der größten lebenden Redner zu sein, genau damit beeindruckt er die Generalversammlung der Vereinten Nationen: mit Amirs Ja-Nein-Ich-Schwarz-Weiß-Spiel.
Zugegeben: er beherrscht die Regeln des Spiels ganz hervorragend.

> Der heiß ersehnte Friede in unseren Gegenden wird weder durch die vier Großmächte zustande gebracht werden noch durch den Generalsekretär der UNO, sondern durch die Sexbombe, die im jordanischen Fernsehen als Sprecherin tätig ist. Sie betreibt ihre Hetze gegen Israel so charmant, daß man der jungen Dame am liebsten um den Hals fallen möchte. Wenn wir ihre reizenden Grübchen öfter auf unseren Bildschirmen zu sehen bekämen, würden wir uns über kurz oder lang in die arabische Freiheitsbewegung eingliedern.

Assimilation via Bildschirm

Wir haben für unser Kind einen Fernsehapparat gekauft.
Als wir vor ein paar Tagen die Stocklers besuchten, hatten sie gerade den Sender Kairo eingestellt, der einen von Katzenmusik nicht übermäßig weit entfernten Chorgesang in den Äther schickte. Die beste Ehefrau von allen setzte sich mit Amir auf den Knien vor den Bildschirm, und es gelang ihr, unserem gebannt zusehenden Liebling, einem der bewährtesten Veranstalter von Hungerstreiks, zwei Butterbrote in den offenen Mund zu stopfen.
»Na, Amirlein?« fragte sie nachher. »Möchtest du, daß Papi dir auch so einen schönen Apparat kauft?«
»Nein«, antwortete Amir. »Ich will ein Fahrrad.«
Es ist kaum zu glauben. Dieser verzogene Bengel macht mir Vorschriften, was ich kaufen oder nicht kaufen

soll. Fahrräder sind bekanntlich zur Förderung der Nahrungsaufnahme völlig ungeeignet. Der Bub würde stundenlang im Garten oder gar auf der Straße herumradeln, und wir könnten ihn nur mit größter Mühe wieder ins Haus locken. Außerdem gibt es im Fernsehen das sogenannte »Erziehungs-Programm«. Aber wer hat je von erzieherischen Fahrrädern gehört?
Wir kauften dem Kind einen Fernsehapparat. Wir kauften das neueste und teuerste Modell, mit einer großen Zahl von Knöpfen, Tasten und Monatsraten. Dazu verlangte ich eine entsprechende Antenne und machte dem Verkäufer klar, daß ich ausschließlich das heimische Programm zu empfangen wünschte; an den arabischen Horror-Sendungen wäre ich nicht interessiert.
»Ausgezeichnet, mein Herr«, dienerte der Verkäufer. »Wie recht Sie doch haben. Dann brauchen Sie nur eine kleine einarmige Zimmerantenne.«
Ich entschied mich für eine große fünfarmige Dachantenne. Wer weiß, vielleicht besetzen wir eines Tages Kairo, und da möchte ich für unseren kleinen Liebling das Erziehungsprogramm empfangen können. Vorläufig sind wir auf die israelischen Versuchssendungen angewiesen, die den Fehler haben, sehr kurz zu sein. Am ersten Abend, als wir den Apparat einweihten, wurde im Erziehungsprogramm eine Szene aus einem Theaterstück übertragen. Kaum hatte sie begonnen, läutete draußen der Telegrammbote, und als ich nach Unterzeichnung des Empfangsscheins ins Zimmer zurückkam, war das Erziehungsprogramm vorbei.
Um die fünfarmige Dachantenne zu erproben, schalteten wir einen arabischen Sender ein. Auf dem Bildschirm erschien eine dunkelhäutige, leicht schielende

Frauengestalt, die mit schriller Stimme in ihrer Muttersprache darauflosezeterte. In solchen Fällen macht es sich nachteilig bemerkbar, daß ich europäischer Herkunft und mit der führenden Sprache des Vorderen Orients nicht vertraut bin. Meine Sabra-Gattin hingegen lauschte der Sendung fasziniert bis zum Ende. Dann sagte sie: »Ich habe kein Wort verstanden. Es war leider Schriftarabisch.«
Als nächstes bekamen wir einen gutaussehenden Herrn vorgesetzt, der zur Begleitung eines vielköpfigen Orchesters und unter leichtem Schielen unausgesetzt schluchzte, immer auf dem gleichen Ton, nur mit gelegentlichem Wechsel der Lautstärke. Ich kam mir allmählich ein wenig idiotisch vor. Was trieb mich denn, mich, einen von abendländischer Kultur geprägten Intellektuellen, meine kostbare Zeit an kreischende Eingeborene zu verschwenden? Ich verließ den Apparat und den Raum, zog mich in mein Arbeitszimmer zurück und kam erst zur Nachrichtensendung wieder. Jetzt zeigte sich, daß wir eine Sendung aus Amman, der Hauptstadt des haschemitischen Königreichs, erwischt hatten. Wir erkannten das daran, daß der Sprecher mehrmals mit devotem Aufschlag seiner schielenden Augen den Namen König Husseins erwähnte. Dann schien er sich an uns zu wenden, denn er gebrauchte häufig das Wort »Yezrailin«, und bei jedem Gebrauch sprühten Flammen des Hasses aus seinen Augen. Dabei sah er mir direkt ins Gesicht oder vielleicht jemandem hinter mir, es war schwer zu entscheiden.
»Was sagt er denn?« fragte ich meine Frau.
»Keine Ahnung«, erklärte sie. »Ich verstehe ihn nicht. Er spricht Schriftarabisch.«

Rätselhaft, warum sie unter solchen Umständen nun schon stundenlang vor dem Bildschirm saß. Wahrscheinlich war der weiche, bequeme Armstuhl daran schuld. Der meinige hatte auf mich die Wirkung, daß ich einschlief.
Ich erwachte mitten in eine Burleske hinein, die ebenso primitiv wie langweilig war. Sie zeigte einen als Frau verkleideten Mann und einen nicht verkleideten im Pyjama, dessen Gattin bald darauf nach Hause kam, worauf der Verkleidete etwas sagte und der im Pyjama auf den Mann, der in Begleitung der Frau gekommen war, heftig einschrie, worauf die beiden – der mit der Frau und der im Pyjama – zusammen abgingen; dann erschien eine ungemein beleibte Dame und rief dem als Frau verkleideten Mann etwas zu, dann kam der Mann im Pyjama zurück, umkreiste die dicke Dame und verfluchte sie fäusteschüttelnd, dann sagte sie etwas, was den als Frau Verkleideten zu einem Sprung aus dem Fenster veranlaßte, und dann verlor ich den Überblick. Nach zwei Stunden war die Qual ausgestanden. Der Sender Amman entließ mich zu den Klängen der jordanischen Hymne und zeigte mir noch rasch ein überlebensgroßes Porträt von König Hussein. Da es mittlerweile recht spät geworden war, ging ich zu Bett. Im Traum hörte ich das gutturale Schluchzen des schielenden Sängers und sah mich selbst in einer ganz kurzen Sequenz, wie ich die dunkelhaarige Sexbombe verfolgte und immer wieder »Abadan, Abadan« rief, ich weiß nicht warum, denn ich kenne kein solches Wort.
Am nächsten Tag stellte ich versuchsweise denselben Kanal ein, um meinem Söhnchen die dunkelhaarige Sprecherin zu zeigen. Zu meiner Enttäuschung kam eine an-

dere Dame, die nicht annähernd so überzeugend wirkte, zumal auf ein kleines Kind. Auch sie sprach allerlei unverständliches Zeug und wurde von einer jungen, kaum merklich schielenden Sängerin abgelöst, die mit einschmeichelnder Stimme anti-israelische Wiegenlieder sang, wobei sie auf einer Art plastischer Landkarte stand und das als Israel kenntliche Gebiet mit Füßen trat. Jedes ihrer Wiegenlieder endete mit dem sogar mir verständlichen Ausruf: »Inschallah, töte sie alle!« der von einem unsichtbaren Männerchor lautstark wiederholt wurde:
»Töte sie alle, töte sie alle!«
Zugegeben, der Text war nicht besonders einfallsreich, aber die Melodie ging ins Ohr. Ich versank in tiefen Schlummer, aus dem ich von meiner Frau geweckt wurde. Sie wollte wissen, warum ich im Schlaf immer wieder »Töte sie alle!« gerufen und nachher die Melodie eines Kinderliedes gesummt hätte.
»Wer summt? Ich summe?« antwortete ich in begreiflichem Ärger. »Daschrini, ya hamra!« Das ist arabisch und heißt »Halt den Mund!«
Die arabischen Sender beginnen ihr Programm um 9 Uhr. Am nächsten Tag erschien um diese Zeit der jordanische Ministerpräsident – ein eleganter Mann, ungeachtet seines Schielens –, der mit gutturaler Stimme eine Ansprache an die Beduinengewerkschaft hielt. Er sprach ungefähr eine Stunde, und zwar gegen den Feind, also gegen uns; jedesmal, wenn er »Falastin biladna, vaal Yachud kiladna!« ausrief (was soviel heißt wie »Palästina gehört uns, Tod den Juden!«), fiel ich begeistert in den Applaus ein. Anschließend nahm ich mit großer Freude die Darbietungen eines Streichorchesters

entgegen. Jeder dieser Geiger ist ein Virtuose seines Fachs. Und sie alle – einige von ihnen schielen – sind wunderbar aufeinander abgestimmt. Keiner fällt aus dem Rhythmus, der für ungeübte Hörer ohne Dachantenne vielleicht etwas eintönig klingt, aber für Zwecke der Einschläferung geradezu ideal ist. Mit halb offenem Mund und halb geschlossenen Augen saß ich da und merkte gar nicht, daß meine Frau vor mir stand:
»Ephraim«, flüsterte sie angsterfüllt. »Um Himmels willen, Ephraim! Was machst du da?«
Was machte ich da? Ich hielt ein Perlenhalsband in der Hand und ließ die einzelnen Perlen durch meine Finger gleiten, eine nach der andern. Wann ich es meiner Frau vom Hals gerissen hatte, wußte ich nicht mehr. Aber es beruhigt die Nerven ...
Seit neuestem ertappe ich mich dabei, wie ich etwas Gutturales vor mich hin summe. Mein Gewicht nimmt zu. Gestern, während der Rede von Sadat, verzehrte ich mehrere Portionen Humuss mit Burgul und einen Korb Pistazien. Die Rede gefiel mir. Auch Sadat gefällt mir. Mir ist, als wäre er mein Bruder. Dennoch sehnte ich mich nach dem Anblick der Dunkelhaarigen mit den Grübchen, schon um sie endlich meinem kleinen Sohn zu zeigen. Leider erschien an ihrer Stelle abermals die schielende Sprecherin, die ein lustiges Lustspiel ankündigte. Ich lachte mich krank und wollte auch meine Frau an dem Vergnügen teilhaben lassen.
»Weib«, rief ich. »Yah Weib! Schlabi ktir!«
Ihre Antwort lautete:
»Aiuah!«
In der letzten Zeit schielt sie ein wenig, die Süße. Mich stört es nicht. Wir kommen besser miteinander aus als

je zuvor. Vor ein paar Tagen allerdings schrie sie mich zornig an, als ich meine Wasserpfeife auf den neuen Teppich ausleerte. Macht nichts. Dafür beherrscht sie die schwierigsten arabischen Brettspiele. Gestern abend, als wir uns mangels eines arabischen Programms vom Bildschirm abwandten, wo ein dummer amerikanischer Krimi lief, besiegte sie mich dreimal hintereinander.
Ich gehe nur noch in Pantoffeln und sitze mit Vorliebe auf bunten, weichen Kissen.
Meine europäische Herkunft macht es mir schwer, mich richtig und rasch zu assimilieren. Aber mit Allahs Hilfe
لعيش الايجابية ، وخلق المجتمع المنسجم الذي نسعى اليه
Ich hoffe es.

Außer auf der schon früher erwähnten Bio-Placenta-Creme beruht die Schönheit der israelischen Frauen noch auf einer andern großen Erfindung unseres Jahrhunderts: auf den Kontaktlinsen. Sie verwandeln eine brillentragende Hausfrau pfeilschnell in eine blinde Sexbombe.

Kontakt mit Linsen

»Ephraim«, sagte meine Frau, die beste Ehefrau von allen, »Ephraim – bin ich schön?«
»Ja«, sagte ich. »Warum?«
Es zeigte sich, daß die beste Ehefrau von allen sich schon seit geraumer Zeit mit diesem Problem beschäftigt hatte. Sie weiß natürlich und gibt auch zu, daß nichts Besonderes an ihr dran ist. Trotzdem jedoch und immerhin: irgend etwas, so meint sie, sei doch an ihr dran. Das heißt: wäre an ihr dran, wenn sie keine Brille tragen müßte.
»Eine Frau mit Brille«, sagte sie, »ist wie eine gepreßte Blume.«
Dieser poetische Vergleich war nicht auf ihrem Mist gewachsen. Sie mußte den Unsinn irgendwo gelesen haben. Wahrscheinlich in einem Zeitungsinserat, das die gigantischste Erfindung seit der Erfindung des Rades anpries: die Kontaktlinsen. Die ganze zivilisierte Welt ist voll damit. Zwei winzige, gläserne Linsen, höchstens 5 Millimeter im Durchmesser, die man ganz einfach auf den Augapfel aufsetzt – und schon ist alles in Ordnung. Deine Umgebung sieht nichts, die menschliche Gesellschaft sieht nichts, nur dein scharf bewehrtes Auge sieht alles. Es ist ein Wunder und eine Erlösung, beson-

ders für kurzsichtige Schauspielerinnen, Korbballspieler und alte Jungfern.
Auch über unser kleines Land hat der Zauber sich ausgebreitet. »Ein Mannequin aus Haifa«, so hieß es auf einem der jüngsten Werbeplakate, »begann Kontaktlinsen zu tragen – und war nach knapp drei Monaten bereits die geschiedene Frau eines gutaussehenden südamerikanischen Millionärs.«
Eine sensationelle Erfindung. Es lebe die Kontaktlinse! Nieder mit den altmodischen, unbequemen Brillen, die eine starre Glaswand zwischen uns und die Schönheit weiblicher Augen schieben!
»Ich habe mir die Adresse eines hervorragenden Experten verschafft«, informierte mich meine Gattin. »Kommst du mit?«
»Ich?«
»Natürlich du. Du bist es ja, für den ich schön sein will.«
Im Wartezimmer des hervorragenden Experten warteten ungefähr tausend Patienten. Die meisten von ihnen waren mit dem Gebrauch von Kontaktlinsen bereits vertraut. Einige hatten sich so sehr daran gewöhnt, daß nicht einmal sie selbst mit Sicherheit sagen konnten, ob sie Kontaktlinsen trugen oder nicht. Das war offenbar der Grund, warum sie den hervorragenden Experten aufsuchten.
Ein Herr in mittleren Jahren demonstrierte gerade die Leichtigkeit, mit der sich die Linse anbringen ließ. Er legte sie auf die Spitze seines Zeigefingers, dann, bitte aufzupassen, hob er den Finger direkt an seine Pupille – und ohne mit der Wimper zu zucken – halt – wo ist die Linse?

Die Linse war zu Boden gefallen. Achtung! Vorsicht! Bitte um Ruhe! Bitte um keine wie immer geartete Bewegung!
Wir machten uns das entstandene Chaos zunutze und schlüpften ins Ordinationszimmer des Spezialisten, eines netten jungen Mannes, der seinen Beruf als Optiker mit enthusiastischer Gläubigkeit ausübte.
»Es ist ganz einfach«, verkündete er. »Das Auge gewöhnt sich nach und nach an den Fremdkörper, und in erstaunlich kurzer Zeit –«
»Verzeihung«, unterbrach ich ihn. »In *wie* erstaunlich kurzer Zeit?«
»Das hängt davon ab.«
»Wovon hängt das ab?«
»Von verschiedenen Umständen.«
Der Fachmann begann eine Reihe fachmännischer Tests durchzuführen und erklärte sich vom Ergebnis hoch befriedigt. Die Beschaffenheit des Okular-Klimas meiner Gattin, so erläuterte er, sei für Kontaktlinsen ganz besonders gut geeignet. Dann demonstrierte er, wie einfach sich die Linse auf die Pupille placieren ließ und wie einfach sie sechs Stunden später wieder zu entfernen war.
Ein kleines Schnippen des Fingers genügte.
Die beste Ehefrau von allen erklärte sich bereit, die riskante Prozedur auf sich zu nehmen.
Eine Woche später wurden ihr die perfekt zugeschliffenen Linsen in einem geschmackvollen Etui zugestellt, wofür ich einen geschmackvollen Scheck in Höhe von 300 Pfund auszustellen hatte.
Noch am gleichen Abend, im Rahmen einer kleinen Familien-Reunion, begann sie mit dem Gewöhnungs-

prozeß, streng nach den Regeln, an die sie sich fortan halten wollte: erster Tag – 15 Minuten, zweiter Tag – 20 Minuten, dritter Tag –
Dritter Tag? Was für ein dritter Tag, wenn ich fragen darf? Genauer gefragt: was für ein zweiter? Und ganz genau: was für ein erster?
Kurzum: nachdem sie die beiden mikroskopisch kleinen, unmerklich gewölbten Dinger vorschriftsmäßig gesäubert hatte, legte sie die eine Linse auf ihre Fingerspitze und bewegte ihren Finger in Richtung Pupille. Der Finger kam näher, immer näher – er wurde größer, immer größer – er wuchs – er nahm furchterregende Dimensionen an –
»Ephraim, ich habe Angst!« schrie sie in bleichem Entsetzen.
»Nur Mut, nur Mut«, sagte ich beruhigend und aufmunternd zugleich. »Du darfst nicht aufgeben. Schließlich habe ich für das Zeug 300 Pfund gezahlt. Versuch's noch einmal.«
Sie versuchte es noch einmal. Zitternd, mit zusammengebissenen Zähnen, führte sie den Finger mit der Linse an ihr Auge heran – näher als beim ersten Versuch – schon war er ganz nahe vor dem Ziel – schon hatte er das Ziel angepeilt – und schwupps! war er im Weißen ihres Auges gelandet.
Es dauerte ungefähr eine halbe Stunde, bis die Linse richtig auf der Pupille saß. Aber dann war's herrlich! Keine Brillen – das Auge bewahrt seine natürliche Schönheit – seinen Glanz – sein Glitzern – es ist eine wahre Pracht. Natürlich gab es noch kleine Nebeneffekte und Störungen. Zum Beispiel waren die Nackenmuskeln zeitweilig paralysiert und der Ausdruck des

ständig nach oben gekehrten Gesichts war ein wenig starr. Aber anders hätte das bejammernswerte Persönchen ja überhaupt nichts gesehen, anders hätte sie unter ihren halb geschlossenen Augenlidern auch noch zwinkern müssen. Und mit dem Zwinkern wollte es nicht recht klappen. Es tat weh. Es tat, wenn sie es auch nur ansatzweise versuchte, entsetzlich weh. Deshalb versuchte sie es gar nicht mehr. Sie saß da wie eine tiefgekühlte Makrele, regungslos gegen die Rückenlehne des Sessels gelehnt, und die Tränen liefen ihr aus den starr zur Decke gerichteten Augen. Volle fünfzehn Minuten lang. Dann ertrug sie es nicht länger und entfernte die Linsen.
Das heißt: sie würde die Linsen entfernt haben, wenn sich die Linsen hätten entfernen lassen. Sie ließen sich aber nicht. Sie trotzten den immer verzweifelteren Versuchen, sie zu entfernen. Sie rührten sich nicht.
»Steh nicht herum und glotz nicht so blöd!« winselte die beste Ehefrau von allen. »Tu etwas! Rühr dich!«
Ich konnte den tadelnden Unterton in ihrer Stimme wohl verstehen. Schließlich hatte sie all diese Pein nur meinetwegen auf sich genommen. Ich suchte in meinem Werkzeugkasten nach einem geeigneten Instrument, mit dem sich die tückischen kleinen Gläser hätten entfernen lassen, schüttete den gesamten Inhalt des Kastens auf den Boden, fand aber nur eine rostige Beißzange, und mußte zwischendurch immer wieder die Schmerzensschreie meiner armen Frau anhören. Schließlich rief ich telefonisch eine Ambulanz herbei.
»Hilfe!« schrie ich ins Telefon. »Ein dringender Fall! Zwei Kontaktlinsen sind meiner Frau in die Augen gefallen! Es eilt!«

»Idiot!« rief die Ambulanz zurück. »Gehen Sie zu einem Optiker!«

Ich tat, wie mir geheißen, hob die unausgesetzt Jammernde aus ihrem Sessel, wickelte sie um meine Schultern, trug sie zum Auto, raste zu unserem Spezialisten und stellte sie vor ihn hin.

In Sekundenschnelle, mit einer kaum merklichen Bewegung zweier Finger, hatte er die beiden Linsen entfernt.

»Wie lange waren sie denn drin?« erkundigte er sich.

»Eine Viertelstunde freiwillig, eine Viertelstunde gezwungen.«

»Nicht schlecht für den Anfang«, sagte der Experte und händigte uns als Abschiedsgeschenk eine kleine Saugpumpe aus Gummi ein, ähnlich jenen, die man zum Säubern verstopfter Abflußrohre in der Küche verwendet, nur viel kleiner. Diese Miniaturpumpe sollte man, wie er uns einschärfte, direkt auf die Miniaturlinse ansetzen, und zwar derart, daß ein kleines Vakuum entsteht, welches bewirkt, daß die Linse von selbst herausfällt. Es war ganz einfach.

Man würde kaum glauben, welche Mißhandlungen das menschliche Auge erträgt, wenn es nur will. Jeden Morgen, pünktlich um 9.30 Uhr, überwand die beste Ehefrau von allen ihre panische Angst und preßte die beiden Glasscherben in ihre Augen. Dann machte sie sich mit kleinen, zögernden Schritten auf den Weg in mein Zimmer, tastete sich mit ausgestreckten Armen an meinen Schreibtisch heran und sagte:

»Rate einmal, ob ich jetzt die Linsen drin habe.«

Das stand im Einklang mit dem Text des Inserats, demzufolge es völlig unmöglich war, das Vorhandensein der

Linsen mit freiem Auge festzustellen. Daher ja auch die große Beliebtheit dieses optischen Wunders.
Den Rest der täglichen Prüfungszeit verbrachte meine Frau mit leisem, aber beständigem Schluchzen. Bisweilen schwankte sie haltlos durch die Wohnung, und über ihre vertrockneten Lippen kamen ein übers andre Mal die Worte: »Ich halt's nicht aus... ich halt's nicht aus...«
Sie litt, es ließ sich nicht leugnen. Auch ihr Äußeres litt. Sie wurde, um es mit einem annähernd zutreffenden Wort zu sagen, häßlich. Ihre geröteten Augen quollen beim geringsten Anlaß über, und das ständige Weinen machte sich auch in ihren Gesichtszügen nachteilig geltend. Obendrein dauerte die Qual von Tag zu Tag länger. Und dazu die täglichen Eilfahrten zum Optiker, damit er die Linsen entferne. Denn die kleine Gummipumpe war ein Versager, das zeigte sich gleich beim ersten Mal, als meine Frau sie in Betrieb nahm. Das Vakuum, das programmgemäß entstand, hätte ihr fast das ganze Auge herausgesaugt.
Niemals werde ich den Tag vergessen, an dem das arme kleine Geschöpf zitternd vor mir stand und verzweifelt schluchzte:
»Die linke Linse ist in meinen Augenwinkel gerutscht. Wer weiß, wo sie sich jetzt herumtreibt.«
Ich erwog ernsthaft, eine Krankenschwester aufzunehmen, die im Entfernen von Kontaktlinsen spezialisiert wäre, aber es fand sich keine. Auch unsere Gespräche über die Möglichkeit einer Emigration oder einer Scheidung führten zu nichts.
Gerade als ich alle Hoffnung aufgeben wollte, buchstäblich im letzten Augenblick, erfolgte die Wendung zum

Besseren: die beiden Linsen gingen verloren. Wir wissen bis heute nicht, wie und wo. Sie sind ja so klein, diese Linslein, so rührend klein, daß sie augenblicklich im Großstadtverkehr verschwinden, wenn man sie zufällig aus dem Fenster gleiten läßt...
»Und was jetzt?« jammerte die beste Ehefrau von allen. »Jetzt, wo ich mich gerade an sie gewöhnt habe, sind sie weg. Was soll ich tun?«
»Willst du das wirklich wissen?« fragte ich.
Sie nickte unter Tränen, und nickte abermals, als ich sagte:
»Trag wieder deine Brille.«
Es geht ganz leicht. Am ersten Tag 15 Minuten, am zweiten 20 – und nach einer Woche hat man sich an die Brille gewöhnt. Deshalb kann man aber trotzdem von Zeit zu Zeit ohne Brille zu einer Party gehen und vor aller Welt damit prahlen, wie großartig diese neuen Kontaktlinsen sind. Man sieht sie gar nicht. Wenn man nicht gerade das Pech hat, den Buffettisch umzuwerfen, glaubt's einem jeder, und man wird zum Gegenstand allgemeinen Neides.

»Wen hast du lieber – Mutti oder Vati?«
Diese Idiotenfrage bekommen kleine Kinder, besonders solche, die noch nicht sprechen können, immer wieder zu hören. Unserem Sohn Amir ergeht es nicht anders. Könnte er schon sprechen, so würde er antworten: »Mir ist es gleich. Ich bemühe mich, beide in Atem zu halten.«

Die Stimme des Blutes

Es ist eine weithin bekannte Tatsache, daß wir beide, meine Frau und ich, unsere Familienangelegenheiten streng diskret behandeln und daß ich mir niemals einfallen ließe, sie etwa literarisch auszuwerten. Es kann ja auch keinen Menschen interessieren, was bei uns zu Hause vorgeht.
Nehmen wir beispielsweise unser jüngstes Kind, den Knaben Amir, der in Wahrheit noch ein Baby ist, und zwar ein außerordentlich gut entwickeltes Baby. Nach Ansicht der Ärzte, die wir gelegentlich zu Rate ziehen, liegt sein Intelligenzniveau 30 bis 35 Prozent über dem absoluten Minimum, und die restlichen 65 bis 70 Prozent werden mit der Zeit noch hinzukommen. Amir hat blaue Augen, wie König David sie hatte, und rote Haare, ebenfalls wie König David. Das mag ein faszinierendes Zusammentreffen sein – für die Öffentlichkeit ist es uninteressant.
Manchmal allerdings kommt es im Leben des Kleinkinds zu einem Ereignis, über das man unmöglich schweigend hinweggehen kann. So auch hier. Amir stand nämlich eines Tages auf und blieb stehen. Auf beiden Beinen.

Man glaubt es nicht? Nun ja, gewiß, früher oder später lernen alle Kinder, auf beiden Beinen zu stehen. Aber Amir stand auf beiden Beinen, ohne es jemals gelernt zu haben, ohne Ankündigung oder Vorbereitung. Es war ungefähr fünf Uhr nachmittag, als aus dem Baby-Trakt unserer Wohnung ein völlig unerwartetes, sieghaftes Jauchzen erklang – wir stürzten hinzu – und tatsächlich: klein Amir stand da und hielt sich am Gitter seiner Gehschule fest. Tatsächlich, er stand fest auf beiden Beinen, sehr zum Unterschied von der Exportwirtschaft des Staates Israel. Unsere Freude war grenzenlos.

»Großartig!« riefen wir. »Gut gemacht, Amir! Bravo! Mach's noch einmal!«

Hier ergaben sich nun einige Schwierigkeiten. Das Kind hatte erstaunlich frühzeitig, oder in jedem Falle nicht zu spät, das Geheimnis des Aufstehens ohne Hilfe erforscht, aber die Technik des Wiederhinsetzens war ihm noch nicht geläufig. Und da ein Kleinkind unmöglich den ganzen Tag lang stehen kann, gab der kleine Liebling deutliche Zeichen von sich, daß wir ihm beim Niederlassen behilflich sein sollten. Was wir auch taten.

Amir steht sehr gerne auf. Er ist, wenn man so sagen darf, darauf versessen, zu stehen. Mindestens siebzigmal am Tag erklingt aus seiner Ecke der Ruf:

»Papi! Papi!«

Ich bin es, den er ruft. Ich, sein Vater, der ihn gezeugt hat. Darin liegt etwas zutiefst Bewegendes. Seine Mutter beschäftigt sich mit ihm fast ununterbrochen, sie füttert ihn mit allerlei Milch und verschiedenen Sorten von Brei, sie hegt und pflegt ihn nach besten Kräften – aber der wunderbare, fast atavistische Urinstinkt des

Kindes spürt ganz genau, wer der Herr im Haus ist und wem er vertrauen darf. Deshalb bricht Amir jedesmal, wenn er aufsteht und sich nicht wieder hinsetzen kann, in den gleichen Ruf aus, in den Ruf:
»Papi! Papi!«
Und Papi kommt. Papi eilt herbei. Gleichgültig, was ich gerade tue und in welcher Lage ich mich befinde, vertikal oder horizontal – wenn mein Kind nach mir ruft, lasse ich alles stehen und liegen und bin an seiner Seite. Zugegeben: es ist ein schwerer Schlag für das Selbstbewußtsein meiner Frau. Es bringt selbst mich in eine gewisse Verlegenheit, daß das Kind, obwohl es in gewissem Sinne auch das ihre ist, sich so klar und eindeutig für seinen Vater entscheidet. Zum Glück ist meine Frau eine intelligente, aufgeklärte Person und weiß ihre Eifersucht zu verbergen. Vor ein paar Tagen gab sie mir sogar ausdrücklich zu verstehen, daß ich mir keine Sorgen machen müsse:
»Es ist alles in Ordnung, Ephraim«, sagte sie, als ich wieder einmal von einer der Niederlassungs-Zeremonien zurückkam. »Amirs Liebe gehört dir. Damit muß ich mich abfinden.«
So etwas kann einem richtig wohltun.
Andererseits möchte man von Zeit zu Zeit auch schlafen.
Solange das Kind nur während des Tags aufstand, war es mir eine frohe Selbstverständlichkeit, ihm beim Niedersetzen zu helfen. Aber als ich ihm immer öfter bis in die frühen Morgenstunden zu Hilfe eilen mußte, hätte ein scharfer Beobachter bei mir gewisse Anzeichen von Nervosität entdecken können. Ich brauche mindestens drei Stunden Schlaf, sonst beginne ich zu stottern. Und

nicht einmal diese drei Stunden wollte der Balg mir gönnen.

In jener unvergeßlichen Bartholomäusnacht hatte ich zwecks Ableistung erster Hilfe schon dreißigmal mein Lager verlassen, während die beste Ehefrau von allen friedlich auf dem ihren ruhte, in tiefem Schlaf, mit regelmäßigen Atemzügen und manchmal mit einem sanften Lächeln um ihre Lippen, wenn sie, in den Schlummer hinein, den fernen »Papi!«-Ruf vernahm.

Ich verargte ihr dieses Lächeln nicht. Mein Sohn hatte ja schließlich mich gerufen und nicht sie. Trotzdem empfand ich es irgendwie als ungerecht, daß ich, der überarbeitete, abgeschundene Vorstand des Haushalts, zwischen meinem Bett und dem Baby-Winkel pausenlos hin- und herflitzen mußte, während die hauptberufliche Mutter ungestört neben mir dahinschnarchte.

Ein leiser Groll gegen Amir keimte in meinem Innern auf. Erstens hätte er schon längst gelernt haben können, sich ohne Hilfe hinzusetzen wie die anderen erwachsenen Kinder. Und zweitens war es kein schöner Zug von ihm, sich seiner lieben Mutter gegenüber, die ihn aufopfernd und unermüdlich hegte, so schlecht zu benehmen. Er ist eben rothaarig, wie ich schon sagte.

Als die beste Ehefrau von allen wieder einmal ihre Zeit beim Friseur vergeudete, nahm ich Amir auf meine Knie und sprach langsam und freundlich auf ihn ein:

»Amir – ruf nicht immer ›Papi‹, wenn du etwas brauchst. Gewöhn dir an, ›Mami‹ zu rufen. Mami, Mami. Hörst du, mein kleiner Liebling? Mami, Mami, Mami.«

Amir, auch das glaube ich schon gesagt zu haben, ist ein

sehr aufgewecktes Kind. Und die beste Ehefrau von allen ist sehr oft beim Friseur.
Nie werde ich den historischen Augenblick vergessen, als mitten in der Nacht zum ersten Mal aus Amirs Ecke der revolutionäre Ruf erklang:
»Mami! Mami!«
Ich griff mit starkem Arm nach meiner Ehefrau und rüttelte sie so lange, bis sie erwachte.
»Mutter«, flüsterte ich in die Dunkelheit, »dein Sohn steht auf beiden Beinen.«
Mutter brauchte einige Zeit und einige weitere Rufe, ehe sie die Situation erfaßte. Schwerfällig, um nicht zu sagen widerwillig, erhob sie sich, schlaftrunken torkelnd kam sie nach einer Weile zurück. Aber sie sagte nichts und streckte sich wieder hin, wie jemand, der aus dem Halbschlaf wieder in den ganzen zu verfallen plant.
»Mach dich darauf gefaßt, Liebling«, raunte ich ihr zu, »daß unser Sohn dich noch öfter rufen wird.«
Und so geschah es.
In den folgenden Wochen durfte ich mich nach langer, langer Zeit wieder eines völlig ungestörten Schlummers erfreuen. Unser kleines, süßes, blauäugiges Wunder hatte unter meiner Führung den richtigen Weg gefunden und hatte die Bedeutung der Mutterschaft vollauf begriffen. Die Lage normalisierte sich. Mutter bleibt Mutter, so will es die Natur. Und wenn ihr Kind nach ihr ruft, dann muß sie dem Ruf folgen. In einer besonders gesegneten Nacht stellte sie mit zweiundvierzig Ruf-Folgeleistungen einen imposanten Rekord auf.
»Ich bin von Herzen froh, daß Amir zu dir zurückgefunden hat«, sagte ich eines Morgens beim Frühstück, als sie endlich soweit war, die Augen halb offenzuhal-

ten. »Findest du nicht auch, daß die Mutter-Kind-Beziehung das einzig Natürliche ist?«
Leider nahm die einzig natürliche Situation ein jähes Ende. Es mochte vier Uhr früh sein, als ich mich unsanft wachgerüttelt fühlte.
»Ephraim«, flötete die beste Ehefrau von allen, »dein Sohn ruft dich.«
Ich wollte es zuerst nicht glauben. Aber da klang es aufs neue durch die Nacht:
»Papi! Papi!«
Und dabei blieb es. Amir hatte wieder zu mir herübergewechselt. Sollte das etwa daran liegen, daß ich um diese Zeit beinahe täglich in der Stadt zu tun hatte und oft viele Stunden lang von zu Hause wegblieb?

Rote Haare sind Ansichtssache

Die wahre Sachlage ist mit der Bezeichnung »rot« nur unzulänglich charakterisiert. Amir ist nicht eigentlich rot – er ist purpurhaarig. Als wäre in seinem Schädeldach Feuer ausgebrochen. Man findet dieses Rot gelegentlich auf den Bildern des frühen Chagall, dort, wo die fliegenden Hähne den Kamm haben. Mir persönlich macht das nichts aus. Das Phänomen der Rothaarigkeit hat, finde ich, auch seine guten Seiten. Wenn Amir uns beispielsweise in einem Gedränge abhanden kommt, können wir ihn binnen kurzem dank seiner Haarfarbe orten, selbst in der größten Menschenmenge. Schlimmstenfalls wird er also kein Stierkämpfer werden. Na wenn schon. Ist das ein Gesprächsthema?
Ich muß zugeben, daß auf dem ganzen, weit verzweigten Stammbaum meiner Familie kein einziger Rotkopf hockt, nicht einmal irgendein entfernter Urgroßonkel. Wieso gerade mein Sohn ... Aber schließlich waren einige der bedeutendsten Männer der Weltgeschichte rothaarig, zum Beispiel fällt mir jetzt kein Name ein. Churchill, heißt es, kam sogar mit einer Glatze zur Welt.
»In meinen Augen«, pflegt die beste Ehefrau von allen zu sagen, »ist Amir das schönste Kind im ganzen Land.«
Amir selbst scheint der gleichen Ansicht zu sein. Noch bevor er richtig gehen konnte, nahm er jede Gelegenheit wahr, sich in einem Spiegel anzuschauen und verzückt auszurufen:
»Ich bin lothaalig, ich bin lothaalig!«
Er fühlte sich von Herzen froh und glücklich. Wir, seine klugen, erfahrenen Eltern, wußten freilich nur allzu-

gut, was ihm bevorstand. Schon im Kindergarten würde das kleine, grausame Pack ihn wegen seiner Haarfarbe necken und hänseln. Armer Rotkopf, wie wirst du das Leben ertragen.
Unsere Sorgen erwiesen sich als gerechtfertigt. Amir besuchte erst seit wenigen Wochen den Kindergarten, als er eines Tages traurig und niedergeschlagen nach Hause kam. Auf unsere Frage, ob ihm jemand etwas Böses getan hätte, begann er zu schluchzen:
»Ein Neuer... heute... er sagt... rot... rote Haare...«
»Er sagt, daß du rote Haare hast?«
»Nein... er sagt... seine Haare sind röter.«
Ein Kind, und vollends schluchzendes Kind, kann sich nicht immer verständlich ausdrücken. Deshalb riefen wir den Leiter des Kindergartens an, um die Sachlage zu klären. Er bestätigte, daß ein neu hinzugekommener Junge ebenfalls rothaarig sei und daß unser empfindsamer Sohn offenbar unter dem Verlust seiner Monopolstellung litt.
Amir hatte mittlerweile die ganze Geschichte vergessen und ging in den Garten, um sich vor der Katze zu fürchten.
»Jetzt ist er noch im seelischen Gleichgewicht«, erklärte mir seine Mutter. »Er hält rote Haare für schön und freut sich ihrer. Aber wie wird's in der Schule weitergehen?«
Im Verlauf unseres Gesprächs gestand sie mir, daß sie in ihren Träumen von einer stereotypen Schreckensvision heimgesucht würde: Amirlein rennt auf seinen kleinen Beinchen eine Straße entlang, verfolgt von einer brüllenden Kohorte (meine Frau träumt immer so extra-

vagante Ausdrücke), die mit dem Ausruf »Karottenkopf, Karottenkopf!« hinter ihm herhetzt.
Und wirklich, ein knappes Vierteljahr später kam Amir atemlos nach Hause gerannt.
»Papi, Papi!« rief er schon von weitem. »Heute haben sie mich ›Karottenkopf‹ gerufen!«
»Hast du dich mit ihnen geprügelt?«
»Geprügelt? Warum?«
Es ist ihm immer noch nicht klar, dem Ärmsten, daß man ihn vorsätzlich kränken will. Wahrscheinlich stellt er sich unter einem Karottenkopf ein besonders schmackhaftes Gemüse vor. Manchmal stolziert er siegestrunken auf der Straße auf und ab, deutet auf seinen Kopf und jauchzt:
»Karottenkopf, Karottenkopf!«
Wie lange sollen wir ihn in seinem seligen Irrtum belassen? Ist es nicht unsere Pflicht, ihn rechtzeitig aufzuklären, ihn auf die Erniedrigungen und Beleidigungen vorzubereiten, von denen seine kleine Kinderseele nichts ahnt und die dennoch unaufhaltsam auf ihn zukommen? Wird er gewappnet sein?
»Du bist der Vater«, entschied die beste Ehefrau von allen. »Sprich du mit ihm.«
Ich nahm Amir auf die Knie:
»Es ist keine Schande, rote Haare zu haben, mein Sohn«, begann ich. »Niemand kann sich die Farbe seiner Haare aussuchen, stimmt's? König Davids Haar war flammend rot, und trotzdem hat er Goliath besiegt. Wenn also irgendein Idiot eine dumme Bemerkung über deine Haarfarbe macht, dann sag ihm geradeheraus: ›Jawohl, ich bin rothaarig, aber mein Papi nicht!‹ Hast du verstanden?«

Amir hörte mir nicht besonders aufmerksam zu. Er wollte längst hinausgehen und den Hund unseres Nachbarn mit Steinen bewerfen. Ein wenig abwesend streichelte er mich und murmelte ein paar Worte, die ungefähr besagten, daß ich mir nichts daraus machen sollte, keine roten Haare zu haben. Dann ließ er mich sitzen.
Nun, jedenfalls war er das schönste rothaarige Kind im ganzen Kindergarten. Er bestand darauf, seine roten Haare als Auszeichnung zu empfinden. Rothaarige sind sehr eigensinnig. Man muß sich nicht selten über sie ärgern. Es ist kein Zufall, daß man rothaarige Menschen nicht mag. Ich persönlich verstehe das sehr gut.
Meine Frau und ich beschlossen, die Sache nicht weiter zu verfolgen, zumindest nicht mit Gewalt. Wir ließen das Schicksal an uns herankommen.
Als draußen vor dem Haus die Rauferei ausbrach, wußten wir, daß es soweit war.
Ich stürzte hinaus. Mein Sohn Amir saß auf einem Fahrrad und heulte herzzerreißend, während die anderen Kinder – sofern man diese wilde Meute als »Kinder« bezeichnen konnte – von allen Seiten auf ihn eindrangen. Ich brach durch den stählernen Ring und drückte meinen kleinen Liebling ans Herz.
»Wer hat dich einen Rotkopf geheißen?« brüllte ich. »Wer wagt es, meinen Sohn zu beschimpfen?«
Die minderjährigen Monster blinzelten in die Luft und zogen es vor, nicht zu antworten.
Es war Amir selbst, der die klärenden Worte fand:
»Was Rotkopf, wer Rotkopf?« fragte er. »Ich habe mir Gillis Fahrrad ausgeborgt, und er will es zurückhaben. Aber ich kann viel besser radeln als er. Warum läßt er mich nicht?«

»Das ist mein Rad«, stotterte einer der Knaben, wahrscheinlich Gilli. »Und ich hab's ihm nicht geborgt.«
»So, du hast es ihm nicht geborgt? Weil er rote Haare hat, nicht wahr?«
Und ohne mich mit der widerwärtigen Brut weiter abzugeben, trug ich Amir auf starken Armen ins Haus. Während ich ihm das Gesicht wusch, tröstete ich ihn mit all meiner väterlichen Liebe:
»Du bist kein Rotkopf, mein Herzblättchen. Deine Haare spielen ins Rötliche, aber sie sind nicht wirklich rot. Bei richtigen Rotköpfen ist die ganze Nase mit Sommersprossen bedeckt. Du hast höchstens vier, und auch die nur im Sommer. Kränk dich nicht. Es hat rothaarige Könige gegeben. Und die schönsten Tiere, die Gott geschaffen hat, sind rothaarig. Zum Beispiel der Fuchs. Oder der Wiedehopf, wenn er zufällig rote Federn hat. Du aber bist nicht rothaarig, Amir. Glaub ihnen nicht, wenn sie dich Rotkopf nennen. Sei nicht traurig. Hör ihnen gar nicht zu, mein kleiner Rotkopf...«
Es half nichts. Die Überzeugung, daß rote Haare etwas Schönes wären, hatte sich in Amir festgesetzt und ließ sich nicht verdrängen. Er meint, daß Rothaarige anders seien als die anderen.
Daran ist nur der Kindergarten schuld, wo man den Kleinen solchen Unsinn beibringt.
Gestern ertappte ich ihn dabei, wie er vor dem Spiegel stand und seine Sommersprossen zählte. Meine Frau behauptet, daß er sich heimlich kämmt und bürstet und alle möglichen Frisuren für seine Haare entwirft.
»Warum?« seufzte sie. »Warum läßt man ihn nicht in Ruhe? Warum reibt man ihm ununterbrochen unter die Nase, daß er rothaarig ist?«

Ich weiß auf diese Frage keine Antwort. Aber ich hege das tiefste Mitgefühl für alle rothaarigen Kinder, besonders für jene, deren Eltern nichts dazu tun, um sie von ihrem Rothaar-Komplex zu befreien.

Nun ja. Nicht jedes Kind hat das Glück, solche Eltern zu haben wie unser Amir.

Macht korrumpiert, absolute Macht korrumpiert absolut. Das israelische Kleinkind ist absolut korrumpiert. Es beherrscht den Haushalt und die Familie mit uneingeschränkter Macht, ohne jede Angst vor Konkurrenz und unter raffiniertem Einsatz seiner Fähigkeit, laut zu heulen.

Durch den Kakao gezogen

Amir, unser rothaariger Tyrann, ißt nicht gerne und hat niemals gerne gegessen. Wenn er überhaupt kaut, dann nur an seinem Schnuller.
Erfahrene Mütter haben uns geraten, ihn hungern zu lassen, das heißt, wir sollten ihm so lange nichts zu essen geben, bis er reumütig auf allen vieren zu uns gekrochen käme. Wir gaben ihm also einige Tage lang nichts zu essen, und davon wurde er tatsächlich so schwach, daß wir auf allen vieren zu ihm gekrochen kamen, um ihm etwas Nahrung aufzudrängen.
Schließlich brachten wir ihn zu einem unserer führenden Spezialisten, einer Kapazität auf dem Gebiet der Kleinkind-Ernährung. Der weltberühmte Professor warf einen flüchtigen Blick auf Amir und fragte, noch ehe wir eine Silbe geäußert hatten:
»Ißt er nicht?«
»Nein.«
»Dabei wird's auch bleiben.«
Nach einer kurzen Untersuchung bestätigte der erfahrene Fachmann, daß es sich hier um einen völlig aussichtslosen Fall handelte. Amirs Magen besaß die Aufnahmefähigkeit eines Vögleins. Die finanzielle Aufnah-

mefähigkeit des Professors war ungleich größer. Wir befriedigten sie.

Seither versuchen wir mehrmals am Tag, Amir mit Gewalt zu füttern, ganz im Geiste jenes Bibelworts, das da lautet: »Im Schweiße deines Angesichts sollst du dein Brot essen.« Ich muß allerdings gestehen, daß weder ich selbst noch die beste Ehefrau von allen die für solche Betätigung erforderliche Geduld aufbringen.

Zum Glück hat sich mein Schwiegervater der Sache angenommen und seinen ganzen Ehrgeiz dareingesetzt, Amir zur Nahrungsaufnahme zu bewegen. Er erzählt ihm phantastische Geschichten, über die Amir vor Staunen den Mund aufreißt – und dabei vergißt er, daß er nicht essen will. Ein genialer Einfall, aber leider keine Dauerlösung.

Eines der Hauptprobleme hört auf den Namen »Kakao«. Dieses nahrhafte, von Vitaminen und Kohlehydraten strotzende Getränk ist für Amirs physische Entwicklung unentbehrlich. Deshalb schließt Großpapa sich abends mit Amir im Kinderzimmer ein, und wenn er nach einigen Stunden erschöpft und zitternd herauskommt, kann er stolz verkünden:

»Heute hat er's schon fast auf eine halbe Tasse gebracht.«

Die große Wendung kam im Sommer. Eines heißen Abends, als Großpapa das Kinderzimmer verließ, zitterte er zwar wie gewohnt, aber diesmal vor Aufregung:

»Denkt euch nur – er hat die ganze Tasse ausgetrunken!«

»Nicht möglich!« riefen wir beide. »Wie hast du das fertiggebracht?«

»Ich hab' ihm gesagt, daß wir Papi hineinlegen werden.«
»Wie das? Bitte sei etwas deutlicher.«
»Ich hab' ihm gesagt: wenn er brav austrinkt, füllen wir nachher die Tasse mit lauwarmem Leitungswasser und erzählen dir, daß Amir schon wieder alles stehengelassen hat. Daraufhin wirst du wütend und machst dich selbst über die volle Tasse her. Und dann freuen wir uns darüber, daß wir dich hineingelegt haben.«
Ich fand diesen Trick ein wenig primitiv. Auch halte ich es in pädagogischer Hinsicht für verfehlt, wenn ein Vater, der ja schließlich eine Respektsperson sein soll, sich von seinem eigenen Kind zum Narren machen läßt. Erst auf mütterlichen Druck (»Hauptsache, daß der Kleine seinen Kakao trinkt«) entschloß ich mich, auf das Spiel einzugehen. Großpapa begab sich ins Badezimmer, füllte den Becher mit lauwarmer Flüssigkeit und hielt ihn mir hin:
»Amir hat schon wieder keinen Tropfen getrunken!«
»Das ist ja unerhört!« schrie ich in hervorragend gespielter Empörung. »Was glaubt der Kerl? Er will diesen herrlichen Kakao nicht trinken? Gut, dann trink' ich ihn selbst!«
Amirs Augen hingen erwartungsvoll glitzernd an meinem Mund, als ich den Becher ansetzte. Und ich täuschte seine Erwartung nicht:
»Pfui Teufel!« rief ich nach dem ersten Schluck. »Was ist das für ein abscheuliches Gesöff? Brrr!«
»Reingefallen, reingefallen!« jauchzte Amir, tat einen Luftsprung und konnte sich vor Freude nicht fassen. Es war ein wenig peinlich – aber, um seine Mutter zu zitieren: »Hauptsache, daß er seinen Kakao trinkt.«

Am nächsten Tag war's die gleiche Geschichte: Opa brachte mir einen Becher Leitungswasser, Amir hat nichts getrunken, was glaubt der Kerl, herrlicher Kakao, pfui Teufel, brrr, reingefallen, reingefallen. Und von da an wiederholte sich die Prozedur Tag für Tag.
Nach einiger Zeit funktionierte sie sogar ohne Großpapa. Amirs Entwicklung macht eben Fortschritte. Jetzt kommt er schon selbst mit dem Leitungswasserbecher, unerhört, herrlicher Kako, pfui Teufel, reingefallen, Luftsprung . . .
Mit der Zeit begann ich mir Sorgen zu machen:
»Liebling«, fragte ich meine Frau, »ist unser Kind vielleicht dumm?«
Es war mir nämlich nicht ganz klar, was sich in seinem Kopf abspielte. Vergaß er jeden Abend, was am Abend zuvor geschehen war? Hielt er mich für schwachsinnig, daß ich seit Monaten demselben Trick aufsaß?
Die beste Ehefrau von allen fand wie immer die richtigen Trostworte: was der Kleine denkt, ist unwichtig, wichtig ist, was er trinkt.
Es mochte ungefähr Mitte Oktober sein, als ich – vielleicht aus purer Zerstreutheit, vielleicht aus unterschwelligem Protest – die üble Flüssigkeit ohne jedes »unerhört« und »brrr« direkt in die Toilette schüttete.
Das sehen und in Tränen ausbrechen war für Amir eins:
»Pfui, Papi«, schluchzte er. »Du hast ja nicht einmal gekostet.«
Jetzt war es mit meiner Selbstbeherrschung vorbei:
»Ich brauche nicht zu kosten«, herrschte ich meinen Nachkommen an. »Jeder Trottel kann sehen, daß es nur Wasser ist.«
Ein durchdringender Blick Amirs war die Folge:

»Lügner«, sagte er leise. »Warum hast du dann bisher immer gekostet?«
Das war die Entlarvung. Amir wußte, daß wir Abend für Abend ein idiotisches Spiel veranstalteten. Wahrscheinlich hatte er's von allem Anfang an gewußt. Unter diesen Umständen bestand keine Notwendigkeit mehr, die lächerliche Prozedur fortzusetzen.
»Doch«, widersprach die beste Ehefrau von allen. »Es macht ihm Spaß. Hauptsache, daß er ...«
Im November führte Amir eine kleine Textänderung ein. Wenn ich ihn bei Überreichung des Bechers fragte, warum er seinen Kakao nicht getrunken hätte, antwortete er:
»Ich habe nicht getrunken, weil das kein Kakao ist, sondern Leitungswasser.«
Eine weitere Erschwerung trat im Dezember auf, als Amir sich angewöhnte, die Flüssigkeit vor der Kostprobe mit dem Finger umzurühren. Die Zeremonie widerte mich immer heftiger an. Schon am Nachmittag wurde mir übel, wenn ich mir vorstellte, wie das kleine, rothaarige Ungeheuer am Abend mit dem Leitungswasser angerückt kommen würde. Alle anderen Kinder trinken Kakao, weil Kinder eben Kakao trinken. Nur mein eigenes Kind ist mißraten ...
Gegen Ende des Jahres geschah etwas Rätselhaftes. Ich weiß nicht, was da in mich gefahren war: an jenem Abend nahm ich aus meines Sohnes Hand den Becher entgegen – und statt den eklen Sud in weitem Bogen auszuspucken, trank ich ihn bis zur Neige. Ich erstickte beinahe, aber ich trank.
Amir stand entgeistert daneben. Als die Schreckseksekunden vorüber waren, schaltete er höchste Lautstärke ein:

»Wieso?« schrillte er. »Warum trinkst du das?«
»Was heißt da warum und wieso?« gab ich zurück.
»Hast du mir nicht gesagt, daß du heute keinen Tropfen Kakao getrunken hast? Und hab' ich dir nicht gesagt, daß ich den Kakao dann selbst trinken werde? Also?«
In Amirs Augen funkelte unverkennbar Vaterhaß. Er wandte sich ab, ging zu Bett und weinte die ganze Nacht.
Es wäre wirklich besser gewesen, die Komödie vom Spielplan abzusetzen. Aber davon wollte meine Frau nichts wissen:
»Hauptsache«, erklärte sie, »daß er seinen Kakao trinkt.«
So vollzog sich denn das Kakaospiel erbarmungslos Abend für Abend, immer zwischen sieben und halb acht...
Als Amir seinen fünften Geburtstag feierte, ergab sich eine kleine Zeitverschiebung. Wir hatten ihm erlaubt, ein paar seiner Freunde einzuladen, mit denen er sich unter Mitnahme des Bechers ins Kinderzimmer zurückzog. Gegen acht Uhr wurde ich ungeduldig und wollte ihn zwecks Abwicklung des Rituals herausrufen. Als ich mich der Türe näherte, hörte ich ihn sagen:
»Jetzt muß ich ins Badezimmer gehen und lauwarmes Wasser holen.«
»Warum?« fragte sein Freund Gilli.
»Mein Papi will es so haben.«
»Warum?«
»Weiß nicht. Jeden Abend dasselbe.«
Der gute Junge – in diesem Augenblick wurde es mir klar – hatte die ganze Zeit geglaubt, daß *ich* es sei, der

das Kakao-Spiel brauchte. Und er hat nur um meinetwillen mitgespielt.
Am nächsten Tag zog ich Amir an meine Brust und ins Vertrauen:
»Sohn«, sagte ich, »es ist Zeit, von diesem Unsinn zu lassen. Schluß mit dem Kakao-Spiel! Wir wissen beide, woran wir sind. Komm, laß uns etwas anderes erfinden.«
Das Schrei- und Heulsolo, das daraufhin einsetzte, widerhallte im ganzen Wohnviertel. Und was ich erst von meiner Frau zu hören bekam!
Die Ensuite-Vorstellung geht weiter. Es gibt keine Rettung. Manchmal ruft Amir, wenn die Stunde da ist, aus dem Badezimmer: »Papi, kann ich dir schon das Leitungswasser bringen?« und ich beginne daraufhin sofort meinen Teil des Dialogs herunterzuleiern, unerhört, herrlicher Kakao, pfui Teufel, brrr... Es ist zum Verzweifeln. Als Amir eines Abends ein wenig Fieber hatte und im Bett bleiben mußte, ging ich selbst ins Badezimmer, füllte meinen Sud in den Becher und trank ihn aus.
»Reingefallen, reingefallen«, rief Amir durch die offene Türe.
Seit neuestem hat er meinen Text übernommen. Wenn er mit dem gefüllten Becher aus dem Badezimmer herauskommt, murmelt er vor sich hin:
»Amir hat schon wieder keinen Tropfen getrunken, das ist ja unerhört, was glaubt der Kerl...« und so weiter bis brrr.
Ich komme mir immer überflüssiger vor in diesem Haus. Wirklich, wenn es nicht die Hauptsache wäre, daß Amir seinen Kakao trinkt – ich wüßte nicht, wozu ich überhaupt gut bin.

> Jedes Volk schart sich um die Erinnerung an seine großen Männer wie um eine Flagge. Und kein Volk hat ein so heftiges Bedürfnis nach Nationalhelden wie das unsere. Bei aller historischen Arroganz, die wir uns im Lauf der Jahrtausende erworben haben: für einen echten, notariell beglaubigten Nationalhelden sind wir bereit, uns mit dem Teufel zu verbünden. Notfalls sogar mit dem Druckfehlerteufel.

Titel, Tod und Teufel

»Dieser Jankel bringt mich noch ins Grab!« fluchte Herr Grienbutter, Chefredakteur des »Täglichen Freiheitskämpfers«, lautlos in sich hinein. »Hundertmal hab ich ihm schon gesagt, daß bei verschiedenen Nachrichten auch die Titel verschieden gesetzt werden müssen, besonders wenn sie auf dieselbe Seite kommen. Und was macht Jankel? Er setzt die Titel ›Gewerkschaft kündigt Neuwahlen an‹ und ›USA von Teuerungswelle bedroht‹ in gleicher Größe und in gleicher Type nebeneinander! Es ist zum Verrücktwerden...«
Herr Grienbutter riß ein Blatt Papier an sich, um eine eilige Kurznachricht an Jankel hinzuwerfen – wobei er ihn, wie immer in Fällen offiziellen Ärgers, nicht mit dem kosenden Diminutiv anredete, sondern mit der korrekten Namensform: *»Jakob – Titel verschieden (USA, Gewerkschaft)!«* Und um sicherzugehen, daß der solchermaßen zurechtgewiesene Jakob die Botschaft auch wirklich bemerken und berücksichtigen würde, rahmte sie Herr Grienbutter mit dicken, schwarzen Strichen

seines Filzschreibers ein. Dann warf er das Blatt zusammen mit dem Bürstenabzug in den Abgangskorb für die Setzerei und eilte aus dem Haus.

Er war bei Spiegels zum Nachtmahl eingeladen und schon eine Viertelstunde verspätet.

Als Herr Grienbutter am nächsten Morgen – wie üblich noch im Bett – die Zeitung öffnete, sank er, vor Schrecken fast vom Schlag gerührt, in die Kissen zurück. Von der ersten Seite des »Freiheitskämpfers« glotzte ihm in dickem, schwarzem Rahmen die folgende Todesanzeige entgegen:

JAKOB TITEL
ist plötzlich verschieden.
Er starb auf einer Reise in den USA.
*Der Vorstand
des Jüdischen Gewerkschaftsbundes*

Zornbebend stürzte Herr Grienbutter in die Redaktion, wutschnaubend fiel er über Jankel her. Jankel hörte sich die Schimpftirade ruhig an und verwies auf Grienbutters eigenhändige Arbeitsnotiz, die er für den Druck ja nur geringfügig eingerichtet hatte.

Der unterm Keulenschlag eines irreparablen Schicksals wankende Chefredakteur suchte das Büro des Herausgebers auf, um mit ihm eine Möglichkeit zu besprechen, wie man sich bei den Lesern des »Freiheitskämpfers« für den skandalösen Mißgriff entschuldigen könnte.

Zu seiner Überraschung empfing ihn der Herausgeber in strahlender Laune. Er hatte soeben von der Annoncenabteilung erfahren, daß bereits 22 hochbezahlte Trau-

eranzeigen eingelaufen waren, die das unerwartete Hinscheiden Jakob Titels beklagten.
Herr Grienbutter wollte kein Spaßverderber sein und empfahl sich schleunig.
Am nächsten Tag wimmelte es im »Freiheitskämpfer« von schwarzumrandeten Inseraten. Da hieß es etwa:
»Gramgebeugt geben wir den allzu frühen Tod unseres teuern Jakob Titel bekannt. Die Konsumgenossenschaften Israels.« Oder: *»Leitung und Belegschaft der Metallröhrenwerke Jad Eliahu betrauern das tragische Ableben Jakob Titels, des unerschrockenen Pioniers und Kämpfers für unsere Sache.«*
Aber das alles hielt keinen Vergleich mit der folgenden Nummer aus, die um vier Seiten erweitert werden mußte, um die Zahl der Trauerkundgebungen zu bewältigen. Allein die »Landwirtschaftliche Kooperative« nahm eine halbe Seite in Anspruch: *»Der Verlust unseres teuern Genossen Jakob (Jankele) Titel reißt eine unersetzliche Lücke in unsere Reihen. Ehre seinem Andenken!«* Die Beilage brachte ferner das aufrichtige Mitgefühl der Drillbohrer zum Ausdruck: *»Wir teilen euern Schmerz über den Verlust dieses besten aller Arbeiterfunktionäre«,* und enthielt überdies einen peinlichen Irrtum: *»Den Titels alle guten Wünsche zur Geburt des kleinen Jakob. Familie Billitzer.«*
Auch die anderen Morgenblätter waren mit entsprechenden Anzeigen gesprenkelt, ohne indessen dem »Freiheitskämpfer« Konkurrenz machen zu können. Der Chef des hochangesehenen »Neuen Vaterlands«, verärgert darüber, daß sein Blatt den Tod einer so hervorragenden Persönlichkeit des öffentlichen Lebens nicht als

erstes gemeldet hatte, überließ den Nachruf seinem Sportredakteur. Dieser erfahrene Reporter durchstöberte ebenso gründlich wie erfolglos den Zettelkasten, stellte alle möglichen Recherchen an, die ihm von seiten der Befragten nur dunkle Erinnerungen an den verewigten Jakob Titel einbrachten, und behalf sich schließlich mit einem sogenannten »Allround«-Nekrolog, der erfahrungsgemäß immer paßte:
»Jakob (Jankele) Titel, der zur Generation der ›alten Siedler‹ unseres Landes gehörte, wurde während eines Besuchs in den Vereinigten Staaten plötzlich vom Tod ereilt und auf dem örtlichen Friedhof zur letzten Ruhe gebettet.
Titel, ein Haganah-Kämpfer der ersten Stunde, hatte sich praktisch in sämtlichen Sparten der Arbeiterbewegung betätigt. Schon auf der Jüdischen Hochschule in Minsk (Rußland), die er mit vorzüglichem Erfolg absolvierte, galt er als einer der führenden Köpfe der Studentenschaft und rief eine geheime zionistische Jugendgruppe ins Leben.
Ungefähr um die Jahrhundertwende kam ›Jankele‹ mit seiner Familie ins Land, ging als Kibbuznik nach Galiläa und wurde einer der Gründer der damaligen Siedler-Selbstwehren. Später bekleidete er verschiedene Funktionen im Staatsdienst, sowohl daheim wie im Ausland. Nach einer erfolgreichen öffentlichen Laufbahn zog er sich ins Privatleben zurück und widmete sich den Problemen der Arbeiterorganisation. Er gehörte bis zu seinem Ableben der Verwaltungsbehörde seines Wohnortes an.«
Bekanntlich ehrt das Vaterland seine bedeutenden Männer immer erst, wenn sie tot sind. So auch hier. Auf einer

Gedenk-Kundgebung zu Ehren Jakob Titels nannte ihn der Unterrichtsminister »einen tatkräftigen Träumer, einen Bahnbrecher unseres Wegs, einen Mann aus dem Volke und für das Volk«. Als der Männerchor von Givat Brenner zum Abschluß der Feier Tschernikowskys »Zionsliebe« anstimmte, wurde unterdrücktes Schluchzen hörbar.

Das bald darauf fertiggestellte Gebäude der Gewerkschaftszentrale erhielt den Namen »Jakob-Titel-Haus«; da sich trotz längerer Nachforschungen kein lebender Angehöriger Titels gefunden hatte, übernahm der Bürgermeister von Tel Aviv an Stelle der Witwe den symbolischen Schlüssel. Unter dem Porträt des Verstorbenen in der großen Eingangshalle häuften sich die von den führenden Körperschaften des Landes niedergelegten Kränze. Das Bildnis selbst war ein Werk des berühmten Malers Bar Honig. Als Vorlage hatte ihm ein 35 Jahre altes Gruppenfoto aus den Archiven des Gewerkschaftsbundes gedient, auf dem Jakob Titel, halb verdeckt in der letzten Reihe stehend, von einigen Veteranen der Bewegung identifiziert worden war. Besonders eindrucksvoll fanden zumal die älteren Betrachter das von Bar Honig täuschend ähnlich getroffene Lächeln »unseres Jankele«.

Mit der Herausgabe der Gesammelten Schriften Jakob Titels wurde ein führender Verlag betraut, dessen Lektoren das Material in mühsamer Kleinarbeit aus alten, vergilbten Zeitungsbänden herausklaubten; die betreffenden Beiträge waren anonym erschienen, aber der persönliche Stil des Verfassers sprach unverwechselbar aus jeder Zeile.

Dann allerdings geschah etwas, woran der ganze, viel-

fältige Nachruhm Jakob Titels beinahe zuschanden geworden wäre:
Als die Straße, in der sich die Redaktion des »Freiheitskämpfers« befand, auf allgemeinen Wunsch in »Jakob-Titel-Boulevard« umbenannt wurde, brach Herr Grienbutter zusammen und klärte in einem Leitartikel die Entstehung der Titel-Legende auf.
Ein Sturm des Protestes erhob sich gegen diesen dreisten historischen Fälschungsversuch. Auf der Eröffnungsfeier des »Jakob-Titel-Gymnasiums« erklärte der Regierungssprecher unter anderem: »Jakob Titel ist schon zu Lebzeiten diffamiert worden, und gewisse Taschenspieler der öffentlichen Meinung diffamieren ihn auch nach seinem Tod. Wir aber, wie alle ehrlichen Menschen, stehen zu Jakob Titel!«
Herr Grienbutter, der unter den geladenen Gästen saß, ließ sich durch diese persönliche Attacke zu einem Zwischenruf hinreißen; es sei lächerlich, rief er, das Geschöpf eines Druckfehlers zu feiern. Daraufhin wurde er von zwei Ordnern mit physischer Gewalt aus dem Saal entfernt und in Spitalspflege überstellt, wo er jedoch alsbald in Trübsinn verfiel, weil auch das Krankenhaus nach Jakob Titel benannt war. Nachdem er eines Nachts einen Tobsuchtsanfall erlitten hatte, mußte man ihn in eine Nervenheilanstalt einliefern.
Unter der geduldigen Obsorge der Psychiater trat allmählich eine Besserung seines Zustands ein. Er begann sich mit den gegebenen Tatsachen abzufinden und wurde nach einiger Zeit als geheilt entlassen.
In Würdigung seiner großen journalistischen Verdienste erhielt er im folgenden Jahr den »Jakob-Titel-Preis für Publizistik«.

AUS NEU MACH ALT

Es begann mit Chassia. Chassia ist eine Freundin meiner Frau und jagt nach Antiquitäten. Eines schwarzen Tages gingen sie mitsammen aus, und als sie nach Hause kamen, war es geschehen.
In der Mitte unseres Speisezimmers steht ein wunderschöner, moderner, aus Dänemark, dem Land der geschmackvollsten Möbel, importierter Speisezimmertisch. Nach diesem trat mein kleiner Liebling mit dem Fuße, was unverkennbar eine Regung des Abscheus bedeutete.
»Grauenhaft. Von einer nicht zu überbietenden Geschmacklosigkeit. Kein Vergleich mit antiken Möbeln, wie sie bei kultivierten Menschen gang und gäbe sind. Ab heute werden antike Möbel gekauft.«
»Weib«, gab ich zurück, »was ficht dich an? Was fehlt dir in unserer Wohnung?«
»Atmosphäre«, sagte sie.
Am nächsten Tag zog sie mit Chassia los und brachte einen niedrigen Sessel angeschleppt, der statt einer Sitzfläche eine Art Anti-Sitz aus dünnen Stricken aufwies. Es war, Chassia zufolge, ein »ländliches Originalstück« und ein Gelegenheitskauf. Trotzdem wollte ich wissen, wozu es dienen sollte.
»Zu Dekorationszwecken«, belehrte mich meine Ehefrau. »Ich werde einen Toilettentisch daraus machen.«
Den Gelegenheitskauf verdankte sie Wexler. Es gibt in unserem Land insgesamt drei fachmännisch geschulte Antiquitätenhändler: Wexler, Joseph Azizao und den jungen Bendori in Jaffa, der zugleich ein fachmännischer Restaurator ist, das heißt, er verwandelt neue Möbelstücke fachmännisch in alte. Diese großen Drei herr-

schen eisern und unerbittlich über die achtundzwanzig
annähernd echten Stücke, die in Israel von Hand zu
Hand und von Antiquitätenhändler zu Antiquitätenhändler gehen. Denn Israel ist nicht nur ein sehr junges,
sondern auch ein sehr armes Land, und in bezug auf alte
Stilmöbel ist es vermutlich das ärmste Land der Welt.
Weder die illegalen Einwandererschiffe noch irgendwelche fliegenden Teppiche haben größere Bestände von
Louis Quatorzen ins Land gebracht, geschweige denn
von Louis Seizen. Wenn da und dort einmal ein End-
chen Barock oder ein Eckchen Empire auftaucht, wissen
es fünf Minuten später sämtliche Professionals. Man
denke nur an das berühmte Florentiner Nähkästchen in
Kirjat Bialik.
»Alle meine Freundinnen wollen das Kästchen haben«,
flüsterte meine Frau, und ihre Augen funkelten. »Aber
die Eigentümer verlangen 1200 Pfund dafür. Das ist
den Händlern zu teuer. Sie warten.«
»Und die Freundinnen?«
»Kennen die Adresse nicht.«
Hier liegt das Geheimnis des Antiquitätenhandels: in
der Adresse. Hat man eine Adresse, dann hat man auch
Antiquitäten. Ohne Adresse ist man erledigt. Ein echt-
blütiger Antiquitätenhändler wird sich eher zu Tode
foltern lassen, ehe auch nur die Andeutung einer Adresse über seine Lippen kommt.
So werden wir zum Beispiel nie den Namen des ursprünglichen Eigentümers jener neapolitanischen Groß-
vater-Standuhr erfahren (1873), die zugleich die
Mondpositionen anzeigt. Während des letzten halben
Jahrhunderts hat sie allerdings nur noch Mondfinster-
nisse angezeigt, weil ein Teil des Räderwerkes mittler-

weile verrostet war und nicht ersetzt werden konnte, so daß die ganze Pracht zu überhaupt nichts mehr zu gebrauchen ist, außer vielleicht als Toilettentisch. Sei dem wie immer: die Freundinnen meiner Frau gieren nach dem Stück. Chassia ihrerseits bevorzugt den vergoldeten Vogelkäfig (1900). Dieser Gelegenheitskauf wurde uns von Bendori, dem bewährten »Aus-neu-mach-alt«-Restaurator, auf Schleichwegen zugeschanzt. Er hat ihn einem Einwanderer aus Kenya abgenommen, der ihn zuerst an Azizao verkauft hatte, durch Wexler. Azizao hat meiner Frau auch ein original Windsor-Tischbein verschafft. Sehr groß, sehr dick, mit lockigen Intarsien, eine helle Freude, und schwer von Gewicht.
»Wozu brauchst du dieses einmalige Ersatzteil?« hatte ich meine Frau gefragt, nachdem die beiden Möbelpakker gegangen waren.
Ihre Antwort war unbestimmt. Sie hoffe, sagte sie, daß Azizao noch ein paar ähnliche Tischbeine auftreiben würde, und wenn sie genug beisammen hätte, könnte man vielleicht an die Herstellung eines Tisches denken. Jedenfalls ist unsere Wohnung jetzt voll von Atmosphäre. Man kann kaum noch einen Schritt machen, ohne über Rokoko oder Renaissance zu stolpern. Besucher verlassen unsere Wohnung in gut gefirnißtem Zustand. Von Zeit zu Zeit geht das Telefon, und wenn ich »hallo!« sage, wird am anderen Ende wortlos aufgelegt. Ich weiß: es ist Wexler. Und von Zeit zu Zeit spricht die beste Ehefrau von allen aus dem Schlaf. Es klingt wie »Kirjat Bialik« und »Nähkästchen«.
Der Tropfen, der das Faß zum Überlaufen brachte, war ein Biedermeier-Sekretär. Um diese Zeit hatte ich bereits eine schwere Allergie gegen Treppensteigen ent-

wickelt. Immer, wenn ich Schritte auf der Treppe hörte, erlitt ich einen Schweißausbruch. Diesmal waren es besonders schwere Schritte, die besonders mühsam die Treppe emporstapften. Der Nachttisch, den sie transportierten, wog mindestens eine halbe Tonne. Als Draufgabe kam das zusammenklappbare Feldbett des Feldmarschalls Hindenburg (1917).
»Ich bin kein Feldmarschall«, brüllte ich. »Und wozu hast du den Nachttisch gekauft?«
»Um ihn neben mein Bett zu stellen.«
»So. Und was steht neben *meinem* Bett?«
Die beste Ehefrau von allen kauft immer nur Einzelstücke. Einen Stuhl, einen Kerzenhalter, einen Nachttisch. Als ob wir nicht zwei Betten besäßen und jetzt auch noch den zusammenklappbaren Hindenburg.
»Schon gut, schon gut«, tröstete sie mich. »Ich werde mich um Pendants umschauen.«
Am nächsten Morgen ging ich zu Wexler. Mein Entschluß stand fest. Wexler oblag gerade einer Art Innendekoration. Er griff wahllos nach antiken Gegenständen und warf sie durcheinander. Dieses Durcheinander gilt als Kennzeichen eines leistungsfähigen Antiquitätenladens. Je größer und unübersichtlicher es ist, desto größer ist die Chance, daß man lange suchen muß, um etwas zu finden, und desto größer die Freude des Finders. Des weiblichen Finders, versteht sich.
Ich bat Wexler, sich nicht stören zu lassen, und sah mich in seinem Privatgewölbe um. An der einen Wand hing eine Karte von Israel, die mit etwa zehn verschiedenfarbigen Papierfähnchen besteckt war. Die Fähnchen trugen Inschriften wie »Renaissance-Schemel«, »Spanischer Gobelin« (1602) und – natürlich in der Nähe Hai-

fas – »Florentiner Nähkästchen«. Im Norden Tel Avivs steckte eine schwarze Flagge: »Neu installiert. Biedermeier-Sekretär, Louis XIV.-Käfig, Feldbett.«
Das Blut gefror mir in den Adern. Es war unsere eigene Wohnung.
Ich stellte mich unter dem Namen Zwi Weisberger vor. Wexler sah mich kurz an, blätterte ein wenig in einem Fotoalbum und fragte mit maliziösem Lächeln:
»Wie geht es Ihrem Windsor-Tischbein, Herr Kishon?«
Man kann Wexler nicht betrügen. Wexler weiß alles.
»Und wie geht es der gnädigen Frau?« fragte er höflich.
»Herr Wexler«, sagte ich, »es geht ihr gut. Aber sie darf niemals erfahren, daß ich bei Ihnen war. Erwarten Sie ihren Besuch?«
Aus dem Fernschreiber in der Ecke des Raumes tickte eine Nachricht:
»Madame Recamier vor zehn Minuten bei Azizao eingetreten. Jagt hinter Barockharfe her. Schluß.«
Wexler vernichtete das Band und stellte seine Prognose:
»Sie wird wahrscheinlich weiter zu Bendori gehen, weil er eine Barockharfenadresse hat. Das gibt uns noch ungefähr eine halbe Stunde. Was wünschen Sie?«
»Herr Wexler«, sagte ich, »ich verkaufe.«
»Ganz recht. Es hat keinen Sinn, monatelang auf Antiquitäten festzusitzen. Hoffentlich haben Sie noch niemandem etwas gesagt.«
»Nur Ihnen. Aber bitte, schicken Sie ihren Einkäufer, wenn meine Frau nicht zu Hause ist.«
»Einen Einkäufer zu einer Adresse?! Das wäre Selbstmord! Wir sind sogar davon abgekommen, ihnen die Augen zu verbinden. Es ist zu unsicher. Überlassen Sie den Transport Ihrer Sachen mir.«

Das rote Telefon auf Wexlers Schreibtisch gab ein merkwürdiges Signal. Wexler hob den Hörer ab, lauschte ein paar Sekunden und legte auf. Dann trat er an die Karte heran und steckte das Fähnchen mit der Aufschrift »Barockharfe« nach Tel Aviv-Nord um. Madame Recamier hatte soeben die Harfe gekauft ...
Die Organisation klappte hervorragend. Wexler verständigte Bendori von der bevorstehenden Adressen-Liquidation. Bendori gab die Nachricht unverzüglich an Azizao weiter, der soeben in Gestalt einer geistesschwachen Millionärsgattin aus Südamerika einen neuen Kundenfang getätigt hatte. Genau um 12 Uhr mittags begab sich die beste Ehefrau von allen auf ihre tägliche Inspektionstour, genau um 12.30 Uhr erschienen drei taubstumme Möbelpacker, die sich durch ein verabredetes Zeichen als Sendboten Wexlers zu erkennen gaben und mit dem Abtransport unserer Wohnungseinrichtung nach Jaffa begannen, zu Bendori. Punkt 13 Uhr war ich allein in der ausgeräumten Wohnung. Ich streckte mich auf eine verbliebene Couch (1962) und trällerte ein fröhliches Liedchen. Etwa eine halbe Stunde später hörte ich auf der Treppe wieder diese ominösen schweren Schritte. Ich stürzte zur Türe. Himmel, da war es wieder, das ganze Zeug: der Strickleiter-Sessel, das Windsor-Tischbein, der Hindenburg und die Harfe.
»Liebling!« erklang dahinter die jauchzende Stimme meiner Gattin. »Ich hatte phantastisches Glück! Denk dir nur, was ich gefunden habe: den zweiten Sekretär, und – und –«
An dieser Stelle brach sie in wildes Schluchzen aus. Sie hatte die ausgeräumte Wohnung betreten.
»Ihr Schlangen!« schluchzte sie. »Ihr scheinheiligen Be-

trüger! Azizao hat mir gesagt, daß es sich um die Adresse einer verrückten Millionärsgattin aus Südamerika handelt... Und ich... Und jetzt... Meine ganzen Ersparnisse sind beim Teufel... Oh, ihr Lumpen...«
Es war in der Tat bemerkenswert. Daß dieselben Antiquitäten unter denselben Käufern rotieren, hatte ich gewußt, aber daß meine eigene Frau die Möbel ihres Ehemannes kaufte... Tröstend legte ich meinen Arm um die haltlos Schluchzende.
»Beruhige dich, Liebling. Wir fahren jetzt sofort nach Kirjat Bialik und kaufen das Florentiner Nähkästchen...«
Wie wir die Adresse ausfindig gemacht hatten, gehört nicht hierher. Es wird noch auf Jahre hinaus Gegenstand heftiger Debatten in den Kreisen der Antiquitätenhändler sein. Chassia erzählte uns, daß Wexler meine Frau verdächtigte, sich eines Nachts bei ihm in einem Empire-Schrank versteckt zu haben, von wo aus sie ein Gespräch belauschte, das er mit einem seiner Geschäftspartner über das Nähkästchen geführt hat.
Das Prachtstück trägt jetzt sein Teil zur Atmosphäre unseres Haushalts bei, vorerst nur in der niedrigen Funktion eines Toilettentischchens. Und wir zählen heute zu den führenden Antiquitätenfachleuten des Landes. Alle Radarschirme und Fernschreiber sind auf uns eingestellt. Erst gestern fiel Azizao vor mir auf die Knie und beschwor mich, ihm irgend etwas zu verkaufen, damit er seinen Ruf als Fachmann wiederherstellen könne. Ich wies ihm die Türe. Das Nähkästchen bleibt bei uns. Dieses Wunderwerk florentinischer Möbeltischlerkunst hat die ganzen antiquitären Machtverhältnisse zu unseren Gunsten verschoben. Neun von den insgesamt achtund-

zwanzig echten Stücken des Landes befinden sich in unserem Besitz. Unsere Weigerung, etwas zu verkaufen, hat den Markt lahmgelegt. Wexler und Azizao stehen vor dem Ruin. Einzig der junge Bendori, der bewährte Restaurator und Alt-Neu-Verwandlungskünstler, macht uns noch ein wenig Konkurrenz.

> Ist unser alter Pioniergeist noch lebendig?
> Zwischen Cocktailparties und Banketten stellt sich der israelischen Bevölkerung immer wieder diese Frage, über die man nicht leichtfertig hinweggehen soll. Es ist eben schwer, im Alter reich zu werden und dabei noch jung und arm zu bleiben.

Aus der Gründerzeit

Die Idee ging von Jakov aus. Wir saßen in seinem Atelier, Chaim, Uri und ich, und machten uns Sorgen über Israels Niedergang.
»Die kulturelle Lage in unserem Land ist katastrophal«, stellte Chaim fest. »Unsere Jugend ist verrückt nach dem Fernsehen, und ihr einziger Lesestoff sind amerikanische Magazine. Die hebräische Literatur stagniert.«
Wir anderen nickten trübe. Ohnmächtige Wut und eine wilde Sehnsucht, die Misere zu ändern, fochten in unserem Inneren einen erbitterten Kampf aus.
Uri sprang auf: »Worte, Worte, Worte«, brach es aus ihm hervor. »Wir müssen handeln. Wir sind jung, stark und schön. Wir glauben an eine bessere Zukunft. Retten wir die israelische Kultur!«
Über unsere weichen, flaumigen Wangen legte sich die zarte Röte der Unternehmungslust, unsere Augen blitzten, unsere schlanken Gestalten strafften sich:
»Wir müssen eine Art Cercle bilden«, schlug ich vor. »Wir müssen all die jungen, lebendigen, selbstlosen Kräfte sammeln, denen das geistige Ansehen unseres Landes noch etwas gilt.«
»So ist es!« rief Jakov begeistert. »Gründen wir einen

Kreis der Freunde hebräischer Kultur. Er lebe hoch!« Bis zum Morgendämmer saßen wir beisammen und besprachen unsern kühnen Plan. Wir beschlossen, ein Lokal zu mieten, das wir in uneigennütziger Weise behaglich einrichten würden, als eine intime Oase der Begegnung für alle, die jungen Herzens und schöpferischen Geistes sind. Dort wollten wir auch unsere literarischen Abende veranstalten, mit deren Reinertrag wir die jungen Talente zu fördern gedachten. Immer höher flogen unsere hochfliegenden Gedanken, und in dieser Höhe blieben sie auch.

Sofort am nächsten Tag machten wir uns auf die Suche nach einem geeigneten Heim für unser Vorhaben und fanden tatsächlich einen gut geeigneten Kellerraum. Aber der Eigentümer, ein aus Griechenland eingewanderter Gemüsehändler, wollte ihn nicht an uns vermieten.

»Erstens: wer sind Sie?« fragte er. »Zweitens: was sind Sie? Drittens: was für ein Kreis ist das? Und viertens: wo sind die schriftlichen Unterlagen?«

Wir brachen in ein lautes, aber keineswegs verletzendes Gelächter aus. Schriftliche Unterlagen! Wozu brauchen wir schriftliche Unterlagen? Unser gemeinsames Ziel und unsere glühende Liebe zur hebräischen Kultur sind doch wohl mehr wert als ein albernes Stück Papier! Aber der Grieche bestand darauf, nur mit einem eingetragenen Verein zu unterhandeln, sonst würde er ja niemals wissen, bei wem er die rückständige Miete einkassieren sollte.

Wir mußten uns wohl oder übel entschließen, einen Rechtsanwalt aufzusuchen, dem wir die Erledigung dieser läppischen Formalitäten übertragen könnten.

Der Rechtsanwalt, ein gewisser Dr. Shay-Sonnenschein, empfing uns in seiner Kanzlei, die einen ausgezeichneten Eindruck auf uns machte, obwohl sie im früheren Lichtschacht des Hauses untergebracht war und keine Fenster besaß.
»Ich freue mich, Ihre Bekanntschaft zu machen«, sagte Dr. Shay-Sonnenschein. »Wer sind Sie eigentlich, und womit kann ich dienen?«
»Wir sind junge Menschen, Herr Doktor, und haben noch Ideale«, belehrte ihn Jakov. »Wir brennen darauf, unsere ganze Kraft in den Dienst der geistigen Regeneration Israels zu stellen, damit künftige Generationen die Früchte unseres Tuns und Trachtens genießen können.«
»Ich verstehe«, nickte der Anwalt. »Sie haben die Absicht, eine nicht auf Profit abzielende Gesellschaft mit beschränkter Haftung zu bilden.«
»Profit? Sagten Sie Profit?« fragte Chaim. »Wir denken nicht an Profit und werden auch keinen haben.«
»Das kann man im voraus nie wissen«, replizierte der Jurist. »Heute sind Sie noch jung und naiv, aber in zehn Jahren werden Sie über manche Dinge anders denken. Ich würde Ihnen empfehlen, eine sogenannte ›ottomanische Gesellschaft‹ zu gründen.«
Damit erklärten wir uns einverstanden, schon weil wir nicht wußten, was sich hinter dieser Bezeichnung verbarg. Als wir aufstanden, um uns zu verabschieden, hielt uns Dr. Shay-Sonnenschein zurück. Er wollte noch eine Reihe von Details geklärt wissen.
»Zum Beispiel muß in den Statuten genau festgelegt sein, unter welchen Umständen die Auflösung der Gesellschaft erfolgt«, sagte er.

Ein gelinder Zorn begann in uns hochzukeimen. Wovon sprach der Mann? Weshalb sollten wir an unsere Auflösung denken, da wir doch nichts andres im Sinn hatten als unsere Gründung? Und das gaben wir ihm auch deutlich zu verstehen.
»So einfach ist das alles nicht.« Der Vereinsexperte schüttelte den Kopf. »Heute vertragen Sie sich noch miteinander, aber wer weiß, wie das in zehn Jahren sein wird. Es ist jedenfalls besser, wenn man von Anfang an mit jeder Möglichkeit rechnet. Ich schlage vor, daß die Liquidation des Vereins nur durch einstimmigen Beschluß der Generalversammlung herbeigeführt werden kann.«
»Ganz wie Sie wünschen«, sagte ich sarkastisch.
»Gut. Und jetzt müssen wir uns noch darüber einigen, wie in einem solchen Fall das Eigentum des Vereins aufgeteilt wird.«
»Was für ein Eigentum?« Uri machte eine wegwerfende Handbewegung.
»Warten Sie ab. In zehn Jahren sieht alles anders aus. Üblicherweise erhalten die Mitglieder der Generalversammlung zu gleichen Teilen den Grundbesitz und das bewegliche Eigentum der aufzulösenden Körperschaft. Im Streitigkeitsfall wird die Entscheidung von einem Schiedsgericht getroffen.«
»Streitigkeitsfall? Schiedsgericht? Was soll das?«
»Das werden Sie dann schon sehen. Es tut mir leid, aber ich muß Sie auf alle diese Dinge hinweisen. Das ist meine Pflicht als Anwalt. Heute sind Sie noch jung, aber so jung werden Sie nicht bleiben. Übrigens müssen wir auch stipulieren, wen Sie eigentlich als Mitglied aufnehmen wollen.«

»Jeden Menschen mit echter Schöpferkraft und wahrer Liebe zur hebräischen Kultur.«

»Das ist keine legale Definition. In solchen Fällen würde also das Präsidium die Entscheidung treffen.«

»Welches Präsidium?«

»Nach ottomanischem Gesetz, das bekanntlich noch nicht in allen Belangen aufgehoben oder revidiert wurde, muß jede Vereinigung ein dreiköpfiges Präsidium haben.«

»Zu dumm«, scherzte Uri. »Wir sind vier.«

»Dann ist einer überflüssig«, konstatierte trocken der Rechtsgelehrte.

Wir lachten einander lustig zu. Es war aber auch zu komisch.

»Na schön«, ließ Chaim sich vernehmen, »dann sagen wir, daß Ephraim dem Präsidium nicht angehören wird.«

Abermals brachen wir in stürmisches Gelächter aus, obwohl wir eigentlich wütend waren, daß wir unsere kostbare Zeit auf derlei kindische Bagatellen verschwenden mußten. Besonders wütend war ich. Wie kam Chaim dazu, mich aus dem Präsidium auszuschließen? Warum gerade mich? Das werde ich ihm nicht so bald vergessen.

»Die Frage des Präsidenten wäre also geklärt.« Dr. Shay-Sonnenschein waltete seines Amtes. »Jetzt müssen wir noch festlegen, unter welchen Umständen der Ausschluß eines Mitglieds erfolgen soll.«

»Das ist doch . . .«, unterbrach Jakov.

»Natürlich ist das heute noch nicht aktuell. Aber in zehn Jahren könnte es doch sehr leicht geschehen, daß Sie mit irgendeinem Ihrer Mitglieder nicht mehr auskommen, daß der Mann sich eines kriminellen Verge-

hens schuldig gemacht hat oder daß Sie ihn aus persönlichen Gründen draußen haben wollen.«
Ich merkte deutlich, daß mich alle ansahen. Mich und nur mich.
Dr. Shay-Sonnenschein kehrte zum Gegenstand zurück: »Ich halte es für ratsam, den Ausschluß eines Mitglieds vom einstimmigen Beschluß des Präsidiums abhängig zu machen.«
»Kommt nicht in Frage!« rief ich mit lauter Stimme. »Ich habe kein Vertrauen zum Präsidium. Über einen Ausschluß kann nur die Generalversammlung entscheiden.«
»Es wäre viel zu kompliziert, wegen eines einzigen Mitglieds eine Generalversammlung einzuberufen«, protestierte Jakov. »Auf diese Weise könnten wir praktisch niemanden loswerden.«
Ich wollte mich nicht so leicht mundtot machen lassen und stellte eine hypothetische Frage:
»Nehmen wir an, daß beispielsweise Jakov ausgeschlossen werden soll. Müßten wir ihm dann etwas zahlen, Herr Doktor?«
»Auch darüber hätte das Präsidium zu entscheiden.«
»Unmöglich!« Jetzt war es Uri, der Widerstand leistete. »Ich, wenn man zum Beispiel mich hinausekeln wollte, würde mich mit den Präsidialidioten gar nicht herstellen. Die Höhe meiner Entschädigung müßte statutarisch verankert sein.«
»Das läßt sich regeln«, entschied Dr. Shay-Sonnenschein. »In den Statuten ist Platz für alles. Vielleicht sollten wir zur Erleichterung des Steuerbetrugs die Formulierung gebrauchen, daß ein ausscheidendes Mitglied statt einer Abfindung das Gehalt für sechs Monate ausbezahlt erhält.«

»Welches Gehalt?«
»Das von Ihnen festgesetzte. Bedenken Sie, daß es sich um einen nicht auf Profit berechneten Verein handelt. Das heißt, daß Sie alle Gewinne unter sich aufteilen müssen.«
»Diese paar Pfund sind doch wirklich nicht der Rede wert.«
»Heute sind es nur ein paar Pfund, in zehn Jahren können es Hunderte oder Tausende sein. Sie müssen sich immer die Entwicklungs- und Entfaltungsmöglichkeiten eines solchen Unternehmens vor Augen halten. Sie können in Ihren Räumlichkeiten eine Snack-Bar einrichten. Sie können die größeren Säle für Hochzeiten, Bar-Mizwah-Feiern und Gedenkabende vermieten. Sie können musikalische Tees veranstalten. Neuerdings sind Tanzfeste am Sabbatausgang sehr beliebt. Wenn Sie es geschickt anstellen, können Sie mit dem Hinweis, daß Sie nicht auf Gewinn arbeiten, eine Steuerbefreiung herausschinden. Der trotzdem erzielte Gewinn muß dann eben unter der Bezeichnung ›Gehalt‹ an die Mitglieder verteilt werden.«
»Aber nicht an alle«, verwahrte sich Uri. »Nur an die vier Gründungsmitglieder, die hier anwesend sind.«
Dieser Vorschlag wurde einstimmig angenommen. Dann kam Jakov auf eine noch schwebende Frage zurück:
»Was die Zulassung zur Mitgliedschaft betrifft, müssen wir vorsichtig sein. Ich bin für strenge Ballotage und hohe Mitgliedsbeiträge. Da sind wir sicher, daß wirklich nur Leute von Kultur und Niveau zu uns kommen.«
Dr. Shay-Sonnenschein servierte Kaffee und leerte die Aschenbecher aus.

Jakov war unverkennbar von mir abgerückt. Ich behielt den schäbigen Opportunisten scharf im Auge.
Chaim und Uri flüsterten miteinander und zeigten abwechselnd auf Jakov und mich. Ich schwor mir zu, den Verkehr mit diesen beiden hinterhältigen Gesellen so bald wie möglich abzubrechen.
»Wie, Herr Doktor, ist die Rechtslage«, fragte ich, »wenn sich herausstellt, daß einer von uns sich heimlich über die Vereinskasse hergemacht hat?«
»Es müßte, je nach statutarischer Vorschrift, entweder ein Schiedsgericht zusammentreten oder eine außerordentliche Vollversammlung einberufen werden.«
»Und wenn die betreffende Person sich als Spitzel in unsern Kreis eingeschlichen hat?« fragte Uri und warf mir einen haßerfüllten Blick zu. »Was macht man mit so einem Lumpen?«
»Man übergibt ihn der Polizei und wählt einen Ersatzmann.«
»Und wenn er Haschisch raucht und Amok läuft? Oder sich als gemeingefährlicher Irrer entpuppt?«
»Sie haben ganz recht, diese Fragen zu stellen. Das alles muß in den Statuten berücksichtigt werden. Das Präsidium muß auch berechtigt sein, alte oder kranke Mitglieder in ihrem eigenen Interesse ohne weitere Begründung auszuschließen.«
»Sehr richtig«, krächzte Jakov. »Wir brauchen keine Krüppel.«
Chaim, der an Magengeschwüren leidet, erbleichte und griff nach einer schweren bronzenen Löschblattwiege:
»Und was«, fragte er mit drohend gesenkter Stimme, »was geschieht, wenn einer von uns einen andern umbringt?«

»Dann hätte vor allem ein innerhalb des erweiterten Präsidiums zu konstituierender Rechnungsausschuß über die Höhe der Entschädigung zu beraten, die an die Witwe zu zahlen wäre. Aber auf solche Details brauchen wir heute noch nicht einzugehen, glaube ich.« Dr. Shay-Sonnenschein schloß die Aktenmappe mit der Aufschrift »Kreis der Freunde der hebräischen Kultur« und erhob sich. »Ich schlage vor, daß wir in einer Woche wieder zusammenkommen, um über Investitionen, Dividenden und Einfuhrlizenzen zu beraten.«
Uri interessierte sich hauptsächlich für den Import schwedischer Pornofilme, ich legte größeres Gewicht auf englische Jagdmesser. Beim Verlassen des Hauses achtete ich darauf, nicht an der Spitze der Gruppe zu gehen. Es ist kein gutes Gefühl, diese Mafiosi im Rücken zu haben, wenn es dunkel wird.
»Also auf Wiedersehen nächste Woche«, murmelte Uri und war verschwunden.
Auch wir anderen gingen ohne Abschied auseinander. Wir fühlten uns um zehn Jahre gealtert.

Ein wirklich guter Freund

Im allgemeinen gelte ich als verschlossen, fast schon als mürrisch. Aber das stimmt nicht. Was so mürrisch wirkt, ist in Wahrheit meine Seriosität. Ich plappere kein dummes Zeug, meine Ansichten sind wohlfundiert und gemäßigt, ich grinse nicht vor mich hin – ich bin, kurz gesagt, ein erwachsener Mensch, abhold allen Exzessen. Trotzdem: an jenem Tag hatte ich das Gefühl, als gehörte mir die Welt. Ich weiß nicht warum. Vielleicht hatte ich infolge eines Irrtums gut geschlafen, oder der Feuchtigkeitsgehalt der Luft hatte nachgelassen, oder mein Blutdruck war plötzlich in Ordnung – jedenfalls fühlte ich mich schon am Morgen ganz großartig. Die Sonne schien, die Bäume blühten, die Vögel zwitscherten nicht, es herrschte angenehme Ruhe, und ich war sowohl mit mir selbst wie mit dem Leben im allgemeinen zufrieden.
Und dann kam der Anruf von Schlomo, meinem besten Freund. Ich hob den Hörer ab und sagte: »Hallo.«
»Ephraim«, antwortete Schlomo, »was ist los mit dir?«
»Mit mir? Gar nichts. Was soll mit mir los sein?«
»Ephraim«, wiederholte Schlomo, »ich kenne dich. Ich kenne dich in- und auswendig. Ich brauche am Telefon nur deine Stimme zu hören und weiß sofort, daß irgend etwas bei dir nicht stimmt. Was ist los?«
»Es ist alles in bester Ordnung.«
»Ephraim!«
»Ich weiß nicht, wovon du sprichst. Was willst du?«
»Du klingst, als ob du schrecklich nervös wärst.«
»Ich bin nicht nervös. Aber wenn du mich noch lange fragst, warum ich nervös bin, dann werde ich's.«

»Ich dachte, es würde dir guttun, dich mit jemandem über deinen Kummer auszusprechen.«
»Ich habe keinen Kummer, verdammt noch einmal.«
»Gut für dich, daß du deine Stimme nicht hören kannst. Du hast die Stimme eines Hysterikers. Ich hoffe nur, daß es nichts Ernstes ist.«
»Bitte reden wir von etwas anderem.«
»Du glaubst, damit wäre das Problem gelöst?«
»Ja.«
»Also schön. Was machst du heute abend? Willst du auf einen Sprung zu uns kommen?«
»Gerne, Schlomo.«
»Hör zu, Ephraim.« In der Stimme meines Freundes schwang ein Unterton leiser Gekränktheit mit. »Das kann jetzt endlos so weitergehen, dieser Austausch von Platitüden. ›Willst du zu uns kommen – gerne – was ist los – nichts ist los –‹. Stundenlang. Ich war immer der Meinung, daß wir das nicht nötig hätten. Und jetzt sag schon endlich, was dir über die Leber gekrochen ist.«
»Wenn du mich noch einmal fragst, wem ich über die Leber gekrochen bin, hänge ich ab.«
»Weißt du, was du jetzt gesagt hast? Habe ich dich gefragt, wem du über die Leber gekrochen bist? Ich habe gefragt, was *dir* –«
»Das habe ich ja auch gemeint.«
»Gemeint, aber nicht gesagt. Du weißt nicht mehr, was du sprichst. Du bist völlig durcheinander.«
Damit hatte Schlomo nicht ganz unrecht. Er sprach ruhig, gelassen, gesammelt – ich hingegen stotterte herum wie ein verängstigtes Kind.
»Nimm's nicht zu schwer«, fuhr Schlomo fort. »Glaub mir, solange du gesund bist und atmen kannst, besteht

kein Grund zur Verzweiflung. Scher dich nicht drum. Manchmal geht's hinauf, manchmal hinunter, so ist das Leben. Ich kenne dich. Du wirst schon wieder in Ordnung kommen. Kopf hoch, alter Junge! Keep smiling!«
»Aber ich schwöre dir –«
»Ephraim!«
Außer der Frage ›Was ist los mit dir?‹ macht mich nichts so rasend, wie wenn jemand mit tiefer Stimme und tiefer Anteilnahme meinen Namen ruft. Es macht mich rasend und zugleich lähmt es mich.
Ich schwieg.
»Vor allem«, nahm Schlomo wieder das Wort, »mußt du dir selbst gegenüber ehrlich sein. Du mußt dir sagen: das und das ist geschehen, das und das könnte geschehen, das und das habe ich zu tun.«
»Das und das und das«, hörte ich mich murmeln. Mein Blick fiel in den Spiegel. Ein aschgraues, von Falten durchzogenes Gesicht glotzte mir entgegen. Und da kam abermals Schlomos Stimme:
»Warst du schon beim Arzt?«
»Wieso? Bei welchem Arzt?«
»Ich bitte dich, Ephraim, nimm dich zusammen. Für einen Freund ist es schrecklich, beobachten zu müssen, wie du aus dem Leim gehst.«
»Aber ich hab' dir doch schon gesagt, daß bei mir alles in Ordnung ist. Das hab' ich dir doch schon gesagt. Oder?«
Schlomo antwortete nicht. Wahrscheinlich mußte er seine Tränen niederkämpfen. Wir sind sehr gute Freunde. Endlich sagte er:
»Ephraim, was ist los mit dir?«
Jetzt war es an mir, nicht zu antworten.

»Ephraim, laß dich um Himmels willen zu keinen übereilten Schritten hinreißen. Du bist noch jung, wenigstens geistig, das Leben liegt noch vor dir. Verscheuch die finsteren Gedanken, frag nicht viel warum, wozu, für wen. Das Leben ist schön. Wirf's nicht von dir. Ephraim...«
Ich erhob mich und überlegte, ob ich mich aufhängen sollte, entschloß mich aber, statt dessen ins Kino zu gehen. Noch an der Türe glaubte ich Schlomos Stimme zu hören:
»Ephraim, Ephraim! Warum antwortest du nicht? E-p-h-r-a-i-m...!«

Dieses Gespräch hat vor ungefähr einer Woche stattgefunden. Gestern abend läutete das Telefon. Ich hob ab und sagte:
»Hallo.«
»Ephraim«, sagte Schlomo, »deine Stimme klingt sehr merkwürdig.«
»Kein Wunder«, antwortete ich. »Unser Haus ist abgebrannt.«
»Wie bitte?«
»Außerdem wurde ich auf der Dizengoff-Straße von einem Dreirad überfahren.«
»Wirklich?«
»Wirklich. Und meine Frau ist mir mit dem Seiltänzer vom japanischen Zirkus davongelaufen.«
»Macht nichts«, sagte Schlomo. »Das geht vorbei. Willst du heute abend auf einen Sprung zu uns kommen? Wiedersehen.«

Die ungemein glückliche geographische Lage unseres Landes bewirkt eine enge Zusammenarbeit zwischen der Feuchtigkeit des Meeres und der sengenden Hitze der Wüste. Diese beiden Faktoren treffen einander jeden Donnerstag vor dem Haus des Autors.

Hitze

»Weib«, sagte ich, »vor zehn Minuten ist mir der Kugelschreiber hinuntergefallen.« Die beste Ehefrau von allen lag auf der Couch und blinzelte mühsam unter ihren von Eiswürfeln überlagerten Augenbrauen hervor.
»Heb ihn auf«, murmelte sie. »Den Kugelschreiber.«
»Unmöglich. Zu heiß.«
Ich weiß nicht, auf welchem Breitengrad unsere Wohnung liegt. Es kann nicht sehr weit vom Äquator sein. Im Schlafzimmer haben wir 42 Grad gemessen, an der Nordwand unserer schattigen Küche 48 Grad. Um Mitternacht.
Seit den frühen Morgenstunden liege ich da, bäuchlings, die Gliedmaßen von mir gestreckt wie ein verendendes Tier. Nur daß verendende Tiere kein weißes Schreibpapier vor sich haben, auf das sie etwas schreiben und mit ihrem Namen zeichnen sollen. Ich, leider, soll. Aber wie soll ich? Um den Kugelschreiber aufzuheben, müßte ich mich hinunterbeugen, in einem Winkel von 45° (45 Grad!), und dann würde der auf meinem Hinterkopf ruhende Eisbeutel zu Boden fallen, und das wäre das Ende.
Vorsichtig bewegte ich mein linkes Bein, in einem len-

denlahmen Versuch, des Kugelschreibers mit meinen Zehen habhaft zu werden. Umsonst.
Meine Verzweiflung wuchs. Das war heute schon der fünfte Tag, an dem ich das weiße Schreibpapier vor mir anstarrte, und ich hatte noch nichts zustande gebracht als den einen Satz: »Um Himmels willen, diese Hitze!«
Tatsächlich, eine solche Hitze hat es nie zuvor gegeben. Nie. An einem bestimmten Tag des Jahres 1936 war es fast so heiß wie heute, aber nicht so feucht. Andererseits wurde im Jahre 1947 eine fast ebenso große Feuchtigkeit verzeichnet, aber dafür war die Hitze wesentlich geringer. Nur ein einziges Mal, 1955, war es genauso heiß und genauso feucht. Allerdings in Afrika.
Afrika. Was für ein sonderbares Wort. Meine Zunge versuchte es nachzuformen, erwies sich aber als zu schwer für diese Arbeit. Af-ri-ka. Was soll das? A-f-r-i-k-a.
»Weib, was ist Afrika?«
»Afrika«, flüsterte sie. »Arfika...«
Jawohl, sie hat »Arfika« gesagt, es war ganz deutlich. Vielleicht ist es sogar richtig. Arfika. Warum nicht? Mir kann's gleichgültig sein. Mir ist alles gleichgültig. Schon seit Tagen. Schon seit Beginn dieser noch nicht dagewesenen Hitzewelle sitze oder liege ich, genauer: bleibe ich sitzen oder liegen, wo ich gerade hinsinke, und habe keinen andern Wunsch, als mich nicht zu bewegen. Wenn ich in dieser ganzen Zeit öfter als dreimal gezwinkert habe, war's viel. In meinem Kopf regt sich das absolute Nichts, sofern ein absolutes Nichts sich regen kann. Ich meinerseits kann das nicht. Aber ich wollte doch etwas sagen. Richtig: diese Hitze. Um Himmels willen, diese Hitze...

Das Telefon läutet. Ein wahres Wunder, daß das Ding noch funktioniert. Mühsam strecke ich meine Hand aus und ergreife den Hörer.
»Hallo«, sagt eine heisere Stimme, die ich als die Stimme unseres Wohnungsnachbarn Felix Seelig erkenne. »Ich bin auf dem Dizengoff-Boulevard. Es ist entsetzlich. Kann ich mit meiner Frau sprechen?«
»Sicherlich. Du brauchst nur deine eigene Nummer zu wählen.«
»Daran habe ich gar nicht gedacht. Danke –«
Ich höre noch das dumpfe Geräusch eines fallenden Körpers, dann ist es still. Um so besser. Das lange Gespräch hat mich ermüdet.
Mit einer Handbewegung deute ich meiner Ehegattin an, daß Felix Seelig allem Anschein nach tot sei. »Erna verständigen«, haucht sie. Im Sommer neigen wir mehr zu kurzen Sätzen. Und zur Lektüre von Krimis. Da überläuft uns doch wenigstens ab und zu ein kalter Schauer.
Was wollten wir? Ach ja. Wir wollten die Witwe Seelig benachrichtigen, daß ihr Mann bei der Verteidigung des Dizengoff-Boulevards gegen die Hitze gefallen war.
Die Witwe Seelig wohnt zwei Wände weit entfernt. Wie soll man sie erreichen?
Mit einer übermenschlichen Anstrengung erhebe ich mich und ziehe meinen gepeinigten Körper hinter mir her, bis ich die Tür unserer Wohnung erreicht habe. Durch diese Tür verlasse ich unsere Wohnung. Die Tür fällt hinter mir ins Schloß.
Erschöpft lehne ich mich ans Treppengeländer, um mit heraushängender Zunge ein wenig Luft zu schnappen, falls es eine solche gibt. Aber es gibt keine.

Es gibt nur Hitze. Großer Gott, was für eine Hitze. Sie dörrt einem das Hirn aus, falls man ein solches hat. Aber man hat keines. Man weiß nicht einmal, warum man hier am Treppengeländer lehnt.
Wirklich: was suche ich hier? Warum habe ich meine Wohnung verlassen? Ich möchte in meine Wohnung zurück.
Geht nicht. Die Tür ist zu. Was nun. Ein Mann steht vor seiner eigenen Wohnung, in der sich seine eigene Frau befindet, und kann nicht hinein. Was tut man da?
Es ist heiß. Es wird immer heißer.
Ich werde die Stiegen hinuntergehen und jemanden bitten, meine Frau zu verständigen, daß ich draußen stehe. Ich könnte ihr auch telegrafieren. Ja, das ist die Lösung: ein Telegramm.
Aber wie komme ich aufs Postamt? Und natürlich ist niemand in der Nähe, den man fragen könnte.
Ein Autobus erscheint. Ich steige ein. Hinter mir die Hitze.
»Was?« fragt mit fieberglänzenden Augen der Fahrer. In der Tasche meines Pyjamas entdecke ich eine Pfundnote und drücke sie ihm wortlos in die Hand. Dann wende ich mich an den mir Zunächststehenden:
»Entschuldigen Sie – wohin fährt dieser Bus?«
Der Mann kehrt mir langsam sein Gesicht zu, und ich werde den Ausdruck dieses Gesichts nie vergessen:
»Wohin fährt was?«
»Der Bus.«
»Welcher Bus?«
Damit stolpert er zur Ausgangstür und hinaus in den Schatten. Das war sehr vernünftig. Auch ich stieg aus.
»Heda, Sie!« hörte ich hinter mir die Stimme des Fah-

rers. »Sie bekommen noch auf Ihre zehn Pfund heraus!«
Ich drehte mich nicht einmal um. Widerwärtiger Pedant.
An der Straßenecke befiel mich unwiderstehliche Gier nach Eiscreme. Eine große Portion, gemischt, Vanille, Schokolade und Erdbeer. Und diese ganze Portion möchte ich mir auf einmal unters Hemd schütten, rückwärts durch den Kragen. Worauf warte ich noch?
Richtig. Die Wohnungstür ist ins Schloß gefallen.
Von fern her dämmert ein ungeheuerlicher Gedanke auf mich zu: ich hätte an der Wohnungstür läuten können. Die beste Ehefrau von allen hätte sich dann möglicherweise gesagt, daß jemand herein möchte, und hätte geöffnet. Warum ist mir das nicht früher eingefallen?
Weil ich aufs Postamt gehen wollte, deshalb.
»Haben Sie zufällig hier in der Gegend ein Postamt gesehen?« frage ich einen Polizisten, der sich unter der Markise einer Küchen- und Heizwarenhandlung versteckt hält.
Der Polizist nestelt ein Büchlein aus seiner schweißverklebten Brusttasche und blättert lange hin und her, ehe er mir Auskunft gibt:
»Das Überschreiten der Straßen ist nur innerhalb der weißen Markierungen gestattet. Gehen Sie nach Hause.«
Seine roten Augen brennen wie langsam verlöschende Kohlen, und seine Stimme klingt sonderbar dumpf und gurgelnd. Ich habe in der letzten Zeit wiederholt feststellen müssen, daß auch ich gelegentlich solche Grunzlaute von mir gebe, besonders wenn ich zu Hause bin und besonders wenn ich nicht zu Hause bin. Es könnte an der Hitze liegen.

Aber das ändert nichts daran, daß ich jetzt nach Hause gehen muß. Anordnung des Polizisten. Der Staatsgewalt darf man sich nicht widersetzen. Schon gar nicht bei dieser Hitze. Und es wird immer noch heißer. Rasch nach Hause.
Wo wohne ich? Wo? Das ist das wahre Problem, das jetzt gelöst werden muß.
Wir werden es lösen. Nur keine Aufregung. Nur nicht nervös werden. Ruhe. Die Gedankenarbeit nimmt ihre Tätigkeit auf, und alles wird wundersam klar.
Ich wohne in einem dreistöckigen Haus, dessen Fenster nach außen gehen. Muß irgendwo hier in der Nähe sein. Eines von diesen Häusern, die alle gleich aussehen. Haustor, Stockwerke, Fernsehantenne auf dem Dach. Besondere Kennzeichen: Der Inhaber dieses Reisepasses hat bei der letzten Hitzewelle Verbrennungen dritten Grades über dem zweiten Stock erlitten. Wo wohne ich? Wo?!
Ruhig nachdenken. Nur die Ruhe kann es machen. Und die sonnendurchglühte Telefonzelle dort an der Ecke. Ganz einfach. Ein klein wenig gedankliche Konzentration genügt. Im Telefonbuch nachschauen. Hoffentlich ist die Seite mit meinem Namen noch nicht versengt. Mit welchem Namen? Wie heiße ich? Vor ein paar Minuten habe ich es noch gewußt. Der Name liegt mir auf der Zunge. Aber ich habe ihn vergessen. Ich weiß nur noch, daß er mit einem S beginnt. S wie Sonne.
Es wird immer heißer. Und es fällt mir immer schwerer, meinen Körper aufrecht zu halten, in der für Menschen vorgeschriebenen Vertikale. Zum erstenmal im Leben sehe ich den Sharav, unser unvergleichliches heimisches Hitze-Erzeugnis, plastisch vor mir: ein purpurfarbenes

Gebilde aus kleinen und großen Kreisen, die ineinander und gegeneinder rotieren, dazwischen dann und wann Diagonalen, Zickzacklinien und ein doppelter Whisky mit Eiswürfeln.

Aus der Richtung vom Dizengoff-Boulevard nähert sich eine Gestalt, die ich mit großer Mühe als menschliche Gestalt erkenne und mit noch größerer als Felix Seelig. Er lebt also noch, der arme Hund. Auf allen vieren kommt er herangekrochen, ein dünnes Bächlein Schweiß zeichnet seine Spur. Jetzt hat er mich erreicht. Er glotzt mich aus hervorquellenden Augen an, er fletscht die Zähne, er knurrt:

»Grrr.«

»Grrr«, knurre ich zurück und bin auch schon an seiner Seite, auf allen vieren. Wir brauchen unsere Rücken nur ganz kurz aneinanderzureiben, um volles Einverständnis darüber zu schaffen, daß wir jetzt gemeinsam weitertrotten werden, grunzend den Sümpfen zu.

»Rhinozeros! Rhinozeros!« klingt's durch verschlossene Fensterläden hinter uns her. Was tut's. Jeder sein eigener Ionesco. Rhinozeros hin, Rhinozeros her ... Rhcrrr ... crrrr ... grrr ... es ist heiß ... es wird immer heißer ... es war noch nie so heiß ...

> Während der zwei Jahrtausende des Exils und der Verfolgung haben die Juden sich in einen intellektuellen Elfenbeinturm eingeschlossen und ihre körperliche Ertüchtigung arg vernachlässigt. Unser wiedererstandenes Heimatland hat uns endlich wieder einen simplen, kräftigen, erdnahen Menschentyp geschenkt. Und dieses Geschenk müssen wir teuer bezahlen.

Die vier apokalyptischen Fahrer

Wann schläft der Mensch am besten? Nach den neuesten wissenschaftlichen Forschungen bis 5.25 Uhr am Morgen. Um 5.25 Uhr am Morgen fährt der Durchschnittsbürger aus dem besten Schlafe hoch. Der höllische Lärm, der über ihn hereinbricht, weist eine vielfältige Zusammensetzung auf und läßt sich am ehesten mit dem Klangbild mehrerer Tonbänder vergleichen, die zur selben Zeit verkehrt abgespielt werden. Es klingt nach Fliegeralarm, nach einer stampfenden Büffelherde, nach einem Sturmangriff mit schweren Panzern und nach dem Dschungelschrei eines wildgewordenen Tarzans.
Um 5.25 Uhr am Morgen.
Die Reaktion der Menschen, die von dieser Naturkatastrophe betroffen werden, ist unterschiedlich. Manche vergraben sich in ihre Kissen und beginnen zu beten. Andere – zumeist diejenigen, die vor Schreck aus dem Bett gefallen sind – sausen ziellos zwischen Schlafzimmer und Badezimmer hin und her. Schreiber dieses wirft sich bei den ersten Donnerschlägen wortlos auf seine neben ihm schlummernde Gattin und würgt sie so lan-

ge, bis es ihr gelingt, die Nachttischlampe anzuknipsen und ihm vorsichtig beizubringen, daß ihn niemand ermorden will. »Wie um des Himmels willen ist es möglich«, fragte mein Nachbar Felix Seelig, als er sich einmal um 5.25 Uhr am Morgen aus dem Fenster beugte, »daß vier Männer einen so ungeheuerlichen Krach erzeugen?«

Wir beobachteten die vier von oben. Es handelte sich um den Fahrer des städtischen Müllabfuhrwagens, um seinen Mitfahrer, der meistens auf dem Trittbrett steht, und um die beiden Kerle, die sich der wartenden Koloniakübel bemächtigen und sie mit Getöse ausleeren. Auf den ersten Blick sehen diese vier wie einfache Sendboten des Gesundheitsamtes aus, aber hinter ihrem unauffälligen Äußeren verbergen sich vier Weltmeister der Höllenlärm-Technik. Zum Beispiel benützt der Fahrer grundsätzlich nur den ersten Gang, um seinen Motor auf höchste Diesellautstärke zu bringen, während die beiden Zubringer jeden einzelnen Koloniakübel polternd über das Pflaster schleifen und dabei so laut und lästerlich fluchen, als stünde der Ausbruch von Tätlichkeiten unmittelbar bevor.

In Wahrheit haben sie keinerlei Streit miteinander. Hört man mit den Restbeständen von Membranen, über die man noch verfügt, etwas genauer hin, so kann man feststellen, daß sie sich auf ihre Weise über ganz alltägliche Dinge unterhalten. Diese ihre Weise besteht darin, daß die Unterhaltung grundsätzlich immer dann beginnt, wenn der eine von ihnen mit dem schon entleerten Koloniakübel im Hausflur angelangt ist und der andere in 20 bis 30 Meter Entfernung seinen noch gefüllten Kübel auf die Kippe niederkrachen läßt.

»Hey!« brüllt der eine. »Hey! Was hast du gestern abend gemacht, gestern abend?«
Darauf antwortet jedoch nicht der andere, sondern der Fahrer steckt den Kopf aus seinem Gehäuse hervor, legt die Hände an den Mund und brüllt:
»Hey! Wir sind zu Hause geblieben! Zu Hause! Und du?« Jetzt erst ist es so weit, daß der ursprünglich Angesprochene oder besser Angebrüllte zurückbrüllt:
»Hey! Wir waren im Kino! Im Kino waren wir! Bei diesem Wildwestfilm! Großartig! Alle haben sehr gut gespielt haben alle!«
Auch wenn die Dialogpartner dicht nebeneinander stehen, ändert sich nichts an der Lautstärke ihres Geplauders:
»Hey! Kommen dir diese verdammten Kübel heute nicht verdammt schwer vor?«
»Verdammt schwer heute! Wo es noch dazu so verdammt heiß ist! Verdammt!«
Frau Kalaniot, der das Schicksal ein Schlafzimmer direkt oberhalb des Haustors zugewiesen hat und die infolgedessen ständig am Rande eines Nervenzusammenbruchs wandelt, riß in ihrer Verzweiflung einmal das Fenster auf und rief hinunter:
»Bitte Ruhe! Ich flehe Sie an: Ruhe! Müssen Sie denn jede Nacht solchen Lärm machen?«
»Nacht? Wieso Nacht?« Der Angeflehte wieherte fröhlich. »Es ist ja schon halb sechs vorbei ist es schon!«
»Wenn Sie mit diesem Lärm nicht aufhören, hole ich die Polizei!« Das war Benzion Ziegler, der sein Fenster gleichfalls aufgerissen hatte. Die vier apokalyptischen Fahrer krümmten sich vor Lachen:
»Polizei! Hohoho! Hol doch einen Polizisten, hol ihn

doch! Wenn du in der Nacht einen findest! Hohoho...«
Ja, so sind sie, unsere stämmigen, breitschultrigen, von keiner Hemmung belasteten Naturburschen, die neue Generation, die neue Rasse, der neue Mensch. Man hat den Eindruck, daß keine Macht der Welt mit ihnen fertig werden könnte.
Dieser Eindruck wird durch die Tatsachen erhärtet.
Auf dem letzten Protestmeeting unseres Häuserblocks betraute man mich mit der ehrenvollen Aufgabe, vom städtischen Gesundheitsamt die Einstellung der allnächtlichen Erdbebenkatastrophen zu verlangen. Ich rief den Abteilungsvorstand an und begann meine wohlvorbereitete Anklagerede.
Noch ehe ich beim ersten meiner bildkräftigen Vergleiche angelangt war, unterbrach er mich:
»Mir brauchen Sie nichts zu erzählen. Ich bekomme das jeden Morgen zu hören. Sie werden verrückt, sagen Sie? *Ich* werde verrückt...«
Der Sommer kam, und mit ihm kamen die Nächte, in denen man – wenn überhaupt – nur bei offenem Fenster schlafen kann. Wir schickten eine von allen schreibfähigen Anrainern unterzeichnete Petition an die Behörde, blieben jedoch ohne Antwort. Die Aufräumefrau, die dreimal wöchentlich zu den Zieglers kommt und eine Wohnungsnachbarin des Trittbrett-Tarzans ist, empfahl uns, nichts zu unternehmen, weil die vier davon Wind bekommen und dann noch größeren Lärm machen würden. Auch der Rechtsanwalt, den wir heranzogen, wußte uns nichts Besseres zu raten, als daß wir das Wochenende in Jerusalem verbringen sollten, weil dort die Müllabfuhr häufig durch Streiks lahmgelegt ist.
Wir versuchten es mit Wattebäuschen, die wir uns in

die Ohren stopften und die anfänglich einen gewissen Sordino-Effekt bewirkten. Aber schon das erste »Hey!« schnitt durch sie hindurch wie ein scharfes Messer durch weiche Butter.
Auf unserer letzten Protestversammlung hielt der angesehene Mediziner Dr. Wasserlauf einen visionären Vortrag:
»Die chronische Schlaflosigkeit und die traumatischen Schocks, unter denen wir zu leiden haben, werden früher oder später die Funktionsfähigkeit unserer Gehirnganglien beeinträchtigen. Ich bin überzeugt, daß bei unseren Kindern und in noch höherem Maß bei unseren Enkeln bestimmte Degenerationserscheinungen nicht aufzuhalten sind und daß die Müllabfuhr letzten Endes eine bedrohliche Senkung des allgemeinen intellektuellen Niveaus zur Folge haben wird...«
Vor unserem geistigen Auge erschienen Scharen von Enkelkindern, sahen uns stumm und vorwurfsvoll an und verschwanden mit kuriosen Bocksprüngen im Wald.
Es mußte etwas geschehen.
Wäre es nicht am besten, mit den Leuten zu reden? Das entspräche nicht nur unseren demokratischen Grundsätzen, sondern vor allem der menschlichen Würde, die ja auch dem Müllabfuhr-Personal als unveräußerliches Recht eingepflanzt ist. Ganz im geheimen empfanden wir tiefe Bewunderung für jene vier Aufrechten, die schon im frühen Morgendämmer ihre schwere Arbeit verrichteten, während wir nichtsnutzige Schmarotzer in unseren weichen, weißen Betten wohlig bis 5.25 Uhr schnarchten... Es wurde beschlossen, die Sache psychologisch anzugehen. Wir mußten zu den Herzen der vier einen Weg finden. Geld spielt keine Rolle.

An einem der nächsten Tage enthielt der Text der allmorgendlichen Lärmsendung eine Variante:
»Langsam wird's kalt! Kalt wird's langsam!«
»Hey!« donnerte es zur Antwort. »Kauf dir einen Pullover! Kauf dir einen!«
»Pullover? Sagst du Pullover hast du gesagt? Hey! Wo soll ich einen Pullover hernehmen, wo?«
Wir handelten unverzüglich. Wir handelten im Interesse unserer Nachkommen, im Interesse der Zukunft späterer Generationen, im Interesse des Friedens im Nahen Osten. Aus den Geldern des eigens für diese Zwecke angelegten »Reinigungs-Fonds« kaufte Frau Kalaniot einen knallroten Pullover (Übergröße), und Felix Seelig begab sich an der Spitze einer Delegation zum Wohnhaus des Trittbrett-Tarzans, der seine Rührung kaum verheimlichen konnte. Er zeigte volles Verständnis für den von Felix Seelig vorsichtig formulierten Hinweis, daß warme Kleider bekanntlich zur Schaffung einer ruhigeren Atmosphäre beitrügen, dankte der Delegation in stockenden, ungefügen Worten und versprach, auch seine Mitarbeiter entsprechend zu informieren.
Am nächsten Morgen um 5.25 Uhr wurde Frau Kalaniot durch ein Gebrüll von noch nicht dagewesener Unmenschlichkeit aus ihrem Bett geschleudert:
»Hey! Die haben mir diesen Pullover gekauft haben sie! Diesen roten Pullover!«
»Sind nette Leute«, brüllte es zurück. »Nette Leute sind sie! Wirklich nett!«
Hierauf erfolgte eine Explosion, die alle bisherigen übertraf: in seiner Freude über den roten Pullover schleuderte der Trittbrett-Tarzan einen eben entleerten Kübel in so kunstvoller Schleife zurück, daß zwei an-

dere Kübel mitgerissen wurden und insgesamt drei Granateneinschläge zur gleichen Zeit stattfanden.
Seither höre ich schlecht auf dem linken Ohr. Dafür schlafe ich sehr gut auf der rechten Seite. Eine exzellente und im Grund ganz einfache Lösung. Ich muß mich wundern, daß ich nicht schon früher an sie gedacht habe.

In unserem Land besteht große Nachfrage nach Facharbeitern jeder Art, ausgenommen Skilehrer, Rauchfangkehrer und Dichter. Die Repräsentanten des zuletzt genannten Berufs legen eine geradezu bewundernswerte Hartnäckigkeit an den Tag und fahren fort, hebräisch zu dichten. Einigen wenigen gelingt es sogar, das Gedichtete zu verkaufen. Aber sie wissen, daß sie zugleich auch ihre Seele verkaufen müssen.

BUCHWERBUNG

Der Verleger holte das Manuskript aus der Lade und wandte sich zu Tolaat Shani:
»Ich habe sie gelesen.«
Der Dichter rutschte auf die Sesselkante vor.
»Ja?« flüsterte er. »Ja?«
»Es sind wunderschöne Gedichte. Ich finde, daß in den letzten zweihundert Jahren nichts geschrieben wurde, was sich mit Ihrem ›Ich liebte dich, dich liebte ich‹ vergleichen könnte.«
»Danke«, kam es kaum hörbar von Tolaat Shanis Lippen. »Seien Sie bedankt, Herr Blau.«
»Ich gehe noch weiter und sage, daß der ganze Band zu den lyrischen Gipfeln der Weltliteratur gehört.«
»Ich danke Ihnen. Und ich werde trotzdem versuchen, an diesen Gedichten bis zur äußersten Vollendung zu feilen, bevor Sie den Band veröffentlichen.«
»Bevor ich den Band – was?«
»Veröffentlichen... den Band... Herr Blau... Ich liebte dich, dich liebte ich...«

»Wann habe ich von Veröffentlichung gesprochen?«
»Aber Sie sagten doch... wunderschöne Gedichte...«
»Wer kauft heutzutage Gedichte?«
»Niemand?«
»Nicht direkt niemand. Vierzig bis fünfzig Sonderlinge werden sich finden.«
»Ich bin bereit, auf jedes Honorar zu verzichten, Herr Blau.«
»Das versteht sich von selbst.«
»Ich bin ferner bereit, zu den Herstellungskosten beizutragen.«
»Auch schon was. Lassen Sie mich nachdenken... Leiden Sie an einer unheilbaren Krankheit?«
»Warum?«
»Dann könnte ich das Buch mit einer schwarzen Trauerschleife herausbringen: ›Das letzte Werk des Dichters‹ oder so ähnlich. Das würde vielleicht den Verkauf ankurbeln.«
»Es tut mir aufrichtg leid, Herr Blau, aber ich bin gesund. Allerdings... wenn die Regenzeit beginnt...«
»Darauf kann ich mich nicht verlassen.«
»Dann sagen Sie mir bitte, was ich tun soll.«
»Ich möchte Sie nicht beeinflussen. Ich möchte Sie nur daran erinnern, daß der bekannte Maler Zungspitz, nachdem er das Augenlicht verloren hatte, phantastische Preise für seine Bilder erzielen konnte.«
»Leider bin ich Brillenträger.«
»Tolaat, Sie scheinen nicht zu begreifen, um was es hier geht. Ohne Reklame und Skandal ist Kunst heutzutage unverkäuflich.«
»Mir fällt etwas ein, Herr Blau! Ich werde nackt auf der Dizengoff-Straße spazierengehen, mit einem Exem-

plar von ›Ich liebte dich, dich liebte ich‹ unterm Arm.«
»Ein alter Hut. Die Bildhauerin Gisela Glick-Galgal hat sich auf dem Rothschild-Boulevard zweimal nackt ausgezogen, um Besucher in ihre Ausstellung zu locken. Angeblich hat sie dann wirklich ein paar Plastiken verkauft. Und jedenfalls ist der Trick schon abgebraucht. Spielen Sie Trompete?«
»Noch nicht.«
»Schade. Dann bleibt nichts anderes übrig als Brutalität. Nach dem ersten Verriß Ihres Buchs schlagen Sie dem Kritiker alle Zähne ein. Einverstanden?«
»Gewiß, Herr Blau. Aber ich fürchte, daß niemand meine Gedichte verreißen wird.«
»Denken Sie nach, ob Sie nicht doch irgendeine Krankheit haben.«
»Leider ... wie ich schon sagte ...«
»Vielleicht hat es in Ihrer Familie einen Fall von Wahnsinn gegeben? Das wäre brauchbar. Als Josef Melamed-Becker nach seinem Wahnsinnsausbruch in eine geschlossene Anstalt eingeliefert wurde, hat sein Roman drei Neuauflagen erreicht!«
»Der Glückspilz.«
»Es war nicht nur Glück. Es war die Erkenntnis, daß ein Buch auf Publicity angewiesen ist, wenn es gehen soll. Gibt es in Ihrem Band auch Liebeslyrik?«
»Aber Herr Blau! Erinnern Sie sich nicht?«
»Ich habe Ihre Gedichte noch nicht gelesen. Wenn sie wirklich realistisch und offenherzig sind ... sozusagen nackte Tatsachen ... Sie verstehen, was ich meine ...«
»Nein, Herr Blau! Nein und abermals nein! Da springe ich lieber aus dem fünften Stock auf die Straße.«
»Das ist eine Idee. ›Von der Liebe enttäuschter Dich-

ter begeht Selbstmord.‹ Nicht schlecht. Sie könnten Brigitte Bardot eines Ihrer Gedichte widmen.«
»Gerne. Wer ist das?«
»Spielt keine Rolle. Sie haben nichts weiter zu tun, als irgendeinem Gedicht die Widmung voranzusetzen: ›Meiner ewigen Liebe B. B.‹ Das genügt.«
»In Ordnung.«
»Na sehen Sie. Langsam beginnt mir Ihr Buch zu gefallen, Tolaat! Wir lassen an die Presse durchsickern, daß Sie zwei Jahre wegen Bigamie –«
»Lieber nicht. Das stimmt nämlich.«
»Dann also nicht. Kommen in Ihren Gedichten auch antireligiöse Motive vor? Vielleicht eine beleidigende Stelle über Moses? Sie wissen doch, wie empfindlich unsere Orthodoxen sind.«
»So etwas könnte ich mühelos einfügen.«
»Großartig. Wenn wir das Oberrabbinat dazu bringen, Ihr Buch mit einem Bannfluch zu belegen, ist die erste Auflage so gut wie verkauft.«
»Ich bewundere Ihre Erfindungsgabe, Herr Blau. Und ich danke Ihnen von Herzen.«
»Danken Sie mir noch nicht. Sie haben noch eine Menge zu tun. Heute nacht werden Sie sich wegen öffentlicher Gewalttätigkeit verhaften lassen. Dazu müssen Sie mindestens ein paar Fenster einschlagen. Dann verbarrikadieren Sie sich in der Damentoilette des Dan-Hotels, blasen Trompete, entkleiden sich, gehen auf die Straße und ziehen sich eine Lungenentzündung zu.«
»Ich werde mein Bestes tun.«
»Nachher versuchen Sie ein Bombenattentat auf die Regierung, lassen sich griechisch-orthodox taufen und wandern aus.«

»In Ordnung.«
»Und kommen Sie mir nicht unter die Augen, bevor Sie komplett wahnsinnig sind.«
»Das wird ganz leicht sein, Herr Blau.«

Das Fernsehen als moralische Anstalt

»Wunder dauern höchstens eine Woche«, heißt es im Buche Genesis. Wie wahr!
Nehmen wir zum Beispiel das Fernsehen: Während der ersten Wochen waren wir völlig in seinem Bann und saßen allnächtlich vor dem neu erworbenen Gerät, bis die letzte Versuchsstation im hintersten Winkel des Vorderen Orients ihr letztes Versuchsprogramm abgeschlossen hatte. So halten wir's noch immer – aber von »gebannt« kann keine Rede mehr sein. Eigentlich benützen wir den Apparat nur deshalb, weil unser Haus auf einem freiliegenden Hügel steht; und das bedeutet guten Empfang von allen Seiten.
Dieser Spielart des technischen Fortschritts ist auch Amir zum Opfer gefallen. Es drückt uns das Herz ab, ihn zu beobachten, wie er fasziniert auf die Mattscheibe starrt, selbst wenn dort eine Stunde lang nichts anderes geboten wird als das Inserat »Pause« oder »Israelische Television«. Etwaigen Hinweisen auf sein sinnloses Verhalten begegnet er mit einer ärgerlichen Handbewegung und einem scharfen »Psst!«
Nun ist es für einen Fünfjährigen nicht eben bekömmlich, Tag für Tag bis Mitternacht vor dem Fernsehkasten zu hocken und am nächsten Morgen auf allen vieren in den Kindergarten zu kriechen. Und die Besorgnisse, die er uns damit verursachte, sind noch ganz gewaltig angewachsen, seit der Sender Zypern seine lehrreiche Serie »Die Abenteuer des Engels« gestartet hat und unsern Sohn mit schöner Regelmäßigkeit darüber unterrichtet, wie man den perfekten Mord begeht. Amirs Zimmer muß seither hell erleuchtet sein, weil er

sonst vor Angst nicht einschlafen kann. Andererseits kann er auch bei heller Beleuchtung nicht einschlafen, aber er schließt wenigstens die Augen – nur um sie sofort wieder aufzureißen, weil er Angst hat, daß gerade jetzt der perfekte Mörder erscheinen könnte.
»Genug!« entschied eines Abends mit ungewöhnlicher Energie die beste Ehefrau von allen. »Es ist acht Uhr. Marsch ins Bett mit dir!«
Der als Befehl getarnte Wunsch des Mutterherzens ging nicht in Erfüllung. Amir, ein Meister der Verzögerungstaktik, erfand eine neue Kombination von störrischem Schweigen und monströsem Gebrüll.
»Will nicht ins Bett!« röhrte er. »Will fernsehen. Will Fernsehen sehen!«
Seine Mutter versuchte ihn zu überzeugen, daß es dafür schon zu spät sei. Umsonst.
»Und du? Und Papi? Für euch ist es nicht zu spät?«
»Wir sind Erwachsene.«
»Dann geht arbeiten!«
»Geh du zuerst schlafen!«
»Ich geh schlafen, wenn ihr auch schlafen geht.«
Mir schien der Augenblick gekommen, die väterliche Autorität ins Gespräch einzuschalten:
»Vielleicht hast du recht, mein Sohn. Wir werden jetzt alle schlafen gehen.«
Ich stellte den Apparat ab und veranstaltete gemeinsam mit meiner Frau ein demonstratives Gähnen und Räkeln. Dann begaben wir uns selbdritt in unsere Betten. Natürlich hatten wir nicht vergessen, daß Kairo um 8.15 Uhr ein französisches Lustspiel ausstrahlte. Wir schlichen auf Zehenspitzen ins Fernsehzimmer zurück und stellten den Apparat vorsichtig wieder an.

Wenige Sekunden später warf Amir seinen Schatten auf den Bildschirm:
»Pfui!« kreischte er in nicht ganz unberechtigtem Zorn. »Ihr habt ja gelogen!«
»Papi lügt nie«, belehrte ihn seine Mutter. »Wir wollten nur nachschauen, ob die Ampexlampe nach links gebündelt ist oder nicht. Und jetzt gehen wir schlafen. Gute Nacht.«
So geschah es. Wir schliefen sofort ein.
»Ephraim«, flüsterte nach wenigen Minuten meine Frau aus dem Schlaf, »ich glaube, wir können hinübergehen...«
»Still«, flüsterte ich ebenso schlaftrunken. »Er kommt.«
Aus halb geöffneten Augen hatte ich im Dunkeln die Gestalt unseres Sohnes erspäht, der sich – offenbar zu Kontrollzwecken – an unser Zimmer herantastete.
Er nahm mein vorbildlich einsetzendes Schnarchen mit Befriedigung zur Kenntnis und legte sich wieder ins Bettchen, um sich vor dem perfekten Mörder zu fürchten. Zur Sicherheit ließen wir noch ein paar Minuten verstreichen, ehe wir uns abermals auf den Schleichweg zum Fernsehschirm machten.
»Stell den Ton ab«, flüsterte meine Frau.
Das war ein vortrefflicher Rat. Beim Fernsehen, und daher der Name, kommt es ja darauf an, was man sieht, nicht darauf, was man hört. Und wenn's ein Theaterstück ist, kann man den Text mit ein wenig Mühe von den Lippen der Agierenden ablesen. Allerdings muß dann das Bild so scharf wie möglich herauskommen. Zu diesem Zweck drehte meine Frau den entsprechenden Knopf, von dem sie glaubte, daß es der entsprechende wäre. Er war es nicht. Wir erkannten das

daran, daß im nächsten Augenblick der Ton mit erschreckender Vollkraft losbrach.
Und schon kam Amir herbeigestürzt:
»Lügner! Gemeine Lügner! Schlangen, Schlangenlügner!« Und sein Heulen übertönte den Sender Kairo.
Da unsere Befehlsgewalt für den heutigen Abend rettungslos untergraben war, blieb Amir nicht nur für die ganze Dauer des dreiaktigen Lustspiels bei uns sitzen, sondern genoß auch noch, leise schluchzend, die Darbietungen zweier Bauchtänzerinnen aus Amman.
Am nächsten Tag schlief er im Kindergarten während der Gesangstunde ein. Die Kindergärtnerin empfahl uns telefonisch, ihn sofort in ein Spital zu bringen, denn er sei möglicherweise von einer Tsetsefliege gebissen worden. Wir begnügten uns jedoch damit, ihn nach Hause zu holen.
»Jetzt gibt's nur noch eins«, seufzte unterwegs meine Frau.
»Nämlich?«
»Den Apparat verkaufen.«
»Verkauft ihn doch, verkauft ihn doch!« meckerte Amir.
Wir verkauften ihn natürlich nicht. Wir stellten ihn nur pünktlich um 8 Uhr abends ab, erledigten die vorschriftsmäßige Prozedur des Zähneputzens und fielen vorschriftsmäßig ins Bett. Unter meinem Kopfkissen lag die auf 9.30 eingestellte Weckeruhr.
Es klappte. Amir konnte auf seinen zwei Kontrollbesuchen nichts Verdächtiges entdecken, und als der Wecker um 9.30 Uhr sein gedämpftes Klingeln hören ließ, zogen wir leise und behutsam die vorgesehenen Konsequenzen. Der dumpfe Knall, der unsere Behutsamkeit zuschanden machte, rührte daher, daß meine Frau mit

dem Kopf an die Türe gestoßen war. Ich half ihr auf die Beine:
»Was ist los?«
»Er hat uns eingesperrt.«
Ein begabtes Kind, das muß man schon sagen; wenn auch auf anderer Linie begabt als Frank Sinatra, dessen neuester Film vor fünf Minuten in Zypern angelaufen war.
»Warte hier, Liebling. Ich versuch's von außen.«
Durchs offene Fenster sprang ich in den Garten, erkletterte katzenartig den Balkon im ersten Stock, zwängte meine Hand durch das Drahtgitter, öffnete die Türe, stolperte ins Parterre hinunter und befreite meine Frau. Nach knappen zwanzig Minuten saßen wir vor dem Bildschirm. Ohne Ton, aber glücklich.
In Amirs Region herrschte vollkommene, fast schon verdächtige Ruhe.
Auf der Mattscheibe sang Frank Sinatra ein lautloses Lied mit griechischen Untertiteln.
Und plötzlich...
»Achtung, Ephraim!« konnte meine Frau mir gerade noch zuwispern, während sie das Fernsehgerät ins Dunkel tauchen ließ und mit einem Satz hinter die Couch sprang. Ich meinerseits kroch unter den Tisch, von wo ich Amir, mit einem langen Stock bewehrt, durch den Korridor tappen sah. Vor unserem Schlafzimmer blieb er stehen und guckte, schnüffelnd wie ein Bluthund, durchs Schlüsselloch.
»Hallo!« rief er. »Ihr dort drinnen! Hallo! Schlaft ihr?«
Als keine Antwort kam, machte er kehrt, und zwar in Richtung Fernsehzimmer. Das war das Ende. Ich knip-

ste das Licht an und empfing ihn mit lautem Lachen: »Hahaha«, lachte ich, und abermals: »Hahaha! Jetzt bist einmal *du* hereingefallen, Amir, mein Sohn, was?« Die Details sind unwichtig. Seine Fausthiebe taten mir nicht weh, die Kratzer schon etwas mehr. Richtig unangenehm war, daß man in den Nachbarhäusern alles hörte. Dann holte Amir sein Bettzeug aus dem Kinderzimmer und baute es vor dem Fernsehapparat auf.
Irgendwie konnten wir ihn verstehen. Wir hatten ihn tief enttäuscht, wir hatten den Glauben an seine Eltern erschüttert, wir waren die eigentlich Schuldigen. Er nennt uns seither nur »Lügenpapi« und »Schlangenmami« und zeltet vor dem Bildschirm, bis der Morgen dämmert. In den ersten Nächten sah ich noch ein paarmal nach, ob er ohne uns fernsieht, aber er schlief den Schlaf des halbwegs Gerechten. Wir ließen es dabei. Wir machten erst gar keinen Versuch, ihn zur Übersiedlung in sein Bett zu bewegen. Warum auch? Was tat er denn Übles? Fliegenfangen oder Katzenquälen wäre besser? Wenn er fernsehen will, soll er fernsehen. Morgen verkaufen wir den verdammten Kasten sowieso. Und kaufen einen neuen.

> Die abschließende Geschichte verlangt eine juristische Klarstellung: »Jede Ähnlichkeit mit einer tatsächlich lebenden Person und mit tatsächlich erfolgten Geschehnissen ist beabsichtigt.« Vielen Dank.

Alltag eines Berufshumoristen

Der Berufshumorist erwachte wie gewöhnlich in übler Laune. Er hatte im Traum eine traumhaft humorvolle Geschichte geschrieben – und gerade als es zur Pointe kam, war er aufgewacht.
Mit einem bitteren Geschmack im Mund erhob er sich vom Lager. In der letzten Zeit wollte nichts mehr klappen. Vergangene Woche zum Beispiel, während er auf der Couch lag und vor sich hin döste, hatte er eine wirklich lustige Szene zu konstruieren begonnen – und gerade als es zur Pointe kam, war er eingeschlafen.
Kein Zweifel, es ging bergab mit ihm. Auch die Vitamintabletten, die er seit einem Monat einnahm, halfen nichts. Erst vor wenigen Tagen hatte ihm der Feuilletonredakteur der Zeitung, die seine Beiträge bisher unbesehen zu drucken pflegte, ein Manuskript zurückgeschickt, eine ausgezeichnete Satire über einen Steuerträger, der sich genau an den statistisch errechneten Lebenskostenindex seiner Einkommensklasse hielt und dessen Skelett noch immer nicht identifiziert war. Der Redakteur fand, das sei keine Satire, sondern eine Reportage und in keiner Weise komisch.
Das wagte man ihm zu sagen! Ihm! Nach zwanzigjähriger Tätigkeit in der Humorindustrie!

Er begann, sich anzukleiden. Selbstverständlich machte der Gummizug seiner Unterhose schlapp, und der Knopf seines Hemdkragens blieb ihm in der Hand.
Nun, so etwas muß man ausnützen. Er wird sofort eine Serie über die Tücken der Unterwäsche schreiben, betitelt: »Neues aus der Unterwelt.« Jetzt gleich. Er setzt sich hin und greift nach dem Notizbuch, in dem er – streng nach Sachbegriffen geordnet – seine Einfälle festhält. Unterwäsche und Oberhemd. Die obere Unterwäsche. Wäre kein schlechter Reklameslogan für eine Modefirma. Vormerken. Welch ein Beruf . . .
Es ist nicht seine Schuld. Der Miniatur-Computer in seinem Gehirn arbeitet ohne Unterlaß, registriert Eindrükke und Einfälle zu Geschichten und Gedichten und Witzen und Spitzen, verarbeitet sie sogar im Schlaf und in mehreren Sprachen und läßt sich nicht abstellen.
Der Berufshumorist setzt sich an den Frühstückstisch und dreht das Radio an. Er nimmt den Kaffee ohne Zucker, aber dafür mit drei verschiedenen Pillen, einer braunen, einer blauen und einer gelb-rot-gestreiften, die es ihm ganz besonders angetan hat. Ein vorzügliches Medikament. Höchste Zeit, daß man eine passende Krankheit dafür findet.
Er macht sich daran, diesen witzigen Einfall in der Rubrik »Heilmittel« seines Notizbuches zu vermerken, und entdeckt, daß er ihn bereits vor Jahresfrist in der Rubrik »Krankheiten« notiert hat. Wieder einmal zeigt sich, wie stark er unter seinem eigenen Einfluß steht.
Im Rundfunk wird gerade eine antiisraelische Erklärung von Präsident Pompidou verlautbart. Der Berufshumorist nimmt sie erleichtert zur Kenntnis. Er hat im

Vertrauen darauf, daß Herr Pompidou eine komische Figur ist, erst gestern abend ein satirisches Telefongespräch zwischen dem Franzosen und Kossygin an sein Blatt geschickt und war von großer Angst geplagt, daß Herr Pompidou über Nacht seine Haltung ändern und proisraelisch werden könnte. Dann wäre die ganze Geschichte in der Luft hängengeblieben.
Und nicht zum ersten Male. Dergleichen passiert ihm immer wieder. Die Kerle schwenken um und demissionieren und putschen vollkommen planlos. Niemand nimmt Rücksicht auf ihn.
Die Nachrichten werden von einer weiblichen Stimme durchgegeben, in deren Besitzerin er seit langem verliebt ist. Er hat sie nie gesehen. Aber eine so miserable Sprecherin wie sie *muß* über aufregende Vorzüge verfügen, sonst würde man sie nicht im Rundfunk beschäftigen. Vielleicht gibt das eine Kurzgeschichte. Oder sogar einen Film. Da müßte sich herausstellen, daß sie zwar eine schlechte Sprecherin *und* eine häßliche Ziege ist, aber die Nichte des Intendanten. Beißende Gesellschaftskritik.
Kennwort »Establishment«.
Der Berufshumorist begibt sich auf den ärztlich vorgeschriebenen Spaziergang, ein kranker Geist in einem kranken Körper. Die Sonne brennt ihm auf den Schädel. Das macht sie mit Absicht. Trägt die Sonne eigentlich Sonnenbrillen? Der Computer scheint einen Hitzschlag erlitten zu haben, anders läßt sich dieser Einfall nicht erklären.
Der Griff nach dem Notizbuch erstirbt auf halbem Weg. Ein beleibter Passant stößt mit dem Humoristen zusammen, tritt ihm aufs Hühnerauge und entschuldigt sich

nicht. »Asesponem!« zischt der Humorist hinter ihm her. Er liebt jiddische Schimpfwörter. In seinem Notizbuch stehen sie in einer eigenen Rubrik: Ganef, Miesnik, Schlemihl... Ist Asesponem eine Figur aus Peer Gynt? Der Computer scheint noch immer nicht in Ordnung zu sein. Dafür schmerzt das Hühnerauge.
Während er die Straße überquert, betrachtet der Humorist seine Schuhe und überlegt, ob sie gelegentlich miteinander sprechen:
»Was ist Ihr Beruf, mein Herr?«
»Ich bin Sämischlederschuh.«
»Und Ihre politische Überzeugung?«
»Ich war immer links.«
»Aufschreiben, rasch aufschreiben –«
Zu spät. Auch für das Auto, das unter ohrenbetäubendem Kreischen seiner Bremsen versucht, ihn im letzten Augenblick nicht zu überfahren, war es zu spät. Während er fällt, flitzt ihm noch ein witziges Wortspiel über die Wechselbeziehung zwischen Fahrzeug und Gehzeug durch den Kopf – dann liegt er da.
Ein Knabe, sommersprossig und borstigen Haares, hüpft über ihn hinweg und grinst ihm unverfroren ins Gesicht, der kleine Sadist. Man müßte eine der vielen überflüssigen Jugendzeitschriften um eine Beilage »Der kleine Sadist« bereichern. So ähnlich wie »Der kleine Laubsägen-Ingenieur«, »Der kleine Hausarzt« und was einem sonst noch einfällt. Aber es fällt ihm sonst nichts mehr ein. Er ist bewußtlos geworden.
Auf der Erste-Hilfe-Station kommt er wieder zu sich und denkt vergebens darüber nach, warum es keine Zweite- und keine Dritte-Hilfe-Station gibt. Sein Kopf schmerzt. Seine Glieder schmerzen. Und was das

Schmerzlichste ist: all die brillanten Einfälle, die er während des Unfalls hatte, sind vergessen, all seine Unfalleinfallsquellen versiegt.

Übrigens ein ausgezeichneter Stoff für eine Humoreske: jemand wird überfahren, die Sinne schwinden ihm, und während er ohnmächtig daliegt, träumt er ein komplettes dreiaktiges Drama, an das er sich aber nach dem Erwachen nicht mehr erinnern kann. Als er vor Schmerzen neuerlich in Ohnmacht fällt, ist auch das Drama sofort wieder da, komplett mit sämtlichen Aktschlüssen, und nachher ist es wieder weg. In seiner Verzweiflung kehrt er an die Unfallstelle zurück, läßt sich nochmals überfahren, wird ohnmächtig...

»Stöhnen Sie nicht so jämmerlich, Mann«, sagt der Doktor. »Ist ja alles nur halb so schlimm.«

Tatsächlich wurde er nach wenigen Stunden in häusliche Pflege entlassen, und am nächsten Tag war er bereits so weit, daß er eine kleine Geschichte über den Alltag eines Berufshumoristen schreiben konnte.

Inhalt

Gipfeltreffen mit Hindernissen 5
Sperrstunde 13
Wettervorhersage: Neigung zu Regenschirmverlusten 17
Strafmandat bleibt Strafmandat 25
Harte Währung 29
Philharmonisches Hustenkonzert 36
Es zuckt 40
Das Rätsel der dritten Schraube 47
Der kluge Mann baut vor 50
Tagebuch eines Jugendbildners 56
Ehrlich, aber nicht offen 62
Die Macht der Feder 66
Paraphrase über ein volkstümliches Thema 70
Der Prozeß (nicht von Kafka) (oder doch?) 73
Tragisches Ende eines Feuilletonisten 80
Erholung in Israel 83
Wie man sich's abgewöhnt 88
Im neuen Jahr wird alles anders 91
Praktische Winke für den Alltag 100
Babysitting und was man dafür tun muß 104
Schreckensrotkäppchen 112
Du sprechen rumänisch? 116
Der Kuß des Veteranen 119
Les Parents Terribles 127
Vorbereitungen für ein Sportfest 133
Keine Gnade für Gläubiger 137
Das siebente Jahr 143
Seid nett zu Touristen! 149
Eine historische Begegnung 153
Warum Israels Kork bei Nacht hergestellt wird 157

Frisch geplant ist halb zerronnen 166
Kunst und Wirtschaft 173
Unfair zu Goliath 177
Ein lasterhaftes Hotel 183
Eine Verschwörung der Fröhlichkeit 190
Wem die Teller schlagen 193
Nennen Sie mich Kaminski 198
Ringelspiel 201
Vertrauen gegen Vertrauen 204
Poker mit Moral 209
Liebe deinen Mörder 212
Geschichte einer Nase 222
Zweigeleisiges Interview 228
Ein Sieg der internationalen Solidarität 234
Wie Israel sich die Sympathien der Welt verscherzte 237
Ein ehrlicher Finder 246
Die Medikamenten-Stafette 259
Unternehmen Babel 262
Professor Honig macht Karriere 269
Bitte recht freundlich 276
Schaschlik, Sum-Sum, Wus-Wus 284
Im Zeichen des Kreuzworträtsels 292
Die Früchte des Mißtrauens 297
Eiserner Vorrat 302
Aus absolut sicherer Quelle 308
Der perfekte Mord (Israelische Version) 315
Ich bin Zeuge 320
Kleine Frühjahrsreinigung 327
Ein anregender Feiertag 334
Das Geheimnis der »Stimme Israels« 339
Ratschläge für Reisende 346
Morris, wo bist du? 353

Tariffo Ridutto del 70 % 365
Über die Zuverlässigkeit der Schweizer 377
La Belle et la Bête 380
Ein Überfall auf die Bank von England 387
Theater mit Oswald 394
Ein Konsulat ist kein Eigenheim 402
New York ist nicht Amerika 408
Meine Zukunft als Mormone 415
Auch die Waschmaschine ist nur ein Mensch 422
Über den Umgang mit Computern 429
Elefantiasis 435
Ein Fläschchen fürs Kätzchen 440
Das Geheimnis der Redekunst 447
Assimilation via Bildschirm 450
Kontakt mit Linsen 457
Die Stimme des Blutes 465
Rote Haare sind Ansichtssache 471
Durch den Kakao gezogen 477
Titel, Tod und Teufel 484
Aus neu mach alt 490
Aus der Gründerzeit 498
Ein wirklich guter Freund 507
Hitze 511
Die vier apokalyptischen Fahrer 518
Buchwerbung 525
Das Fernsehen als moralische Anstalt 530
Alltag eines Berufshumoristen 536